LEGAL DICTIONARY

PEARSON
ESPAÑOL/INGLÉS
DICCIONARIO LEGALES

Antonio Figueroa, JD
Norma C. Connolly, LLB

PEARSON
Prentice
Hall

Pearson Education LTD.
Pearson Education Australia PTY, Limited
Pearson Education Singapore, Pte. Ltd
Pearson Education North Asia Ltd
Pearson Education Canada, Ltd.
Pearson Educación de Mexico, S.A. de C.V.
Pearson Education -- Japan
Pearson Education Malaysia, Pte. Ltd

10 9 8 7 6 5 4 3 2 1
ISBN 0-13-113738-7

A few years ago I was teaching paralegal courses at the Doña Ana Branch Community College in Las Cruces, New Mexico. One morning, while having coffee with other teachers, a language teacher mentioned the need for several books, among them, a dictionary of legal terms in Spanish and English. At the time, I thought the idea was a good one. Not wanting to duplicate work already done, I started by looking to see if there were recently published works. To my surprise, I did not find any. This gave me the desire to get into the project. I had no idea how big it would turn out to be.

As I got into the work, I found that words I thought appropriate were not legal terms. Legal terms in English, as translated, are not necessarily legal terms in Spanish, or vice versa. Having practiced law in the Los Angeles, California area, I was accustomed to words and phrases used there. I found that these words were not necessarily those used in the rest of the country. All this made the project even more interesting.

The more involved I got in the project, the more excited I became. I wrote to several publishers informing them of my idea and asking if they would be interested in such work. Some of them declined; others said, perhaps, in the future. Enika Schulze, then editor of Pearson Publications, answered favorably.

From that moment on, the real work began. I started with several books I had. As the work continued, I had to obtain or to research other books in order to continue my work. A list of these sources is included in the bibliography of references in this book.

This dictionary is not intended as a textbook, but rather as a supplement or resource for those involved in the legal field where Spanish/English or English/Spanish terms are used. In most cases, a direct translation is made. Only in the cases in which there is no direct translation is an explanation of the term given. If a greater explanation is needed, the reader may want to look in any of the books in the bibliography of references included in this publication.

Enika Schulze recommended Norma C. Connolly, Professor of Legal Studies at Montclair State University in New Jersey, as editor of the work. Her first revision made me realize how much work was still to be done. Ms. Connolly eventually became my coauthor.

Finally, my son, with his knowledge of computers, and his dedication to the work, put the work into the format as it appears. To him, and to Norma, my most sincere thanks.

Antonio Figueroa

DEDICATION

To my children:

Elda, Evangelina, Antonio, Cristina,

Josefina, and Eugenia,

as well as to my wife, Josefina.

Their encouragement and support while going
to law school and later in this project was
the motivating factor in doing it.

To them, my most heartfelt THANKS!

Antonio Figueroa

BIBLIOGRAPHY OF
REFERENCES

Appleton's New Cuyas Enlish-Spanish and Spanish-English Dictionary. Englewood Cliffs, N. J.: Prentice Hall, 1972.

Black, H. C. *Black's Law Dictionary.* St. Paul, Minn.: West Publishing, 1979.

Brown, G. *Legal Terminology.* Englewood Cliffs, N. J.: Prentice Hall, 1995.

Cano Rico, J. J. *Diccionario de Derecho.* Madrid, España: Tecnos, 1995.

Cabañellas de las Cuevas, G. and E. Hoague. *Butterworth's Spanish/English Legal Dictionary. Oxford, N. Hampshire: Butterworth Legal Publishers, 1991*

Cabanellas de Torres, G. *Diccionario jurídico elemental.* Buenos Aires, Argentina Editorial Heliasta, 1979.

Clatayud, C., E. Calatayud Perez, P. Fajaro Martos, A. Garcia Torres Entrala, P. Hernandez-Carrillo Fuentes, P. Joya González, A. Suez López, M. Santa Olalla y Fernández-Figares y V. Zafra, *Diccionario básico jurídico. Granada, España: Editorial Comares, 1986.*

Código Civil 1982 República de Venezuela. Caracas Venezuela: Imprenta Nacional, 1982.

Código Civil de Colombia, Bogotá, Colombia: Legis, 1971.

Código Civil de la República Argentina y legislación Complememtaria. Buenos Aires, Argentina: La Ley S. A. 1988

Código Civil y Legislación Complementaria. Bogotá, Colombia: Legis, 1971.

Código de Procedimientos Civiles del Estado. Mexico: Porrua, 1991.

Código del procedimiento Civil. Bogotá, Colombia: Editorial Temis, 1983.

Corominas, J. *Breve Diccionario Etimológico de la Lengua Castellana.* Madrid, España: Credos, 1973.

Cotrino de Varón, O. and H. Marquez Paez. *Leyes del 1991.* Bogotá, Colombia: Publicaciones Mingobierno, 1992.

Couture, E. *Vocabulario jurídico.* Buenos Aires, Argentina: Ediciones Depalma, 1983.

Dahl, H. S. *Dahl's Law Dictionary.* Buffalo, N. Y.: William S. Hein and Co., 1996.

DeGamez, T. (Ed). *Simon and Schuster's International Dictionary.* New York: Simon and Schuster, 1986.

De Pina, R. and R. de Pina Vara. *Diccionario de derecho.* Mexico City, Mexico: Editorial Porrua, 1986.

Diaz, L.M. and B. Lenhart. *Diccionario de Términos Jurídicos Dictionary of Juridical Terms. Mexico City, Mexico: Editorial Themis, 1997.*

Diccionario Básico de la Lengua. Madrid, España: Anaya, 1994.

Diccionario Espasa de Sinónimos y Antónimos. Madrid, España: Espasa-Calpe, 1997.

Diccionario de Sinónimos. Barcelona, España: Editorial Teide, 1966.

Diccionario fundamental del español de México. Mexico City, Mexico: Colegio de México, Fondo de Cultura, 1995.

Diccionario Jurídico Espasa. Madrid, España: Espasa-Calpe, 1991.

Diccionario Jurídico Mexicano. Mexico City, Mexico: Porrua, 1987.

Diccionario para la Enseñanza de la Lengua Española. Barcelona, España: Bibliograf, 1992.

Diccionario Porrua. Mexico City, Mexico: Porrua, 1995.

García Hoz, V. *Diccionario Escolar Etimológico.* Madrid, España: Editorial Magisterio Español, 1989.

García-Pelayo and R. Gross. *Larousse Gran Diccionario Moderno.* Paris: Larousse, 1983.

Garner, B. A. *Dictionary of Modern Legal Usage.* New York: Oxford University Press, 1987.

Garrone, J. A. *Diccionario manual jurídico.* Buenos Aires, Argentina: Abelardo-Perrot, 1989.

Gifis S. *Law Dictionary.* New York: Barron's Educational Series, 1984.

Historia de las Leyes (Tomos I-VI). Bogotá, Colombia: Imprenta Nacional, 1967.

Kaplan, S. *Wiley's English-Spanish, Spanish-English Legal Dictionary.* St. Paul, MN.: West Publications, 1997.

Lacasa Navarro, R. And I. Diaz de Bustamante. *Diccionario de derecho, economía y política.* Madrid, España: Edersa, 1989.

Leyes y Códigos de México, Código Civil. México: Porrua, 1995.

Ley Tutelar de Menores. Caracas, Venezuela: Editorial La Torre, 1980.

Lope Infante, J. *Diccionario jurídico.* Barcelon, España: Editorial DeVecchi, 1988.

Machado Schiaffino, C. *Diccionario Jurídico Polilingüe.* Buenos Aires, Argentina: Editorial La Rocca, 1996.

Mazzucco, P. A. and A. H. Maranghello. *Diccionario bilingüe de terminología jurídica.* Buenos aires, Argentina: Abelardo-Perrot, 1988.

Merino, J. *Diccionario auxiliar del traductor.* Madrid, España: Editorial Argo Didáctica, 1991.

Muñiz Castro, E. *Diccionario terminológico de economía, comercio y derecho*. Madrid, España: Fontenebro, 1990.

Navas Talero, G. *Guía práctica del derecho*. Santafe de Bogotá, Colombia: Círculo de Lectores, S. A., 1995.

Norma Diccionario Enciclopédico Illustrado. Bogotá, Colombia. Grupo Editorial Norma S. A., 1994.

Nuevo Código Civil del Perú. Lima, Perú: Diario Oficial El Peruano, 24 julio, 1984.

Obra Jurídica Mexicana. Mexico: Procuraduría General de la República deMéxico, 1995.

Okrent, C. *Legal Terminology*. Albany, N. Y.: Delmar, 1995.

Oran, D. *Law Dictionary for Nonlawyers*. St. Paul, Minn.: West Publishing, 1991.

Ramos Rossini, F. and M Gleeson. *Diccionario de términos jurídicos inglés-español; español-inglés*. Granada, España: Editorial Comares, 1994.

Rivera Garcia, I. *Diccionario de Términos de derecho*. Oxford, N. Hampshire: Equity Publishing, 1989 Robb, L. *Diccionario de términos legales*. Mexico City, Mexico: Limusa, 1997

Santamaria, A., A. Cuartas and J. Mangada. *Diccionario de incorreciones, particularidades y curiosidades del lenguage*. Madrid, España: Paraninfo, 1975

University of Chicago Spanish Dictionary Spanish/English English/Spanish Diccionario Universidad de Chicago Inglés Español Español inglés. University of Chicago Press. 1987.

Vega, C. B. *Vega's English-Spanish Dictionary of Everyday Criminal and Legal Terms*. Guttenberg, N. J.: Communication Inc. 1982.

Velázquez de la Cadena, M., E. Gray and J. Iribas. *Velázquez Spanish-English Dictionary*. Chicago, Ill.: Follet,1967.

Vox Diccionario Actual de la Lengua Española. Lincolnwood, Ill.: NTC Publishing Group, 1996.

West's Law and Commercial Dictionary in Five Languages. St. Paul, Minn.: West Publishing, 1985.

A

a fortiori (Lat.) Con mayor razón, mucho más.

a priori (Lat.) Desde antes, del pasado.

AAA Siglas para **American Arbitration Association** Asociación de Arbitraje.

ab initio (Lat.) Desde un principio.

ABA Siglas para **American Bar Association** Colegio de Abogados Estadounidenses.

abandon Abandonar, dejar, ceder, retirarse completamente de una persona o cosa.

abandonment Abandono, abandono de hogar, retiro de sostén familiar, desamparo. See also: **forfeiture; surrender; waiver.**
— **of action,** abandono de la instancia.
— **of child,** abandono de menores.
— **of property,** abandono de propiedad.

abate Rebajar, disminuir, anular descontar, desgravarse, anular, revocar, abolir, concluir suprimir, descontar.

abatement Rebaja, disminución, descuento, reducción.
— **of action,** terminación de la demanda. see also: **dismissal, plea in abatement.**

— **of bequest,** disminución del legado.
— **of cause of action,** terminación de la demanda por defunción de la parte.
— **of nuisance,** eliminación del acto perjudicial.
— **of rent,** reducción del alquiler.

abdicate Abdicar, renunciar.

abdication Abdicación, renuncia.

abduct Raptar, secuestrar.

abduction Rapto, secuestro.

abet Fomentar, incitar, ayudar a otro a cometer un crimen. See also: **aid, aiding and abetting, accessory, accomplice.**

abettor Fomentador, instigador.

abeyance Suspensión.

abide Conformarse a, atenerse a, sujetarse a, aceptar, observar.

abjure Abjurar, renunciar.

able buyer Comprador hábil.

abode Morada, residencia.

abolish Abolir, deshacerse totalmente de, anular, cancelar, derogar.

abolishment Suspensión, anulación.

abort Abortar.

abortifacient Abortivo.

abortion Aborto.

abortionist Abortista, abortador.

above-cited, above-mentioned
Antes citado, antes mencionado,
susodicho.

abridge   Condensar, abreviar,
reducir, acortar, cercenar.

abridgment   Abreviación,
condensación,
— **of damages,** reducción,
disminución.
— **of rights,** privación.

abroad   Ultramar.

abrogate   Anular, destruir.

abrogation   Anulación, revocación,
derogación.

abscond   Fugarse, eludir,
esconderse.

absconder   Fugitivo, prófugo.

absence   Inasistencia, ausencia.

absolute   Absoluto, completo,
perfecto, final, incondicional, sin
restricción.
— **conveyance,** traspaso sin
restricciones.
— **divorce,** divorcio.
— **gift,** donación irrevocable.
— **guarantee,** garantía
incondicional.
— **liability,** responsabilidad
absoluta.
— **pardon,** amnistía
incondicional, indulto.
— **privilege,** privilegio absoluto.
— **right,** derecho exclusivo.

absolutely   Completamente,
totalmente, sin restricciones.

absolution   Sentencia absolutoria.

abstract   Abstracto, extracto,
sumario, resumen, síntesis.
— **of title,** resumen de título.

abuse   Abuso, maltrato, ultraje,
violación.
— **of discretion,** abuso de
autoridad (judicial).
— **of process,** abuso procesal.

abuse   Abusar, maltratar, ultrajar,
malos tratos.

abusive   Abusivo, injurioso,
ofensivo.

abut   Colindar, tocar, pegar,
alcanzar.

abutting properties   Propiedades
colindantes.

accede   Acceder, aceptar, consentir,
permitir.

acceleration clause   Cláusula de
aceleración.

accept   Aceptar, admitir, aprobar,
recibir, reconocer.

acceptance   Aceptación.
— **by mail,** aceptación por
correo.
— **by performance,** aceptación
por desempeño del cargo.
— **of service,** aceptación del
emplazamiento o del cargo.

access   Acceso, derecho de visita,
relaciones sexuales.

accession   Accesión, admisión,
aumento, incremento.

accessory   Accesorio, cómplice.
— **after the fact,** cómplice
   encubridor.
— **before the fact,** cómplice
   instigador, cómplice asesor
— **during the commission of a
   crime,** cómplice colaborador.

accident   Accidente, acontecimiento
imprevisto.
— **insurance,** seguro de
   accidentes.
— **report,** parte de un accidente.

accidental   Accidental, casual,
fortuito.
— **death,** muerte accidental.
— **injury,** daños corporales
   accidentales, lastimadura
   accidental.

accommodation   Adaptación,
arreglo, favor, afianzamiento
encubierto, préstamo, aval.
— **bill,** letra de acomodación.
— **endorsement,** endoso de
   favor.
— **note,** letra de favor.

accomplice   Cómplice.

accord   Acuerdo, convenio, arreglo,
acordar, conceder.

accordance   Acuerdo, conformidad.

account   Cuenta, computación,
liquidación, relatar, dar cuenta, rendir
cuentas.
— **for,** dar cuenta de.
— **for another,** dar cuenta
   de otro.

accounts   Cuentas, computaciones.
— **payable,** cuentas por pagar.
— **receivable,** cuentas por
   cobrar.

— **stated,** cantidades por pagar.

accountability   Responsabilidad.

accountable   Responsable por.

accountant   Contador, contable.

accretion   Aluvión, acrecencia.

accrual   Devengo, acumulación.
— **basis,** base de acumulación.
— **of cause of action,**
   surgimiento del
   derecho de acción.

accrue   Acumular, devengar.

accrued   Acumulado, devengado.
— **dividend,** dividendo activo.
— **income,** ingresos devengados.
— **interest,** renta de capital.

accumulate   Acumular, incrementar.

accumulation   Incremento.

accusation acusación maliciosa.,
delación
— **act,** acto malicioso.
— **arrest,** detención maliciosa.
— **injury,** lesión maliciosa, daño
   corporal malicioso.
— **interference with contract,**
   interferencia maliciosa
   contractual.
— **mischief,** agravio malicioso.
— **prosecution,** enjuiciamiento
   malicioso, dolo procesal.
— **use of process,** uso malicioso
   del proceso legal.
— **trespass,** violación malévola,
   violación maliciosa.

accustomed   Acostumbrado,
habitual.

acknowledge   Admitir, confesar, reconocer, atestar, dar por recibido.

acknowledgment   Reconocimiento, atestación.
— **of a debt,** confesión de la deuda.
— **of paternity,** reconocimiento de hijo.
— **of receipt,** acuse de recibo.
— **of service,** aceptación del emplazamiento, aceptación de la demanda.

A.C.L.U. Siglas para **American Civil Liberties Union** Unión Americana de Libertades Civiles.

acquaintance rape   Violación por acompañante con quién se tiene una cita.

acquainted   Conocer, tener conocimiento personal.

acquiescence   Consentimiento, conformidad.

acquest   Propiedad adquirida.

acquit   Absolver, exonerar, exculpar.

acquittal   Absolución, descargo, veredicto de no culpable.

act   Acto, estatuto, decreto, actuar, funcionar.
— **of bankruptcy,** declaración de quiebra.
— **of commission,** acto de comisión, acto positivo, acto voluntario.
— **of God,** caso fortuito.
— **of hostility,** acto hostil.
— **of omission,** acto de omisión.
— **of war,** hecho de guerra.

acting   Temporal, interino, suplente, provisional.

action   Demanda, litigio, pleito, recurso, trámite, medidas, actuación.
— **at law,** demanda, acción judicial.
— **in equity,** acción en equidad.
— **in personam,** acción contra la persona.
— **in rem,** acción contra la cosa.
— **to quiet title,** acción declarativa de validez del título.

actionable   Justiciable, punible, procesable.
— **wrong,** agravio.

active   Activo.
— **concealment,** encubrimiento, ocultamiento.
— **negligence,** negligencia.
— **partner,** socio activo.
— **service,** servicio militar activo.
— **trust,** fideicomiso activo.

actual   Real, verdadero, físico.
— **agency,** agencia.
— **authority,** autorización real.
— **cash value,** valor realizable en efectivo.
— **cost,** costo verdadero.
— **damages,** daños efectivos.
— **delivery,** entrega inmediata.
— **fraud,** fraude positivo.
— **knowledge,** conocimiento real.
— **loss,** pérdida efectiva.
— **malice,** malicia expresa, malicia de hecho.
— **notice,** notificación efectiva.
— **possession,** posesión/tenencia real.
— **value,** valor verdadero.

actuary   Actuario.

actus (Lat.)   Acto.
— **reus**, (Lat.) el acto en sí.

ad (Lat.)   A, hacia, hasta, respecto.
— **damnum clause**, cláusula de
reclamación por daños
sufridos.
— **hoc**, para esto solamente.
— **litem**, durante el proceso.
— **valorem**, al valor, por avalúo.
— **valorem tax**, impuestos por el
valor.

**A.D.A. Siglas para Americans with
Disabilities Act** Estatuto federal que
prohíbe la discriminación contra las
personas incapacitadas.

add on clause   Cláusula
suplementaria.

addict   Adicto, toxicómano.

addiction   Toxicomanía.

additur (Lat.)   Aumento judicial de
daños.

adduce   Aducir, presentar.

adeem   Anular, quitar, reducir,
revocar.

ademption   Disposición en vida de
bienes testados, anulación de un
legado.

adequate   Adecuado, suficiente,
justo, apropiado.
— **cause**, motivo suficiente.
— **compensation**, compensación,
pago, remuneración apropiada.
— **consideration**, contrapartida
contractual apropiada.

— **remedy at law**, recurso
jurídico apropiado.

adhesion contract   Contrato de
adhesión.

adjacent   Junto, cerca, pegado,
contiguo, colindante.

adjoining property   Propiedad
colindante.

adjoining owners   Propietarios
colindantes.

adjourn   Levantar, posponer,
suspender la sesión

adjournment   Suspensión,
aplazamiento, clausura de sesiones.

adjudicate   Adjudicar, decidir, dar
fallo a favor de, sentenciar, declarar.

adjudicated liability   Responsabilidad
determinada judicialmente.

adjudication   Adjudicación,
decisión fallo, resolución jurídica.

adjudicatory action   Autos
procesales adjudicatorios.

adjure   Requerir un desempeño bajo
juramento.

adjust   Ajustar, arreglar, regularizar,
tasar, corregir, balancear.

adjusted   Ajustado, arreglado,
corregido, regularizado, tazado.

adjuster   Ajustador, arreglador,
tasador.

adjustment   Ajuste, arreglo,
tasación.

administer   Administrar.
— **justice,** hacer justicia.
— **oath,** tomar juramento de.

administration   Administración, regencia.
— **expenses,** gastos administrativos.
— **of a will,** administración de un testamento.
— **of an estate,** administración de bienes.

administrative   Administrativo, ejecutivo.
— **agency,** agencia administrativa.
— **board,** junta administrativa.
— **discretion,** discreción administrativa.
— **hearing,** juicio administrativo.
— **law,** derecho administrativo.
— **law judge,** juez de derecho. administrativo. See also **hearing examiner, hearing officer.**
— **proceeding,** actos procesales administrativos.
— **procedure,** procedimiento administrativo.

administrator   Administrador.
— **cta,** (Lat.) administrador con testamento anexo.
— **de bonis non DBN,** (Lat.) Administrador nombrado por la corte al morir o renunciar el albacea.
— **in bankruptcy,** síndico.
— **of an estate,** administrador de bienes testados.

administratrix   Administradora, albacea.

admiralty   Derecho marítimo.

— **court,** tribunal marítimo, Corte de almirantazgo.
— **jurisdiction,** competencia marítima.
— **law,** derecho marítimo.

admissibility   Admisibilidad.

admissible   Admisible, admisibilidad.
— **evidence,** prueba admisible.

admission   Admisión. Declaración adversa.
— **against interest,** declaración contra interés propio.
— **to bail,** requisito de abonar fianza.
— **to probate,** fallo, sentencia o decisión judicial en cuanto a la validez del testamento.

admit   Admitir, conceder, reconocer, permitir entrada, confesar, asentir.

admonish   Amonestar, prevenir.

admonition   Amonestación, represión, advertencia, regaño.

adopt   Adoptar, aprobar, ratificar, tomar como propio.

adopted child   Hijo(a) adoptivo(a).

adoption   Adopción, aprobación, ratificación, publicación del reglamento, prohijamiento.
— **of a child,** adopción de un menor.
— **of an adult,** adopción de un adulto.

adult   Adulto.

adulterate   Adulterar.

adultery   Adulterio.

advance   Adelantar, adelante,
adelanto, préstamo, adelanto de salario.
— **directive,** directivo
    anticipado.
— **sheets,** opiniones judiciales en
    hojas sueltas.

adventure   Aventura, empresa
peligrosa, envío por mar.

adversarial proceeding   Juicio
adversario.

adversary   Adversario, oponente,
enemigo.
— **proceeding,** proceso civil
    contrario
— **system,** sistema de justicia
    adversarial.

adverse   Adverso, contrario,
opuesto.
— **interest,** interés contrario.
— **party,** parte opuesta.
— **possession,** posesión adversa.
— **title,** título por prescripción.
— **witness,** testigo adverso,
    testigo hostil.

advice   Consejo, asesoramiento,
notificación.

advise   Aconsejar, participar,
asesorar.

advisedly   Intencionalmente.

advisement   Consideración judicial,
deliberación judicial.

adviser, advisor   Consejero, asesor.

advisory   Consultivo, informativo.
— **board,** consejo consultivo.
— **committee,** comité consultivo.

— **opinion,** dictamen consultivo.
— **verdict,** veredicto consultivo.

advocacy   Abogacía.

advocate   Abogado, abogar,
defender.

A.F.D.C. Siglas para **Aid to Families
with Dependent Children.**   Ayuda a
Familias con Hijos Dependientes,
asistencia social.

affair   Demanda, función, negocio,
transacción, aventura, amorío, fiesta,
caso.

affect   Afectar, hipotecar,
sentimiento, estado de ánimo.

affected class   Clase afectada, grupo
iscriminado.

affecting commerce   Que afecta
comercio.

affiant   Declarante.

affidavit   Declaración voluntaria,
escrita y bajo uramento, afidávit,
atestiguación, testificata.
— **for defense,** declaración
    jurada de la cuestión
    primordial del litigio.
— **of merit,** see **affidavit for
    defense.**
— **of service,** declaración jurada
    de notificación del
    emplazamiento.

affiliate   Afiliado, sucursal, afiliar,
adoptar.

affiliation proceeding   Proceso
judicial de paternidad.

affinity   Afinidad.

affirm Afirmar, aseverar, asegurar, prometer, declarar formalmente.

affirmant Afirmante.

affirmation Afirmación, declaración.

affirmative Afirmativo.
— **action,** acción positiva.
— **charge,** instrucción al jurado de eliminar una cuestión por deliberar.
— **covenant,** convenio afirmativo.
— **defense,** defensa justificativa.
— **easement,** servidumbre positiva.
— **proof,** prueba afirmativa.
— **relief,** reparación positiva.

affix Fijar, pegar, adherir, firmar un documento, añadir.

affray Riña, pleito.

AFL-CIO Siglas para **American Federation of Labor-Congress of Industrial Organizations** Asociación de Sindicatos Laborables.

affront Afrenta, agravio, ultraje.

aforesaid Susodicho.

aforethought Con premeditación, pensado con anterioridad.

after Después, subsecuente.
— **acquired,** adquisición subsecuente.
— **acquired property,** propiedad adquirida con garantía adicional.
— **acquired title,** interés adquirido después de transferir.

— **born child,** hijo póstumo.
— **discovered evidence,** prueba descubierta después de concluir el juicio.
— **sight,** pagaré pagable en determinado plazo.

against En contra.
— **interest,** en contra de interés propio.
— **the evidence,** en contra de la prueba.
— **public policy,** contra el bien común.
— **the will,** en contra el testamento.

age Edad.
— **discrimination,** discriminación debido a la edad.
— **of consent,** edad núbil.
— **of majority,** mayoría de edad.
— **of reason,** edad de razón.

agency Agencia, oficina, intervención, representación.
— **coupled with an interest,** representante con interés propio en el asunto.
— **by estoppel,** agencia en virtud de terceros.
— **shop agreement,** convenio de negociación colectiva, acuerdo de representación sindical.

agenda Orden del día.

agent Agente, representante autorizado.

aggravated Con agravante.
— **assault,** agresión con agravantes.
— **larceny,** hurto con agravantes.
— **rape,** violación con agravantes.

aggravating circumstances
Circunstancias agravantes.

aggravation   Agravantes.

aggressor   Agresor, acometedor.

aggrieved party   Parte dañada,
agraviada, perjudicada.

agitator   Agitador, incitador.

agree   Acordar, concertar, convenir,
acordar los términos de un contrato o un
acuerdo.

agreed   Acordado, concertado,
convenido, haber llegado a un acuerdo.
   — **case,** hechos acordados en
      espera de decisión jurídica.
   — **order,** orden judicial por
      mutuo acuerdo de las partes.

agreement   Acuerdo, arreglo,
contrato, convenio, pacto.

aid   Ayuda.

aid and abet   Auxiliar, incitar,
aconsejar a cometer un crimen.

aid and comfort   Ayuda y
comodidad.

aider by verdict   Remedio por
veredicto.

AIDS Siglas para **Acquired Immune
Deficiency Syndrome** SIDA.
Síndrome de inmunodeficiencia
adquirida.

air piracy   Piratería aérea.

air pollution   Contaminación
ambiental.

air rights   Derecho de utilizar el
espacio aéreo.

AKA Siglas para **also known as**
También conocido como.

alcoholic   Alcohólico. Persona
adicta al alcohol.

alcoholism   Alcoholismo.

alderman   Concejal, regidor.

aleatory   Aleatorio, incierto,
dependiente a la casualidad.
   — **contract,** contrato cuyo
      cumplimiento depende de un
      evento incierto, contrato
      aleatorio.

ALI Siglas para **American Law
Institute** Instituto Estadounidense de
Derecho.

alias   Alias, nombre supuesto.
   — **writ,** mandamiento judicial de
      reemplazo.

alibi   Coartada.

alien   Extranjero, extraño, foráneo.

alienable   Enajenable.

alienage   Estado de ser extranjero.

alienate   Enajenar, transferir.

alienation   Enajenación de bienes.
   — **clause,** cláusula de caducidad.

alienee   Aquel a quién se le traspasa
la propiedad.

alienor   El que traspasa la
pertinencia de su propiedad.

alimony   Pensión alimenticia.

aliter De otra manera.

aliunde (Lat.) De otra parte, independiente de.

A.L.J. Siglas para **Administrative Law Judge** Juez de derecho administrativo.

all Todo.
— **faults, with all faults and defects,** con faltas y defectos.

all risk insurance Seguro a todo riesgo.

all the world A todos aquellos que pudieran tener algún interés en el caso o transacción.

allegation Alegación.

allege Afirmar, alegar.

allegiance Lealtad, obediencia.

allocation Asignación, pensión, distribución.

allocatur (Lat.) Que se permita.

allocution Alocución, asignación.

allonge Papel adherido a una letra o pagaré, el cual va endosado.

allotment Asignación, distribución, repartición, parte.
— **certificate,** certificado de números de acciones a pagar.
— **system,** sistema de distribución.

allow Conceder, permitir, tolerar.

allowance Asignación, descuento, pensión.

alluvion Aluvión, inundación.

alter ego (Lat.) El otro yo.

alter ego rule Responsabilidad de los accionistas que sobrepasan sus limitaciones.

alteration Alteración, enmienda, modificación.
— **of contract,** modificación de un contrato.

alternate Alterno, otro, alternante, suplente.
— **juror,** jurado subrogante.
— **valuation method,** valorización tributaria.

alternative Alternativa.
— **contract,** contrato alternativo.
— **dispute resolution,** manera alternativa de resolver disputas.
— **judgment,** sentencia alterna.
— **relief,** remedio alterno.

amalgamation Fusión.

ambiguity Ambigüedad, incertidumbre.

ambit Ámbito.

ambulance chaser Picapleitos.

ambulatory Ambulante, cambiable, modificable, revocable.

amenable Responsable, consciente.

amend Cambiar, corregir, enmendar, mejorar, modificar, reformar.

amendment Enmienda, modificación, reforma.

amercement   Multa castigo por incumplimiento de deber público.

amicable   Amigable, amistoso.
— **action,** acción judicial amigable.

amicus curiae (Lat.)   Parte no interesado invitada a dar su opinión.

amnesty   Amnistía, indulto.

amortize   Amortizar.

amotion   Desahucio (de un lugar), destitución (de un cargo).

amount   Cantidad.
— **in controversy,** cantidad en controversia.
— **of loss,** cantidad de pérdida.
— **realized,** cantidad realizada.

amphetamine   Amfetamina.

analogous cases   Casos análogos.

analytical jurisprudence
Jurisprudencia analítica interpretativa.

anarchist   Anarquista.

anarchy   Anarquía.

anatomical gift   Donativo anatómico.

ancestor   Antepasado.

ancient   Antiguo.
— **boundaries,** linderos antiguos.
— **document,** documento antiguo.
— **lights,** luces antiguas.

ancillary   Auxiliar, secundario, subordinado, subsidiario.
— **action,** acción secundaria.

— **administration,** administración accesoria.
— **jurisdiction,** jurisdicción subsidiaria.
— **letters of administration,** cartas de administración auxiliar.

animus (Lat.)   Animo, intento.
— **furandi,** (Lat.) intento de robar.
— **revocandi,** (Lat.) intento de revocar.

annex   Anexo, pabellón, pegar, fijar.

annexation   Anexión.

annotate   Anotar.

annotated   Anotado.
— **codes,** códigos con anotaciones, códigos con comentarios.

annotation   Anotación, apunte, apostilla, glosa.

annual   Anual.
— **meeting,** junta anual, asamblea anual.
— **report,** informe anual.

annuitant   Censuario

annuity   Anualidad.
— **retirement,** pensión de jubilación.

annul   Anular, cancelar, invalidar, revocar, dejar sin efecto.

annulment   Anulación, revocación.
— **of marriage,** anulación del matrimonio.

anonymous   Anónimo.

answer   Contestación, réplica, respuesta, alegato.

answerable   Capaz de ser contestado, discutible, refutable, responsable ante.

answers to interrogatories
Posiciones, prueba confesional.

antagonist   Antagonista, adversario, contrario.

antecedent   Antecedente, previo, preexistente.
— **debt,** deuda previa.
— **right,** derecho primario o antecedente.

antedate   Antedatar.

antenuptial   Antenupcial.
— **agreement,** acuerdo antenupcial.

anticipation   Anticipación.

anticipatory breach
Incumplimiento anticipado del contrato.

antilapse statute   Estatuto que da traspaso de legado en caso de muerte prematura del legatario.

antimony   Antinomia.

Antiracketeering Acts   Estatutos contra extorsión.

Antitrust Acts   Ley antimonopolista.

APA Siglas para **Administrative Procedure Act**   Derecho procesal administrativo.

apex   Cumbre.

apparent   Aparente, claro, evidente, obvio, a la vista.
— **agent,** agente autorizado.
— **authority,** autoridad aparente.
— **danger,** peligro evidente.
— **defect,** defecto a la vista.
— **easement,** servidumbre a la vista.
— **heir,** heredero aparente.

App.Ct. Abreviatura para **Appellate Court**   Corte Tribunal de apelaciones.

appeal   Apelar, apelación.

appealability   Capaz de ser apelado.

appealable order   Orden apelable.

appear   Aparecer, comparecer.

appearance   Comparecencia.

appellant   Apelante.

appellate   Referente a apelación.
— **court,** tribunal de apelaciones.
— **judge,** sobrejuez.
— **jurisdiction,** competencia de apelación.
— **review,** revisión por el Tribunal de apelaciones.

appellee   Apelado.

append   Adjuntar, agregar.

appendage   Pertenencia.

appendix   Apéndice.

appertaining   Relacionado a, perteneciente a.

applicable   Aplicable, apropiado, pertinente a, lo que puede ser aplicado.

application   Solicitud, aplicación, petición.

apply for a patent   Gestionar una patente.

appoint   Nombrar, designar.

appointee   Persona nombrada.

appointment   Cita, nombramiento, designación.

appraisal   Valuación, tasación, valorización.

appraise   Apreciar, valuar, tasar, valorar, estimar el valor de una cosa.

appraiser   Tasador, apreciador, avalador, aforador.

appreciate   Reconocer el valor de una cosa.

appreciation   Reconocimiento.

apprehend   Arrestar, capturar, detener.

apprehension   Aprehensión, conocimiento, captura, arresto.

apprentice   Aprendiz.

apprenticeship contract   Contrato de aprendizaje.

apprise   Avisar, enseñar.

appropriate   Apropiado, apersonarse de algo, apoderarse de algo.

appropriation   Asignación, suma presupuestada.

approval   Aprobación, conformidad, ratificación.

approximately   Aproximadamente, más o menos, casi.

appurtenance   Pertenencias, anexidades.

appurtenant   Perteneciendo a, anexo a algo.
— **easement**, servidumbre accesoria, servidumbre real..

arbiter   Arbitro, arbitrador, tercero.

arbitrable   Arbitrable, capaz de someterse a arbitraje.

arbitral   Arbitral, arbitrario.
— **award**, laudo, arbitral.

arbitrary   Arbitrario, caprichoso.

arbitration   Arbitraje, arbitración, proceso de arbitraje.
— **award**, laudo, decisión arbitral.
— **board**, cámara arbitral.
— **bond**, fianza impuesta cómo parte del arbitraje.
— **clause**, cláusula de arbitraje.
— **compulsory**, arbitraje obligatorio.
— **proceeding**, instancia de arbitraje, juicio arbitral.

arbitrator   Arbitro, arbitrador, tercero, componedor, juez avenidor.

archives   Archivos.

argue   Argüir, argumentar, discutir.

arguendo   Como argumento, en argumento, como si fuera cierto.

argument   Argumento, alegato.

argumentative   Argumentativo, contencioso, el que arguye.

arise   Provenir de, originar, levantarse.

arising out of and in the course of employment (AOE/COE)   Que se origina en y durante el curso de trabajo.

armed robbery   Robo a mano armada.

arm's length   A distancia.

arms trafficking   Importación ilegal de armas.

arraign   Denunciar, acusar, procesar, instruir de cargos hechos.

arraignment   Vista inicial, instrucción de cargos.

array   Conjunto de hombres y mujeres llamados a formar parte del jurado.

arrearages   Retrasos, retraso en hacer pagos.

arrears   Retrasos, pagos atrasados, decursas.

arrest   Arresto, arrestar, aprehensión, aprehender, detener.
- **of judgment,** orden de suspensión de la sentencia.
- **record,** ficha policial.
- **warrant,** orden de arresto firmada por un juez, auto de detención, auto de prisión.

arrestee   Persona arrestada.

arson   Incendio intencional.

arsonist   Incendiario.

article   Artículo, cosa.

articles   Artículos.
- **of agreement,** artículos de un acuerdo.
- **of association,** escritura de una sociedad.
- **of incorporation,** carta de organización corporativa.

articulate   Articular.

artifice   Artificio, ardid, fraude.

artificial   Artificial, fabricado, hecho por hombre, no natural.
- **person,** persona creada artificialmente por ley.
- **presumption,** presunción creada por la ley.

as   Cómo, mientras, a medida que, según.
- **agent,** cómo agente.
- **interest may appear,** según el interés.
- **is,** cómo está.
- **of,** desde, de fecha de, con fecha de.
- **per,** según, de acuerdo con.

ascendants   Ascendientes.

asportation   Acarreo.

assailant   Asaltador, agresor, asaltante.

assault   Agresión, asalto, ataque, violencia carnal, agredir, atacar, acometer.
- **and battery,** amenazas y agresión, asalto.
- **with a deadly weapon,** asalto con arma mortífera.

— **with intent to commit murder,** asalto con intento homicida.

— **with intent to commit rape,** asalto con la intención de violación.

assembly   Asamblea, junta, reunión.

assent   Consentir, aprobar, consentimiento.

assert   Afirmar, alegar, aseverar.

assess   Tasar, avaluar, determinar el valor de la propiedad.

assessable   Gravable, imponible.

assessed value   Valor tasado para el pago de los impuestos.

assessment   Tasación, avalúo, gravamen, impuesto.
— **district,** distrito impositivo.
— **of damages,** tasación de daños.

assessor   Asesor, tasador, imponedor.

asset   Capital, fondo, activo.

asseveration   Aseveración.

assign   Asignar, ceder, designar, hacer cesión, traspasar, persona asignada un derecho.

assignable   Asignable, capaz de ser traspasado.

assigned counsel   Abogado nombrado por la corte.

assigned risk   Riesgo asignado.

assignee   Cesionario, apoderado.

assignment   Cesión, escritura de traspaso, encargo, encomienda.

assignor   Cedente, cesionista.

assigns Plural de **assign**   Personas a quien se les asigna un derecho.

assistance   Asistencia, ayuda.

assistant   Asistente, auxiliar, ayudante.
— **attorney general,** procurador auxiliar estatal, procurador auxiliar nacional.
— **district attorney,** fiscal auxiliar.
— **secretary,** subsecretario.

associate   Asociado, consocio, asociarse.
— **counsel,** abogado asociado.
— **justice,** juez asociado.

association   Asociación, sociedad, compañía, colegio.

assume   Asumir, suponer.

assumed name   Nombre ficticio.

assumpsit (Lat.)   Proceso por incumplimiento.

at issue   En disputa.

attach   Retener judicialmente.

attachment   Secuestro judicial.

attachment proceedings   Diligencia de embargo, de asentamiento.

attest   Dar testimonio.

attorney   Abogado, consejero, apoderado.
— **at law,** persona autorizada a ejercer como abogado.
— **fees,** honorarios de abogado.
— **general,** procurador.
— **in fact,** apoderado, personero.
— **of record,** abogado que consta, el que ha comparecido.

attornment   Reconocimiento del nuevo dueño arrendatario.

attractive nuisance   Situación o condición insalubre.
— **doctrine,** doctrina de responsabilidad civil por mantener una condición insalubre.

auction   Remate, subasta, venta al mejor postor, venduta.
— **sale,** venta al martillo.

auctioneer   Rematador, vendutero.

audit   Intervenir, revisar, comprobación de cuentas, glosa, revisión contable.

auditor   Auditor, interventor.

authentic   Refrendar, legítimo.

authentication   Refrenda, legalización, refrancación.

authenticate   Autenticar, legalizar.

authority   Autoridad, autorización, poder.

authorization   Habilitación.

authorize   Autorizar, facultar.

authorized dealer   Distribuidor oficial.

autocracy   Autocracia.

autograph   Autógrafo.

autonomy   Autonomía.

autopsy   Autopsia.

autopic   Por observación propia. Prueba física ofrecida al jurado y al juez para su observación.

autre vie (Fr.)   Por la vida de otro.

auxiliary   Auxiliar, auxiliatorio, subsidiario, suplemental.

aver   Alegar, aseverar, declarar.

average   Promedio, término medio.

averment   Alegación, aseveración, declaración, verificación.

avoid   Evitar, anular.

avoidance   Acto de anular, anulación, o evitar.

avow   Reconocer, confesar.

award   Fallo, juicio, laudo, premio.

B

BAC Siglas para **blood alcohol concentration or count** recuento alcohólico sanguíneo, recuento alcohólico globular.

Bachelor of Law Bachiller en Derecho.

back Dorso.
— **pay,** salario atrasado, sueldo atrasado.
— **taxes,** impuestos vencidos.
— **up,** respaldar

backdate Retrotraer.

bad Defectuoso, inadecuado, inferior, invalido, malo, nocivo.
— **check,** cheque sin fondos.
— **debt,** deuda incobrable.
— **debtor,** deudor moroso.
— **faith,** mala fe, dolo.
— **title,** título defectuoso.

badges of fraud Hecho o circunstancia al hacer un traspaso de bienes muebles o inmuebles que presenta la posibilidad de fraude.

bail Caución, fianza.
— **bond,** fianza de comparecencia.
— **bondsman,** fiador, fiador judicial.
— **jumping,** fugarse bajo fianza, quebrantamiento del arraigo.
— **on bail,** en libertad bajo fianza.

bail Causionar, dar fianza.

bailable offense Delito que conlleva fianza, delito causionable.

bailee Depositario de bienes.

bailee's lien Retención prendaria.

bailiff Alguacil, ujier.

bailment Depósito, encargo, depósito mercantil, depósito comercial.
— **for hire,** depósito oneroso.

bailor Fiador.

bailsman Fiador.

bailout Ayuda financiera.

balance Balance, balanza, saldo, saldar, cuadrar.
— **due,** saldo deudor.
— **sheet,** estado de cuentas, estado de situación.

ballistics Balística.

balloon mortgage Hipoteca cuyo pago final es superior a los otros.

ballot Cédula electoral, lista de candidatos, balota.

ballot Votar, balotar.
— **rigging,** fraude electoral.

ballot box Urnal electoral.

ban Prohibir, excomulgar, poner fuera de la ley.

banishment Destierro, deportación.

bank Banco, institución bancaria, ingresar en cuenta bancaria, depositar.
— **acceptance,** aceptación bancaria.
— **account,** cuenta bancaria.
— **bills,** pagaré bancario.

— **book,** libro de banco.
— **charges,** gastos bancarios.
— **draft,** letra bancario
— **examiner,** examinador bancario.
— **failure,** fracaso bancario, quiebra bancaria, insolvencia bancaria.
— **lien,** gravamen bancario.
— **loan,** préstamo bancario.
— **overdraft,** crédito en cuenta corriente.
— **paper,** títulos bancarios,
— **reserves,** coeficiente bancario obligatorio.
— **statement,** extracto de cuenta.

bank commercial paper   Valores bancarios.

banker   Banquero.

banker's   Bancario.
— **acceptance,** aceptación bancaria que extiende crédito.
— **lien,** gravamen bancario.

bankrupt   Quebrado, insolvente, persona en quiebra.

bankruptcy   Bancarrota, quiebra, insolvencia. (Note: "Quiebra" is used for commercial debtor. "Bancarrota" is used for personal bankruptcy.)
— **court,** tribunal de quiebras.
— **judge,** juez del tribunal de quiebras
— **law,** código, ley, derecho que rige quiebras o bancarrota.
— **petition,** petición de declaración de quiebra o bancarrota.
— **proceedings,** ejecución concursal, concurso de acreedores, proceso concursal.

bar   Colegio de abogados, impedimento legal, excepción, el tribunal en pleno, excluir, impedir.
— **examination,** la reválida de derecho.
— **association,** asociación de abogados.

barbiturate   Barbiturato, barbitúrico

bare   Desnudo, limitado, carente, mínimo.

bargain   Acuerdo, convenio, pacto, ganga, negociar, regatear, regateo.

bargain and sale   Contrato de compraventa inmediata.

bargaining agent   Representante/ agente sindical.

bargaining agreement   Convenio laboral colectivo.

bargaining unit   Unidad sindical.

barratary   Baratería.

barrister-at-law   Abogado en el Reino Unido con derecho exclusivo de ejercer ante los tribunales.

barter   Trocar, intercambiar una cosa por otra, permutar.

base   Base, vil, impuro, perverso, basar, establecer.
— **fee,** honorario mínimo.
— **pay,** sueldo mínimo, paga mínima.

baseless   Sin fundamento, infundado.

bastard   Bastardo, ilegítimo, no reconocido.

bastardy proceedings   Proceso judicial para establecer la paternidad.

battery   Agravio, agresión. (Note: "agravio is for the tort of battery, "agresión" is used for criminal battery).

bear   Soportar, producir, portar, admitir.
— **arms,** portar armas.
— **interest,** producir o devengar intereses.
— **witness,** dar testimonio.

bearer bond   Título mobiliario.

bearer instrument   Título al portador.

bearer paper   Efectos al portador, obligación al portador, valores.

bearer securities   Valores al portador.

before   Antes, ante.
— **me,** ante mí.
— **the court,** ante la corte.

belief   Creencia, convicción, opinión.

belligerent   Belicoso, combativo, hostil.

bench   Tribunal, los jueces, la magistratura.
— **conference,** consulta entre los abogados y el juez en la sala del tribunal.
— **trial,** sin jurado.
— **warrant,** auto de detención expedido por el juez.

beneficial   Beneficioso, provechoso, ventajoso.

— **improvement,** mejora patrimonial.
— **interest,** interés beneficioso.
— **owner,** dueño en equidad.
— **society,** sociedad de beneficencia.

beneficiary   Beneficiario, legatario.

benefit   Beneficio, provecho, privilegio.
— **of counsel,** derecho de representación. legal.
— **of doubt,** beneficio de la duda.

benevolent   Benévolo, caritativo, sin severidad.
— **association,** sociedad auxiliar de benevolencia.
— **corporation,** asociación caritativa.

bequeath   Legar.

bequest   Legado.

best   Mejor.
— **bid,** mejor oferta.
— **evidence,** mejor prueba, prueba superior que prueba un hecho, prueba de mayor confianza.
— **use,** mejor uso.

bestiality   Bestialidad.

bestow   Otorgar, conferir.

bet   Apuesta, apostar.

better equity   De dos intereses justos, el interés superior.

betterment   Mejora.

beyond   Más allá de.

— **a reasonable doubt,** mas allá de duda razonable.

— **comparison,** sin comparación.

BIA Siglas para **Bureau of Indian Affairs** Oficina de Asuntos Indígenas.

biannual Semestral, semianual.

bias Parcialidad, predisposición, prejuicio, favoritismo.
— **of judge,** prejuicio del juez.

biased juror Miembro del jurado prejuiciado.

bicameral Bicameral.

bid Oferta, propuesta, proposición, licitación, pujar, ofrecer, licitar.
— **bond,** fianza de licitación.
— **in,** sobrepujar.
— **off,** comprar por oferta en subasta o venta judicial.

bidder Postor, licitador, ofertante.

biennial Bienal.

bifurcated trial Juicio bifurcado.

bigamist Bígamo.

bigamy Bigamia.

bilateral Bilateral.
— **contract,** contrato bilateral.

bill Cuenta, factura, letra, giro, proyecto de ley, escrito, reclamo, recurso, acta.
— **in equity,** demanda de equidad.
— **of appeal,** escrito de apelación.
— **of attainder,** escrito de proscripción.

— **of debt,** pagaré.

— **of exceptions,** escrito de recusaciones, nota de excepciones.

— **of exchange,** efecto cambiario, letra cambiaria.

— **of health,** certificado de salud.

— **of indictment,** escrito de acusación del Jurado Indagatorio.

— **of lading,** póliza de embarque, boleto de carga, documento de tránsito.

— **of Particulars,** pormenorización de la demanda, escrito de calificación.

— **of review,** petición de revisión judicial.

— **of rights,** las primeras diez enmiendas a la Constitución de los Estados Unidos de América.

— **of sale,** factura de venta, boleto de compraventa.

bind Obligar, comprometer, obligarse legalmente.
— **over,** poner bajo fianza.

binder Resguardo provisional, recibo para garantizar el precio de un bien inmueble.

binding authority Precedente.

binding contract Contrato ejecutable.

binding jury instructions Instrucciones del juez que el jurado debe seguir.

bipartisan De dos partidos.

bipartite Bipartito.

birth certificate   Acta de nacimiento, partida de nacimiento, certificado de nacimiento.
— **record,** registro, inscripción de nacimiento.

black letter law   Principios legales de los tribunales y la legislatura.

black market   Mercado negro.

blackmail   Chantaje, extorsión, chantajear.

blank   Formulario, modelo, espacio que deba llenarse, cartucho sin bala.
— **acceptance,** aceptación en blanco.
— **form,** modelo de impreso.
— **indorsement,** firma o endoso en blanco.

blanket bond   Fianza general.

blanket mortgage   Hipoteca general.

blanket policy   Póliza de seguros que cubre varios riesgos.

blasphemy   Blasfemia, reniego.

bloc   Grupo de personas, legisladores u organizaciones que respaldan un fin político, aunque sean de puntos de vista distintos.

blood relative   Pariente consanguíneo.

blood test   Prueba de sangre.

blue book   Publicación con las marcas, modelo del año y precios de los automóviles por año.

blue chip stock   Acciones de primera categoría.

blue ribbon jury   Jurado compuesto por personas especialmente calificadas para oír un caso complicado.

blue sky laws   Estatutos para prevenir el fraude en la compraventa de valores.

board   Junta, directiva, ir abordo, abordar.
— **of audit,** junta de revisión.
— **of directors,** junta de directores, directiva, consejo administrativo, organización rectora.
— **of education,** junta administrativa de educación.
— **of equalization,** junta de revisión de valúos.
— **of examiners,** comité que examina a los solicitantes que desean ejercer una profesión.
— **of health,** junta de sanidad.
— **of pardons,** junta de amnistías.
— **of supervisors,** junta directiva condal.
— **of trustees,** comité de fiduciarios.

bodily   De, o perteneciente al cuerpo.
— **harm,** daños físicos.
— **heirs,** herederos directos.

body   Cuerpo.
— **corporate,** corporación, sociedad anónima.
— **execution,** auto de prisión.
— **of an estate,** caudal de una herencia.
— **of law,** código, colección de leyes.

— **politic,** entidad política.
— **of the crime,** cuerpo del delito.

bogus   Falso, imitado.

boiler plate language   Frases necesarias incluidas en documentos.

bona fide (Lat.)   De buena fe, honesto.
— **holder,** titular de buena fe.
— **purchaser,** comprador de buena fe.

bond   Bono, título, obligación, deuda inversionista, fianza.
— **and mortgage,** escritura con hipoteca.
— **creditor,** acreedor con caución.
— **fidelity,** pagable en caso de deshonestidad de los empleados.
— **indenture,** escritura de emisión de bonos
— **issue,** emisión de bonos.
— **of indemnity,** fianza de indemnización.

bonded   Asegurado, afianzado, garantizado.
— **carrier,** transportador asegurado.
— **debt,** deuda asegurada.
— **warehouse,** almacén asegurado, almacén de aduana.

bondholder   Tenedor de bonos, obligacionista.

bondholdings   Bonos en cartera.

bondsman   Abonador garante.

bonus   Bonificación, premio, regalía.

— **salary,** salario con primas.
— **shares,** acciones gratuitas.

book   Libro.
— **of account,** libro en que se registran las compras y ventas.
— **of original entry,** libro de primeras entradas.
— **value,** valor contable, valor actual.

booking   Término dado en el cuartel de policía al registro de arresto y los cargos hechos al arrestado.

bootleg   Mercaderías de contrabando hechas, transportadas y vendidas clandestinamente.

bootlegging   Tráfico de bebidas alcohólicas.

booty   Botín, despojo, ganancia.

born out of wedlock   Nacido fuera de matrimonio.

borrow   Pedir y recibir préstamos.

Borrowed Servant Rule   Regla que responsabiliza a la persona que utilice los servicios del empleado en el momento del acto negligente.

borrower   Prestatario.

bottomry   Préstamo garantizado por el barco, dador a la gruesa.

boundary   Lindero, limite de algo, frontera.

boycott   Boicot, boicotear.

brain death   Referencia al término de que una persona es considerada muerta, aunque algunos de los procesos del cuerpo sigan funcionando por 24 horas sin responder a distintos estimulantes.

branch   Rama, dependencia o departamento.
— **of government,** división u oficina del gobierno.

breach   Rotura, rompimiento, violación de una obligación.
— **of contract,** violación, rotura, incumplimiento de contrato.
— **of covenant,** incumplimiento de convenio.
— **of duty,** incumplimiento de los deberes.
— **of guaranty,** violación de garantía.
— **of peace,** alteración del orden público.
— **of promise,** violación de promesa.
— **of trust,** abuso de confianza.

breakage   Pérdida de bienes, particularmente en tránsito.

breaking and entering Escalamiento, allanamiento de morada.
— **the bulk,** romper el bulto.

breathalyzer test   Prueba de alcoholemia.

bribe   Cohecho, soborno.

bribery   Delito de cometer cohecho, soborno.

brief   Alegato, escrito memorial.

bringing suit   Demandar, encausar, enjuiciar, entablar demanda, incoar, interponer.

broad   Ancho, amplio.

— **construction,** interpretación amplia.
— **interpretation,** interpretación liberal.

broker   Corredor, representante comercial.

brokerage   Corretaje.

budget   Presupuesto, proyección de costos y ganancias.

buggery   Sodomía.

building   Edificio, edificación.
— **and loan association,** sociedad cooperativa de edificación y préstamos.
— **code,** código regulador de construcción.
— **permit,** permiso necesario para edificar.
— **plot,** parcela.

bulk   En bruto.

bulletin   Boletín, publicación oficial.

bullet proof   A prueba de balas.

bullion   Oro o plata en barras.

bunco   Estafa.

burden   Obligación, responsabilidad, carga, gravamen.
— **of persuasion,** obligación de persuadir.
— **of proof,** carga de prueba, onus probandi.

bureau   Oficina, despacho, rama, entidad, agencia, departamento.

Bureau of Indian Affairs   Oficina de Asuntos Indígenas Estadounidenses.

Bureau of Land Management
Oficina del Manejo de Tierras.

bureaucracy   Burocracia.

burglar   Escalador, ladrón.

burglary   Escalamiento,
allanamiento de morada.

business   Negocio, comercio, lugar
donde uno normalmente trabaja.
— **address,** domicilio de
   negocio.
— **agent,** agente de negocios,
   delegado, representante.
— **corporation,** sociedad
   anónima, sociedad comercial.
— **day,** día hábil.
— **enterprise,** firma comercial.
— **law,** derecho mercantil.
— **license,** permiso o licencia
   para operar un negocio.
— **name,** nombre del negocio,
   razón social.
— **records,** libros de registros
   del negocio.
— **representative,** gestor de
   negocios.

buyer   Comprador.

by   Por, cerca de, por, al lado de,
según, a nombre de.
— **accident,** por casualidad.
— **law,** de acuerdo con la ley.
— **operation of law,** por
   ministerio de la ley.
— **proxy,** por poder.
— **reason of,** por razón de.
— **stealth,** a hurtadillas, a
   escondidas.
— **the rules,** según las reglas.
— **virtue of,** por virtud de.

bylaws   Estatutos sociales,
reglamentos internos.

C

cabinet   Gabinete, consejo administrativo, consejo de ministros.

cadaver   Cadáver, cuerpo muerto.

calendar   Calendario, lista de causas.
> — **call**, llamada de la lista de causas.
> — **clerk**, escribano del calendario judicial.
> — **day**, día hábil.
> — **days**, días consecutivos.
> — **judge**, juez que llama y asigna los casos en el calendario.
> — **of cases**, lista de causas que serán vistas por el tribunal.
> — **year**, año civil.

call   Convocatoria, llamada, opción de compraventa de valores, convocar, citar, sacar a licitación pública.
> — **a meeting**, convocar una sesión.
> — **as a witness**, citar como testigo.
> — **for bids**, llamada a licitación.
> — **for redemption**, llamar para redención.
> — **in**, llamar para consulta, retirar, redimir.
> — **off**, cancelar.
> — **the roll**, pasar lista.
> — **to order**, llamar al orden, constituir la sesión.
> — **to the bar**, ingresar como miembro en el colegio de abogados.

callable   Redimible.

calumny   Calumnia

cancel   Cancelar, rescindir, anular, suspender.
> — **a contract**, rescindir un contrato.
> — **a debt**, saldar una deuda.
> — **an order**, anular un pedido.

cancellation   Cancelación, anulación.
> — **clause**, cláusula de rescisión contractual.

cancelled check   Talón o cheque cobrado.

canon law   Derecho canónico.

canons   Reglas, normas.
> — **of construction**, reglas de interpretación de la ley.
> — **of inheritance**, reglas de sucesión.
> — **of judicial ethics**, Normas de ética judicial.
> — **of professional ethics**, Normas de ética profesional.

capacity   Capacidad, competencia, aptitud.
> — **to contract**, capacidad contractual.

capita (Lat.)   Cabeza, persona.

capital   Capital, caudal, patrimonio.
> — **assets**, activo fijo, bienes de capital.
> — **charges**, gastos de establecimiento.
> — **crime**, crimen punible con pena de muerte.
> — **equipment**, bienes de equipo.
> — **expenses**, gastos de capital.
> — **gains**, ganancias de capital, plusvalía.

— **gains tax,** impuesto sobre ganancias de capital.

— **goods,** bienes de capital.

— **increases,** capitalización.

— **levy,** imposición del patrimonio.

— **loss,** minusvalías.

— **offense,** crimen punible con pena de muerte.

— **profits,** ingresos, beneficios de capital.

— **punishment,** pena de muerte.

— **stock,** capital social, acciones de capital.

— **structure,** estructura del capital.

— **surplus,** excedente en el capital.

capitalization   Capitalización.

capitalize   Capitalizar.

capitation tax   Impuesto por cabeza, impuesto de capitación.

caption   Título, encabezamiento, apresamiento, captura, epígrafe.

care   Cuidado, diligencia, atención, cautela, protección.

careless   Sin cuidado, negligente, imprudente.

carnal   Carnal, sensual.
— **abuse,** abusos deshonestos, abusos contra la libertad sexual.
— **knowledge,** relación sexual.

carriage   Transporte, porte, conducción.

carrier   Empresa de transportes, portador, compañía aseguradora.

— **bond,** fianza del transportador.

carrier's liability   Responsabilidad del transportador.

carrier's lien   Gravamen del transportador.

carrier's risk   Riesgo del transportador.

carry   Acarrear, llevar, ganar, imponer, transportar, producir, llevar consigo.
— **a motion,** aprobar una moción.
— **insurance,** tener seguro.

carryback   Norma tributaria que permite la transferencia de pérdidas del año anterior.

carrying charge   Recargo, gabela.

carryover   Norma tributaria que permite la transferencia de pérdidas al año próximo.

cartage   Carretaje, costo de transporte.

carte blanche   Carta blanca, a libre disposición.

cartel   Cartel, monopolio.

case   Causa, caso, acción legal, proceso, proceso civil, asunto, expediente.
— **agreed,** acuerdo de los hechos por las partes.
— **at bar,** causa en procedimiento.
— **in chief,** causa en procedimiento.

— **in point,** caso ilustrativo, precedente.

— **law,** jurisprudencia.

— **method,** pedagogía jurisprudencial.

— **or controversy,** caso o controversia.

— **reporter,** recopilación jurisprudencial.

— **system,** see **case method.**

casebook   Texto usado en la facultad de derecho que contiene decisiones de la corte con comentarios.

cash   Dinero en efectivo, metálico, al contado.

— **basis,** método de contabilidad.

— **book,** libro de caja, libro de cuentas.

— **dividend,** dividendo.

— **flow,** estado de liquidez.

— **reserve,** reserva en efectivo.

— **on delivery,** contra reembolso.

— **price,** precio al pagar al contado.

— **sale,** venta en efectivo.

— **value,** valor efectivo, realizable.

cashier's check   Cheque bancario.

castrate   Castrar, extirpar los órganos genitales.

casual   Casual, fortuito, ocasional, incidental, irregular.

casualty   Accidente desastroso, infortunio serio, desastre.

— **insurance,** seguro en caso de accidentes o desastres.

— **loss,** pérdida por accidente.

catchall   Cláusula amplificadora.

catastrophe   Catástrofe.

caucus   Junta de miembros de un partido político.

causa (Lat.)   Causa, razón, motivo.

causation   Nexo causal, circunstancias interventoras.

cause   Causa, juicio.

— **cause celebre,** (Fr.) juicio celebre.

— **of action,** derecho de reclamación, razón de presentar una demanda.

caution   Cuidado, prudencia, aviso reserva, medida austera, acvertencia.

caution   Avisar, caucionar, advertir, prevenir.

cautionary   Preventivo.

caveat (Lat.)   Que se cuide, amonestación, advertencia.

— **emptor,** a riesgo del comprador.

— **venditor,** a riesgo del vendedor.

caveator   Persona que advierte.

CD Siglas para **Certificate of Deposit** Certificado de Deposito.

cease and desist order   Orden judicial de cese.

cede   Ceder, traspasar, asignar.

ceiling price   Precio máximo autorizado, precio tope.

celebrate   Celebrar, observar, honrar, dar publicidad a un evento.

censor   Censor.

censure   Censura.

census   Censo, empadronamiento.

Census Bureau   Registro de empadronamiento.

CEO Siglas para **chief executive officer,** director general.

certain   Cierto, determinado, seguro, sin lugar a duda.

certificate   Certificado, cédula, partida, atestar, certificar, autenticar.
— **of acknowledgment,** certificado de reconocimiento, escrito notarial.
— **of convenience and necessity,** certificado de necesidad.
— **of damage,** certificado de daños.
— **of deposit,** certificado de depósito.
— **of eviction,** orden de desahucio.
— **of incorporation,** certificado de incorporación.
— **of indebtedness,** certificado de adeudo.
— **of occupancy,** cédula de habitabilidad.

certification   Certificación, atestado, constancia.

certified   Certificado.
— **appraisal,** avalúo certificado.
— **check,** cheque certificado.
— **copy,** copia certificada, copia auténtica, trasunto.
— **legal assistant,** asistente legal certificado.
— **public accountant,** contador público titulado, contable

público titulado.

certify   Certificar, atestiguar.

cestui que trust (Fr.)   Beneficiario de un fideicomiso.

cestui que use (Fr.)   Usufructuario.

cestui que vive (Fr.)   Para la vida de una persona que determina la posesión de una propiedad.

CFR Siglas para **Code of Federal Regulations** Código de Reglamentos Federales.

chain   Cadena.
— **of causation,** nexo causal.
— **of custody,** cadena de tenencia.
— **of title,** sucesión de título.

challenge   Objeción, protesta, recusación, tacha.
— **for cause,** recusación con causa.
— **to the jury,** recusación del jurado.

chamber of commerce   Cámara de comercio.

chambers   Cámara del juez.

champerty   Acuerdo de financiar una demanda a cambio de participar en el dinero obtenido.

chance   Oportunidad, ocasión, posibilidad, probabilidad, suerte.
— **verdict,** veredicto no razonado.

chancellor   Canciller, juez de la corte de equidad.
— **of the Exchequer,** canciller, ministro de Hacienda.

change   Cambio, cambiar, alterar, mudar.
— **of beneficiary,** cambio de beneficiario.
— **of circumstances,** cambio de circunstancias.
— **of domicile,** cambio de domicilio.
— **of venue,** cambio o traslado geográfico a otro tribunal.

chapter   Capitulo.

character   Reputación, fama.
— **evidence,** prueba en cuanto a la reputación.
— **loan,** préstamo a la persona sin garantía colateral.

charge   Cobrar, acusar, imputar.

charge   Cargo, imputación, custodia, cuidado, acusación, precio, derechos, tasas, gravamen, admonición, cobrar, acusar, imputar.
— **account,** cuenta de crédito.
— **off,** dar una cuenta por perdida, cancelar un activo.
— **to the jury,** instrucciones al jurado.

charitable   Caritativo.
— **contribution,** contribución caritativa.
— **immunity,** inmunidad por ser institución caritativa.
— **institution,** sociedad caritativa, institución benéfica.
— **purpose,** propósito caritativo.
— **trust,** fideicomiso caritativo.

charter   Instrumento constitutivo, fletamento, escritura de constitución, fletar, contratar.
— **member,** miembro fundador.

chattel   Bienes muebles, bártulos.
— **interest,** interés sobre bienes muebles.
— **mortgage,** hipoteca de bienes muebles, refacción sobre bienes muebles.

cheat   Fraude, engaño, defraudador, trampa, tramposo, estafar.

check   Cheque, talón, comprobación.
— **off system,** método de descontar las cuotas sindicales directamente del sueldo.
— **book,** talonario de cheques.

checking account   Cuenta corriente.

chemical dependency   Farmocodependencia.

chicanery   Trapaza, trapacería.

chief   Jefe, director.
— **clerk,** funcionario principal.
— **executive,** jefe ejecutivo, director, jefe de estado.
— **judge,** juez presidente.
— **justice,** see **chief judge.**
— **of police,** jefe de policía.

child   Niño o niña, menor de edad.
— **abuse,** abuso de menores, maltrato de menores.
— **molestation,** abuso inmoral de menores.
— **prostitution,** prostitución infantil.
— **stealing,** secuestro de menores.
— **support,** sustento del menor.

children's court   Tribunal de menores.

chilling effect doctrine   En derecho constitucional actos del gobierno que tienen el efecto de afectar los derechos civiles.

choate   Completo, completamente formado, perfecto.

chose (Fr.)   Bien mueble, cosa.
— **in action,** derecho de entablar una acción para hacer efectivo ciertos bienes.

christian name   Nombre de pila, nombre de bautizo.

circa (Fr.)   Alrededor de.

circuit   Distrito judicial, división judicial.
— **court,** corte de circuito, corte de distrito.
— **Court of Appeals,** Tribunal Federal de Apelaciones.
— **judge,** Juez de circuito, juez de distrito.

circular letter of credit   Carta de crédito circular.

circulating capital   Capital circulante.

circumstantial evidence   Prueba circunstancial, prueba indirecta.

citation   Cita, citación, emplazamiento.
— **of authorities,** cita de leyes, normas reglamentos o precedentes.

cite   Citación, citar, referir, emplazar.

citizen   Ciudadano(a).

citizenship   Ciudadanía.

city   Ciudad, municipio.
— **council,** consejo administrativo de la ciudad.
— **court,** corte municipal.
— **hall,** ayuntamiento.
— **manager,** jefe administrativo de la ciudad.

civil   Civil.
— **action,** acción, enjuiciamiento civil, demanda.
— **arrest,** detención civil.
— **assault,** asalto.
— **code,** código civil.
— **contempt,** desacato indirecto.
— **court,** tribunal de causas.
— **death,** muerte civil.
— **disability,** incapacidad jurídica.
— **disobedience,** resistencia pasiva, resistencia civil.
— **forfeiture,** confiscación de bienes.
— **injury,** daño o agravio civil.
— **law,** derecho civil.
— **lawyer,** abogado civilista.
— **liability,** responsabilidad civil.
— **liberties,** derechos individuales, garantías constitucionales.
— **marriage,** matrimonio civil.
— **procedure,** derecho procesal civil.
— **proceeding,** juicio civil.
— **remedy,** recurso civil.
— **rights,** derechos civiles.
— **service,** administación pública.

civilian   Civil.

CJ Siglas para **Chief Justice** Juez presidente.

CLA Siglas para **Certified Legal Assistant** Asistente legal certificado.

claim Reclamo, reclamación, demanda, derecho, reclamar, demandar.
— **and delivery,** base legal para recuperar propiedad privada adquirida indebidamente.
— **for damages,** demanda por daños y perjuicios.

claimant Reclamante, demandante, pretendiente.

claims adjuster Ajustador de reclamos.

Claims Court Tribunal federal de reclamaciones.

class Clase, grupo de personas con interés común.
— **action,** demanda colectiva.
— **action lawsuit,** juicios acumulados.
— **gift,** dádiva a un grupo de personas.
— **of stock,** clase de bonos.

classification Clasificación.

clause Cláusula, inciso, articulo.

clean Limpio, honesto, moral, sano, intachable.
— **bill of health,** patente de estar sano.
— **bill of lading,** patente de embarque sin restricciones.
— **hands doctrine,** requisito de conducta intachable.

clear Absolver, desalojar, aclarar, saldar, limpio, libre de, sin restricción, claro, neto.
— **and convincing evidence,** prueba clara y convincente.
— **title,** título limpio, libre.

clearance Despacho aduanal, identificación.

clearing Compensación de cheques.

clearing house Banco de liquidaciones, oficina de compensaciones.

clearly erroneous Claramente ettóneo.

clemency Clemencis, indulto, gracia.

clerical error Error de pluma.

clerk Escribano, secretario.
— **of court,** escribano, actuario, secretario del juzgado.

client Cliente.

close Cerca, de cerca, íntimo, terminar, cerrar, clausurar.

closed corporation Sociedad anónima.

closed meeting Sesión a puerta cerrada.

closed shop Empleo de sindicación obligatoria.

closing Cierre, clausura.
— **arguments,** alegatos de clausura.
— **costs,** gastos ocasionados en la venta de bienes raíces.

— **statement,** condiciones finales, declaración/ documentación final.

cloud on the title Imperfección titular, insuficiencia titular.

clue Pista, indicio.

coaching the witness Ayudar al testigo mientras testifica.

coassignee Cocesionario.

cocaine Cocaína.

co-conspirator Co-conspirador.

COD Siglas para **Cash on Delivery** Cobrar o devolver.

code Código, clave, codificar.
— **civil,** código civil.
— **of civil procedure,** Código de Procedimiento Procesal Civil.
— **of criminal procedure,** Código del Procedimiento Procesal criminal.
— **of Federal Regulations,** Código de Reglamentos Federales Administrativos.
— **of Judicial Conduct,** Código de Conducta Judicial.
— **of Military Justice,** Código de Justicia Militar.
— **pleading,** sistema de alegaciones.

co-defendant Codemandado, coacusado.

codicil Codicilo.

codification Codificación.

codify Codificar.

coercion Coerción, coacción.

cognation Cognación.

cognizable Conocible.

cognizance Conocimiento, reconocimiento, competencia, jurisdicción.

cohabitation Cohabitación, contubernio.

coin Moneda, acuñar moneda.

co-insurance Co-seguro, seguro co-participante.

coitus Coito, cópula.

COLA Siglas para **Cost of Living Adjustment** Ajuste al costo de vida.

collateral Colateral, auxiliar, subsidiario, seguridad colateral, garantía prendaria.
— **attack,** impugnación procesal colateral.
— **consanguinity,** consanguinidad.
— **descendant,** descendiente consanguíneo.
— **estoppel doctrine,** impedimento colateral.
— **fraud,** fraude extrínseco.
— **guaranty,** garantía colateral.
— **heir,** heredero colateral.
— **issue,** asunto incidental.
— **loan,** préstamo con seguridad colateral.
— **power,** poder colateral.
— **proceeding,** proceso colateral.
— **security,** seguro prendario.

collation Colación.

collect Cobrar, recobrar, recaudar.

collection   Cobro, cobranza, recaudación.
— **agency,** agencia de cobros.
— **proceedings,** juicio de apremio.

collective   Colectivo, participante, cooperativo.
— **bargaining agreement,** convenio colectivo laboral.

collector   Cobrador, re-cobrador, vista de aduanas.

collision   Choque, colisión.
— **insurance,** seguro que cubre los daños causados por choque automovilístico.

colloquium   Palabras injuriosas del demandado hacia el demandante incluidas en una querella por difamación.

collusion   Colusión, confabulación.

collusive   Colusorio.

color   Color, derecho legal aparente.
— **of authority,** autoridad aparente.
— **of law,** aparente autoridad legal.
— **of title,** título válido y aparente.

colorable   Plausible, aparentemente válido o legítimo.
— **claim,** reclamo que aparentemente es válido.

co-maker   Cogirador, fiador.

combination   Combinación, coligación.
— **in restraint of trade,** acuerdo con fines monopolistas.

comity   Cortesía.

commerce   Comercio.
— **clause,** Cláusula Constitucional Comercial.

commercial   Comercial, mercantil.
— **bank,** banco comercial.
— **contract,** contrato comercial.
— **domicile,** domicilio comercial.
— **draft,** giro comercial.
— **enterprise,** empresa mercantil.
— **frustration,** frustración.
— **impracticability,** impracticabilidad comercial.
— **law,** derecho mercantil.
— **loan,** préstamo comercial.
— **paper,** instrumentos negociables.
— **use,** uso comercial.

Commercial Code   Ley mercantil.

commingle   Mezclar.

commingling funds   Fondos mezclados, confusión de bienes.

commisary   Economato.

commission   Comisión, junta, consejo, cuerpo del gobierno.

commissioner   Comisionado, comisario, intendente.

commit   Cometer, encomendar, confiar encargar, perpetrar, provocar, incurrir, procesar.

commitment   Auto de prisión, compromiso.

committee   Comité, junta, comisión.

committing magistrate   Juez instructor.

commodity   Mercancía, mercadería, artículos de comercio.

common   Común, general, corriente, ordinario.
— **ancestor,** antepasado en común.
— **bail,** fianza ordinaria.
— **carrier,** transporte público.
— **counts,** cargos generales.
— **danger,** riesgo o peligro común.
— **drunk,** borracho, ebrio habitual.
— **enterprise,** empresa conjunta o colectiva.
— **law,** derecho consuetudinario.
— **law crimes,** delitos bajo el derecho consuetudinario.
— **law marriage,** casamiento por acuerdo mutuo, mero acuerdo y cohabitación.
— **law nuisance,** molestia que afecta al público, acto perjudicial a la convivencia general.
— **ownership,** condominio.
— **pleas,** demandas civiles.
— **purpose,** intento común.
— **sense,** sentido común.
— **stock,** inversiones o acciones comunes.
— **use,** uso común.
— **wall,** barda común entre propiedades colindantes.

commonwealth   Bienestar común, bien del público, asociación político-económica.

communicate   Comunicar, notificar.

communication   Comunicación, notificación.

communism   Comunismo.

community   Comunidad, sociedad en general.
— **of interest,** interés común, interés conjunto.
— **property,** propiedad mancomunal.

commutation of sentence   Conmutación de la pena.

commutative   Conmutativo.
— **justice,** justicia conmutativa.

compact   Acuerdo, contrato, convenio, pacto.

company   Compañía, empresa, sociedad, asociación.
— **union,** sindicato interno de trabajadores.

comparable worth   Valor comparable.

comparative negligence   Negligencia comparativa.

comparative rectitude   Integridad comparativa.

comparison   Comparación, cotejo.

compel   Forzar, hacer cumplir, exigir, obligar, apremiar.

compelling state interest   Interés estatal apremiante.

compendium   Compendio, resumen

compensable   Compensable.
— **injury,** daños corporales compensables.

compensate   Compensar, indemnizar, restituir, pagar, remunerar.

compensation   Compensación, remuneración, retribución.

compensatory damages
Indemnización compensatoria por daños y perjuicios, daños compensatorios.

competency   Competencia, capacidad legal.

competent   Capaz, apto, capacitado, competente, tener capacidad legal.
— **authority,** autoridad competente.
— **court,** corte competente, con jurisdicción.
— **evidence,** prueba admisible.
— **jurisdiction,** jurisdicción competente.
— **person,** persona capacitada.
— **witness,** testigo capacitado, testigo hábil, testigo idóneo.

competitive bidding   Propuestas competitivas.

complainant   Demandante, acusador, querellante.

complaint   Demanda, querella, reclamación alegación.

completion bond   Fianza de cumplimiento.

compliance   Cumplimiento, obediencia, conformidad, complacencia.

complicity   Complicidad.

composition   Acomodamiento, ajuste, arreglo.

— **in bankruptcy,** acomodamiento entre deudor o quebrado y acreedores.
— **with creditors,** acuerdo entre el deudor y los acreedores.

compound   Compuesto, complexo, mezcla, capitalizar, arreglar, componer.
— **interest,** interés compuesto.
— **larceny,** latrocinio con agravantes.

compounding a crime   Delito de sobornar a la víctima para que no informe o presente pruebas.

comprehensive   Comprensivo, inclusivo, completo.
— **coverage,** seguro inclusivo.
— **insurance,** seguro a todo riesgo.

compromise   Arreglo, avenencia, acomodación, acuerdo, componenda, arreglar, transigir, comprometer.
— **and settlement,** acuerdo y resolución de una disputa.
— **verdict,** veredicto por acomodación.

comptroller   Interventor, intendente, controlador.

compulsion   Compulsión, coacción, apremio.

compulsory   Obligatorio.
— **arbitration,** arbitraje obligatorio.
— **counterclaim,** contrademanda obligatoria.
— **examination,** examen obligatorio por la corte.
— **insurance,** seguro obligatorio.
— **joinder,** unión obligatoria de interesados.

— **nonsuit,** sobreseimiento obligatorio.
— **payment,** pago obligatorio.
— **process,** procedimiento obligatorio.

computer crime   Delito de uso indebido de computadoras u ordenadores.

concealed assets   Activos ocultos.

concealed weapon   Arma oculta.

conception   Concepción.

concerted   Planeado, llevado a cabo conjuntamente.
— **action,** acción concertada.
— **protected activity,** actividad concertada protegida por la ley.

concession   Concesión, merced.

conciliation   Conciliación.
— **board,** junta de conciliación.
— **hearing,** audiencia de avenimiento.
— **proceedings,** proceso de conciliación.

conciliator   Conciliador.

conclusion   Conclusión, decisión, deducción.
— **of fact,** conclusión de hecho.
— **of law,** conclusión de derecho.

conclusive   Concluyente, decisivo.
— **evidence,** prueba decisiva.
— **presumption,** presunción absoluta, indicio claro, presunción concluyente.

concubinage   Matrimonio de uso.

concur   Convenir, estar de acuerdo, ser del mismo parecer.

concurrent   Concurrente, simultaneo.
— **conditions,** condiciones concurrentes.
— **consideration,** causa concurrente.
— **covenants,** convenios simultáneos.
— **jurisdiction,** jurisdicción simultanea, conocimiento acumulativo.
— **negligence,** negligencia concurrente.
— **powers,** poder concurrente.
— **resolution,** resolución conjuntamente.
— **sentences,** sentencias que se cumplen simultáneamente.

concurring opinion   Opinión coincidente.

condemn   Condenar, confiscar, expropiar.

condemnation   Condenación, expropiación forzosa.

condition   Condición, estado, acondicionar.
— **of employment,** requisito laboral contractual.
— **precedent,** condición precedente.
— **subsequent,** condición subsecuente.

conditional   Condicional.
— **acceptance,** aceptación limitada.
— **agreement,** acuerdo condicional.
— **contract,** contrato condicional.

— **delivery,** entrega condicional.
— **endorsement,** endoso condicional.
— **fee,** dominio condicionado.
— **obligations,** obligaciones condicionadas.
— **sales contract,** contrato condicional de ventas.
— **use contract,** contrato de uso condicional.

condominium   Condominio.

condonation   Condonación.

confederacy   Confederación, conspiración, cábala.

conference   Conferencia, consulta, consorcio.

confession   Confesión, admisión.
— **and avoidance,** confesión y anulación.
— **of judgment,** sentencia voluntaria sin actos procesales.

confidence   Confianza, confidencia.
— **game,** estafa.
— **man,** estafador.

confidential   Confidencial, íntimo, secreto.
— **communication,** comunicación privilegiada.
— **informant,** confidente, chivato.
— **relationship,** relación fiduciaria.

confidentiality   Comunicación privilegiada.

confidentially   Confidencialmente.

confine   Confinar, encerrar, detener, recluir, internar.

confinement   Reclusión, detención, internamiento.

confirm   Confirmar, corroborar, ratificar, verificar.

confirmation   Confirmación, corroboración, ratificación.

confiscate   Confiscar.

confiscation   Confiscación, comiso, decomiso.

conflict   Conflicto.
— **of interest,** conflicto de intereses.
— **of laws,** conflicto de leyes.

conflicting evidence   Prueba contradictoria.

conform   Conformar, concordar.

confrontation   Confrontación, encaramiento.

confusion   Confusión.
— **of debts,** confusión de deudas.
— **of goods,** confusión de bienes.
— **of rights,** confusión de derechos.

congenital   Congénito, hereditario.

conglomerate   Conglomerado.

Congress   Congreso, Asamblea Nacional.

congressional   Perteneciente al Congreso.

congressman   Congresista, miembro del Congreso, diputado, miembro de la Casa de los Representantes.

conjecture   Conjetura.

conjoints   Copropietarios.

conjugal   Conyugal.
— **obedience,** obediencia
   conyugal.
— **rights,** derechos conyugales.

connivance   Connivencia.

consanguinity   Consanguinidad.

conscription   Conscripción, servicio
militar obligatorio, reclutamiento.

consensual   Consensual.
— **marriage,** matrimonio
   consensual.

consent   Consentir, permitir, asentir,
aquiescencia, consentimiento.
— **decree,** decreto por acuerdo
   mutuo.
— **judgment,** sentencia
   acordada.

consequence   Consecuencia.

consequential damages   Daños
especiales.

conservator   Conservador, defensor,
depositario, tutor.

conservatorship   Tutoría.

consideration   Contraprestación.

consign   Consignar, enviar.

consignee   Consignatario,
destinatario.

consignment   Consignación,
encargo de bienes, envío.

consignor   Consignador, remitente.

consolidate   Consolidar, unir.

consolidated   Consolidado.
— **actions,** acciones o juicios
   unidos.

consolidation   Consolidación,
unión, concentración.
— **of actions,** unión de litigios.
— **of appeals,** consolidación de
   apelaciones.
— **of corporations,** unión de
   sociedades.
— **rule,** regla sobre la
   consolidación de litigios.

consortium   Consorcio.

conspicuous   Conspicuo, notorio,
sobresaliente.

conspiracy   Conspiración,
asociación ilícita, confabulación,
complot.

conspirator   Conspirador.

constable   Alguacil, policía.

constitute   Constituir, establecer, dar
forma.

constituted authorities
Autoridades legalmente constituidas.

constitution   Constitución.

constitutional   Constitucional.
— **amendment,** enmienda a la
   constitución.
— **convention,** asamblea de
   diputados para crear, adoptar o
   reformar la constitución.

courts   cortes o tribunales establecidas
por la constitución.
— **law,** derecho constitucional.

— **limitations,** limitaciones establecidas por la constitución.
— **office,** cargo público.
— **rights,** garantías constitucionales.
— **protection,** amparo constitucional.

constitutionality
Constitucionalidad.

construction   Construcción, interpretación judicial, explicación.
— **contract,** contrato de construcción.
— **warranty,** garantía de construcción.

constructive   Constructivo, implícito, sobreentendido, presuntivo.
— **acceptance,** aceptación implícita, deducida, tácita.
— **adverse possession,** ilegítima posesión tácita.
— **assent,** consentimiento implícito.
— **contract,** contrato sobreentendido.
— **delivery,** presunta entrega.
— **eviction,** desalojo indirecto.
— **fraud,** fraude implícito.
— **malice,** malicia implícita.
— **notice,** notificación sobreentendida.
— **possession,** tenencia implícita.
— **service of process,** notificación presuntiva por correo, publicación, o de cualquier manera autorizada por ley.
— **trust,** fideicomiso implícito.

construe   Interpretar, explicar.

consul   Cónsul.

consular fees   Tasas consulares.

consumer   Consumidor, usuario.
— **credit,** crédito otorgado al consumidor.
— **goods,** productos de consumo.
— **loan,** préstamo al consumidor.
— **price index,** índice de precios al consumo.

Consumer Protection Agency
Agencia para la protección de los derechos del consumidor.

consumer report   Informe de productos de consumo.

contemnor   Persona que comete contumacia o desacato.

contemplation   Contemplación, intención, propósito, proyecto.
— **of death,** expectación de muerte.

contemporaneous   Contemporáneo.

contempt   Desacato, contumacia, menosprecio, desdén.
— **of Congress,** conducta irrespetuosa al Congreso.
— **of court,** desacato, contumacia o menosprecio a la corte.
— **proceeding,** audiencia para determinar si la persona es culpable de desacato.

contemptuous   Rebelde, irrespetuoso, contumacial, injusto, procaz.

contend   Contender, competir, argüir, sostener, afirmar, defender.

contest   Concurso, disputa, luchar por, litigar, refutar, alegar.
— **a will,** impugnar un testamento.

contested   Disputado, litigado, contencioso.

context   Contexto, contenido.

contiguous   Contiguo, adyacente.

contingency   Contingencia, eventualidad.

contingent   Contingente, condicional, posible, accidental.
— **annuity,** anualidad condicional.
— **bequest,** legado condicional.
— **beneficiary,** beneficiario condicional.
— **damages,** daños condicionales.
— **devise,** legado condicional.
— **estate,** propiedad en expectativa.
— **fee,** honorario condicional.
— **liability,** responsabilidad contingente.
— **remainder,** nuda propiedad condicional.
— **use,** uso condicional.

continuance   Aplazamiento, continuación.

continue   Continuar, aplazar.

continuing   Consistente, durable, continúa.
— **breach,** violación continua de contrato.
— **contempt,** desacato continuo.
— **covenant,** contrato continuo.
— **damages,** daños continuos.

— **easement,** servidumbre continua.
— **jurisdiction,** jurisdicción continúa.
— **offense,** ofensa continua.
— **offer,** oferta abierta o continua.
— **respass,** transgresión continua.

continuous   Continuo, algo que continúa.
— **crime,** delito continuo.
— **easement,** servidumbre continua.
— **injury,** agravio continuo.

contra (Lat.)   Contra, contrario, al contrario, en contra.

contraband   Contrabando.

contract   Contrato, convenio, acuerdo, pacto.
— **against public policy,** contrato en contra del bien público.
— **bond,** fianza de contratista.
— **carrier,** contrato de pasaje.
— **clause,** cláusula contractual.
— **for deed,** contrato de bienes raíces.
— **implied in law,** contrato impuesto por ley.
— **of employment,** contrato de servicios.
— **of hire,** contrato de alquiler.
— **of indemnity,** contrato de indemnización.
— **of insurance,** contrato de seguro.
— **of record,** contrato de registro.
— **of sale,** contrato de compraventa.

contractor   Contratista.

contractual   Contractual.
— **capacity,** capacidad contractual.
— **obligation,** obligación contractual.
— **revenue,** renta contractual.

contradiction   Contradicción, oposición.

contravene   Contravenir.

contravention   Contravención.

contribute   Contribuir, dar, participar, aportar.

contributing cause   Causa contribuyente.

contributing to delinquency Contribuir a la delincuencia.

contributory   Contribuyente.
— **negligence,** negligencia contribuyente.

control   Control, poder de controlar, autoridad para dirigir.

controlled substance   Substancia controlada por ley.

controlling   Dominante, gobernante.
— **interest,** participación de control.

controversy   Controversia, disputa.

controverted   Controvertido, disputado.

contumacy   Contumacia, rebeldía, desobediencia a la corte.

convene   Convenir, convocar, reunir, citar, reunirse.

convention   Convención, asamblea de delegados, congreso.

conventional   Convencional, convenido, corriente.
— **interest,** interés convencional.
— **lien,** gravamen convencional.
— **mortgage,** hipoteca convencional.

conversion   Conversión, canje.

convert   Cambiar, transformar.

convertible   Convertible, canjeable, cambiable, transmutable.
— **bonds,** bonos convertibles.

convey   Transferir, traspasar, llevar, mandar.

conveyance   Traspaso de título, contrato inmobiliario, título traslativo de dominio, transmisión de propiedad.

conveyancing   El traspasar título.

convict   Convicto, penado, reo, presidiario, condenar.

conviction   Convicción, fallo de culpabilidad, convencimiento, sentencia condenatoria, condena.

coobligor   Codeudor.

cooling off period   Período de reflexión, período de serenamiento.

cooperation clause   Cláusula de cooperación.

cooperative   Cooperativo, dispuesto, cooperativa.
— **association,** asociación cooperativa.
— **store,** tienda cooperativa.

co-owner   Condueño, copropietario.

coparcener   Coheredero.

coparceny   Herencia conjunta.

copartner   Consocio, asociado, copartícipe.

copartnership   Sociedad comanditaria.

copy   Copia, reproducción, copiar, reproducir.

copyright   Derecho de autor, propiedad literaria, propiedad intelectual, derecho de impresión.

coram nobis (Lat.)   Auto de revisión judicial.

co-respondent   Codemandado.

coroner   Médico forense. Syn. **Medical examiner.**

coroner's jury   Jurado del pesquisidor.
— **inquest,** indagatoria del pesquisidor.

corporal   Corporal.
— **oath,** juramento solemne.
— **punishment,** castigo corporal.

corporate   Referente a la empresa o sociedad comercial.
— **agents,** oficiales y empleados de la corporación.
— **assets,** activo social, fondo social, neto patrimonial.
— **bond,** bono, impresión o emisión de valores.
— **charter,** escritura de constitución.
— **citizenship,** ciudadanía de la compañía donde está incorporada.
— **directors,** junta de directores.
— **domicile,** domicilio social en el estado de incorporación.
— **franchise,** concesión social, carta orgánica.
— **group,** grupo de empresas, grupo de compañias.
— **law,** derecho corporativo, ley de corporaciones.
— **liability,** responsabilidad de la corporación.
— **name,** razón social.
— **officers,** directores de la corporación.
— **purpose,** objeto, propósito social.
— **seal,** sello corporativo.
— **stock,** acciones.
— **tax,** impuesto mercantil.
— **trust,** fideicomiso de sociedad anónima.

corporation   Corporación, sociedad anónima, compañía, empresa persona jurídica.
— **charter,** carta constitutiva.
— **lawyer,** abogado de incorporaciones, asesor de sociedades anónimas.

corporeal   Corpóreo, corporal.

corpus (Lat.)   Caudal hereditario, caudal del fideicomiso.
   delicti, (Lat.) cuerpo del delito.
— **juris,** (Lat.) compendio de leyes.

Corpus Juris Secundum (Lat.)
Enciclopedia de derecho
estadounidense.

Corrections Law   Derecho
penitenciario.

correlative   Correlativo.

correspondent   Corresponsal.

corroborate   Corroborar, confirmar.

corroborating evidence   Prueba
corroborativa.

corrupt   Corromper, corrupto.

Corrupt Practices Acts   Ley que
asegura la probidad de las elecciones.

corruption   Corrupción.

cosigner   Cofirmante, cosignatario.

cost   Costo, costa, coste.
— **bond,** fianza para costas.
— **and freight,** coste, seguro y
    flete.
— **of living,** costo de vida.
— **plus contract,** cantidad,
    gastos y servicios.

co-tenancy   Arrendamiento
conjunto, inquilinato conjunto.

co-tenant   Coinquilino.

cotrustee   Cofiduciario, fiduciario
conjunto.

council   Consejo, junta, asamblea.

councilman   Regidor, concejal.

counsel   Consejero, asesor legal,
consejo, aconsejar.

counselor   Abogado, consejero.

count   Cargo, demanda, contar,
imputar.

counter   Contra, opuesto,
contradecir, contestar.

counterclaim   Contrademanda,
excepción de compensación.

counterfeit   Falso, imitación,
falsificación, falsificar.

countermand   Contraorden,
revocación, cancelación.

counteroffer   Contra oferta.

counterpart   Contraparte.

countersign   Contraseña, refrendar.

counter signature   Refrendo.

country   País, patria, campo, tierra.

county   Condado.
— **attorney,** fiscal del condado,
    fiscal público.
— **board of supervisors,** consejo
    administrativo del condado.

course   Curso, rumbo.
— **of employment,** durante el
    transcurso del empleo.

court tribunal del condado.
— **jail,** cárcel del condado.

court   Corte, tribunal, juzgado.
— **appointed receiver,**
    depositario judicial.
— **below,** tribunal de primera
    instancia,
— **calendar,** calendario de la
    corte, syn. **"docket,"**
    calendario judicial.

— **clerk,** escribano, secretario del tribunal.

— **commissioner,** comisionado nombrado por la corte para desempeñar ciertos cargos judiciales.

— **costs,** costos judiciales.

— **decision,** decisión, sentencia o fallo de la corte.

— **holiday,** feria judicial.

— **of appeals,** Corte o Tribunal de Apelaciones.

— **of bankruptcy,** Tribunal de Quiebras.

— **of equity,** Corte o Tribunal de Equidad.

— **of international trade,** Tribunal de Relaciones Comerciales Internacionales.

— **of last resort,** corte o tribunal de última instancia.

— **of law,** juzgado, tribunal de derecho.

— **of original jurisdiction,** tribunal de jurisdicción original.

— **of review,** corte o tribunal de revisión.

— **officer,** oficial de la corte, ujier.

— **order,** orden, auto, decreto.

— **proceeding,** gestión procesal.

— **proceedings,** autos procesales.

— **records,** pieza de autos.

— **reporter,** see **court stenographer.**

courthouse   Tribunal.

courtroom   Sala del tribunal.

covenant   Convenio, pacto, contrato, garantía.

— **against incumbrances,** garantía de que la heredad está libre de gravamen.

— **appurtenant,** convenio de servidumbre de disfrute.

— **for further assurances,** convenio de perfeccionar obligatoriamente el título.

— **for quiet enjoyment,** convenio de disfrute y posesión pacífica.

— **not to compete,** convenio de no competir.

— **not to sue,** convenio de no demandar.

— **of right to convey,** convenio del derecho de traspaso.

— **of seisin,** convenio de posesión mobiliaria.

— **running with the land,** convenio de trascendencia inmobiliaria.

covenantee   Contratante, pactante.

covenantor   Obligado.

cover   Derechos del comprador (ley de contratos). Cobertura en caso de daños. (ley de seguros).

coverage   Cobertura.

covert   Escondido, bajo cubierta, secreto.

coverture   Dependencia económica de la mujer casada.

credentials   Credenciales.

credibility   Credibilidad.

credible   Creíble.

credit   Crédito, haber, asentar al haber.

— **balance,** haber.

— **bureau,** agencia que recopila información concerniente a la

solvencia económica de las personas.
— **card,** tarjeta de crédito.
— **rating,** índice de la habilidad de la persona de pagar, graduación de crédito.
— **report,** informe de la solvencia económica de una persona.
— **union,** sociedad de crédito.
— **worthiness,** capacidad crediticia.

creditor Acreedor.
— **beneficiary,** acreedor beneficiario.
— **of a bankrupt,** acreedor concursal.

creditor's meeting Ocurrencia de acreedores.

crime Crimen, delito.

criminal Criminal, delictivo, penal.
— **act,** acto criminal.
— **action,** acción criminal o penal.
— **activity,** cualquier actividad delictiva.
— **assault,** agresión.
— **attempt,** tentativa delictiva.
— **calendar,** calendario de causas penales
— **capacity,** capacidad criminal
— **charge,** cargo, acusación.
— **code,** código penal.
— **contempt,** desacato criminal.
— **conversation,** seducción adulterina.
— **court,** corte o tribunal penal.
— **facilitation,** participación delictiva.
— **information,** acusación formal, acusación corroborada.
— **intent,** intento doloso.

— **jurisdiction,** jurisdicción penal.
— **law,** derecho penal.
— **lawyer,** abogado penalista, criminalista.
— **liability,** responsabilidad criminal.
— **negligence,** negligencia criminal.
— **offense,** ofensa criminal.
— **procedure,** ley procesal penal.
— **proceeding,** auto procesal penal, instrucción penal.
— **prosecution,** enjuiciamiento penal o criminal.
— **record,** antecedentes criminales, antecedentes penales.
— **statute,** estatuto o ley penal.
— **syndicalism,** sindicalismo criminal.
— **trespass,** extralimitación penal, violación de la propiedad ajena.

criminalist Criminalista.

criminology Criminología.

crook Falsario, estafador, embustero, ladrón.

cross Oponente, contra, crucero.
— **action,** contra acción, contraquerella.
— **appeal,** contra-apelación.
— **claim,** contrarreclamación.
— **demand,** contrademanda.
— **examination,** contrainterrogatorio, repregunta.
— **interrogatory,** interrogator, interrogatoria.
— **motion,** moción por la parte contraria.

cruel   Cruel, brutal, sin compasión.
— **and unusual punishment,** castigo cruel y desacostumbrado.

cruelty   Crueldad.

cry   Avisar, advertir.

culpable   Culpable, responsable, culposo.
— **negligence,** negligencia culpable o inexcusable.

culprit   Delincuente, reo, criminal.

cumulative   Acumulativo, acumulable, cumulativo, adicional.
— **bequest,** legado acumulativo.
— **dividend,** dividendo acumulable.
— **evidence,** prueba cumulativa.
— **legacy,** legado adicional.
— **offense,** ofensa cumulativa.
— **sentence,** sentencia cumulativa.
— **stock,** acciones de dividendos acumulados.
— **voting,** votación cumulativa de accionistas.

curative statute   Estatuto rectificador.

curator   Conservador, ecónomo.
— **ad hoc,** (Lat.) conservador por este asunto solamente.
— **ad litem,** (Lat.) curador nombrado con el propósito de entablar o defender una demanda.

cure   Curar, corregir.
— **by verdict,** curado o corregido por el veredicto.

curfew   Toque de queda.

current   Corriente, actual.
— **account,** cuenta abierta.
— **assets,** activo corriente.
— **earnings,** ganancias actuales.
— **funds,** activos/fondos corrientes que fácilmente puedan convertirse en efectivo.
— **income,** ingresos durante el presente año.
— **liabilities,** pasivo corriente.
— **price,** precio actual.
— **surplus,** superávit de operación actual.

curtesy   En algunos estados, derecho de sucesión que el esposo posee con respecto a la propiedad de la esposa.

curtilage   El espacio al aire libre alrededor de la casa que forma parte del bien inmueble.

custodial   Custodial.
— **interrogation,** interrogatorio policial.
— **search,** registro de la persona o su propiedad por la policía.

custodian   Conservador, guardián, tutor, ecónomo.

custodianship   Tutela.

custody   Custodia, guardia, tutela, patria potestad, prisión, encierro, custodia judicial.

custom and usage   Uso y costumbre.

customary   Usual, acostumbrado, habitual.

custom duty   Derechos de aduana, tasas de aduana, arancel de aduana.

customs declaration   Declaración
de aduana.

customs inspection
Reconocimiento aduanal.

customs inspector   Vista de
aduanas.

customs officer   Oficial de aduana.

D

DA Siglas para **District Attorney** Fiscal a nivel municipal, condal, estatal o federal.

dactylography Dactilografía.

damage Daño, injuria, agravio, pérdida, menoscabo, dañar, averiar, agraviar, perjudicar, mermar, damnificar.

damages Daños y perjuicios, indemnización pecuniaria.

damnum absque injuria (Lat.) Perjuicio sin conculcación de derechos legales.

dangerous animals Animales peligrosos.

dangerous condition Estado peligroso.

dangerous drugs Drogas peligrosas.

dangerous instrumentality Objeto peligroso.

dangerous per se Peligroso de por sí.

data Dato, referencia.

date Fecha, plazo.
— **of bankruptcy,** fecha de declaración judicial de bancarrota o quiebra.
— **of cleavage,** fecha de presentación de la petición de quiebra.
— **of issue,** fecha de emisión.
— **of maturity,** fecha de vencimiento.
— **of record,** fecha de registro.

date rape Transviolación por acompañante con quien se tiene una cita.

day Día.
— **certain,** día fijo, fecha fija.

DBA Sigla para **doing business as** En negociación comercial.

de (Lat.) De, por, para, entre.
— **bene esse,** a petición de parte interesada.
— **bonis non,** de bienes no administrados.
— **facto,** de hecho.
— **facto corporation,** corporación con existencia de hecho.
— **jure corporation,** corporación de derecho.
— **minimis,** de poco valor.
— **novo,** de nuevo.

DEA Siglas para **Drug Enforcement Administration** Agencia federal contra el narcotráfico.

dead Muerto, sin vida, inactivo, sin valor, inútil.

Dead man's statute Estatuto probatorio de inhabilitación testimonial de un difunto.

deadline Plazo fatal, período total, plazo perentorio.

deadly force Fuerza mortífera.

deadly weapon Arma mortífera.

deal Negociar, traficar, comerciar.

deal with   Castigar, resolver judicialmente, encargarse de.

dealer   Negociante, comerciante, traficante.

death   Muerte, defunción, fallecimiento.
— **bed confession,** declaración en artículo mortis.
— **benefit,** indemnización por defunción del asegurado.
— **certificate,** partida de defunción, acta de defunción.
— **chamber,** cámara de gas.
— **claim,** reclamo por muerte.
— **penalty,** pena de muerte.
— **row,** pabellón de los condenados a muerte.
— **sentence,** sentencia de muerte, pena de muerte, pena capital.
— **taxes,** derechos de sucesión.
— **warrant,** orden de ejecución.

debase   Alterar, adulterar, degradar, envilecer, deteriorar.

debate   Debate, discusión, disputa, debatir, discutir, disputar.

debenture   Bono, vale, obligación pagaré debenture. (Arg.).

debit   Obligación, deber.

debt   Deuda, débito.
— **of record,** deuda registrada.

debtor   Deudor.

deceased   Difunto, finado, muerto.

decedent   Difunto, finado, muerto.

decedent's estate   Caudal relicto, caudal hereditario.

deceit   Impostura, trampa, falacia.

deceive   Engañar, defraudar.

deception   Engaño.

decide   Fallar, determinar.

decision   Decisión judicial, fallo, determinación auto, sentencia.

declarant   Declarante.

declaration   Declaración, exposición.
— **against interest,** declaración contra interés propio.
— **of bankruptcy,** declaración de bancarrota, declaración de quiebra.
— **of dividend,** creación de un dividendo que se pagará a los accionistas.
— **of estimated tax,** cálculo estimativo del impuesto anticipado que habrá de pagarse en el año.
— **of intention,** declaración de intento.
— **of trust,** declaración de fideicomiso.

Declaration of Independence Declaración de independencia. (EE.UU.)

declaratory   Declaratorio.
— **judgment,** fallo declarativo.
— **relief,** desagravio declarativo.
— **statute,** ley declarativa.

declare   Declarar, afirmar.

decree   Decreto, fallo, auto, edicto, mandar, ordenar, decretar, determinar.
— **by consent,** decreto por común acuerdo.

— **nisi,** fallo condicional de divorcio.

— **of divorce,** decreto de divorcio.

— **of nullity,** auto de nulidad.

dedication   Apropiación para uso público.

deductible   Deducible.

deduction   Deducción, desgravación.

deed   Escritura, título de propiedad, escritura de traspaso.

— **absolute,** traspaso absoluto, sin restricciones.

— **in fee,** escritura de dominio pleno.

— **of assignment,** escritura de cesión al acreedor.

— **of conveyance,** escritura de traspaso.

— **of covenant,** escritura de garantía.

— **of gift,** escritura de donación.

— **of indenture,** escritura de traspaso con entalladura.

— **of release,** acta de cesión de derechos.

— **of sale,** escritura de compraventa.

— **of surrender,** escritura de cesión.

— **of trust,** escritura de fideicomiso.

deem   Creer, considerar, estimar.

deep pockets   Con suficientes recursos.

deface   Desfigurar, estropear, mutilar.

defalcate   Desfalcar, malversar.

defalcation   Desfalco.

defamation   Difamación, infamación.

defamatory   Difamatorio, denigrante.

— **statement,** expresión difamatoria.

defame   Difamar.

default   Incumplimiento, falla de pago, falta de   comparecencia.

— **judgment,** fallo por falta de comparecencia, fallo por incumplimiento.

default   Incumplir, faltar, no comparecer, incumplimiento.

defeasance   Anulación, revocación.

defeasible   Anulable, revocable.

defect   Defecto, imperfección.

defective   Defectuoso, incompleto, imperfecto.

— **pleading,** alegato defectuoso.

— **record,** acta defectuosa, actas defectuosas.

— **title,** instrumentos negociables defectuosos.

— **verdict,** veredicto defectuoso.

defend   Defender.

defendant   Demandado, reo, procesado, acusado.

defendant in error   Apelado, parte apelada.

defender   Defensor.

defense   Defensa.

— **witness,** testigo de descargo.

defense counsel   Abogado defensor.

defer   Diferir, prorrogar, dilatar, posponer, aplazar.

deferred   Diferido, pospuesto, aplazado, prorrogado.
— **annuity,** anualidad diferida.
— **assets,** activo diferido.
— **bond,** bono de interés diferido.
— **compensation,** pago o compensación diferida.
— **income,** ingresos diferidos.
— **liabilities,** pasivo diferido.
— **payments,** pagos aplazados.

defiance   Desafío, oposición.

deficiency   Deficiencia.
— **judgment,** fallo de deficiencia, auto de deficiencia.

deficit   Déficit, descubierto.

definitive   Definitivo.

defraud   Defraudar, estafar, engañar, cometer fraude.

defray   Sufragar, costear, pagar.

defunct   Difunto, muerto, sin valor.

defy   Negarse, desafiar.

degrade   Degradar, envilecer, rebajar.

degree   Grado, rango, grado de importancia.
— **of care,** medida, nivel de cuidado.
— **of consanguinity,** grado de consanguinidad.
— **of crime,** clase del delito.

— **of negligence,** nivel de negligencia.

dehors the record (Fr.)   Sin constancia en las escrituras.

del credere agent (It.) Factor/garantía de solvencia del comprador.

delegate   Delegado, diputado, delegar, capacitar.

delegation   Delegación, diputación.

deliberate   Deliberar, consultar, deliberado, pensado, premeditado.

deliberation   Deliberación.

deliberatively   Deliberadamente.

delict   Delito, agravio, daño civil.

delinquency   Delincuencia.

delinquent   Delincuente, atrasado en pagos, delictuoso.

deliver   Entregar, librar, dar, pronunciar, dictar una resolución.

delivery   Entrega, dación.

demand   Demandar, exigir, reclamar, demanda, exigencia, reclamo.
— **bill,** letra a la vista.
— **deposit,** depósito a la vista.
— **draft,** giro a la vista.
— **for payment,** requerimiento de pago.
— **for relief,** sección de reparación de derechos lesionados o afectados.
— **instrument,** pagaré a la vista.
— **loan,** préstamo a vista o a demanda.

— **note,** nota de crédito a la vista.

demandant   Demandante.

demeanor   Conducta, comportamiento, aspecto físico.

dementia   Demencia, locura.

demesne   Propio, bienes raíces con pleno dominio.

demise   Arrendamiento, fallecimiento, defunción, arrendar, ceder derechos, dejar en testamento.

democracy   Democracia.

demonstration   Manifestación.

demonstrative   Demostrativo.
— **evidence,** prueba demostrativa.
— **legacy,** legado demostrativo.

demur   Objetar, excepcionar, excepción, objeción.

demurrage   Flete mas gastos de demora.

demurrer   Excepción de derecho.
— **to evidence,** excepción por insuficiencia probatoria.
— **to interrogatory,** justificación ante el rehúso interrogatorio.

denial   Denegación, negación, denegatoria.
— **of a motion,** desestimación.

denounce   Denunciar, desahuciar.

deny   Negar, rehusar, contradecir, desmentir.

department   Departamento, unidad administrativa, ministerio.

dependency   Dependencia.

dependent   Dependiente, condicional, contingente, persona a cargo.
— **condition,** condición dependiente, promesas mutuas.
— **covenants,** convenio dependiente.
— **person,** persona dependiente.
— **relative revocation,** revocación relativa sustitutiva.

deplete   Agotar.

deponent   Deponente, declarante.

deportation   Deportación, destierro.

depose   Deponer, declarar, atestar, testificar.

deposit   Depositar, consignar, depósito, consignación.

depositary   Depositario, depositaría.

deposition   Deposición, declaración bajo juramento.

depositor   Depositante, depositador.

depository   Depósito, depositario.

depreciable   Depreciable.

depreciate   Depreciar, bajar de precio.

depreciation   Depreciación, amortización.

deprivation of rights   Privación de derechos.

deprive of   Privar, quitar.

deputize   Diputar, delegar, comisionar.

deputy   Diputado, delegado, teniente comisario, suplente, subordinado, auxiliar.

deraign   Probar, vindicar.

deregulate   Desregular.

deregulation   Desregulación.

derelict   Abandonado, vago, negligente.

dereliction   Abandono, desamparo, negligencia.
— **of duty,** abandono de deberes.

derivative   Derivado.
— **action,** demanda derivada.
— **acquisition,** adquisición derivada.
— **evidence,** prueba derivada.
— **liability,** responsabilidad derivada.

derogation   Derogación, detracción.

derogatory clause   Cláusula derogatoria.

descendant   Descendiente, descendente.

descent   Descendencia, linaje.

description   Descripción, narración.

desecration   Profanación.

desertion   Deserción, abandono, desamparo.

design   Diseño, designio, propósito, plan.

designate   Nombrar, designar.

designated   Designado, nombrado.

desire   Desear, anhelar, deseo, ansia, anhelo.

despoil   Despojar, expoliar.

destitute   Destituido, necesitado, desprovisto, pobre.

destroy   Destruir.

detain   Detener, retardar, retrasar.

detainer   Orden de detención, orden de retención.

detective   Detective.

detention   Detención, arresto.

determinable   Determinable.
— **fee,** dominio determinable.

determinate   Determinado, cierto, fijo.

determination   Determinación, resolución, terminación, conclusión, caducidad judicial.

determinative   Determinativo.

determine   Determinar, decidir.

detinue   Remedio de recuperación de bienes.

detriment   Desmedro, daño, perjuicio.

development   Desarrollo, fomento, mejoramiento de terrenos, acontecimiento, urbanización.
— **expenses,** gastos de fomento.

devise   Legado de bienes raíces.

devisee   Legatario.

devisor   Testador de un legado.

devolution   Transferencia de propiedad, obligación o derecho.

devolve   Traspasar.

dicta (Lat.)   Plural de dictum.

dictograph   Dictógrafo.

dictum   Opiniones judiciales que no tienen valor como precedente.

die without issue   Morir sin hijos.

digest   Recopilación, resumen, sumario, recopilar, resumir.

dilatory   Dilatorio, lento.
— **defense,** defensa dilatoria.
— **exception,** excepción dilatoria.
— **motion,** moción para dilatar.

diligence   Diligencia, precaución, perseverancia.

diligent inquiry   Indagación diligente, investigación sin demoras.

diminish   Disminuir

diminished   Disminuido, reducido, aminorado.
— **capacity,** facultades disminuidas.
— **responsibility,** responsabilidad disminuida.

diminution   Diminución, merma.
— **of value,** disminución de valor.

diplomatic   Diplomático.
— **immunity,** inmunidad diplomática.
— **pouch,** cartera diplomática.
— **representative,** representante diplomático, persona grata.

direct   Administrar, dirigir, disponer, ordenar, directo.
— **action,** acción directa.
— **attack,** impugnación procesal directa.
— **cause,** causa directa.
— **contempt,** contumacia directa.
— **damage,** daños directos.
— **evidence,** prueba directa.
— **examination,** interrogatorio directo, interrogatorio a testigo propio.
— **loss,** pérdida efectiva.
— **payment,** pago directo.

directed verdict   Veredicto expedido por el juez, veredicto por falta de pruebas.

direction   Instrucción al jurado.

director   Director, administrador.

directorate   Directiva, directorio, junta de administración.

directory   Directorio, directivo.
— **provision,** disposición directiva.
— **trust,** fideicomiso directivo.

disability   Incapacidad, inhabilidad.
— **benefits,** pensión por incapacidad laboral.
— **clause,** cláusula por incapacidad.
— **insurance,** seguro en caso de incapacidad.

disabled   Incapacitado, discapacitado.

disaffirm   Negar, rechazar, repudiar, anular.

disaffirmance   Repudiación, anulación.

disagree   Disentir, desavenir.

disagreement   Desacuerdo, inconformidad.

disallow   Denegar, desaprobar, rechazar.

disavow   Desconocer, desautorizar, repudiar, desaprobar.

disavowal   Desautorización.

disaster   Desastre, catástrofe, infortunio.

disbar   Revocar la licencia de ejercer como abogado.

disbarment   Exclusión del foro.

disburse   Pagar, gastar.

disbursement   Desembolso, pago, salida de efectivo.

discharge   Descargo, cumplimiento, liberación, absolución, despedida, dado de baja, ejecutar, despedir, cumplir, dar de baja.
— **a debt,** cancelar, liquidar una cuenta.
— **an obligation,** cumplir con una obligación.
— **in bankruptcy,** rehabilitación del quebrado, revocación del estado de bancarrota.

disciplinary proceedings   Procesos disciplinarios.

disciplinary rules   Reglas disciplinarias.

disclaim   Renunciar, desconocer, repudiar.

disclaimer   Renuncia.

disclose   Revelar.

disclosure   Divulgación, revelación.

discontinuance   Conclusión, final, terminación.

discontinuance easement   Servidumbre discontinua.

discontinue   Descontinuar, suspender, nterrumpir.

discount   Descontar, descuento, rebaja.
— **loan,** préstamo con intereses descontados.
— **rate,** rédito descontado, rédito rebajado.

discountable   Descontable.

discovery   Revelación de prueba, exposición reveladora.

discredit   Descreditar, deshonorar, descrédito, deshonra.

discretion   Discreción, albedrío.

discretionary   Discrecional.
— **power,** poder discrecional.
— **review,** revisión discrecional.
— **trust,** fideicomiso discrecional.

discriminate   Discriminar.

discrimination   Discriminación.

discuss   Discutir, debatir, tratar.

disencumber   Librar, levantar.

disenfranchise   Privar de derechos civiles.

dishonest   Deshonesto, falso.

dishonor   Deshonrar, rehusarse a recibir o pagar.

dishonored bill   Letra protestada.

disinherit   Desheredar.

disinheritance   Desheredación.

disinter   Desenterrar, exhumar.

disinterested   Desinteresado.
   — **witness,** testigo desinteresado.

disjunctive   Disyuntivo.

disloyal   Desleal, traidor.

dismiss   Despedir, desechar, desestimar, dar por terminado, destituir, denegar, declamar sin lugar.
   — **an application,** denegar una solicitud.
   — **on the merits,** desechar por falta de mérito.

dismissal   Denegación, declaración sin lugar, anulación de la instancia, absolución de la demanda, despedida, remoción.
   — **with prejudice,** sobreseimiento definitivo.
   — **without prejudice,** denegación sin pérdida de derecho a un nuevo juicio.

disorderly   Desordenado, ilícito, ilegal, desordenadamente, desarreglado, revoltoso.
   — **conduct,** desorden público, escandalo público, perturbación del orden público.

disparage   Descreditar, deshonrar.

disparagement   Desacato.
   — **of goods,** menospreciar la mercancía.
   — **of title,** descrédito de título.

dispensation   Dispensa, avenencia, dispensación.

dispose of   Enajenar, resolver, finalizar, descartar, disponer de.

disposing mind   See "of sound mind."

disposition   Disposición, arreglo, aptitud, inclinación, temperamento, legado, herencia, fallo, resolución.

dispositive   Dispositivo, conclusivo, controlando.
   — **facts,** hechos conclusivos.

dispossess   Desahuciar, lanzar, desposeer, desalojar.
   — **proceeding,** autos procesales de desalojo.
   — **warrant,** fallo de lanzamiento, orden de desposeimiento.

dispossession   Desposeimiento.

disproof   Refutación, prueba contraria, impugnación.

disprove   Refutar.

disputable   Disputable, controvertible, refutable.
— **presumption,** presunción disputable.

dispute   Disputa, controversia, conflicto, disputar, controvertir.

disqualification   Descalificación, inhabilitación.

disqualified   Descalificado, incapacitado.
— **judge,** juez descalificado.
— **witness,** testigo descalificado.

disqualify   Descalificar, inhabilitar, incapacitar, inhibirse.

disseise   Desposeer, usurpar bienes raíces.

disseisin   Usurpación de bienes raíces.

dissent   Disidencia, inconforme.

dissenting   Disidente, inconforme.
— **opinion,** opinión en desacuerdo.
— **stockholders,** accionistas disidentes.

dissolution   Disolución, liquidación.
— **of corporation,** liquidación de empresa.
— **of marriage,** divorcio.
— **partnership,** disolución del consorcio.

dissolve   Disolver, terminar.

distinguish   Distinguir, discernir.

distinguishable   Distinguible.

distrain   Embargar, detener, retener bienes los bienes del inquilino.

distress   Embargar, detener, retener.

distress sale   Venta de mercancía a precio reducido.

distribute   Distribuir, alocar, repartir, diseminar.

distributee   Heredero interesado.

distribution   Distribución.

distributive   Distributivo.
— **finding of the issue,** fallo veredicto distributivo.
— **share,** porción hereditaria.

district   Distrito.
— **attorney,** fiscal de distrito.
— **court,** tribunal federal de primera instancia.

distrust   Desconfianza, desconfiar.

disturbing the peace   Desorden público, alteración del orden público.

disuse   Desuso.

diversion   Resolución extrajudicial.

diversion program   Programa de resolución extrajudicial.

diversity of citizenship   Diversidad de ciudadanías, ciudadanías diferentes.

divest   Desposeer, despojar.

divestiture   Desposeimiento.

divided custody   Custodia compartida.

dividend   Acción librada, dividendo.

divisible   Divisible.
— **contract,** contrato divisible.
— **divorce,** divorcio divisible.
— **offense,** ofensa divisible.

divorce   Divorcio, divorciar.
— **a mensa et thoro,** divorcio con ciertas limitaciones.
— **a vinculo matrimonii,** divorcio del vinculo matrimonial.
— **for cause,** divorcio por causa.

DNA Siglas para **deoxyribonucleic acid.** Acido ribonúcleico.

DNA fingerprinting   Identificación genética DNA.

dock for prisoners   Banquillo de los acusados.

docket   Orden del día, lista de casos en la corte.

Doctor of Jurisprudence   Doctor en Jurisprudencia, doctor en leyes.

doctrine   Doctrina.

document   Documento, carta, documentar.

documentary   Documental, documentario.
— **draft,** letra o giro documentario.
— **evidence,** evidencia documental.
— **stamp,** sello o timbre documentario.

doing business   Comerciar, tener o llevar un negocio.

domain   Dominio, dominio y control absoluto de bienes raíces.

domestic   Doméstico, familiar, nacional.
— **relations,** relaciones domésticas, derecho de familia.

domestic corporation   Empresa nacional, empresa estatal.

domicile   Domicilio.
— **by operation of law,** por efecto de la ley.
— **of choice,** domicilio voluntariamente seleccionado.
— **of origin,** país de origen.

domiciliary   Domiciliario.

dominant   Dominante, principal, predominante.
— **estate,** predio dominante.

dominion   Dominio y control.

donate   Donar, contribuir.

donation   Donativo, donación, dádiva, regalo.

donative intent   Intención de donar.

donee   Donatario, apoderado.

donor   Donador, donante,

dormant   Inactivo, dormido.
— **account,** cuenta inactiva.
— **execution,** ejecución provisional.
— **judgment,** sentencia inactiva.
— **partner,** socio comanditario inactivo.

double   Doble, duplicado.
— **creditor,** acreedor de dos gravámenes.

— **damages,** daños dobles, indemnización doble.

— **hearsay,** testimonio de oídas doble.

— **indemnity,** indemnización doble.

— **liability,** doble responsabilidad.

— **taxation,** doble impuesto o contribución.

— **wills,** testamento dual.

double jeopardy   Non bis in idem.

doubt   Duda, incertidumbre, dudar.

doubtful title   Título dudoso o incierto.

dower   Bienes dotales.

dowry   Dote, bienes dotales.

draconian laws   Leyes severas.

draft   Giro, letra de cambio, borrador, proyecto, reclutar.

draftsman   Redactor.

Dram Shop Acts   Ley para los vendedores de bebidas alcohólicas.

draw   Adelanto de dinero, cobrar, extender, redactar.

drawee   Girado, tomador, librado.

drawer   Girador, girante, librador, emitente.

driving under the influence
Manejar bajo los efectos de bebidas alcohólicas o drogas.

driving while intoxicated   Manejar en estado de embriaguez.

driving without a license   Manejar sin licencia.

drug   Droga.
— **addict,** drogadicto.
— **addiction,** adicción a la droga, narcomanía.
— **dependency,** drogodependencia.
— **paraphernalia,** artículos usados en el uso ilícito de drogas.
— **pusher,** narcotraficante.
— **trafficking,** narcotráfico.

drunkard   Borracho.

drunkenness   Embriaguez, ebriedad, borrachera.

dual citizenship   Ciudadanía doble.

Dual Purpose Doctrine   Doctrina de doble propósito.

due   Vencido, debido, caído, pagadero, conveniente, propio.
— **and payable,** vencido y pagadero.
— **bill,** vale.
— **care,** cuidado y atención debida.
— **compensation,** remuneración apropiada.
— **course of law,** debido curso o procedimiento de ley.
— **date,** fecha de vencimiento.
— **diligence,** debida diligencia.
— **notice,** debido aviso, aviso a su debido tiempo.
— **on demand,** pagadero a la vista.
— **posting,** puesto en el correo a su debido tiempo.
— **process clause,** cláusula de las garantías procesales.

— **process of law,** debido procedimiento legal.

dues   Cuotas

DUI Siglas para **driving under the influence** Manejar bajo los efectos de bebidas alcohólicas o drogas.

duly   Debidamente.

dummy   Ficticio, entidad ficticia.
— **corporation,** corporación ficticia.
— **stockholder,** accionista con valores de un tercero.

dumping   Vender productos por debajo de su valor.

dun   Demandar pago de una cuenta.

duplicate   Duplicado, copia, duplicar, copiar.

durable   Durable, duradero, permanente, continuo.
— **power of attorney,** poder notarial durable.

duration   Duración, término, plazo.

duress   Coacción.

during   Durante.
— **good behavior,** mientras se observe buena conducta.
— **trial,** durante el juicio.

duty   Obligación legal, cargo, derecho de aduana.
— **free,** exento de derechos.

DWI Siglas para **driving while intoxicated** Manejar en estado de embriaguez.

dying declaration   Declaración oral hecha in artículo mortis.

E

early retirement Jubilación anticipada.

earmark Designar, asignar, destinar.

earn Ganar, adquirir, devengar.

earned Ganado, adquirido, devengado.
— **income,** ingresos devengados, renta ganada.
— **surplus,** superávit de operación, beneficios acumulados, excedente de explotación, exceso de explotación.

earnest money Arras, señal.

earning capacity Capacidad, habilidad de ganar dinero.

earnings Ingresos, utilidades, ganancias, rendimiento, salario, sueldo.
— **per share,** cantidad del dividendo anual en una acción común.

easement Servidumbre.
— **by implication,** servidumbre tácita, implícita, sobre entendida.
— **by prescription,** servidumbre por prescripción.
— **in gross,** servidumbre personal.
— **of access,** servidumbre de acceso o de paso.
— **of necessity,** servidumbre indispensable.

eavesdropping Escuchar clandestinamente.

economic strike Huelga económica.

edict Edicto, decreto, auto.

EEOC Siglas para **Equal Employment Opportunity Commission** Comisión de Oportunidad Igual de Empleo.

edit Editar, redactar, revisar, corregir.

effect Efectuar, llevar a cabo, efecto, resultado, consecuencia.

effective Efectivo, vigente, eficaz.
— **date,** fecha de vigencia, fecha efectiva, plazo de validez.

effects Efectos, bienes, pertenencias.

effectuate Efectuar.

efficient Eficiente, capaz, competente, apto.
— **cause,** causa eficiente.

e.g. (Lat.) Abreviatura del término **exempli gratia,** por ejemplo.

Eight Hour Laws Ley del plazo reglamentario laboral de ocho horas diarias.

eject Expulsar.

ejectment Desahucio, lanzamiento.
— **proceedings,** diligencia de lanzamiento.

ejusdem generis (Lat.) De la misma clase o genero.

elder abuse   Abuso o maltrato de una persona de tercera edad.

elect   Elegir, escoger.

election   Elección.
— **board,** comicio, junta electoral.
— **district,** distrito electoral.
— **of remedies,** elección de remedios.
— **under the will,** elección bajo el testamento.

electioneering   Solicitación de votos.

elective   Electivo, opcional.
— **franchise,** derecho de votar.
— **share,** parte que el cónyuge sobreviviente elige aceptar.

elector   Elector, votante, votador.

electoral college   Colegio electoral.

electrocution   Electrocución.

eleemosynary corporation Sociedad caritativa, sociedad de beneficencia.

eligible   Elegible.
— **voter,** capacidad de votar.

eligibility   Elegibilidad.

elisor   Substituto oficial

emancipated minor   Menor emancipado.

emancipation   Emancipación, liberar.

embargo   Embargo, prohibición, embargar.

embassy   Embajada.

embezzlement   Malversación de fondos.

embezzler   Defraudador.

embody   Incorporar, abarcar, incluir en un documento.

embracery   Cohecho, soborno.

embryo transplantation   Trasplante embriónico.

emend   Editar, corregir.

emergency   Emergencia, urgencia.
— **treatment,** tratamiento de emergencia.

eminent domain   Dominio eminente.

emission   Emisión, arrojar, desechar.

emoluments   Emolumento, sueldo, remuneración.

empiricism   Empirismo.

employ   Emplear, contratar, usar.

employee   Empleado, dependiente.

employer   Empleador, empresario, patrono.

employment   Empleo, ocupación.
— **at will,** empleo a voluntad.
— **contract,** contrato de empleo.

enable   Habilitar, hacer capaz, capacitar.

enabling   Hacer capaz, capacitar.
— **act,** estatuto de autorización.

enact   Legislar, estatuir, decretar.

enactment   Estatuto.

encroach   Usurpar, invadir.

encroachment   Intrusión, usurpación, invasión, uso indebido.

encumber   Gravar, afectar, obligar.

encumbrance   Gravamen, afectación, cargo.

endorse   Endosar, respaldar, apoyar, garantizar.

endorsement   Endoso, garantía.
— **in blank,** endoso en blanco.
— **in full,** endoso completo, aval absoluto.

endow   Dotar, fundar.

endowment   Dote, dotación, don, fundación.
— **annuity,** pensión dotal.

enfeoffment   Legado, traspaso, entregar bienes raíces.

enforce   Hacer cumplir, dar valor, poner en efecto.

enforceable   Ejecutable, capaz de hacerse cumplir, ejecutorio.

enforcement   Cumplimiento de ley, ejecución de un mandato.

enfranchise   Darle a una persona el derecho de votar.

engage   Ocupar, contratar, emplear, competir, trabar batalla.

enhance   Agrandar, engrandecer, incrementar.

enjoin   Prohibir, mandar, ordenar, requerir.

enjoy   Gozar, disfrutar.

enjoyment   Disfrute, goce, usufructo.

enlargement   Agrandar, ampliación, ensanchamiento, aumento.
— **motion for enlargement of time,** moción para extender el tiempo.

enroll   Matricular, inscribir.

ensue   Seguir, sobrevenir.

entail   Vincular.

entailment   Vinculación.

enter   Entrar, hacer nota, registrar.
— **an appearance,** registrar una comparecencia.

enterprise   Empresa, negocio.

entertain   Entretener, considerar, tolerar.

entice   Atraer, tentar, seducir.

enticement of a child   Instigación de un menor.

entire   Entero, cabal, completo.
— **contract,** contrato entero.
— **day,** día entero.
— **interest,** interés cabal.
— **output contract,** contrato de rendimiento.
— **tenancy,** tenencia absoluta.

entirety   El total de una cosa.
— **of contract,** indivisibilidad del contrato.

entitle   Conceder el derecho o el
título.

entitlement   Derecho, título.

entity   Entidad, ente.

entrapment   Inducción a cometer un
delito.

entry   Entrada, asiento, escalo,
escalamiento, anotación.
— **of court order,** registro de
una orden de la corte.
— **of decree,** registro de un
decreto.
— **of judgment,** registro de un
fallo.

enumerate   Enumerar, contar.

envoy   Enviado.

EPA Siglas para **Environmental
Protection Agency**   Agencia de
Protección Ambiental.

equal   Igual, imparcial, sin
prejuicios.
— **protection clause,** cláusula de
protección de igualdad ante la
ley.
— **protection of the law,**
igualdad ante la ley.

Equal Pay Act   Ley de
remuneración quitativa.

equalization   Igualdad.
— **board,** junta de igualación
tributaria.

equitable   Equitativo, justiciero.
— **action,** acción, acto
equitativo.
— **assets,** bienes equitativos.

— **assignment,** asignación
equitativa.
— **consideration,**
contraprestación equitativa.
— **defense,** defensa basada en un
principio de equidad.
— **distribution,** distribución
equitativa.
— **easement,** gravamen
equitativo.
— **estate,** interés en propiedad
reconocido solamente en
equidad.
— **estoppel,** obstáculo equitativo.
— **interest,** interés equitativo
— **lien,** gravamen equitativo.
— **mortgage,** hipoteca
equitativa.
— **owner,** propietario equitativo,
dueño en equidad.
— **remedy,** remedio equitativo.
— **right,** derecho equitativo.
— **title,** título en equidad, aunque
no legal.

equity   Equidad. Derecho equitativo.
— **capital,** capital debido a la
venta de acciones.
— **court,** corte o tribunal de
equidad.
— **financing,** financiamiento por
ventas de acciones.
— **jurisdiction,** jurisdicción en
equidad.
— **loan,** préstamo asegurado por
el valor líquido.

equivalent   Equivalente, de igual
valor.

equivocal   Equívoco, erróneo,

erase   Borrar, tachar.

ergo (Lat.)   Por lo tanto, de acuerdo
con, consecuentemente.

ERISA Siglas para **Employee Retirement Income Security Act** Ley de protección de pensiones.

error Error, equivocación.
— **in fact,** error de hecho.
— **in law,** error en derecho.
— **of fact,** error de hecho o sobre la cosa.
— **of law,** error de derecho o de ley.

errors and omissions excepted Salvo errores y omisiones.

escalator clause Cláusula contractual de modificación futura.

escape Escapar, fugar, huida, fuga, escapada.
— **clause,** cláusula de ajustar o cancelar el contrato.

escheat Reversión al estado al no haber herederos.

escrow Plica.
— **agent,** depositario de plica.
— **deposit,** depósito de plica.
— **funds,** fondos en plica.
— **holder,** el tercero que tiene custodia de plica.
— **officer,** oficial de custodia.

espionage Espionaje.

Esq. Abreviatura para **esquire** Título que se le da a un abogado.

essence Esencial.
— **of the contract,** elemento esencial del contrato.

establish Establecer, fundar, constituir, probar.

Establishment Clause Cláusula instituyente de los derechos civiles.

estate Bienes, propiedad, caudal hereditario, cuerpo de la herencia, caudal, derecho, título, interés sobre propiedad.
— **appraisal,** avalúo sucesoral.
— **assests,** masa hereditaria.
— **at sufferance,** posesión por tolerancia.
— **at will,** posesión a voluntad.
— **by the entirety,** bienes de co-propietarios conyugales.
— **for years,** posesión por años determinados.
— **in common,** propiedad mancomunada.
— **in expectancy,** propiedad en expectativa.
— **in fee,** propiedad de dominio absoluto.
— **in joint tenancy,** propiedad conjunta.
— **in land,** propiedad en bienes raíces.
— **in remainder,** nuda propiedad.
— **in reversion,** propiedad en reversión.
— **life,** propiedad por vida.
— **per autre vie,** (Fr.) propiedad por la vida de otro.
— **tax,** impuestos sobre sucesiones.
— **transfer tax,** impuesto sobre transferencia sucesorias.
— **upon a condition,** propiedad bajo condición.

estimated tax Impuesto estimativo, estimado.

estop Impedir, detener, prevenir.

estoppel Impedimento, prohibición, exclusión, preclusión.
— **by agency,** impedimento por tergiversación.
— **by conduct,** impedimento por conducta.
— **by judgment,** impecimento por fallo.
— **by contract,** restricción por contrato.
— **by deed,** impedimento de escritura.
— **by laches,** impedimento por inactividad negligente.
— **by record,** impedimento de registro público.
— **by silence,** impedimento por no declarar a tiempo.
— **in pais,** impedimento de hecho o por conducta.

et (Lat.) Y, también.
— **al,** y otros.
— **seq.,** et sequitur y lo siguiente.
— **us.,** (et uxor) y esposa.

etc. Abreviatura de **etcetera** Lo siguiente.

ethics Sistema ético.

ethical Ético.

evaluate Valorar, avaluar.

evaluation Avalúo, evaluar.

evasion Evasiva, evasión.

evade Evitar, eludir.

evasive Evasivo, no preciso.

evasive answer Respuesta evasiva.

eviction Evicción, desalojo, desalojamiento, desahucio, lanzamiento.

— **proceedings,** juicio de desahucio.

evidence Testimonio, prueba, pruebas documentales, pieza de prueba.
— **aliunde,** prueba externa.
— **by inspection,** prueba real.
— **for the defense,** prueba de descargo.
— **for the prosecution,** prueba de cargo.
— **of debt,** pagaré, bono, título de adeudo.
— **of title,** escritura de propiedad.

evidentiary Probatorio.
— **facts,** hechos evidenciales, hechos probatorios.

evocation Avocación.

ex (Lat.) De, en, de, de acuerdo con, por razón de.
— **contractu,** por contrato.
— **curia,** fuera de la corte.
— **delicto,** por delito.
— **dividend,** sin dividendo.
— **facto,** de hecho.
— **officio,** por cargo oficialmente.
— **parte,** de una parte.
— **parte divorce,** divorcio unilateral.
— **parte order,** orden judicial a petición de una de las partes.
— **post facto,** después del hecho, posterior.
— **rel,** en relación a, de acuerdo con la información.
— **testamento,** por testamento.

examination Examen, reconocimiento, interrogatorio.
— **before trial,** examen o interrogatorio antes del juicio.

— **in chief,** primer interrogatorio.
— **of bankrupt,** examen del deudor por los acreedores.
— **of books,** revisión de los libros.
— **of patent,** revisión para determinar si es patentable.
— **of title,** revisión de título.
— **of witness,** interrogatorio del testigo.

examine   Examinar, reconocer, interrogar.

examiner   Examinador, inspector.

examining court   Juez instructor.

except   Exceptuar, recusar, excepcionar, excepción.

exception   Excepción, salvedad, recusación.
— **in deed,** excepción de traspaso.
— **in statute,** cláusula de excepción.
— **insurance policy,** excepción de seguro.
— **to the hearsay rule,** excepción a la prueba.

excerpt   Extracto.

excess   Exceso, sobrante.
— **insurance,** sobre seguro.
— **of jurisdiction,** no autorizado por la ley.
— **profits tax,** impuesto sobre ganancias excesivas.
— **reserve,** encaje excedente.

excessive   Excesivo, en exceso.
— **bail,** fianza excesiva.
— **damages,** daños desmedidos.
— **fine,** multa excesiva.
— **force,** fuerza excesiva.

exchange   Permutar, intercambio de propiedad, casa de cambio, cambio de divisas extranjeras.
— **broker,** corredor de cambios.
— **certificate,** certificado de cambio.
— **rate,** tasa de cambio, cotización.

excise duty   Impuesto de aduanas.

excise tax   Impuesto al consumo o sisa.

excited utterance   Declaración en estado agitado.

exclusion   Exclusión.

exclusionary rule   Regla de exclusión.

exclusive   Exclusivo, privativo.
— **agency,** agencia exclusiva.
— **bargaining agent,** sindicato exclusivo.
— **contract,** contrato exclusivo, exclusividad.
— **control,** control exclusivo.
— **jurisdiction,** jurisdicción exclusiva, competencia exclusiva.
— **license,** licencia exclusiva.
— **possession,** posesión/tenencia exclusiva.
— **remedy,** recurso exclusivo.
— **representation,** representación exclusiva.
— **right,** derecho exclusivo, derecho absoluto.

exculpate   Exculpar, absolver, exonerar, perdonar.

exculpatory   Tendente a librar de culpa.

exculpatory clause   Cláusula
eximente.

excusable   Excusable, involuntario.
— **homicide,** homicidio
inculpable.
— **neglect,** descuido justificable.
— **negligence,** negligencia
disculpable.

excuse   Excusa, disculpa, excusar,
disculpar, dispensar.

execute   Ejecutar, adjudicar, llevar a
cabo, firmar, ajusticiar.

executed   Ejecutado, adjudicado,
llevado a cabo, legalizado, firmado.
— **agreement,** acuerdo hecho,
firmado o cumplido.
— **consideration,** causa
contractual contrapartida
ejecutada.
— **contract,** contrato firmado,
contrato ejecutado.
— **estate,** propiedad con dominio
pleno.
— **gift,** dádiva entregada.
— **oral agreement,** pacto verbal
cumplido.
— **remainder,** propiedad actual,
con derecho a posesión futura.
— **trust,** fideicomiso
formalizado.
— **writ,** escrito formalizado.

execution   Ejecución, desempeño,
cumplimiento.
— **creditor,** acreedor ejecutante.
— **docket,** lista de ejecuciones
pendientes.
— **lien,** gravamen por ejecución.
— **of an instrument,** firma, sello
y entrega del instrumento.
— **of will,** ejecución del
testamento.

— **sale,** venta judicial.

executioner   Ejecutor.

executive   Administrador, director,
ejecutivo, funcionario.
— **act,** acto ejecutivo.
— **agency,** agencia
administrativa.
— **committee,** comité ejecutivo,
comisión directiva, órgano
directivo.
— **department,** departamento
ejecutivo.
— **director,** director
administrativo.
— **employee,** empleado
ejecutivo.
— **officer,** oficial de alto rango
presidencial.
— **order,** decreto ley.
— **power,** poder ejecutivo.
— **privilege,** privilegio
presidencial.
— **secretary,** secretario
ejecutivo.

executor   Albacea, ejecutor
testamentario.

executory   Ejecutorio, por ejecutar.
— **agreement,** acuerdo que ha de
cumplirse en el futuro.
— **bequest,** legado contingente.
— **contract,** contrato por
cumplirse.
— **estate,** derecho de propiedad.
— **interests,** intereses futuros.
— **license,** licencia o permiso
para actos futuros.
— **sale,** venta acordada pero aun
no realizada.
— **trust,** fideicomiso por
ejecutar.

exemplar   Ejemplar, muestra.

exemplary damages   Daños punitivos, daños ejemplares.

exempli gratia (Lat.)   Por ejemplo, a modo de ejemplo.

exemplification   Copia certificada oficialmente.

exempt   Franquear, exentar, exencionar, eximir, libre, franco, exento, inmune.
— **income,** ingreso libre de impuesto.
— **organization,** organización caritativa.

exemption   Franquicia, exención, inmunidad, libre de obligación legal.
— **personal,** exención personal.
— **statutes,** estatutos de exención de bienes

exercise   Ejercicio, ejercer, hacer uso de.

exhaustion of remedies Agotamiento de recursos.

exhibit   Exhibir, presentar, prueba instrumental.

exhumation   Desenterramiento, exhumación.

exigency   Urgencia, exigencia.

exoneration   Exoneración, descargo, liberación.
— **of bail,** exoneración de fianza.

exorbitant   Exorbitante, excesivo.

exordium   Exordio.

expatriation   Expatriación.

expectancy   Expectación, esperanza.

expectant   Tener esperanza, en expectativa, anticipando.
— **beneficiary,** beneficiario en expectativa.
— **estate,** propiedad expectativa.
— **heir,** heredero en expectativa.
— **right,** derecho en expectativa.

experience rating   Determinación de índice por pérdidas sufridas.

expert   Experto, perito, pericial, perital.
— **appraiser,** perito tasador.
— **opinion,** opinión o dictamen pericial.
— **testimony,** testimonio pericial.
— **witness,** testigo perito.

expertise   Pericia.

expiration   Expiración, vencimiento.
— **date,** fecha de caducidad, plazo de vencimiento.

expire   Expirar, vencerse, cumplirse, caducar.

explain   Dar razón.

explicit   Explícito, inequívoco.

export   Exportar, exportación, exportado.
— **bond,** fianza de exportación.
— **duties,** impuestos de exportación.
— **license,** licencia o permiso de exportación.
— **tax,** impuesto de exportación.

exports   Bienes o mercaderías exportadas.

expository   Explicativo.
— **statute,** ley explicativa.

exposure   Exposición, revelación.

express   Expreso, expresar,
explícito, claro, decir, manifestar.
— **acceptance,** aceptación
expresa.
— **admission,** admisión directa.
— **agency,** agencia explícita.
— **agreement,** acuerdo explícito.
— **assumpsit,** compromiso
expreso.
— **authority,** autoridad expresa.
— **condition,** condición expresa.
— **consent,** consentimiento
expreso.
— **contract,** contrato explícito.
— **easement,** servidumbre
expresa.
— **invitation,** invitación
expresa.
— **malice,** malicia expresa.
— **notice,** aviso o advertencia
expresa.
— **powers,** poderes explícitos.
— **terms,** términos inequívocos.
— **trust,** fideicomiso directo.
— **waiver,** renuncia voluntaria o
expresa.
— **warranty,** garantía expresa.

expropriate   Expropiar, confiscar.

expropriation   Expropiación,
confiscación.

expulsion   Expulsión.

expunge   Borrar, cancelar.

expungement   Cancelación.
— **of record,** la eliminación de la
constancia de antecedentes
penales.

extend   Extender, amplificar,
aplazar, diferir, dilatar.

— **a mortgage,** aplazar o dilatar
el vencimiento de hipoteca.
— **a note,** aplazar el vencimiento
de un pagaré.
— **credit,** conceder crédito.
— **terms,** conceder plazos.
— **the time,** extender el plazo.

extended benefits program
Programa federal de desempleo
suplementario.

extension   Extensión, ampliación,
expansión.

extenuating circumstances
Circunstancias atenuantes,
circunstancias modificantes.

extenuation   Atenuación,
mitigación.

exterritorial   Extraterritorial.

extinguish   Extinguir, suprimir,
liquidar.

extinguishment   Extinción,
liquidación.
— **of debt,** cancelación de la
deuda.
— **of easement,** terminación de
la servidumbre.

extort   Extorsionar, intimidar.

extortion   Extorsión, concusión,
exacción.

extra   Aparte, fuera de, mas allá,
mejor que lo esperado.

extradite   Extraditar.

extradition   Extradición.

extrajudicial   Extrajudicial.

extralegal   Extrajurídico.

extraneous   Extraño, de fuera, no
pertinente.
— **evidence,** prueba externa.

extraordinary   Extraordinario, no
usual, raro.
— **care,** cuidado o diligencia
extraordinaria.
— **diligence,** diligencia o esmero
extraordinario.
— **grand jury,** gran jurado
especial.
— **remedies,** remedios o recursos
extraordinarios.
— **writs,** escritos u ordenes
extraordinarias.

extraterritoriality
Extraterritorialidad.

extreme   Extremo, remoto, último.
— **cruelty,** crueldad severa o
extrema.
— **hazard,** peligro extremo.

extrinsic   Extrínsico.
— **evidence,** prueba externa.
— **fraud,** fraude colateral.

eyewitness   Testigo ocular o
presencial.

F

FAA Siglas para **Federal Aviation Agency**, Agencia Federal de Aviación.

fabricate Fabricar, manufacturar, construir, falsificar, engañar, urdir.

fabricated Fabricado, falsificado.

— **evidence,** prueba falsificada.

fact, hecho falsificado.

face Cara, importe, valor, cantidad.
— **amount,** valor nominal.
— **of an instrument,** importe de un instrumento.
— **of judgment,** cantidad del fallo sin intereses.
— **of the record,** expediente de los autos completo.
— **value,** valor nominal.

facilitation Complicidad simple.

facility Facilidad, instalaciones, servicios.

facsimile Copia exacta.

fact Hecho, dato.

finding body, cuerpo determinativo de los hechos, comisión de encuesta.

finding, determinación de los hechos.
— **in issue,** hecho contencioso.

facto (Lat.) De hecho.

factor Factor, elemento, agente autorizado de ventas.

factor's lien Gravamen del factor.

factorage Factoraje, comisión.

factorize Embargar.

faculty Facultad, aptitud, poder, autoridad, capacidad.

fail Fallar, faltar, quebrar, fracasar.

failure Fracaso, malogro, falta, quiebra, descuido.
— **of consideration,** carencia de causa contractual.
— **of evidence,** falta de evidencia.
— **of issue,** falta de hijos.
— **of performance,** incumplimiento.
— **of proof,** falta de prueba.
— **to appear,** incomparecencia.
— **to bargain collectively,** falta de negociar un convenio colectivo.
— **to make delivery,** falta de hacer entrega.
— **to pay,** falta de pago.
— **to prosecute,** el no enjuiciar.
— **to testify,** el no testificar.

faint pleading Alegación sin derecho.

fair Justo, equitativo, neutral, objetivo, imparcial.
— **and impartial trial,** juicio justo e imparcial.
— **cash value,** valor justo, valor en efectivo, alor en el mercado.
— **comment,** comentario directo, objetivo, sin prejuicios.
— **competition,** competencia abierta, justa, imparcial.
— **consideration,** causa razonable.
— **hearing,** audiencia imparcial.

— **market value,** valor equitativo en el mercado.

— **preponderance,** preponderancia evidente.

— **return,** ganancia o beneficio justo o azonable.

— **sale,** venta equitativa.

— **trial,** juicio imparcial.

— **use doctrine,** principio de uso imparcial.

— **value,** valor justo.

— **warning,** aviso previo, aviso oportuno.

— **yield,** producto equitativo.

Fair Credit Billing Act   Ley federal de las facturas de las tarjetas de crédito.

Fair Credit Reporting Act   Ley de regulación de información acerca de las tarjetas de crédito.

Fair Housing Act   Ley que prohíbe la discriminación en la vivienda.

Fair Labor Standards Act   Ley de normas equitativas en el trabajo.

Fair Employment Practice   Ley que prohíbe discriminación laboral.

false   Falso, postizo, fingido, simulado, falsificado.

— **accusation,** calumnia.

— **action,** acción ficticia.

— **advertising,** publicidad falsa.

— **answer,** contestación falsa.

— **arrest,** arresto ilegal, detención ilegal.

— **check,** cheque falso, cheque sin fondos.

— **claim,** reclamación fraudulenta.

— **declaration,** declaración falsa.

— **entry,** asiento falso, asiento falsificado.

— **impersonation,** personificación falsa.

— **imprisonment,** detención ilegal.

— **instrument,** documento falso, documento falsificado.

— **oath,** juramento falso, perjuri.

— **pleading,** alegación ficticia.

— **pretenses,** pretextos falsos, medios fraudulentos.

— **representation,** representación fraudulenta.

— **statement,** declaración falsificada.

— **swearing,** jurar en falso.

— **verdict,** veredicto sin la deliberación.

— **witness,** testigo falso.

falsehood   Falsedad, mentira.

falsify   Falsificar, adulterar.

family   Familia, linaje.

— **allowance,** asignación o pago a la familia.

— **corporation,** sociedad familiar.

— **court,** corte de familia, corte o tribunal de asuntos domésticos.

— **law,** derecho de familia.

— **purpose doctrine,** principio de responsabilidad legal al usuario de un automóvil familiar.

Farm Credit Administration Agencia federal con facilidades de refinanciamiento de deudas agrícolas.

farm labor   Trabajo agrícola.

farm loan   Refacción agrícola.

fascism   Fascismo.

fatal   Fatal, mortal, ruinoso, decisivo, crítico, nefasto, lamentable.
— **accident,** accidente mortal.
— **defect,** defecto fatal.
— **error,** error reversible, error que causa injusticia.
— **injury,** lesión o herida mortal.
— **variance,** discrepancia crítica.

fault   Falta, defecto, culpa, negligencia.

faulty   Defectuoso, imperfecto.

FBI Siglas de **Federal Bureau of Investigation** Oficina Federal de Investigaciones.

FCC Siglas de **Federal Communications Commission** Comisión Federal de Comunicaciones.

FDA Siglas de **Food and Drug Administration** Administración de Alimentos y Drogas.

feasible   Factible, posible, hacedero.

feasor   Autor, persona responsable del daño.

featherbedding   Imposición de trabajo innecesario a los trabajadores.

federal   Federal.
— **agency,** agencia federal.
— **code,** código federal.
— **census,** censo, padrón de la población.
— **common law,** derecho consuetudinario federal.
— **corporation,** sociedad establecida por el Congreso o bajo ley federal.
— **court,** corte federal.
— **enclave,** enclave federal.

— **government,** gobierno de los Estados Unidos.
— **instrumentality,** agencia del gobierno federal que implementa un estatuto federal.
— **jurisdiction,** competencia legal de las cortes federales.
— **law,** derecho federal.
— **preemption,** derecho de prioridad federal.
— **question,** cuestión federal.

federalism   Federalismo.

federation   Federación, confederación.

fee   Honorarios, retribución, cuota, cargo, derecho, dominio, asesoría, propiedad, bienes raíces.
— **absolute,** dominio absoluto.
— **conditional,** dominio condicional.
— **simple,** pleno dominio.
— **simple estate,** propiedad en dominio pleno.

feigned   Fingido.
— **accomplice,** cómplice ficticio.
— **action,** acción ficticia.
— **issue,** cuestión artificial.

fellow employee   Compañero de trabajo.

fellow servant   Co-empleado.
— **rule,** regla de inmunidad económica por daños ocasionados por compañeros de trabajo.

felon   Felón, autor de un delito.

felonious   Criminal.
— **assault,** asalto con intención criminal.

— **homicide,** homicidio premeditado.
— **intent,** proposito de cometer un delito grave.

felony   Delito mayor o grave.
— **murder,** homicidio preterintencional.

feme (Fr.)   Mujer.
— **covert,** mujer casada.
— **sole,** mujer soltera.
— **sole trader,** mujer con negocio propio.

fence   Perista, comprador de chueco.

fetal alcohol syndrome   Síndrome de alcoholismo fetal.

fetus   Feto.

fiance   Prometido.

fiancee   Prometida.

fiat   Decreto fiat.

fiction of law   Ficción legal.

fictitious   Ficticio, imaginario, falso.
— **action,** litigio imaginario.
— **name,** nombre ficticio.
— **party,** parte ficticia.
— **payee,** portador ficticio.

fidelity   Fidelidad, lealtad, buena fe.
— **and guaranty insurance,** seguro contra pérdidas por falta de honradez, infidelidad o lealtad de los empleados.
— **bond,** fianza contra el desfalco, fianza de fidelidad, fianza de manejo, póliza de fidelidad.

fiduciary   Fiduciario.

— **bond,** bono del fiduciario.
— **capacity,** capacidad fiduciaria.
— **contract,** contrato fiduciario.
— **duty,** deber fiduciario.
— **relationship,** relación fiduciaria.

field audit   Auditoría de Hacienda o del Departamento de Rentas Internas a una entidad comercial.

field sobriety test   Prueba de ebriedad.

field warehousing   Almacén provisional para mercancías pignoradas.

fieri facias (Lat.)   Auto de ejecución.

Fifth Amendment   Quinta Enmienda a la Constitución Federal.

fighting words   Palabras pugnaces o incitadoras.

file   Archivo, expediente, legajo, archivar, registrar.
— **a claim,** presentar una reclamación, deducir una demanda.
— **a complaint,** interponer una demanda.
— **a motion,** elevar un recurso, cursar una moción.
— **an appeal,** interponer un recurso de pelación.
— **an objection,** formular una objeción.
— **suit,** registrar una demanda.

filiation proceeding   Proceso judicial de filiación.

final   Final, decisivo, conclusivo, último, definitivo.

— **adjudication,** adjudicación
determinativa, sentencia final.
— **appealable order,** orden final
y apelable.
— **argument,** argumento final.
— **decision,** decisión final.
— **determination,** resolución
final.
— **hearing,** audiencia
conclusiva.
— **judgment,** sentencia final.
— **order,** orden final.
— **submission,** presentación
final.

finance Finanza, financiar,
financiero, refaccionar.
— **bill,** giro económico.
— **charges,** cargos financieros.
— **company,** sociedad
financiera.

financial Financiero, fiscal,
monetario, bancario.
— **expense,** gastos financieros.
— **income,** ingresos financieros.
— **institution,** institución
financiera.
— **liability,** responsabilidad
financiera.
— **report,** informe financiero,
estado de cuentas.
— **responsibility,** solvencia,
responsabilidad económica.
— **statement,** sumario de
haberes y deberes, estado de
cuentas.

find Encontrar, hallar, decidir,
fallar.
— **against,** fallar o decidir en
contra.
— **for,** fallar o decidir a favor.
— **guilty,** encontrar culpable.

finder Buscador.

finding Fallo, decisión, conclusión
con respecto a cuestión de hechos.
— **of facts,** determinación de los
hechos.
— **of law,** fallo, decisión legal.

fine Multa, castigo.

fingerprint Tomar huellas digitales,
dactilograma, impresión digital.

fingerprints Huellas digitales.

firearm Arma de fuego.

firebug Incendiario.

fire insurance Seguro contra
incendio.

fire sale Liquidación por incendio.

firm Fijo, cierto, sólido, irrevocable,
firme, firma.
— **name,** razón social.
— **offer,** propuesta en firme.
— **price,** precio definitivo.

first Primero, antes que nadie.
— **born,** primogénito.
— **class title,** título válido, de
primera clase.
— **degree murder,** asesinato en
primer grado.
— **impression,** primera instancia.
— **lien,** primer gravamen,
gravamen con prioridad.
— **mortgage,** primera hipoteca.
— **of exchange,** primera de
cambio.
— **offender acts,** leyes contra
delitos únicos que permiten al
juez dar sentencias.
— **option,** primera opción.
— **refusal,** derecho de primera
opción de rehusar.

fiscal   Fiscal, financiero.
— **agent,** agente fiscal.
— **officer,** oficial financiero.
— **year,** año fiscal, ejercicio contable.

Fish and Game Laws   Leyes que regulan la pesca y caza.

fishing expedition   Interrogación de los testigos.

fit for a particular purpose   Apto para propósito particular determinado.

fix   Sobornar, arreglar, determinar.

fixed   Fijo, establecido, determinado, lío, problema.
— **amount,** cantidad fija.
— **assets,** haberes fijos, activos fijo.
— **by law,** establecido, fijado por ley.
— **charges,** gastos fijos.
— **debt,** deuda consolidada.
— **income,** ingreso fijo.
— **income securities,** certificados de ingreso fijo.
— **liability,** pasivo fijo.
— **prices,** precios fijos.
— **rate,** rédito fijo.
— **term,** plazo fijo.

fixing bail   Determinación judicial de fianza.

fixture   Accesorio fijo.

fixtures   Bienes accesorios.

flagrante delicto (Lat.)   En flagrante, mientras ocurre el daño.

flat rate   Tarifa fija, precio fijo.

flee   Huir, evadir, escaparse de.

— **from justice,** huir de la justicia.

fleet coverage   Cobertura automovilística colectiva.

flight   Fuga, huida, escape, vuelo.
— **to avoid prosecution,** fuga, huida para evitar proceso.
— **of capital,** fuga de capitales.
— **plan,** plan de vuelo, itinerario aéreo.

flimflam   Defraudar, engañar, estafar, embaucar.

float   Poner en circulación (bonos), emitir un préstamo.

floating   Flotante.
— **assets,** activos circulante o flotantes.
— **debt,** deuda a corto plazo, pagaré a corto plazo.
— **interest rate,** interés no fijo.
— **lien,** gravamen flotante.

flood insurance   Seguro contra daños causados por inundación.

floor   Suelo, piso.

flowage easement   Servidumbre de derrame.

FOIA Siglas para **Freedom of Information Act** Ley de libre acceso a información recopilada.
— **for cause,** Por causa justificable.

forbearance   Indulgencia, abstinencia, paciencia.

force   Fuerza, forzar, obligar.

force majeure (Fr.) Fuerza mayor, fortuito.

forced Forzado, forzoso, necesario.
— **heir,** heredero forzoso, heredero necesario.
— **loan,** préstamo forzoso.
— **sale,** venta forzosa.

forcible Fuerte, eficaz, obligatorio.
— **detainer,** detención violenta.
— **entry,** allanamiento.
— **trespass,** translimitación con violencia.

foreclose Entablar juicio hipotecario, embargar bienes hipotecados.
— **a mortgage loan,** ejecutar una hipoteca.

foreclosure Ejecución de hipoteca.
— **decree,** auto de ejecución hipotecario.
— **proceedings,** juicio hipotecario, proceso hipotecario.
— **sale,** venta judicial.

foregoing Anterior, previamente mencionado.

foreign Extranjero, extraño, importado, foráneo.
— **administrator,** representante de bienes testamentarios extranjeros.
— **attachment,** embargo de propiedad de un demandado extranjero.
— **bill of exchange,** efectos extranjeros.
— **charity,** beneficio administrado en el extranjero.
— **commerce,** comercio exterior.
— **corporation,** empresa extranjera.

— **currency,** moneda extranjera, divisas.
— **exchange,** divisa, cambio de moneda exterior.
— **exchange market,** mercado de divisas.
— **judgment,** fallo por la corte de otro estado
— **representative,** representante del país extranjero.
— **service of process,** diligencia exterior o emplazamiento extranjero.
— **trade,** comercio entre naciones.

foreman of the jury Presidente del jurado.

forensic Forense.
— **medicine,** medicina legal.
— **pathology,** patología.
— **psychiatry,** psiquiatría legal.

foreseeable Previsible.
— **injury,** daño previsible.
— **damages,** daños previsibles.

forfeit Comiso, decomiso, perder, decomisar.

forfeiture Pérdida, decomiso, confiscación.
— **of bond,** pérdida de la fianza.

forge Falsificar, falsear, forjar.

forgery Falsificación.

form Forma, modelo, formulario, cuestionario, formar, constituir, establecer, fundar.

formal Formal, cierto, fijo, solemne.
— **contract,** contrato formal.

formalities   Formalidades, trámites, solemnidades, diligencias.

formalize   Formalizar, celebrar, perfeccionar.

formed design   Plan deliberadamente oncebido.

former   Anterior, primero, antiguo.
— **adjudication,** adjudicación anterior.

fornication   Fornicación, fornicio.

forswear   Jurar falso, perjurar.

forthwith   Inmediatamente, ya, con diligencia razonable.

fortuitous   Fortuito, accidental, inesperado.

forum   Tribunal, foro, jurisdicción.
— **non conveniens,** (Lat.) jurisdicción inconveniente.
— **shopping,** búsqueda de tribunal favoreciente.

forward   Adelantar, adelante, transmitir, remitir.

forwarder   Persona que arregla envíos.

foster   Criar, nutrir, fomentar, promover.
— **child,** hijo de crianza, hijo de acogimiento.
— **home,** hogar de crianza, casa de acogimiento.
— **parent,** padre o madre de crianza.

found   Determinado como hecho, establecido.

foundation   Fundación, base, fundamento, organización caritativa.

founded   Con base en.
— **on,** basado en.

foundling   Niño expósito.

four corners   Limitado al contenido del documento.

fractional   Fraccionario.
— **share,** acciones fraccionarias.

frame   Formar, forjar, redactar, falsificar pruebas contra alguien.
— **evidence,** prueba falsificada, falso testimonio.
— **issues,** formalización de las cuestiones pendientes en un litigio.

franchise   Franquicia, privilegio, patente, concesión social, derecho de votar.
— **tax,** impuesto comercial.

franchisee   Persona concedida el derecho de utilizar el privilegio, la patente o el negocio.

franchisor   Persona o negocio que concede el permiso de utilizar el privilegio o patente.

fraternal   Fraternal, común, mutuo, hermandad.
— **benefit association,** asociación de beneficio social.
— **benefit society,** grupo de personas organizadas para beneficio mutuo.

fratricide   Fratricida, fratricidio.

fraud   Fraude, engaño, estafa, trampa, embuste, defraudación.

— **in fact,** fraude positivo, fraude de hecho.

— **in law,** fraude ante la ley.

— **in the essence,** engaño con respecto a un documento firmado.

— **in the inducement,** inducir con fines fraudulentos.

fraudulent   Fraudulento, doloso, engañoso.

— **concealment,** encubrimiento engañoso.

— **conversion,** apropiación ilícita.

— **conveyance,** cesión ilícita.

— **misrepresentation,** falsedad.

— **practice** conducta fraudulenta.

— **preference,** preferencia fraudulenta.

FRCP Siglas para **Federal Rules of Civil Procedure**   Derecho procesal civil federal.

free   Gratis, gratuito, libre, sin costo, sin restricción, sin obstrucción, sin limitaciones.

— **and clear,** sin gravamen.

— **election,** elección libre.

— **exercise clause,** cláusula constitucional garantizadora de la libertad de cultos.

— **of duty,** libre de derecho.

— **on board (FOB),** franco a bordo.

— **on rail,** libre sobre vagón.

— **on truck,** libre sobre vagón.

— **port,** puerto franco.

— **trade,** libre cambio.

— **will,** voluntad libre, libre albedrío.

freedom   Libertad, exención.

— **of assembly,** libertad de reunión.

— **of association,** libertad de asociación.

— **of contract,** libertad contractual.

— **of expression,** libertad de expresión.

— **of religion,** libertad religiosa.

— **of speech,** libertad de palabra.

freehold   Dominio absoluto.

freeze   Congelar.

freight   Flete, carga, fletar, cargar.

fresh   Fresco, reciente, nuevo, a tiempo, al corriente.

— **pursuit,** persecución inmediata policial.

friend   Amigo, amiga.

— **of the court,** see **amicus curiae.**

friendly   Amistoso, amigable, favorable, amigablemente.

— **suit,** acción amigable.

— **takeover,** adquisición amistosa.

fringe benefits   Beneficios suplementarios laborales.

frisk   Registrar, buscar, esculcar.

frivolous   Frívolo, trivial, insuficiente, sin importancia.

— **answer,** contestación frívola, respuesta sin méritos.

— **appeal,** apelación sin méritos.

— **pleading,** escrito o alegato frívolo.

— **suit,** demanda frívola.

frolic of his own   Actividades de uso propio que conllevan responsabilidad ajena.

front   Frente, fachada, apariencia.
— **money,** capital de inicio.

frontage   Derecho de fachada.

frontier   Frontera, fronterizo.

fronting   Colindante.

frozen assets   Bienes congelados.

fruit   Fruta, fructificar, producir, resultado, producto.
— **of crime,** fruto del delito.
— **of the land,** frutos naturales.
— **of the poisonous tree doctrine,** Principio de supresión de pruebas obtenidas ilegalmente.

frustrate   Frustrar, evitar, invalidar, anular.

frustration   Frustración.
— **of purpose,** frustración del propósito.

FSLIC Siglas de **Federal Savings and Loan Insurance Corporation** Compañía Federal de Seguros de Ahorro y Préstamos.

FTC Siglas para **Federal Trade Commission.** Comisión Federal de Comercio.

fugitive   Fugitivo, prófugo.

full   Lleno, completo, suficiente, pleno.
— **age,** mayoría de edad, edad legal.

— **amount,** valor justo, valor íntegro, cantidad total.
— **answer,** respuesta completa.
— **authority,** autoridad plena.
— **bench,** pleno de jueces.
— **blood,** parentesco carnal.
— **brother,** hermano carnal.
— **capacity,** capacidad plena.
— **cash value,** valor justo, valor total en efectivo.
— **cousin,** primo carnal.
— **covenants,** garantía completa de título.
— **coverage,** cobertura completa.
— **disclosure,** revelación completa.
— **endorsement,** endoso pleno.
— **faith and credit,** aceptación plena y total.
— **force and effect,** con toda fuerza y efecto.
— **hearing,** audiencia o vista plena.
— **indorsement,** endoso completo.
— **jurisdiction,** competencia plena.
— **name,** nombre completo.
— **pardon,** absolución completa, perdón incondicional, indulto.
— **payment,** pago total.
— **power,** poder absoluto.
— **proof,** prueba absoluta.
— **satisfaction,** pago total, satisfacción total.
— **settlement,** arreglo final, saldo, finiquito.
— **time employment,** jornada completa, empleo permanente.
— **warranty,** plena garantía.

function   Función, funcionar.

fund   Fondo, caja, proporcionar fondos, financiar, capitalizar.

fundamental Fundamental,
básico, esencial, primario.
— **error,** error esencial.
— **law,** ley fundamental, derecho
orgánico.
— **rights,** derechos
fundamentales.

fund Pagado, consolidado, pagar,
financiar fondos/recursos.
— **a debt,** consolidar una deuda.
— **liabilities,** pasivo fijo, fondo
para obligaciones.
— **trust,** fideicomiso con
deposito de fondos.

fungible Fungible.

furnish Suplir, proveer, dar, vender,
suministrar, surtir.

furniture and fixtures Muebles y
enseres.

further Adicional, más, además,
suplemental, mas allá.
— **advance,** préstamo adicional.
— **proceedings,** procesos
adicionales o ulteriores.

furtherance Progreso, fomento,
promoción.

future Futuro.
— **advance,** préstamo futuro
sobre hipoteca existente.
— **damages,** daños y perjuicios
futuros.
— **earnings,** futuros ingresos.
— **estate,** propiedad que se
tomará en el futuro.

FY Siglas para **fiscal year** Año
fiscal.

G

gag order   Orden de mordaza, orden judicial desupresión de información, incomunicación.

gain   Ganar, incrementar ganancia, provecho, incremento.
— **derived from capital,** ganancia derivada.

gainful   Ganancioso, provechoso, lucrativo, empleo provechoso.
— **employment,** actividad lucrativa, empleo provechoso.

gamble   Juego de azar, apuesta, aventura, jugar, apostar.

gambling   Juego por dinero, apuesta.
— **contract,** contrato en el cual las partes acuerdan en las ganancias y pérdidas.
— **devise,** aparato, mecanismo, ardid utilizado en apostar.
— **policy,** póliza en la cual el beneficiario no tiene interés.
— **house,** casa de juego.

game   Juego, recreación, deporte, animales de caza.
— **laws,** leyes que regulan la cacería.
— **of chance,** juego de azar.

gang   Pandilla.

gangster   Pandillero, pistolero, hampón, maleante.

GAO   Siglas para **General Accounting Office** Oficina de Contabilidad General.

garnish   Embargar, prevenir, decorar, adornar.

garnishee   Embargado.

garnishment   Embargo de bienes.

garnishor   Embargante.

gay rights   Derechos de los homosexuales.

gender discrimination Discriminación basada en sexo.

general   Común, general, universal, en bruto.
— **administrator,** administrador, general.
— **agent,** agente general, apoderado general.
— **appearance,** comparecencia general
— **assembly,** asamblea de representantes.
— **assignment,** cesión general.
— **assignment for the benefit of creditors,** cesión a beneficio de acreedores.
— **average contribution,** colectiva media.
— **charge,** instrucciones generales al jurado.
— **circulation,** circulación general.
— **contractor,** contratista general.
— **Court,** Legislatura en los estados de Massachusetts y New Hampshire.
— **creditor,** acreedor sin privilegios.

— **custom,** costumbres universales, práctica general.

— **damages,** daños generales.

— **demurrer,** excepción general.

— **denial,** denegación general.

— **deposit,** depósito general.

— **devise,** legado general.

— **disability clause,** cláusula en una póliza de seguro por la cual la incapacidad total no limita la inhabilidad de poder ejercer su trabajo.

— **election,** elección general, comicios generales.

— **exception,** excepción general, excepción dirigida a materias substantivas mas que a la forma.

— **execution,** ejecución general.

— **executor,** albacea universal.

— **finding,** decisión general, determinación general.

— **fund,** fondo o cuenta fiscal.

— **guaranty,** garantía general.

— **guardian,** tutor general.

— **instruction,** see **general charge.**

— **jurisdiction,** competencia general.

— **law,** ley general.

— **legacy,** legado general.

— **lien,** gravamen general.

— **malice,** malicia general.

— **meeting,** junta general de accionistas o acreedores.

— **orders,** reglamentos del tribunal.

— **partner,** socio general.

— **partnership,** sociedad en nombre colectivo.

— **power of appointment,** poder notarial general

— **relief,** asistencia pública para necesitados.

— **retainer,** anticipo general de honorarios.

— **session,** sesión general de la legislatura.

— **statute,** ley general.

— **strike,** huelga general, paro general.

— **tenancy,** tenencia sin plazo.

— **term,** término o período regular de la corte.

— **usage,** costumbre general.

— **verdict,** veredicto general.

— **warranty,** garantía general.

General Accounting Office Oficina de Contabilidad General.

General Services Administration Administración de Servicios Generales.

generation Generación.

generic Genérico.

gentleman's agreement Acuerdo entre caballeros.

genuine Genuino, legítimo, auténtico, fehaciente.

— **instrument,** instrumento auténtico.

germane Aplicable, pertinente, apropiado.

Gerrymandering División arbitraria de distritos electorales.

gestation Gestación.

gift Regalo, dádiva, donación.

— **causa mortis,** donación de propiedad en expectativa de muerte.

— **in trust,** dádiva en que el beneficiario solo recibe título equitativo.

— **inter vivos,** donación entre vivos.

— **tax,** impuesto sobre donaciones.

gist of an action   La esencia o la razón de una acción.

give   Dar, donar, regalar, ceder.

GNP Siglas para **Gross National Product** Producto Nacional Bruto.

go   Ir, andar, marchar, pasar.

going and coming rule   Regla de exclusión de compensación laboral en las idas y venidas al trabajo.
— **concern,** negocio en marcha.
— **concern value,** valor de la empresa en marcha.

gold reserves   Reserva de oro.

good   Bueno, válido, absoluto.
— **and valid consideration,** causa contractual válida.
— **behavior,** buena conducta, buen comportamiento.
— **cause,** causa o motivo suficiente.
— **character,** buena reputación moral.
— **defense,** buena defensa.
— **faith,** buena fe.
— **faith bargaining,** negociación de buena fe.
— **faith purchaser,** comprador en buena fe.
— **moral character,** conducta moral.
— **name,** buen nombre, buena fama.
— **order,** mercadería en buen estado.
— **repair,** reparación apropiada.
— **repute,** de buena reputación.
— **Samaritan Doctrine,** doctrina del buen samaritano.

— **title,** título válido o comerciable.

goods   Mercaderías, bienes, productos.
— **and chattels,** enseres, bienes.
— **and services,** mercaderías y servicios.

goodwill   Buen nombre, clientela, plusvalía.

goodwill of a going concern   Valor intrínseco.

govern   Gobernar, regir, controlar, manejar, dirigir.

governance   El acto de gobernar, el poder de gobernar.

governing body   Cuerpo, grupo, consejo gobernante, órgano.

government   Gobierno, administración.
— **bonds,** efectos públicos.
— **contract,** contrato de adquisición.
— **corporation,** compañía que funciona como gencia del gobierno.

governmental   Gubernamental, gubernativo.
— **act,** acto hecho dentro del curso administrativo de la agencia.
— **agency,** agencia gubernamental.
— **body,** organismo.
— **duties,** obligaciones gubernamentales.
— **functions,** funciones gubernamentales.
— **immunity,** See **sovereign immunity**

— **instrumentality,** entidad gubernamental.

— **powers,** poder gubernamental.

— **purpose,** propósito gubernamental.

— **subdivision,** unidad gubernamental.

governor   Gobernador.

grace   Gracia, indulgencia, favor, merced, clemencia.

— **period,** período de espera.

grade   Grado, calificación, cuesta, declive.

— **crossing,** cruce a nivel.

graded offenses   Delitos clasificados.

graduated   Graduado, medido, gradual, aumentado, incrementado.

— **lease,** contrato de arrendamiento con aumentos eriódicos.

— **payment mortgage,** hipoteca con aumento de pagos.

graft   Peculado, mangoneo, mordida, pago ilegal, soborno.

grand   Gran, grande, grandioso, admirable.

— **juror,** miembro del gran jurado.

— **jury,** gran jurado, jurado acusatorio.

— **larceny,** hurto.

— **theft,** robo.

grandfather clause   Cláusula que exime a aquellos ya dentro de la actividad, atribuir, declarar que ha lugar.

grant   Concesión, subvención, donación, escritura de transferencia de propiedad, conceder, otorgar, dictar, acceder, atribuir, declarar que ha lugar.

grantee   Concesionario, cesionario.

granting clause   Cláusula concesionaria.

grantor   Otorgante, cesionista.

grantee indexes, indices de transferencias.

gratuitous   Gratuito.

— **bailment,** comodato, depósito para beneficio del depositante.

— **consideration,** causa contractual gratuita.

— **contract,** contrato gratuito.

gratuity   Presente, regalo, recompensa, honorario, gratificación.

gravamen   Base del litigio.

gravity   Gravedad, seriedad, severidad, importancia, peso.

great bodily injury   Gran daño y heridas físicas.

great care   Con cuidado.

green card   Tarjeta de residencia.

grievance   Agravio, injuria, ofensa, queja formal.

grievous   Opresivo, doloroso, grave, atroz.

gross   Grueso, sin deducción, total, entero, burdo, tosco, grosero.

— **earnings,** ingresos totales, en bruto.

— **estate,** herencia total, caudal hereditario.

— **income,** ingreso bruto, renta bruta, entradas brutas.

— **income tax,** impuesto sobre entradas brutas.

— **lease,** contrato de arrendamiento con gastos al arrendador.

— **misdemeanor,** falta menor, de mayor seriedad.

— **national product (GNP),** producto nacional bruto.

— **negligence,** negligencia temeraria, negligencia grave.

— **pay,** pago bruto, sueldo en bruto.

— **profit,** ganancia total o en bruto.

— **weight,** peso bruto.

ground   Causa, terreno, base.

group   Grupo, número de personas.
— **home,** hogar de menores.
— **insurance,** seguro laboral.
— **libel,** declaración difamatoria contra un grupo.

growing crop   Cosecha en cultivo.

guarantee   Garantía.

guaranteed   Garantizado, seguro, definitivo.
— **bond,** bono garantizado por otra corporación.

guarantor   El que garantiza, fiador, garante, avalista.

guaranty   Garantía, caución, seguro.
— **bond,** fianza.
— **company,** compañía de fianzas.
— **fund,** fondo de garantías.

guardian   Guardián, tutor, curador.
— **ad litem,** tutor nombrado judicialmente.

guardianship   Tutela, tutoría.

guest   Huésped.
— **automobile,** pasajero invitado en un automóvil.
— **statute,** estatuto de responsabilidad automovilista.

guilt   Culpa, culpabilidad, responsabilidad criminal.

guilty   Culpable, convicto, responsable.
— **mind,** intento criminal.
— **plea,** declaración de culpabilidad.
— **verdict,** veredicto de culpable.

gun   Pistola, arma de fuego.

gunman   Pistolero.

gun-runner   Traficante de armas.

H

habeas corpus (Lat.)   Auto de presentación de la persona detenida ilegalmente.

habendum clause   Cláusula de transferencia.

habitability   Habitabilidad.

habitable   Habitable.

habitation   Habitación, lugar donde se vive.

habitual   Habitual, acostumbrado.
— **criminal,** criminal, delincuente habitual, recidivista.
— **drunkard,** ebrio, borracho empedernido.
— **intoxication,** embriaguez habitual.
— **offender,** delincuente habitual.

habitually   Habitualmente.

half   Medio.
— **blood,** media hermana, medio hermano.
— **brother,** medio hermano.
— **proof,** prueba de un testigo.
— **sister,** media hermana.
— **way house,** centro de semi libertad, centro de libertad limitada.

hallucinogen   Alucinógeno.

hand down a decision   Promulgar, dar una decisión o fallo.

handwriting comparison   Cotejo caligráfico.

handicap   Desventaja.

handicapped   Impedimento, incapacitado, discapacitado, disminuido.

harassment   Hostigamiento.

harbor   Proteger, ayudar, dar asilo, refugio, abrigo a una persona.

harboring a criminal   Proteger, esconder, ayudar, dar asilo, refugiar, albergar a un delincuente.

hard labor   Trabajo forzado.

harmless error   Error inofensivo.

harmonize   Armonizar, reconciliar.

have   Tener, poseer.
— **and hold,** tener y poseer.

hazard   Riesgo, peligro, estorbo, obstáculo.

hazardous   Peligroso, inseguro, arriesgado.
— **contract,** aleatorio.
— **employment,** empleo arriesgado, empleo peligroso.
— **waste,** desperdicios nocivos, basura insalubre.

head   Cabeza, cabecilla, jefe, líder.
— **of family,** jefe de familia.
— **of household,** jefe de familia.
— **tax,** capitación.

headnote   Nota explicativa que encabeza opiniones judiciales.

headquarters   Oficina central, prefectura.

health   Salud, sanidad, salubridad.
— **authorities,** centro de salubridad, centro de sanidad.
— **board,** Comisión de higiene.
— **inspection,** inspección sanitaria.
— **insurance,** seguro de enfermedad.
— **laws,** leyes de higiene.
— **officer,** empleado autorizado de hacer cumplir las leyes de salud.

hear   Oír, considerar, conocer, ver.
— **and determine,** conocer, considerar, determinar.

hearing   Audiencia, vista, juicio.
— **examiner,** persona que preside la vista. See **A. L. J.**

hearsay   Testimonio de oídas.
— **rule,** regla que determina admisibilidad de las pruebas.

heat of passion   Arrebato y obcecación, impulso de ira.

hedonic damages   Daños y perjuicios por sufrimientos psíquicos y físicos.

heir   Heredero, heredado.
— **apparent,** heredero aparente.
— **at law,** heredero legítimo.
— **by adoption,** heredero por adopción.
— **by necessity,** heredero forzoso.
— **collateral,** heredero colateral.
— **general,** heredero legal, o legítimo.
— **of the body,** descendiente lineal.
— **presumptive,** presunto heredero.

— **unconditional,** heredero absoluto, sin condiciones.

heiress   Heredera.

heirloom   Objeto heredado.

held   Propiedad efectiva, dictamen.

henceforth   De hoy en adelante.

hereafter   Después de ahora, en el futuro.

hereby   Por la presente, por este documento o acción.

hereditaments   Propiedad, derechos reales, herencia.

hereditary   Hereditario.
— **succession,** sucesión hereditaria.

herein   Incluso en esto.

hereinafter   Mas abajo, mas adelante.

hereinbefore   Anteriormente, antes, arriba.

hereto   Hasta ahora.

heretofore   Antes, anteriormente, con anterioridad.

hereunder   Por la presente, en virtud de este, bajo esto.

herewith   Adjunto, con el presente, con esta.

heritable   Hereditario, heredable.

heritage   Herencia, patrimonio.

heroin   Heroína.

hidden defect Defecto oculto, vicio oculto.

high Alto, elevado, importante, estado, superior.
— **degree of care,** alto grado de cuidado, mas que cuidado ordinario.
— **seas,** alta mar.
— **tide,** lo mas alto a que llega la marea.

higher court Corte superior

highway Carretera, carretera abierta, camino real.

highwayman Forajido, salteador de caminos, bandido.

hijacking Asaltar, secuestrar, constreñir al conductor de un vehiculo.

hinder Obstruir, impedir, estorbar.

hindrance Obstáculo, impedimento, estorbo.

hire Alquilar, contratar, emplear, paga, sueldo, contratación.

hiring hall Oficina sindical de empleo.

historical Histórico.
— **cost,** costo primitivo o histórico.
— **site,** lugar histórico.

hit and run Atropellar y correr.

hitherto Hasta la fecha.

HIV Siglas para **human immunodeficiency**
— **virus** Virus causante de inmunodeficiencia.

hold Tener, poseer, ocupar, obligar, opinar, decidir, juzgar.
— **court,** sesionar, celebrar sesión.
— **for trial,** detener, encarcelar.
— **harmless,** amparar, dejar a salvo, librar de responsabilidad.
— **office,** desempeñar un cargo.
— **over,** retener, aplazar, continuar un cargo.
— **responsible,** hacer responsable.
— **up,** saltear, atracar, parar.
— **without bail,** detener sin fianza.

holder Tenedor, poseedor.
— **for value,** tenedor legítimo o por valor.
— **in due course,** portador de buena fe, tenedor en debido curso.
— **in good faith,** tenedor en buena fe.
— **of record,** tenedor inscrito.

holding Decisión, opinión, tenencia posesión, asociación, grupo industrial.
— **company,** compañía matriz, compañía dominatriz.
— **period,** el período que el contribuyente mantiene la propiedad.

holdover tenant Inquilino remanente.

holiday Día de fiesta o festivo.

holograph Hológrafo, ológrafo.

holographic will Testamento hológrafo.

home Hogar, domicilio, residencia.

— **office,** oficina matriz o casa central.
— **port,** puerto de origen.
— **rule,** autonomía.

homeowner   Propietario, dueño de casa.

homestead   Casa, solariega, hogar, heredad, excepción de embargo, bien de familia.
— **law,** derecho de tomar posesión de bienes raíces.
— **right,** derecho de posesión y goce de hogar.

homework   Tarea, trabajo hecho en casa.

homicide   Homicidio.
— **by misadvanture,** homicidio involuntario o por accidente.

Hon.   Abrev. de **Honorable,** distinguido.

honor   Honor, honesto, integridad, señoría.

honorable   Honorable, distinguido.

honorarium   Honorarios.

honorary   Honroso, honorario, honorífico.
— **trust,** fideicomiso honorario.

horizontal   Horizontal.
— **agreement,** convenio anti competitivo paralelo.
— **merger,** consolidación horizontal.

hornbook   Libro de conceptos legales fundamentales.

hostage   Rehén.

hostile   Hostil, antagonista, adverso, belicoso, argumentista.
— **environment,** ambiente hostil.
— **fire,** incendio, fuego intencional, perjudicial.
— **possession,** posesión hostil. See **adverse possession.**
— **takeover,** consolidación hostil.
— **witness,** testigo desfavorable.

hot   Caliente, peligroso, furioso, robado.
— **goods,** propiedad robada.

hotchpot   Colación de bienes.

house   Casa.
— **of corrections,** reformatorio, correccional
— **of the legislature,** casa de la legislatura, asamblea.
— **of prostitution,** casa de prostitución, burdel, prostíbulo.

housebreaking   Escalo, escalamiento, allanamiento de una morada.

household   Familia, familiar, doméstico, común.

housing authority   Oficinas de Autoridad de Viviendas.

hung jury   Jurado sin veredicto.

husband   Marido, esposo.
— **and wife,** marido y mujer, esposos, cónyuges.

hybrid class action   Acción colectiva híbrida.

hypothecate   Hipotecar.

hypothecation   Hipoteca, empeñar.

hypothesis   Hipótesis.

hypothesize   Asumir, suponer,
teorizar.

hypothetical   Hipotético
— **question,** pregunta hipotética.

I

I object   Protesto, me opongo.

ibid.(Lat.)   Ibidem, en el mismo lugar, de allí mismo.

ICC Siglas para **Interstate Commerce Commission**   Comisión de Comercio Interestatal.

id. (Lat.)   ídem, previamente referido, lo mismo, el mismo.

identical   Idéntico, igual, lo mismo.

identification   Identificación.

identify   Identificar, verificar, autenticar.

identity   Identidad, igualdad, hecho de ser igual.
— **of interests,** igualdad de intereses.
— **of parties,** igualdad del estado de las partes.

idiocy   Idiotez, imbecilidad.

ignorance   Ignorancia, falta de sabiduría, desconocimiento.
— **of fact,** ignorancia de los hechos.
— **of the law,** ignorancia de la ley.
— **of the law is no excuse,** ignorancia de la ley no exime la obligación de cumplirla.

ignore   Hacer caso omiso.

illegal   Ilegal, ilícito, ilegítimo.

— **consideration,** causa contractual ilícita.
— **entry,** entrada ilegal.
— **interest,** interés ilegal, usura.
— **search,** registro domiciliario, allanamiento ilegal, cacheo ilegal.
— **search of premises,** allanamiento ilegal.
— **search of a person,** cacheo ilegal.
— **strike,** huelga sin autorización.

illegality   Ilegalidad, acto ilegal.

illegally obtained evidence   Prueba obtenida ilegalmente, prueba ilegal.

illegitimate   Ilegítimo, erróneo invalido.
— **child,** hijo ilegítimo, niño espurio.

illigitimacy   Ilegitimidad.

illiteracy   Analfabetismo.

illiterate   Analfabeto.

illicit   Ilícito, ilegal, prohibido.
— **cohabitation,** cohabitación.
— **intercourse,** relaciones sexuales ilícitas, fornicación.
— **relations,** relaciones ilícitas, adulterio, fornicación.

illusory   Ilusorio, imaginario, engañoso, ficticio, falso.
— **contract,** contrato ilusorio, contrato nulo y sin efecto.
— **promise,** promesa ilusoria, promesa nula y sin efecto.

imbecility   Imbecilidad, forma de incapacidad mental, estupidez.

imitation   Imitación, falso.

immaterial   Inmaterial, irrelevante, no pertinente, sin consecuencia.
— **allegation,** alegación innecesaria.
— **averment,** aseveración no pertinente.
— **evidence,** prueba irrelevante.
— **issue,** cuestión inmaterial.
— **variance,** inconsistencia sin consecuencia, discrepancia sin consecuencia.

immediate   Inmediato, próximo, cerca.
— **cause,** causa posterior.
— **danger,** peligro inmediato, peligro inminente.
— **descent,** herencia directa.
— **family,** familia inmediata.
— **notice,** aviso inmediato.

immediately   Inmediatamente, pronto, sin dilación.

immigrant   Inmigrante.

immigration   Inmigración.

Immigration and Naturalization Service (INS) Servicio de Inmigración y Naturalización.

imminent   Inminente, a punto de suceder.
— **danger,** peligro inminente.
— **peril,** peligro inminente

immoral   Inmoral, vicioso, sin ética, sin escrúpulos.
— **consideration,** caución contractual inválida, caución contractual inmoral.

immorality   Inmoralidad.

immovables   Bienes muebles, bienes raíces.

immunity   Inmunidad, exención.
— **from prosecution,** inmunidad de procesamiento penal, inmunidad de enjuiciamiento. See **transactional immunity, use immunity.**

impairment   Menoscabo, perjuicio, deterioro, limitación.

impairmant of capital   Reducción del capital líquido bancario.

impanel   Elegir el jurado, seleccionar el jurado, constituir el jurado.

impartial   Imparcial, indiferente, neutral, sin prejuicios, justo, equitativo.
— **jury,** jurado imparcial.

impeach   Residenciar, impugnar, recusar, tachar.

impeachment   Acusación, tacha, residencia.
— **of an officer,** residenciamiento.
— **of verdict,** impugnación del veredicto.
— **of witness,** recusación del testigo.
— **proceedings,** juicio político, proceso de residencia.

impecunious   Sin fondos, sin dinero.

impediment   Impedimento, obstrucción, obstáculo.

imperative   Imperativo, imperioso, obligatorio, ineludible.

imperfect   Imperfecto, incompleto, defectivo, deficiente, defectuoso.

impertinent   Impertinente
inmaterial, irrelevante.

implead   Demandar.

implement   Implementar, dar efecto,
cumplir.

implementation   Ejecución,
cumplimiento.

implicate   Implicar, envolver.

implication   Implicación,
consecuencias, deducción, inferencia,
complicidad.

implied   Implicado, incluido,
sobreentendido, tácito.
— **abandonment,** abandono
implícito.
— **acceptance,** aceptación
implícita.
— **acknowledgment,**
reconocimiento tácito.
— **admission,** admisión
implícita.
— **agreement,** acuerdo implícito.
— **agency,** agencia implícita.
— **authority,** autoridad implícita.
— **bias,** predisposición implícita,
prejuicio implícito.
— **condition,** condición callada,
condición implícita.
— **confession,** confesión
implícita.
— **consent,** consentimiento
implícito o tácito.
— **consideration,** causa
contractual tácita.
— **contract,** contrato tácito.
— **easement,** servidumbre
sobreentendida.
— **invitation,** invitación
implícita.
— **license,** privilegio implícito.
— **malice,** malicia implícita.

— **notice,** notificación
sobreentendida.
— **power,** autoridad implícita.
— **promise,** promesa implícita.
— **reservation,** reserva implícita.
— **trust,** fideicomiso implícito.
— **waiver,** renuncia implícita.
— **warranty,** garantía implícita.

import   Importar, significar, artículo
de importancia, importación.
— **tax,** impuesto de importación.

imports   Importación de
mercaderías.

impose   Imponer, cargar.

imposition   Imposición, carga.

impossibility of performance
Imposibilidad de cumplimiento.

impost   Impuesto, contribución de
aduana.

impotence   Impotencia en el
hombre.

impound   Embargar, incautar,
confiscar, secuestrar.

impracticability   Teórico, el no ser
práctico.

imprison   Encarcelar, aprisionar,
apresar, recluir.

imprisonment   Reclusión,
encarcelamiento, prisión.

improve   Mejorar, aumentar de
valor, explotar.

improved land   Predio edificado.

improvement Mejoras, mejoramiento, mejoría.
— **tax,** gravamen de valorización.

improvidently granted Fallo erróneo.

impute Atribuir, imputar, achacar.

imputed Atribuido.
— **knowledge,** conocimiento derivado.
— **negligence,** negligencia derivada.

in En
— **absentia,** en ausencia.
— **advisory capacity,** a título de asesor.
— **aid of,** en ayuda de.
— **articulo mortis,** próximo a la muerte.
— **auter droit,** (Fr.) por derecho de otro.
— **bad faith,** de mala fe.
— **being,** en existencia, viviente.
— **bulk,** en bruto.
— **camera,** sesión secreta.
— **chambers,** sesión secreta.
— **chief,** primario, principal, probatorio.
— **common,** en común.
— **contemplation of death,** en expectativa de muerte.
— **corpore** (Lat.), en cuerpo, en sustancia.
— **custody,** bajo custodia policial, encarcelado.
— **due course,** a su debido tiempo.
— **effect,** en efecto, de consecuencia legal, de echo, vigente, en vigor.
— **equity,** de acuerdo con las leyes de equidad, justo.
— **evidence,** admisible.
— **fact,** de hecho.
— **fee,** propiedad absoluta.
— **force,** en efecto.
— **forma pauperis** (Lat.), por ser pobre.
— **full,** cumplimiento total.
— **futuro** (Lat.), en el futuro.
— **good order,** en buen orden.
— **gross,** en grueso, total, sin deducciones.
— **in jeopardy,** en peligro.
— **law,** bajo la ley, ante la ley.
— **lieu of,** en lugar de.
— **limine,** de limitación.
— **loco parentis,** (Lat.) en lugar de padre.
— **open court,** abierto al público.
— **pari delicto,** (Lat.) de igual culpabilidad.
— **perpetuity,** por o para siempre.
— **personam,** (Lat.) contra la persona.
— **personam action,** acción contra la persona.
— **personam judgment,** fallo en contra de la persona.
— **personam jurisdicion,** jurisdicción sobre la persona.
— **propia persona,** (Lat.) por su propia persona, por si mismo.
— **re,** (Lat.) con referencia a, en cuanto a.
— **rem,** (Lat.) contra o sobre la cosa.
— **specie,** (Lat.) de la misma especie o clase
— **stirpes,** (Lat.) por estirpe, por representación.
— **terrorem clause,** cláusula testamentaria de advertencia.
— **the course of employment,** en el transcurso del empleo.
— **the name of,** en nombre de.

— **toto,** (Lat.) en total, totalmente, completamente.

— **transit,** (Lat.) en tránsito, en camino.

— **trust,** propiedad en fideicomiso.

in witness hereof   en efecto de lo cual.

inadequate   Inadecuado, insuficiente, deficiente, no efectivo.
— **consideration,** causa contractual insuficiente.
— **damages,** fallo por daños inadecuados.
— **remedy at law,** recurso legal inadecuado.

inadmissible   Inadmisible, inaceptable.

inalienable   Inalienable, inenajenable, no transferible.
— **rights,** derechos inalienables.

inapplicable   Inaplicable, no apropiado, inapropiado.

inauguration   Inauguración.

Inc. Abrev. de **incorporated** Incorporado, constituido como sociedad comercial.

incapacity   Incapacidad, inhabilidad legal.

incarcerate   Encarcelar.

incarceration   Encarcelación, encarcelamiento.

incendiary   Incendiario.

incentive pay   Incentivo salarial, prima.

inception   Principio, inicio.

incest   Incesto.

inchoate   Imperfecto, no concluido.
— **crime,** delitos preparatorios.
— **instrument,** instrumento no registrado.
— **interest,** derecho futuro.
— **lien,** gravamen no registrado.

incident   Incidente, suceso, acontecimiento.

incidental   Incidental, accesorio.
— **admission,** admisión concomitante.
— **beneficiary,** beneficiario incidental.
— **use,** uso colateral.

incite   Incitar, instigar.

income   Ingreso, ganancia, entrada, renta, rédito.
— **bearing,** que produce ingresos.
— **property,** propiedad que produce ingresos.
— **statement,** declaración de ingresos.
— **tax,** impuesto sobre los ingresos.
— **tax return,** declaración de la renta, declaración de contribución sobre ingresos.

incommunicado   Incomunicado.

incompatibility   Incompatibilidad.

incompetence   Incompetencia, inhabilidad, incapacidad, ineptitud.

incompetent   Inválido, incompetente, inepto, no calificado.
— **evidence,** prueba invalida.

— **person,** persona inválida, incompetente, incapacitada.

inconclusive   Inconcluso, inconcluyente.

inconsistent   Inconsistente, incompatible, contradictorio.

incontestability   Incontestabilidad.

incontrovertible   Incontrovertible, indisputable.

inconvenience   Inconveniencia, incomodidad.

inconvenient   Inconveniente, inoportuno, inapropiado.

incorporate   Incorporar, constituir, incluir, agregar.

incorporation   Incorporación.
— **agreement,** acuerdo de incorporación.
— **by reference,** inclusión por referencia.

incorporator   Incorporador, otorgante, fundador.

incorporeal   Incorpóreo.
— **hereditaments,** bienes intangibles por heredar.
— **property,** bienes no incorporeos.
— **right,** derecho intangible.

incorrigible   Incorregible.

increment   Incremento, ganancia.

incriminate   Incriminar, acriminar.

incriminating   Acriminador, acusador.

— **circumstances,** circunstancias inculpatorias.
— **evidence,** prueba inculpatoria.
— **statement,** declaración inculpatoria.

incrimination   Incriminación, acriminación.

inculpate   Inculpar, incriminar.

inculpatory   Que culpa, inculpar, acriminador, acusador.

incumbent   Titular de cargo.

incumbrance   Gravamen, cargo.

incur   Incurrir, asumir, contraer, caer.

indebted   Obligado, adeudado, endeudado.

indebtedness   Deuda, adeudo, obligación, endeudamiento.

indecent   Indecente, impropio, vulgar, inmoral.
— **assault,** agresión indecente.
— **exposure,** exhibición impúdica.

indefeasible   Irrevocable, inabrogable.

indefinite   Indefinido, temporal, incierto, abierto.

indefinite failure of issue   Falta de sucesión.

indemnification   Indemnización.

indemnify   Indemnizar, desagraviar, resarcir.

indemnitee   Indemnizado.

indemnitor   Indemnizador,
contrafiador.

indemnity   Indemnización,
indemnidad.
— **agreement,** acuerdo de
indemnización.
— **bond,** contrafianza, fianza de
indemnización.
— **clause,** cláusula de
indemnización.
— **insurance,** seguro de
indemnización.

indenture   Escritura, contrato,
instrumento.

independent   Independiente.
— **audit,** auditoria
independiente.
— **counsel,** abogado
independiente.
— **covenant,** promesa
independiente al contrato
general.
— **source rule,** regla de fuentes
independientes.

indestructible trust   Fideicomiso
indestructible.

indeterminate   Indeterminado, no
fijo, incierto.
— **sentence,** sentencia
indeterminada, condena
indeterminada.

index   Indice.

Indian   Indio, indígena.
— **lands,** tierras en fideicomiso
para las tribus indígenas.
— **reservation,** reservación
ocupada por los ciudadanos
indígenas.
— **tribe,** tribu indígena.

indicia   Indicios.

indict   Procesar, encausar.

indictable   Procesable, encausable.

indicted   Formalmente procesado,
encausado.

indictee   Procesado, acusado.

indictment   Procesamiento,
acusación por jurado acusatorio,
inculpatoria.

indifferent   Indiferente, imparcial,
sin interés.

indigent   Indigente, pobre.

indignity   Indignidad, ultraje,
afrenta.

indirect   Implícito, indirecto.
— **contempt,** contumacia
indirecta.
— **evidence,** prueba indirecta.
— **tax,** impuesto indirecto, sisa.

indispensible   Indispensable,
imprescindible.
— **evidence,** prueba
indispensable.
— **party,** parte indispensable.

individual   Individuo, individual,
personal, separado.

indivisible   Indivisible, inseparable.
— **contract,** contrato indivisible.

indorse   Endosar, firmar al reverso.

indorsee   Endosatario.

indorsement   Endose, endoso,
respaldo, garantía.

indorser   Endosante.

induce   Inducir, influenciar, persuadir.

inducement   Aliciente, incentivo, motivante, instigación, prólogo, introducción.

induction   Instalación, presentación, asumir un cargo.

industrial   Industrial.
— **accident**, accidente de trabajo.
— **development**, desarrollo industrial.
— **disease**, enfermedad industrial.
— **park**, polígono industrial.
— **relations**, relaciones laborales.
— **union**, unión, sindicato industrial.

industry   Industria.

ineligible   Inelegible.

inescapable peril   Peligro o accidente inevitable.

inequitable   Injusto.

inequity   Injusticia.

inevitable   Inevitable, fortuito.
— **accident**, accidente fortuito.

infamous   Infame, infamante, notorio.
— **crime**, crimen infamante, delito notorio.
— **punishment**, pena infamante.

infamy   Infamia, vergüenza, deshonor.

infancy   Infancia, minoridad.

infant   Menor de edad.

infer   Inferir, deducir, concluir.

inference   Inferencia, deducción, conclusión de un hecho.

inferential   Deducido.

inferior   Inferior, subordinado.
— **court**, corte o tribunal inferior.

inferred   Inferido.

infidelity   Infidelidad, deslealtad.

infirm   Defectuoso, enfermizo, débil.

infirmative   Tendencia a debilitar.

inflation   Inflación.

influence   Influencia, influir, ejercer fuerza.

informal   Informal, imperfecto, de confianza

informant   Informador, denunciante, delator.

information   Información, informe, acusación por el fiscal, denuncia.
— **and belief**, basado en información y conocimiento.

informed consent   Conformidad por información.

informer   Informador, denunciante, delator.

infraction   Infracción, violación, transgresión, contravención.

infringe   Infringir, violar, contravenir, vulnerar.

infringement   Violación, infracción, vulneración, uso indebido.

inhabitant   Habitante.

inherent   Inherente.
— **danger,** peligro inherente, peligroso de por sí.
— **defect,** defecto inherente.
— **power,** poder o autoridad propia.
— **power of court,** autoridad esencial de la corte.
— **right,** derecho fundamental.

inherit   Heredar, recibir por herencia.

inheritance   Herencia.
— **rights,** derechos hereditarios.
— **tax,** impuestos hereditarios.

inhibition   Inhibición.

inhuman treatment   Trato inhumano.

initial   Inicial, lo primero.

initials   Siglas, iniciales.

initiate   Iniciar, entablar.

initiative   Iniciativa, derecho de los ciudadanos de presentar propuestas legislativas.

injunction   Mandato judicial, amparo, prohibición judicial, interdicto.
— **bond,** fianza de entredicho.

injunctive relief   Desagravio por mandato judicial.

injure   Injuriar, dañar, herir, lesionar, lacerar, perjudicar.

injured   Dañado, herido, lastimado.
— **party,** persona perjudicada.

injurious   Injurioso, dañino, dañoso, perjudicial.
— **falsehood,** falsedad injuriosa.

injury   Lesión, herida, lastimadura, agravio.

injustice   Injusticia.

inmate   Presidiario, recluso, prisionero, preso.

innocence   Inocencia, inculpabilidad.

innocent   Inocente, no culpable.
— **agent,** agente inocente.
— **and injured,** inocente y dañado por otro.
— **party,** parte inocente.
— **purchaser,** comprador de buena fe.
— **trespasser,** transgresor de buena fe.

inoperative   Ineficaz, inválido.

inquest   Indagatoria.

inquiry   Indagatoria judicial, pesquisa.

inquisitorial system   Sistema inquisitorial.

insane   Demente, loco, insano.

ins and outs   Pormenores.

insanity   Locura, demencia.

insanity hearing   Juicio de insania.

inscription   Inscripción.

insider   Persona informada, miembro de una compañía.

insider trading   Contratación con información privilegiada.

insolvency   Insolvencia.

insolvent   Insolvente.

inspect   Inspeccionar, revisar, examinar.

inspector   Inspector.

inspection   Inspección, revisión, examen, registro.
— **laws,** leyes de inspección.
— **of documents,** revisión de documentos de la parte contraria.

install   Instalar, poner, colocar.

installment   Abono, plazo, cuota, entrega.
— **contract,** contrato a plazos.
— **loan,** préstamo a plazos.
— **note,** nota o pagaré a plazos.
— **payment,** pago, abono a plazos.

instance   Instancia, petición, solicitud.

instant   Instante, rápido, actual, inmediato.

instantaneous   Instantáneo, al instante.
— **death,** muerte instantánea.

instigate   Instigar, incitar, provocar.

instigation   Instigación.

institute   Instituto, instituir, crear, fundar.

institution   Institución, establecimiento de negocios.

institutional   Institucional.
— **decision,** decisión institucional.
— **lender,** institución prestamista, negocio prestamista.

instruct   Instruir, dirigir, dar ordenas.

instruction   Instrucción, directivo, información, guía.

instrument   Instrumento, documento, escritura.

instrumentality   Medio, agencia.
— **rule,** regla de compañías/empresas subsidiarias.

insubordination   Insubordinación, desobediencia voluntaria.

insufficient   Insuficiente, inadecuado.
— **evidence,** prueba insuficiente.
— **funds,** fondos insuficientes.

insurable   Asegurable.
— **interest,** interés asegurable.
— **risk,** riesgo asegurable.

insurance   Seguro.
— **adjuster,** ajustador de seguros.
— **agent,** agente de seguros.
— **broker,** corredor de seguros.
— **carrier,** portador de seguros.

— **commissioner,** comisionado, jefe del departamento de seguros.
— **company,** compañía aseguradora.
— **policy,** póliza de seguros.
— **premium,** prima de seguro, cuota de seguro.

insure   Asegurar, asegurarse.

insured   Asegurado, persona asegurada.

insurer   Asegurador.

insurgent   Insurgente.

insurrection   Insurrección.

intangible   Intangible.
— **assets,** activo nominal, bienes incorpóreos.
— **property,** bienes intangibles.
— **value,** valor de propiedad incorpórea.

integrated   Integrado, coordinado, consolidado.
— **agreement,** contrato integrado.
— **contract,** contrato integrado.

integration   Integración.

integrity   Integridad.

intellectual property   Propiedad intelectual.

intemperance   Intemperancia.

Intended Use Doctrine   Regla de uso apropiado.

intent   Propósito, intención, intento.

— **to commit a felony,** intento de cometer un delito mayor.
— **to kill,** intento de matar.

intention   Intención, proposito, plan, meta.

intentional   Intencional.
— **arson,** incendio doloso.
— **crime,** delito doloso.

intentionally   Intencionalmente.

inter (Lat.)   Entre, dentro, durante.
— **alia,** entre otras cosas.
— **se,** entre si, entre ellos.
— **vivos,** entre vivos.
— **vivos gift,** dádiva, regalo en vida.
— **vivos trust,** fideicomiso en vida del fideicomitente.

interception   Interceptación.

intercourse   Intercambio, relación, coito.

interdict   Prohibir, interdecir, prohibición, interdicto.

interest   Interés, rédito, derecho, título.
— **bearing,** transacción que genera interés.
— **payment,** pago de intereses.
— **rate,** rédito.

interested party   Persona o parte interesada.

interference   Interferencia, intromisión, incumplimiento.

interim   Interino, provisorio, temporal, provisional.

— **officer,** persona con nombramiento provision, interino.

— **order,** orden provisional.

interlineation   Interlineación.

interlocking directorate   Consejos de administración vinculados.

interlocutory   Interlocutorio, cautelar, procesal, incidental.

— **decision,** proveimiento cautelar.

— **decree,** interlocutoria.

— **order,** interlocución.

— **question,** cuestión incidental.

interloper   Intruso.

intermeddler   Entrometido, metiche.

intermediary   Intermediario.

intermediate   Intermediar, intermedio

intermingling of goods   Mezcla de bienes.

intern   Internar, confinar, restringir, recluir, encarcelar, interno.

internal   Interno.

— **audit,** auditoría interna.

— **revenue,** rentas interiores, rentas internas.

— **security,** término dado a los agentes de seguridad interna.

Internal Revenue Code   Código de Rentas Internas, código fiscal.

Internal Revenue Service   Agencia de Rentas Internas, Hacienda.

international   Internacional.

— **agreement,** tratado internacional.

— **commerce,** comercio internacional.

— **Court of Justice,** Tribunal Internacional de Justicia.

— **Monetary Fund,** Fondo Monetario Internacional.

— **law,** Derecho internacional.

interplea   Pleitear entre si para beneficio de un tercero.

interpleader   Auto de pleitear entre dos o maspara beneficio de un tercero.

Interpol   Abrev. de **Internacional Police**. Organización policial contra el delito internacional.

interpolation   Interpolación.

interpose   Introducir, insertar, interponer, presentar, interpolar.

interpret   Interpretar, traducir, construir, explicar.

interpretation   Interpretación.

interpreter   Intérprete.

interrogation   Interrogación.

interrogatives   Pliego de posiciones.

interrogatories   Interrogatorios por escrito.

interruption   Interrupción.

interspousal   Entre cónyuges.

immunity inmunidad entre cónyuges.

— **communications privilege,** comunicación privilegiada entre esposos.

— **transfers,** traspasos de bienes entre cónyuges.

interstate   Interestatal.
— **commerce,** comercio interestatal.

intervene   Intervenir.

intervening agency   Acto interpuesto.
— **cause,** causa interpuesta.
— **lien,** gravamen asesorado en los traspasos de bienes.

intervenor   Interventor.

intervention   Intervención.

intestacy   Falta de testamento.

intestate   Intestado, intestar, sin testamento.
— **estate,** caudal hereditario.
— **laws,** derecho de sucesión intestada.
— **succession,** sucesión hereditaria.

intimidation   Intimidación.

intolerable indignity   Indignidad intolerable.

intoxicant   Intoxicante.

intoxicated   Intoxicado, ebrio, borracho.

intoxication   Intoxicación, embriaguez, orrachera.

intra (Lat.)   Dentro, de dentro.

intrastate   Que existe dentro de un estado.

intrinsic   Intrínseco, inherente, esencial.
— **evidence,** prueba intrínseca.
— **fraud,** fraude intrínseco cometido en el juicio.
— **value,** valor intrínseco.

introduced evidence   Prueba presentada.

intruder   Intruso.

invalid   Inválido, ilegal, nulo, ineficaz.

invalidate   Invalidar, anular.

invasion   Invasión.
— **of principal,** retiro del principal.
— **of privacy,** invasión de la vida privada.

invent   Inventar.

invention   Invención, invento.

inventor   Inventor.

inventory   Inventario, recuento.

inverse   Inverso, opuesto, contradictorio.

invest   Invertir, investir.

investigate   Investigar, indagar.

investigation   Investigación, indagación, encuesta.

investigatory investigation   Interrogatorio de investigación.

investigatory powers Poderes investigatorios.

investment Inversión, colocación, inversión de capital.
— **adviser**, asesor de inversiones.
— **bank**, banco inversionista.
— **company**, empresa inversionista.
— **contract**, contrato de inversión.
— **credit**, abono directo al impuesto federal.
— **trust**, compañía de inversiones.

investor Inversionista.

invidious discrimination Discriminación arbibraria.

invitation to bidders Llamada a licitación, invitación a propuestas, convocatoria a licitadores.

invited error Decisión errónea del tribunal a solicitud de una de las partes.

invitee Persona invitada.

invoice Factura, facturar, lista de mercancías enviadas.

involuntary Involuntario.
— **alienation**, enajenamiento involuntario.
— **bailment**, depósito accidental
— **bankruptcy**, quiebra involuntaria.
— **commitment**, internamiento involuntario.
— **confession**, confesión involuntaria.
— **conversion**, conversión involuntario.

— **conveyance**, cesión involuntaria.
— **dismissal**, denegación, anulación involuntaria de la instancia.
— **homicide**, homicidio involuntario.
— **intoxication**, intoxicación involuntaria.
— **manslaughter**, homicidio involuntario.
— **nonsuit**, sobreseimiento involuntario.
— **servitude**, servidumbre involuntaria.
— **transfer**, traspaso involuntario.

I object Me opongo.

IOU Siglas para "I owe you" Te debo, vale, pagaré.

IRA Siglas para **Individual Retirement Account**, Cuenta Individual de Jubilación.

iron safe clause Cláusula de guardar documentos en un lugar a prueba de incendio.

irrebuttable presumption Presunción absoluta irrefutable.

irreconcilable differences Diferencias irreconciliables.

irrecusable obligation Obligación irrecusable.

irregular Irregular.

irregularity Irregularidad.

irrelevancy Impertinencia, falta de pertinencia.

irrelevant   Impertinente. fuera de
lugar inoportuno.
— **allegation,** alegación
   inaplicable, impertinente.
— **evidence,** prueba inaplicable.

irremedial breakdown of marriage
Ruptura matrimonial irremediable.

irreparable   Irreparable,
irremediable.
— **damage,** daño irreparable.
— **harm,** daño o perjuicio
   irreparable.
— **injury,** daño o perjuicio
   irreparable.

irresistible   Irresistible.
— **force,** fuerza irresistible.
— **impulse,** impulso irresistible.

irrevocable   Irrevocable.

irrespective   Independiente.

issuance   Emisión, publicación,
entrega.

issue   Emisión, cuestión, punto,
edición, número, tirada, sucesión,
descendencia, resultado, decisión.
— **of fact,** cuestión de hecho.
— **of law,** cuestión de derecho.

issuer   Emisor, dador, emitente.

item   Partida, tema, cosa, artículo.

itemize   Detallar, particularizar,
puntualizar, pormenorizar.

itemized deduction   Deducción
detallada.

itinerant   Ambulante.

J

J Abrev. para juez.

jactitation Reclamo falso, jactancia, declaración falsa.

jail Cárcel, calabozo, encarcelar.

Jane Doe Nombre ficticio de mujer, fulana de tal.

Jason Clause Cláusula de imposición de deberes en el transporte de mercancías.

jaywalking Cruzar la calle de manera imprudente.

JD Abrev. para **Juris Doctor, Doctor of Jurisprudence** Doctor en derecho, licenciado en derecho.

Jencks Rule Derecho de revisión de la prueba documental.

jeopardy Peligro, riesgo
— **assessment,** imposición y recaudación acelerada de impuestos en caso de tributario sospechoso.

jetsam Bienes o mercancías echados al mar.

jettison Alijar, echazón.

JNOV Siglas para **judgment non obstante veredicto** Sentencia o fallo no obstante el veredicto.

job lot Surtido de mercancías.

jobber Intermediario, destajero.

John Doe Nombre ficticio para hombre, fulano de tal.

joinder Unión, acumulación, proceso acumulativo.
— **of actions,** unión de demandas, concurrencia de acción.
— **of claims,** unión de reclamos.
— **of counts,** unión de cargos.
— **of defendants,** unión de demandados.
— **of indictments,** unión de acusaciones.
— **of issue,** aclaración de las cuestiones.
— **of offenses,** unión de varias acusaciones penales.
— **of parties,** unión de varias partes.

joint Conjunto, colectivo, común, asociado, mancomunado.
— **action,** acción mancomunada.
— **adventure,** empresa en común, compañía compartida.
— **and mutual wills,** testamento conjunto y mutuo.
— **and several liability,** responsabilidad conjunta.
— **annuity,** anualidad pagada a dos personas durante su vida, terminando con la muerte de una de ellas.
— **committee,** comité conjunto.
— **custody,** custodia conjunta, tutela compartida, patria potestad compartida.
— **debtors,** codeudores, deudores mancomunados.
— **defendant,** codemandado, coencausado, coacusado.
— **enterprise,** empresa colectiva.
— **estate,** propiedad mancomunada, copropiedad.

— **executor,** coalbacea, albacea mancomunada.
— **heir,** coheredero.
— **indictment,** acusación colectiva.
— **interest,** interés común.
— **liability,** obligación mancomunada.
— **lives,** período de tiempo que termina con la muerte de una de dos personas nombradas.
— **obligation,** obligación conjunta.
— **obligor,** coobligado, obligado mancomunado.
— **offense,** delito conjuntamente cometido.
— **ownership,** condominio, copropiedad, propiedad mancomunada.
— **policy,** póliza conjunta.
— **possession,** posesión conjunta
— **resolution,** resolución conjunta.
— **return,** declaración de impuestos de un matrimonio.
— **stock company,** sociedad en comandita por acciones.
— **tenancy,** condominio.
— **tenant,** coarrendatario.
— **tortfeasors,** responsables de un acto torticero o negligente.
— **venture,** empresa común.
— **will,** testamento conjunto.

jointly   Conjuntamente, mancomunadamente, colectivamente.

journal   Diario, periódico, libro de asientos.

journalist   Periodista.

journeyman   Oficial.

joyriding   Apropiación provisional de un vehículo sin la debida autorización.

judge   Magistrado, juez, juzgar, adjudicar, enjuiciar, fallar.
— **advocate,** auditor de guerra.
— **advocate general,** auditor general.

judgment   Sentencia, fallo, juicio, decisión, dictamen, criterio.
— **note,** pagaré con derecho de ejecución.
— **nunc pro tunc,** (Lat.) fallo retroactivo.
— **on the merits,** fallo según los méritos del caso.
— **on the pleadings,** sentencia sobre las alegaciones.
— **proof,** insolvencia judicial.
— **quasi in rem,** (Lat.) fallo que afecta bienes raíces.
— **roll,** legajo de sentencia.

judicature   Judicatura, tribunal, administración de justicia.

judicial   Judicial, referente a las cortes, jueces y sus funciones.
— **act,** acto judicial.
— **action,** actuación judicial.
— **bond,** fianza judicial.
— **branch,** rama judicial.
— **circuit,** distrito judicial.
— **decision,** decisión judicial, fallo del juez, sentencia.
— **determination,** determinación judicial, fallo.
— **discretion,** capacidad judicial.
— **districts,** distritos de la administración judicial.
— **estoppel,** impedimento judicial.
— **error,** error judicial.
— **ethic,** ética judicial.

— **function,** función judicial.

— **immunity,** inmunidad judicial.

— **notice,** reconocimiento judicial.

— **officer,** juez, magistrado, cualquier otra persona nombrada al servicio de la corte.

— **opinion,** opinión o fallo judicial.

— **order,** orden judicial.

— **power,** poder o autoridad judicial.

— **proceeding,** proceso o diligencia judicial.

— **question,** cuestión judicial.

— **remedy,** recurso legal.

— **restraint,** prudencia judicial.

— **review,** revisión judicial.

— **separation,** separación judicial.

— **writ,** auto judicial.

judiciary Judiciario.

judicious Juicioso, inteligente, bien considerado, con buen juicio.

jump bail Fugarse bajo fianza.

junior De segunda importancia, secundario, joven, inferior.

— **creditor,** acreedor secundario.

— **encumbrance,** hipoteca inferior, gravamen menor.

— **execution,** ejecución posterior.

— **interest,** interés secundario.

— **lien,** gravamen inferior.

— **partner,** socio menor.

junk bonds Bonos de alto riesgo.

jurat Certificación.

jure (Lat.) Ley.

juridical Jurídico.

jurisdiction Jurisdicción, fuero competencia.

jurisdiction clause Cláusula de jurisdicción.

jurisdictional Jurisdiccional.

— **amount,** cantidad en disputa.

— **dispute,** conflicto sobre el trabajo entre dos o más gremios.

— **facts,** hechos jurisdiccional.

— **plea,** defensa jurisdiccional.

jurisprudence Jurisprudencia.

jurist Jurista, jurisconsulto, juez, profesor de derecho.

juror Persona miembro del jurado.

jury Jurado

— **box,** tribuna del jurado.

— **challenge,** recusación.

— **charge,** instrucciones al jurado.

— **commissioner,** comisario, comisionado que prepara la lista de personas para el jurado.

— **list,** lista de personas sujetas a ser llamadas como jurados.

— **panel,** lista de personas, el jurado nombrado.

— **question,** preguntas del jurado, cuestión de hecho.

— **room,** cuarto, sala donde el jurado delibera.

— **trial,** juicio con jurado.

— **wheel,** manera de seleccionar al jurado al azar.

just Justo, justificado, recto, equitativo, legítimo.

— **cause,** causa justificada.

— **compensation,** compensación
adecuada.
— **debts,** deudas legítimas.

justice   Justicia, juez, equidad.

justiciable   Justiciable.

justifiable   Justificable, aceptable,
sancionadopor la ley.

justification   Justificación.

juvenile   Juvenil, menor de edad.
— **court,** tribunal de menores.
— **delinquency,** delincuencia
juvenil, delincuencia de
menores.

K

kangaroo court   Tribunal desautorizado.

keelage   Derechos de puerto.

keep   Guardar, mantener, retener, detener.
— **books,**   mantener, guardar, llevar libros de contabilidad.
— **in good repair,**   mantener en buen estado.
— **the peace,**   guardar el orden o la paz.

keeper   Guardián.

Keogh Plan   Plan personal de jubilación.

kickback   Reembolso al cliente, soborno, comisión.

kidnap   Secuestro, rapto, secuestrar, raptar.

kidnapper   Secuestrador.

kin   Parentela, parientes.

kinship   Parentesco, afinidad.

kiting   Circular cheques falsos en descubierto.

kleptomania   Cleptomanía.

Knock and Announce Rule   Regla que dice que la policía puede entrar, aun a la fuerza, después de haberseidentificado como policía.

Know all men by these present   Sépase por la presente.

knowingly   Con conocimiento, a sabiendas, deliberadamente.
— **and willfully,**   deliberadamente.

knowledge   Conocimiento claro de los hechos.

L

labor   Labor, trabajo, mano de obra, trabajar.
— **agreement,** convenio, acuerdo colectivo de trabajo.
— **certification,** certificación laboral.
— **contract,** contrato de trabajo.
— **dispute,** disputa laboral.
— **federation,** federación de sindicatos de trabajo.
— **force,** fuerza laboral.
— **law,** derecho laboral.
— **lawyer,** abogado laborista.
— **movement,** movimiento obrero.
— **relations acts,** estatutos obrero/patronales.
— **unión,** unión, sindicato obrero.

laborer   Trabajador, jornalero, obrero, peón.

laches   Negligencia, prescripción negativa.

laden in bulk   Carga en bruto.

land   Tierra, terreno, bienes reíces, nación, descargar, desembarcar.
— **bank,** banco de fomento agrícola.
— **contract,** contrato de compraventa de terreno.
— **development,** mejoras de terreno.
— **grant,** concesión de tierras, donación de terreno, merced de tierras.
— **patent,** traspaso de terreno por el gobierno.
— **sale contract,** contrato de venta de terreno a plazos.
— **tax,** impuesto sobre bienes raíces, contribución territorial.
— **trust,** fideicomiso territorial de tierras.
— **use regulation,** regla del uso de terrenos.

Land Management Bureau
Agencia regulatoria de traspasos de bienes raíces.

landed   Posesión de terrenos o bienes raíces.

landholder   Terrateniente.

landlord   Arrendatario, propietario.

landlords attachment   Secuestro de bienes por el arrendatario.

landmark   Mojón, hito, señal, límite.
— **decision,** sentencia sobresaliente, decisión jurídica importante.

landowner   Terrateniente, propietario de terrenos.

lands, tenements, and hereditaments
Tierras heredables, bienes muebles.

lapse   Caducar, prescribir, lapso, caducidad.

lapsed   Terminado, caducado, extinguido.
— **devise or legacy,** legado caducado debido a la muerte del legatario.
— **policy,** seguro caducado.

larcenous   Latrocinante.

larceny   Hurto, latrocinio, ladronicio.
— **by bailee,** hurto por el depositar
— **by fraud or deception,** hurto por medio de engaño.
— **from the person,** hurto de la persona.

lascivious   Lascivo.

last   Ultimo, final, conclusivo, definitivo.
— **antecedent rule,** regla que requiere que las palabras modifican a las palabras mas cercanas.
— **clear chance doctrine,** doctrina de última oportunidad.
— **illness,** última enfermedad antes de la muerte.
— **known address,** último domicilio conocido.
— **name,** apellido.
— **resort,** última instancia, último recurso.
— **will,** última voluntad, último testamento.

last in, first out (LIFO) Identificación y valoración de inventario.

latent   Latente, escondido.
— **ambiguity,** ambigüedad latente.
— **deed,** escritura oculta por mas de veinte años.
— **defect,** defecto oculto.

lateral   Lateral, de un lado.
— **support,** sostén lateral.

laundering   Lavado de dinero, blanqueo de dinero, blanqueo de divisas.

launder money   Lavado de dinero.

law   Ley, derecho.
— **books,** libros de derecho.
— **court,** corte o tribunal de derecho.
— **day,** día de vencimiento.
— **enforcement agency,** agencia encargada de hacer cumplir la ley.
— **enforcement officer,** oficial de la policía, agente encargado de hacer cumplir la ley.
— **journal,** revista jurídica, boletín judicial.
— **judge,** juez.
— **of nations,** derecho internacional.
— **of nature,** ley natural.
— **of the case,** casos aplicables.
— **of the forum,** ley del tribunal.
— **of the land,** derecho nacional.
— **of the road,** leyes de circulación.
— **officer,** policía.
— **reports,** compilación de derecho jurisprudencial.
— **review,** publicación de la facultad de derecho.
— **school,** facultad de derecho.

Law School Admissions Test (LSAT) Examen de matrícula para las facultades de derecho.

lawful   Legal, lícito, válido, permitido.
— **age,** mayoría de edad.
— **arrest,** arresto legal.
— **damages,** daños resultantes.
— **force,** fuerza permitida.
— **goods,** mercadería lícita.
— **heir,** heredero legítimo.
— **interest,** interés legítimo.
— **issue,** descendientes legítimos.
— **money,** moneda legal.

— **representative,** representante legal.

lawless   Ilegal, desenfrenado, revoltoso, licencioso.

lawmaker   Legislador.

lawsuit   Pleito, litigio, acción legal, causa.

lawyer   Abogado, licenciado, jurisconsulto.

lay   Lego, secular, poner, imponer, colocar, denunciar, reclamar.
— **representative,** representante secular.
— **judge,** juez lego.
— **on the table,** dar carpetazo, encarpetar, poner sobre la mesa.
— **over,** aplazar.
— **witness,** testigo lego.

laying   Acto de establecer, crear, construir.
— **a foundation,** sentar la base con el propósito de presentar otra prueba aunque no sea material o relevante.

layman   Lego, seglar, laico.

lay off   Cesar, suspender el empleo temporal, paro involuntario, despido.

lead counsel   Abogado principal.

leading   Primario, principal, mas importante, jefe.
— **case,** caso significativo, caso precedente.
— **object rule,** regla que prescinde de la ley contra el fraude.

— **question,** pregunta sugestiva, pregunta capciosa.

learned in the law   Docto en derecho, versado en la ley.

lease   Contrato de arrendamiento, arrendamiento, arriendo, contrato de locación, arrendar, alquilar.

leasehold   Inquilinato, derecho de arrendamiento.
— **estate,** bienes forales.
— **improvements,** mejoras en arrendamiento.
— **value,** valor del inquilinato.

leaseholder   Arrendatario.

leased premises   Locales arrendados.

leasing   Arrendamiento financiero, arrendamiento económico.

leave   Permiso, autorización, licencia, baja, excedencia, depositar, abandonar, descartar, partir, dejar.
— **and license,** con permiso del demandante.
— **of absence,** permiso, licencia, franquicia, excedencia.
— **of court,** con permiso de la corte, juez o tribunal, venia del tribunal.

leaving the scene of an accident Abandono de lugar del accidente.

ledger   Libro de cuentas.

legacy   Legado, herencia.

legal   Legal, lícito, jurídico, de acuerdo con la ley.
— **action,** acto procesal.
— **address,** domicilio legal.

— **advice,** consejo jurídico, asesoría.

— **adviser,** asesor jurídico.

— **age,** mayoría de edad.

— **aid lawyer,** abogado de turno.

— **assistant,** asistente legal.

— **authority,** autoridad legal.

— **capacity,** capacidad legal, personería.

— **capital,** cantidad mínima que una compañía deba tener al iniciar o mantenerse en negocio.

— **cause,** causa inmediata, causa probable, causa legal.

— **charges,** gastos judiciales.

— **conclusion,** conclusión legal.

— **consequence,** consecuencia legal.

— **consideration,** causa contractual,

— **counsel,** abogado.

— **custody,** patria potestad.

— **death,** muerte legal, muerte cerebral, muerte civil.

— **defense,** defensa legítima, defensa en derecho.

— **demand,** demanda hecha formalmente.

— **dependent,** persona con derecho a recibir pensión alimenticia, dependiente legal.

— **description,** descripción de bienes raíces en escrituras.

— **disability,** incapacidad jurídica.

— **discretion,** discreción judicial.

— **duty,** obligación civil.

— **effect,** en efecto, válido, efectivo, vigente.

— **entity,** entidad jurídica, persona abstracta.

— **estoppel,** impedimento legal.

— **ethics,** código ético.

— **evidence,** prueba admisible.

— **excuse,** justificación legal.

— **fees,** honorarios.

— **fiction,** ficción legal.

— **fraud,** fraude implícito.

— **heirs,** herederos legales.

— **holiday,** día feriado.

— **impediment,** impedimento jurídico.

— **impossibility,** imposibilidad jurídica.

— **incapacity,** incapacidad jurídica.

— **injury,** vulneración de derechos legales.

— **inquiry,** investigación jurídica.

— **insanity,** insania, locura

— **interest,** interés fijado por ley.

— **investment,** inversión legal.

— **issue,** cuestión legal, progenie legal.

— **jeopardy,** en peligro de fallo condenatorio adverso.

— **liability,** responsabilidad legal.

— **malpractice,** acto profesional impropio, tratamiento erróneo.

— **measures,** medidas legales, trámites.

— **name,** nombre legal, nombre dado y apellido.

— **notice,** notificación legal.

— **obligation,** obligación legal.

— **opinion,** opinión jurídica.

— **owner,** propietario en derecho.

— **presumption,** presunción legal.

— **principle,** precepto legal.

— **proceeding,** procedimiento judicial.

— **process,** proceso legal.

— **question,** cuestión legal.

— **remedy,** remedio o recurso legal.

— **representative,** representante dativo.

— **requirement,** imperativo legal.

— **research,** investigación y estudio de derecho.

— **reserve,** reserva legal.

— **residence,** domicilio permanente de la persona.

— **resident,** residente legal.

— **right,** derecho legal.

— **separation,** separación legal.

— **services,** servicios legales.

— **status,** estado civil.

— **succession,** sucesión legítima.

— **tender,** moneda de curso legal.

— **title,** título perfecto.

legalese   Lenguaje jurídico.

legality   Legalidad, legitimidad.

legalization   Legalización.

legalize   Legalizar, formalizar, legitimar.

legally   Legalmente, de acuerdo con la ley.

— **adopted,** adoptado de acuerdo con la ley.

— **blind,** legalmente ciego.

— **competent,** con capacidad legal.

— **constituted court,** corte establecida conforme a la ley.

— **determined,** determinado jurídicamente.

— **interested,** con interés legítimo.

— **liable,** legalmente responsable.

— **sufficient evidence,** prueba suficiente.

legatee   Legatario, asignatario.

legation   Cuerpo diplomático, legación.

legislate   Legislar.

legislation   Legislación.

legislative   Legislativo, pertinente a la legislatura.

— **act,** acto legislativo.

— **body,** cuerpo legislativo.

— **branch,** rama legislativa.

— **committee,** comite legislativo.

— **court,** tribunal creado por la legislatura.

— **decree,** decreto legislativo.

— **districts,** distritos legislativos.

— **functions,** funciones legislativas.

— **history,** historial legislativo.

— **immunity,** inmunidad legislativa.

— **intent,** intento legislativo.

— **investigation,** investigación legislativa.

— **power,** poder legislativo.

legislator   Legislador.

legislature   Legislatura, asamblea.

legitimacy   Legitimidad, legalidad.

legitimate   Legítimo, legalizar, legitimar.

— **child,** hijo legítimo.

legitimation   Legitimación.

Lemon Laws   Leyes aplicables a automóviles defectuosos.

lend   Prestar.

lender   Prestamista.

lending   Acto de prestar, prestación.
— **agency,** agencia de préstamos, prestamista.
— **institution,** institución prestamista.
— **rate,** tipo de interés.

lessee   Arrendatario, locatario, inquilino.

lesser included offense   Ofensa menor incluida.

lessor   Arrendatario, arrendador, arrendante, locador.

let   Arrendar, permitir.

lethal   Letal, mortífero.

letter   Letra, carta, documento.
— **of attorney,** carta poder.
— **of authority,** carta de autorización.
— **of credit,** letra de crédito.
— **of intent,** comunicación de intento, entendimiento.
— **of the law,** significado exacto de la ley.

letters   Documentos que delegan poder o autorización específica.
— **of administration,** auto de administración del administrador.
— **of guardianship,** cartas de tutoría.
— **of marque and reprisal,** autorización para que naves no comisionadas ataquen en estado de guerra.
— **patent,** cédula o patente de privilegio.
— **rogatory,** exhorto.
— **testamentary,** carta testamentaria.

levy   Gravar, exigir, imponer, demandar, impuesto, ejecución, exacción, gravamen.

lewd   Lujurioso, lascivo, deshonesto, sensual.

lewdness   Lascivia, lujuria.

lex (Lat.)   Ley, la ley.
— **contactus,** ley del lugar del contrato.
— **fori,** ley del foro.
— **loci,** ley local o del lugar.
— **naturale,** derecho natural.

LEXIS   Investigación legal por ordenador.

liability   Responsiva, responsabilidad.
— **insurance,** seguro de responsabilidad civil.

liable   Responsable, obligado, expuesto a.

liabilities   Responsabilidades, obligaciones.

libel   Libelo por difamación por escrito.

libelant   Difamador, libelista.

libeller   Libelista.

libelee   Demandado por difamación.

libelous   Difamante, difamatorio, injurioso.
— **per quod,** difamación con requisito de probar daños.
— **per se,** difamatorio de por si, difamatorio objetivo.

liberal interpretation   Sentido lato.

liberty   Libertad.
— **of contract,** libertad de
contratar.
— **of port,** libertad de atracar.

license   Licencia, permiso,
privilegio, matrícula, patente, título,
licenciar, permitir.

licensee   Concesionario,
permisionario, autorizado.

licensing   Acto de emitir una
licencia.

licensor   Concedente, otorgante de
una licencia.

licentiousness   Inmoral, licencioso,
disoluto.

licentiousness   Libertinaje.

licit   Lícito, legal, permitido por la
ley.

lie   Mentira, mentir, tener lugar,
ejecutable, sostenible.

lien   Gravamen, derecho prendario o
de retención, embargo preventivo.
— **creditor,** acreedor
embargador.

lienee   Embargado.

lienholder   Embargador.

lienor   Embargante, embargador.

life   Vida, vigencia, duración, plazo.
— **annuity,** anualidad, pago de
renta, contrato de renta
vitalicia, renta vitalicia,
pensión vitalicia.
— **beneficiary,** beneficiario
vitalicio.

— **estate,** hipoteca legal, dominio
vitalicio.
— **expectancy,** expectativa de
vida.
— **imprisonment,** reclusión
perpetua, prisión por vida,
cadena perpetua.
— **insurance,** seguro de vida.
— **interest,** interés de por vida o
vitalicio.
— **member,** miembro vitalicio.
— **sentence,** pena de reclusión
perpetua.
— **tenant,** propietario vitalicio.

LIFO   Sigla para **last in, first out**
Identificación y valoración del
inventario.

lighterage   Derecho de lanchaje.

limine (Lat.)   Principio, comienzo,
umbral.

limit   Límite, confín, restringir,
imponer un límite.

limitation   Limitación, caducidad,
prescripción.
— **of action,** prescripción de
acción.
— **of estate,** disposición en un
escrito que define el plazo en
que termina la posesión y pasa
a otro.
— **of liability,** responsabilidad
limitada contractual.

limited   Limitado.
— **admissibility,** admisibilidad
limitada de prueba.
— **authority,** autoridad limitada.
— **company,** sociedad o
compañía de responsabilidad
limitada.
— **divorce,** divorcio limitado,
separación legal.

— **fee,** propiedad con dominio limitado.

— **guarantee,** contrato de garantía limitada.

— **interpretation,** interpretación restrictiva.

— **jurisdiction,** jurisdicción limitada, competencia limitada.

— **liability,** responsabilidad limitada.

— **liability acts,** estatutos que limitan responsabilidad.

— **liability company,** sociedad de responsabilidad limitada.

— **oath,** juramento condicional.

— **owner,** el dueño de un interés en propiedad no absoluto.

— **partner,** socio comanditario.

— **partnership,** sociedad en comandita, sociedad comanditaria.

— **power of appointment,** facultad limitada de nombrar.

— **publication,** publicación con limitada difusión.

— **warranty,** garantía limitada.

Lindbergh Law   Estatuto federal Lindbergh contra el secuestro.

line   Línea, raya, demarcación, descendencia directa.

— **item veto,** veto por párrafo o sección.

— **of credit,** crédito máximo autorizado.

— **of descent,** descendencia directa, linaje directo.

— **of duty,** cumplimiento del deber.

lineage   Raza, linaje, abolengo familiar, alcurnia.

lineal   Lineal, descendencia.

— **ascendants,** ascendientes lineales.

— **consanguinity,** consanguinidad lineal.

— **descendants,** descendientes lineales.

— **descent,** descendencia en línea directa.

— **heir,** heredero en línea directa.

lineals   Parientes del difunto.

lineup   Rueda de presos.

liquid assets   Activos circulantes, activo, valores realizables.

liquidate   Liquidar, pagar, cancelar.

liquidated   Cuenta, pagado, satisfecho, liquidado, negocio, disuelto, deshecho, liquidado.

— **account,** cantidad acordada por las partes.

— **claim,** reclamación de una suma acordada.

— **damages,** indemnización acordada por daños y perjuicios.

— **debt,** deuda líquida.

liquidating   En liquidación, valor líquido, liquidable.

— **dividend,** dividendo en liquidación.

— **partner,** socio liquidador.

— **value,** valor liquidable, en liquidación.

liquidation   Liquidación.

— **dividend,** distribución de ganancias después de la liquidación.

liquidator   Administrador judicial, liquidador.

liquidity   Liquidez.

liquor   Licor, bebida alcohólica.

lis (Lat.)   Demanda, acción, controversia, disputa.
— **pendens,** litispendencia.

list   Lista, nómina, planilla.
— **of cases,** lista de causas.
— **of creditors,** lista de acreedores.
— **price,** precio de lista.

listed   Contenido en una lista.
— **securities,** valores bursátiles, bolsa, valores cotizados, efectos cotizables, títulos de bolsa.
— **share,** acción cotizable.

lister   Alistador.

listing   Alistamiento, bienes raíces en venta.
— **agreement,** contrato con el corredor inmobiliario.

literacy   Capacidad de leer y escribir, alfabetismo.

literal   Literal, textual, exacto.

literary   Literario.
— **property,** derecho de autor, propiedad literaria.
— **work,** trabajo literario.

litigant   Litigante.

litigate   Litigar, pleitear, gestionar en juicio.

litigated   Pleiteado, litigado, sujeto a litigación.

litigation   Litigio, litigación, pleito.

— **expenses,** gastos causídicos.

litigious   Litigioso, contencioso.

littering   Delito o infracción de esparcir basura o desperdicios en vías públicas.

live   Vivir, existir, habitar, sobrevivir.

livery   Entrega, traspaso de dominios, taxi.

livestock   Bienes semovientes.

living   Subsistencia, vida, residencia.
— **apart,** separación matrimonial sin intención de resumir la relación matrimonial.
— **in adultery,** vivir en adulterio, cohabitación.
— **issue,** descendientes vivos.
— **together,** vivir juntos.
— **trust,** fideicomiso activo.
— **will,** autorización de tratamiento médico.

LJ Siglas para **law judge**   Juez en derecho.

loan   Préstamo, empréstito, comodato, prestar.
— **association,** asociación prestamista.
— **for consumption,** préstamo para consumo.
— **for use,** préstamo para uso.
— **payment,** plazo.
— **ratio,** porcentaje del valor de la propiedad que representa el valor asegurado.

loanshark   Usurero.

lobbying   Cabildeo, capituleo.

lobbyist   Cabildero, capitulero.

local   Local, vecinal, regional.
— **action,** causa procesal local.
— **agent,** agente local.
— **assessment,** tasación por mejoras.
— **court,** corte, tribunal local.
— **currency,** moneda nacional, divisa nacional.
— **custom,** costumbre de la localidad.
— **government,** gobierno local, gobierno municipal.
— **improvement,** mejora pública.
— **law,** derecho local.
— **option,** a opción local.
— **ordinance,** ordenanza local.
— **rules,** reglas locales.
— **union,** unión o gremio de trabajadores.

locate   Localizar.

location   Sitio, localidad, situación.

locator   Localizador de linderos.

lockout   Cierre, paro patronal.

lockup   Encarcelamiento, cárcel, calabozo.

locum tenens (Lat.)   Interino, substituto.

locus (Lat.)   Lugar, localidad.

lodger   Huésped, inquilino.

lodging house   Casa de huéspedes, lugar de alojamiento, albergue.

Lodestar Rule   Regla judicial para determinar los honorarios.

logical   Lógico.
— **inference,** inferencia lógica.
— **interpretation,** interpretación lógica.
— **relevancy,** relevancia o pertinencia lógica.

loitering   Merodear, holgazanear.

long arm statutes   Amplificación de competencia judicial.

long term   A plazo largo.
— **debt,** deuda a plazo largo.
— **financing,** financiamiento a plazo largo.

longevity pay   Pago de longevidad.

looking and listening   Obligación de mirar y oír antes de cruzar la vía del ferrocarril.

loophole   Salida, escapatoria, pretexto.

lose   Perder.

loss   Pérdida, quiebra, daño
— **of consortium,** pérdida del consorcio conyugal.
— **of earning capacity,** daño a la capacidad de ganar futuros.
— **of earnings,** pérdida de ingreso.
— **of use,** pérdida del uso.
— **payable clause,** cláusula de pago al interés del dominio.
— **profit,** lucro cesante.
— **reserve,** reserva por pérdidas sobrevenidas.

lost   Perdido, destruido, extraviado.

lot   Lote, parcela, grupo.

Louisiana Law   Derecho en
Luisiana.

low tide   Marea baja, bajamar.

lower   Inferior, de bajo.
— **court,** corte o tribunal
inferior.
— **house,** cámara baja, cámara de
representantes, diputados.

loyalty   Lealtad, fidelidad.
— **oath,** juramento de lealtad.

lucid   Lúcido, claro, coherente,
racional, sano.

lucrative   Lucrativo, ganancioso.

lump sale   Venta global, venta en
bruto.

lump sum   Pago global, tanto
alzado, suma total.
— **settlement,** indemnización al
tanto alzado.

lunacy   Locura, insania, demencia.

luxury tax   Impuesto suntuario,
impuesto sobre artículos de lujo.

lying in wait   Esconderse para
acechar, atacar, y hacer daño.

lynch   Ejecutar sumariamente,
linchar.

M

machination Maquinación, conjura, maquinar, fraguar.

mad Loco, rabioso, enojado, furioso, demente.

made Hecho.
— **and executed,** firmado, entregado.
— **known,** hecho saber.

magisterial Magistral.
— **district,** Jurisdicción del magistrado.

magistrate Magistrado, juez con jurisdicción limitada, juez de primera instancia, juez de tribunal inferior.

Magistrates Court Corte presidida por un magistrado.

Magna Charta Carta Magna.

maiden name Apellido de soltera.

mail fraud Fraude postal.

mail order divorce Divorcio por correo, divorcio postal extranjero.

mailable Apto de ser enviado por correo.

mailed Debidamente depositado en el correo.

maim Mutilar.

main Principal, mayor, fundamental, básico.

maintain Mantener, sostener, afirmar, guardar, conservar, defender, argumentar, justificar.

maintenance Mantenimiento, sustento, manutención, sostén, sostenimiento, alimentos.

major Mayor, principal, fundamental.
— **medical insurance,** seguro médico de gastos mayores.

majority Mayoría.
— **interest,** control mayoritario.
— **opinion,** opinión que refleja la mayoría de los miembros de la corte de apelaciones.
— **stockholders,** accionistas que, como grupo, son dueños de mas del 50% de las acciones.
— **rule,** por mayoría de votos, gobierno por ayoría.
— **view,** interpretación judicial mayoritaria.

make Hacer, fabricar, confeccionar, exponer, formular.
— **a contract,** celebrar un contrato.
— **a law,** estatuir una ley.
— **a loan,** conceder un préstamo, hacer un empréstito.
— **a recommendation,** dirigir una recomendación.
— **allowances for,** tener en cuenta.
— **an assignment,** hacer cesión.
— **an appeal,** interponer recurso de apelación.
— **delivery,** hacer entrega.
— **known,** dar a conocer, hacer saber.
— **recommendations,** formular recomendaciones.
— **whole,** restituir, compensar.

maker   Otorgante, girador.

mala (Lat.)   Malo, maligno.
— **fide,** de mala fe.
— **in se,** malo en si.
— **prohibita,** acto prohibido.

malefactor   Malhechor, malvado,
criminal.

malfeasance   Fechoría,
malversación, falta, acto ilegal,
malhecho.

malice   Malicia, malignidad,
maldad.
— **aforethought,** malicia
premeditada, premeditación,
malicia deliberada.
— **in fact,** malicia de hecho.
— **in law,** malicia implícita.

malicious   Malicioso, avieso,
maligno, maléfico, doloso.

maliciously   Maliciosamente.

malign   Difamar, calumniar.

malinger   Fingir estar enfermo.

malpractice   Incompetencia
profesional.
— **insurance,** seguro contra
incompetencia profesional.

malum (Lat.)   Malo, malvado,
maligno.
— **in se,** malo de por si.
— **prohibitum,** legalmente
prohibido.

management   Dirección, gerencia,
administración, gestión.

manager   Gerente, director,
administrador.

managerial prerogative   Poder de
dirección.

managing agent   Agente
administrador.

managing partner   Socio
administrador, socio general.

mandamus (Lat.)   Mandamiento,
ordenamiento, auto, mandato judicial.

mandate   Mandato, encargo,
comisión, orden, requerir, mandar.

mandatory   Mandatario,
obligatorio, forzoso, requerido.
— **deposit,** depósito obligatorio.
— **injunction,** requerimiento
judicial obligatorio, interdicto
mandatario.
— **instruction,** instrucción
obligatorio al jurado.
— **retirement,** retiro forzoso,
jubilación forzosa.
— **sentencing,** condena
obligatoria.
— **statute,** estatuto de aplicación
forzosa.

mania   Manía, locura, obsesión.

manifest   evidente, obvio declaración
de artículos, manifiesto de aduanas.

manifesto   Declaración pública,
anuncio público.

Mann Act   Estatuto federal Mann
que prohíbe transportar mujeres entre
los estados.

manslaughter   Homicidio sin
premeditación.

manual   Manual.
— **delivery,** entrega personal.

— **labor,** trabajo manual, oficio servil.

manufacture   Manufacturar, fabricar, manufactura, fabricación.

margin   Margen, apostilla, borde, garantía.

marijuana   Marihuana.

marine   Marítimo, marino.

marital   Marital, matrimonial, conyugal.
— **agreement,** acuerdo marital.
— **communications privilege,** privilegio marital.
— **deduction,** deducción conyugal.
— **duties,** obligaciones matrimoniales.
— **property,** bienes gananciales.
— **property laws,** Régimen económico matrimonial.
— **rights,** derechos matrimoniales.
— **status,** estado civil.

maritime   Marítimo, marino.
— **adventure,** aventura marítima.
— **contract,** contrato marítimo.
— **law,** derecho marítimo.
— **lien,** gravamen marítimo.
— **tort,** daño marítimo.

mark   Marca, señal, marcar.

market   Mercado, plaza, bolsa, vender, lanzar al mercado.
— **price,** precio común, precio de plaza.
— **quotation,** precio corriente.
— **value,** valor de costo en plaza.

marketable   Vendible, comerciable, realizable, negociable.
— **title,** título libre, título válido.

marketing contract   Contrato de venta exclusiva.

markup   Alza de precio.

marriage   Matrimonio.
— **by proxy,** matrimonio por poderes.
— **certificate,** partida matrimonial.
— **contract,** contrato matrimonial.
— **license,** licencia para casarse.
— **settlement agreement,** separación de bienes.

married woman   Mujer casada.

marshal   Alguacil, ministro ejecutor, ministril.

marshaling   Ordenamiento, disposición de cosas.
— **assets,** recolección de bienes para repartición entre acreedores.
— **of liens,** clasificación de gravámenes.
— **secutities,** graduación de cauciones.

martial law   Ley marcial.

mass   Masa, montón.
— **killing,** masacre.
— **meeting,** reunión popular.
— **picketing,** uso de cartelones por los manifestantes de una huelga.
— **transportation,** transporte público.

master   Dominar, controlar, dominante, original, principal, empleador.
— **agreement,** convenio colectivo laboral.
— **and servant,** empleador y empleado, principal y agente.
— **copy,** copia maestra.
— **in chancery,** funcionario en el tribunal de equidad.
— **policy,** póliza de seguro.
— **report,** informe por escrito del funcionario del tribunal de equidad.

material   Documentación, material, esencial, importante, sustancial, meritorio, relevante.
— **allegation,** alegación material.
— **alteration,** modificación que invalida el documento.
— **breach,** incumplimiento esencial.
— **error,** error significativo.
— **evidence,** prueba sustancial.
— **fact,** hecho pertinente, hecho esencial.
— **misrepresentation,** falsedad substancial.
— **variance,** variación material, importante.
— **witness,** testigo esencial.

materialman   Persona que suple material para una construcción.
— **lien,** gravamen del proveedor de material o trabajo.

maternal line   Línea maternal.

maternity leave   Baja por maternidad.

matricide   Matricidio.

mathematical evidence   Prueba basada en cálculos matemáticos.

matrimonial   Marital, matrimonial.
— **action,** demanda de divorcio.
— **cohabitation,** cohabitación matrimonial.
— **domicile,** domicilio conyugal.
— **misconduct,** inmoralidad matrimonial, conducta indebida conyugal.

matter   Asunto, materia, negocio, cosa, cuestión.
— **in controversy,** cuestión en disputa.
— **in dispute,** cuestión en disputa.
— **of fact,** cuestión de hecho.
— **of form,** cuestión de forma.
— **of law,** cuestión de derecho.
— **of record,** documento público.
— **of substance,** cuestión sustancial.

mature   Vencido, pagable, maduro.

matured   Maduro, vencido.

maturity   Vencimiento, edad madura, madurez.
— **date,** fecha de vencimiento.
— **value,** valor al vencimiento.

maxim   Máxima, axioma.

maximum penalty   Pena máxima.

mayhem   Mutilación criminal.

mayor   Alcalde, alcalde municipal.

Mayors court   Corte municipal.

mean   Medio, mediano, intermedio.

meander   Serpentear, deambular, vagar.

means   Recursos financieros.

measure   Medida, trámite, acto.
— **of care,** norma de cuidado.
— **of damages,** medida de daños.

mechanics lien   Gravamen de construcción.

mediate   Mediar, intervenir, arbitrar, mediato, componer.

mediation   Mediación, tercería, intervención, interposición.

Mediation and Conciliation Service Servicio de Conciliación y Mediación.

mediator   Mediador, tercero, avenidor.

Medicaid   Seguro social de asistencia médica en los EE.UU.

medical   Médico.
— **examiner,** médico examinador.
— **evidence,** prueba médica.
— **insurance,** seguro médico.
— **jurisprudence,** jurisprudencia médica, medicina legal.
— **malpractice,** negligencia médica.
— **record,** expediente médico.
— **treatment,** tratamiento médico.

Medicare   Seguro médico en los EE.UU. para jubilados o ancianos.

medium of exchange   Medio de cambio.

meeting   Junta, reunión, sesión, asamblea, encuentro.

— **of the minds,** acuerdo contractual, concierto contractual de las partes.

melancholy   Melancolía, lipemanía.

member   Miembro, socio, societario.

memorandum   Memorandum, apunte, nota, lista de apuntes.
— **agreement,** memorándum de un acuerdo.
— **check,** cheque con la anotación amemorandum.
— **clause,** cláusula de exenciones en una póliza.
— **decision,** fallo judicial inmotivo.
— **of law,** escrito memorial.
— **of understanding,** escrito preliminar que evidencia el acuerdo.

memorialize   Escribir, copiar, anotar.

memory   Memoria, recuerdo, capacidad mental.

mens rea (Lat.)   Intención criminal, intención dolosa.

mental   Mental, psíquico.
— **alienation,** enajenación mental.
— **anguish,** sufrimiento mental.
— **capacity,** capacidad mental, habilidad de entender.
— **condition,** estado mental.
— **cruelty,** crueldad mental.
— **defect,** defecto mental.
— **derangement,** alienación.
— **disability,** incapacidad mental.
— **disease,** enfermedad mental.

— **incapacity,** incapacidad mental.
— **incompetent,** incapacidad mental.
— **reservation,** reserva mental, duda.

mercantile   Mercantil, comerciante.
— **agency,** agencia mercantil, oficina de crédito.
— **law,** derecho mercantil.
— **paper,** efectos de comercio, papel comercial.

merchandise   Mercancía, mercadería, efectos comerciales.

merchant   Comerciante, mercader, marchante.

merchantability   Garantía implícita.

merchantable   Comerciable, vendible.
— **goods,** artículos aptos para consumo.
— **title,** título válido.

mercy   Clemencia, gracia, perdón, indulto.

mercy killing   Eutanasia, homicidio piadoso.

mere   Mero, mínimo, simple, puro, solo.
— **license,** licencia simple.
— **right,** simple derecho.
— **volunteer,** simple voluntario.

meretricious   Falso, basado en fraude, inmoral, especioso.
— **marriage,** matrimonio falso.

merger   Fusión, incorporación, unión, consolidación.

— **in contract,** proceso en el cual las negociaciones pierden su efecto legal al firmarse el contrato.
— **in judgment,** extinción de una acción al darse el fallo.
— **of contract,** la extinción de un acuerdo al substituirse con otro acuerdo.
— **of corporation,** unión de dos compañías en la cual una deja de existir al unirse con la consolidación de compañías.
— **of offenses,** doctrina que dice que una ofensa menor se incorpora a la ofensa mayor.
— **of property rights,** confusión de derechos de propiedad.
— **of sentences,** unión de penas, combinación de penas.

merit   Mérito, merecer.

meritorious   Meritorio, benemérito.
— **consideration,** causa meritoria.
— **defense,** buena defensa.

merits of the case   Méritos de la causa.

mescaline   Mescalina.

mesne (Fr.)   Intermedio, interviniendo, ocupando el medio.
— **encumbrance,** gravamen entre dos, uno antes, el otro después.
— **process,** emplazamiento interpuesto entre el principio de la demanda y el fallo.
— **profits,** ganancias intermedias.

messuage   Domicilio, casa.

metes and bounds   Descripción
hipotecaria de un dominio.

methadone   Metadona.

methamphetamine   Metanfetamina.

methedrine   Apelación farmacéutica
comercial de anfetamina.

metropolitan   Metropolitano.
— **area,** área metropolitana.
— **council,** concilio
metropolitano.
— **district,** distrito
metropolitano.

midchannel   En medio de un río o
estrecho.

middleman   Intermediario,
comerciante revendedor.

midnight deadline   Tiempo límite
impuesto a los bancos al cobrar.

mileage   Distancia en millas, gastos
de viaje.

military   Militar.
— **appeals,** apelaciones
militares.
— **commission,** tribuna militar.
— **government,** gobierno militar.
— **justice code,** justicia militar.
— **law,** derecho militar.
— **tribunal,** tribunal militar.
— **will,** testamento requerido de
los militares.

militia   Milicia.

mill   Milésima de un dolar.

mind   Mente.

mineral   Mineral.

— **land,** tierra con depósitos
minerales.
— **lease,** contrato con derecho de
explotación y extracción de
minerales.
— **royalty,** derechos pagados por
el mineral extraído.

miners inch   Medida para medir el
desagüe.

minimum   Mínimo.
— **contacts test,** prueba de
vinculación mínima.
— **fee schedule,** tarifa mínima de
honorarios.
— **royalty,** derecho mínimo de
regalía.
— **sentence,** pena mínima,
condena mínima.
— **wage,** salario mínimo.

mining   Minería, explotación de
minas, industria minera.
— **claim,** parcela, apropiada por
un minero que ha descubierto
un mineral valioso.
— **lease,** contrato que permite
minar.

minister   Ministro, pastor, clérigo,
ministrar.

ministerial   Ministerial, autoridad
delegada.
— **act,** acto ministerial.
— **duty,** obligación ministerial.
— **function,** función ministerial.
— **officer,** oficial ministerial.
— **trust,** fideicomiso sin albedrío
financiero.

minor   Menor, insignificante,
pequeño, trivial.
— **dispute,** disputa leve o
insignificante.
— **offense,** ofensa leve.

minority   Minoría, minoridad.
— **opinion,** opinión disidente.
— **representation,**
representación minoritaria.
— **stockholders,** accionistas
minoritarios.
— **view,** interpretación
minoritaria.

minutes   Actas.
— **book,** libro de actas.

misadventure   Accidente, desgracia,
contratiempo.

misapplication   Acto de aplicar algo
erróneamente.

misappropriation   Malversación,
apropiación indebida.
— **of funds,** malversación de
fondos.

misbranding   Ofrecer un artículo a
la venta con etiqueta falsa.

miscarriage   Aborto, mal parto.
— **of justice,** fallo judicial
erróneo que ocasiona graves
consecuencias.
— **of law,** decisión injusta.

miscegenation   Mestización, entre
gente de razas distintas.

mischarge   Instrucción errónea al
jurado.

mischief   Travesura, daño, agravio.

misconduct   Mala conducta, mal
comportamiento.
— **in office,** mala administración,
mal administrar.

misdelivery   Entrega errónea o
equivocada.

misdemeanant   Persona que comete
una fechoría, delito menor.

misdemeanor   Delito menor,
fechoría.

misdirection   Instrucción errónea al
jurado.

misfeasance   Acto legal hecho de
manera ilegal.
— **in office,** dejación del deber.

misjoinder   Unión indebida, dejación.

misjudge   Juzgar equivocadamente.

mislay   Extraviar, perder.

mislead   Engañar.

misnomer   Designación equivocada.

mispleading   Alegación errónea.

misprison   Encubrimiento de un
delito.
— **of felony,** ocultación de un
delito.
— **of treason,** encubrimiento de
una traición.

misrepresentation   Falsedad,
representación falsa.

mistake   Error, equivocación, yerro.
— **of fact,** error de hecho.
— **of law,** error de derecho.

mistrial   Juicio nulo, pleito viciado.

mitigating circumstances
Circunstancias mitigantes, atenuantes.

mitigation   Mitigación, atenuación.
— **of damages,** mitigación de
daños, minoración, atenuación.

— **of punishment,** atenuación a la pena o castigo.

mixed Mixto, mezclado, unido, asociado.
— **action,** acto procesal, proceso mixto.
— **insurance company,** sociedad de seguros mutua y de acciones.
— **larceny,** See **compound larceny.**
— **marriage,** matrimonio entre personas de razas distintas.
— **nuisance,** perjuicio público y particular.
— **presumption,** presunción de hecho y de derecho.
— **property,** bienes reales y personales.

M'Naghten Rule Regla legal para determinar locura.

mob Muchedumbre, gentío violento, tumulto, pandilla delictiva.

mock Imitar, fingir, mofarse de falso, ficticio.

model Modelo, patrón, ejemplar, plan, diseño, muestra.
— **acts,** estatutos uniformes.
— **jury instructions,** modelo de instrucciones al jurado.

Model Penal Code Código Penal Modelo.

modification Modificación, alteración, enmienda.

modus (Lat.) Modo, manera, método.
— **faciendi,** modo de hacer las cosas.
— **operandi,** manera de operar.

— **vivendi,** modo acostumbrado de vivir.

monarchy Monarquía.

monetary Monetario, perteneciente a dinero.
— **damages,** daños pecuniarios.
— **loss,** pérdida monetaria.
— **value,** valor monetario.

money Dinero.
— **claim,** reclamación de dinero.
— **damages,** indemnización monetaria.
— **judgment,** fallo que ordena el pago de dinero.
— **laundering,** blanqueo de dinero.
— **market,** mercado de valores.
— **order,** giro postal, giro bancario.

moneyed corporation Empresa monetaria.

moneylender Prestamista.

monition Aviso, emplazamiento, notificación.

monopoly Monopolio.

month Mes.
— **to month lease,** contrato de arrendamiento de mes a mes.
— **to month tenancy,** inquilinato de mes a mes.

monument Monumento.

moonlighting Trabajo nocturno, pluriempleo.

moonshine Bebida alcohólica destilada clandestinamente.

moot   Debatir, tratar sin ningún
significado.
— **case,** caso académico.
— **court,** tribunal ficticio,
tribunal simulado.
— **question,** cuestión decidida o
resuelta.

moral   Moral, ética.
— **certainty,** certidumbre moral,
prueba mas allá de una duda
razonable.
— **coercion,** forma de ejercer
compulsión, influencia
indebida.
— **consideration,** causa
contractual equitativa.
— **evidence,** prueba basada en la
experiencia humana.
— **fraud,** fraude positivo, fraude
de hecho.
— **hazard,** riesgo de que la
persona asegurada destruya la
propiedad con el fin de cobrar
el seguro.
— **law,** derecho ético.
— **obligation,** obligación moral.
— **turpitude,** vileza moral.
— **morality**   Moralidad.

moratorium   Moratoria.

more definite statement   Moción
requiriendo una declaración explícita.

more or less   Mas o menos,
aproximadamente.

morgue   Morgue, depósito oficial de
cadáveres.

mortal   Mortal, fatal, letal.

mortality   Mortalidad, mortandad.

mortgage   Hipoteca, gravamen,
hipotecar, gravar.

— **bank,** banco hipotecario, de
crédito inmobiliario.
— **bond,** obligación hipotecario,
título hipotecario.
— **bonds,** valores hipotecarios.
— **broker,** corredor de hipotecas.
— **certificate,** cédula hipotecaria.
— **commitment,** obligación
bancaria hipotecaria.
— **company,** compañía
hipotecaria.
— **debt,** deuda asegurada por la
hipoteca.
— **insurance,** seguro de
protección hipotecaria.
— **loan,** préstamo hipotecario.
— **note,** pagaré hipotecario.
— **of goods,** hipoteca de bienes
personales.

mortgagee   Acreedor, hipotecario.
— **in possession,** acreedor
hipotecario ocupante.

mortgagor   Deudor hipotecario,
hipotecante.

mortis causa (Lat.)   Por causa de
muerte.

Mortmain Statutes   Estatutos de
Manos Muertas.

motion   Moción, proposición,
petición.
— **calendar,** lista de causas por
oír.
— **for change of venue,** moción
para el cambio de corte.
— **for directed verdict,** moción
para veredicto mandado por el
juez.
— **for enlargement of time,**
petición para extender el
tiempo.

— **for judgment not withstanding the verdict,** moción por fallo no obstante el veredicto.

— **for judgment on the pleadings,** petición por fallo sobre las alegaciones.

— **for new trial,** petición para un nuevo juicio.

— **for protective order,** petición por orden de protección, amparo.

— **granted,** petición concedida.

— **in limine,** moción in limine.

— **to adjourn,** moción para levantar la sesión.

— **to amend,** petición para enmendar.

— **dismiss,** petición para declaración sin lugar.

— **set aside,** moción para dejar sin efecto.

— **suppress,** moción para suprimir, reprimir o suspender.

— **to amend,** moción para enmendar un alegato.

— **to vacate judgment,** moción para anular el fallo.

motive   Motivo.

movable   Movible.

movant   La parte que hace la moción.

moving papers   Documentos en apoyo de la petición.

moving party   Peticionario, el que mueve, el que hace la moción.

mug   Atracar, acogotar, cara, boca, salteador, rufián.

— **book,** libro de fotografías policiales.

mulct   Multa, pena, castigo, embaucar, desplumar (a alguien).

multifariousness   Unión indebida de causas procesales.

multilateral agreement   Acuerdo entre varios.

multiple   Múltiple.

— **access,** acceso múltiple.

— **counts,** múltiples cargos.

— **hearsay,** multiplicidad de oídas.

— **listing,** contrato en el cual el agente vendedor permite la venta por otros agentes.

— **offenses,** conducta que viola mas de un estatuto.

multistate corporation   Corporación multiestado.

municipal   Municipal, municipio.

— **bond,** bono municipal.

— **corporation,** cabildo, cuerpo municipal.

— **court,** corte municipal, juzgado municipal.

— **law,** derecho municipal.

— **officer,** oficial de la municipalidad.

— **ordinance,** ordenanza, estatuto municipal.

— **warrant,** autorización de pago por el municipio.

municipality   Municipio, municipalidad.

muniment of title   Documentos de título.

murder   Asesinato, asesinar, homicidio culposo.

murdered   Interfecto, occiso,
asesinado.

murderer   Asesino, homicida.

mutilation   Mutilación.

mutiny   Motín.

mutual   Mutuo, mutual, mutualista.
— **account,** cuenta abierta por
dos personas con haberes y
deberes mutuos.
— **agreement,** convenio mutuo.
— **assent,** acuerdo mutuo.
— **benefit association,**
asociación benéfica mutualista.
— **benefit society,** sociedad
mutualista de beneficencia.
— **company,** empresa
mutualista.
— **covenants,** pacto de
obligaciones mutuas.
— **fund,** fondo mutualista,
sociedad inversionista,
mutualidad.
— **insurance company,**
sociedad de seguros mutuales.
— **mistake,** error mutuo.
— **promises,** promesas mutuas.
— **rescission,** distracto.
— **wills,** testamentos mutuos.

N

naked Mero, nudo, desnudo.
— **authority,** autorización
unilateral.
— **confession,** confesión sin
confirmación.
— **possession,** posesión nula
posesión sin título, posesión de
hecho.
— **possibility,** posibilidad escasa.
— **power,** poder sin interés.
— **promise,** promesa unilateral y
sin causa.
— **trust,** fideicomiso pasivo.

NALA Siglas para **National
Association of Legal Assistants**
Asociación Nacional de Asistentes
Legales.

name Nombre, nombre civil,
nombrar, titular.

named Nombrado.

Napoleonic Code Código
napoleónico, Código civil.

narcotics Narcóticos, drogas.

narrative testimony Testimonio
narrativo.

narrow interpretation
Interpretación limitada.

nation Nación, país.

national Nacional, súbdito,
ciudadano.
— **bank,** banco nacional.
— **debt,** deuda nacional.

— **domicile,** domicilio nacional,
domicilio a nivel nacional.
— **emergency,** emergencia
nacional.
— **origin,** país de origen.
— **security,** defensa nacional,
seguridad nacional.

National Guard Guardia Nacional.

nationalize Nacionalizar.

nationality Nacionalidad.

nationalization Nacionalización.

native Nativo, nacional, natural,
indígena.
— **American,** indígena
norteamericano.
— **citizen,** ciudadano nativo.

natural Natural, nativo.
— **affection,** afecto natural.
— **and probable consequences,**
consecuencias naturales y
probables.
— **born citizen,** ciudadano por
nacimiento.
— **boundary,** linderos natural,
frontera natural.
— **child,** hijo natural.
— **death,** muerte natural.
— **guardian,** tutor natural, padre,
madre.
— **heir,** heredero natural.
— **law,** derecho natural.
— **objects of bounty,** herederos
del testador.
— **person,** persona de existencia
visible.
— **rights,** derechos naturales.
— **succession,** sucesión natural.

naturalization   Naturalización.
— **courts,** tribunales federales
con competencia de conceder
ciudadanías.
— **papers,** carta de ciudadanía.
— **proceeding,** trámites de
naturalización.

naturalized citizen   Ciudadano
nacionalizado.

navigable waters   Aguas
navegables.

navigation   Navegación.

NCIC Siglas para **National Crime
Information Center** Centro
Nacional de Información Criminal.

necessaries   Necesidades
imprescindibles.

necessary   Necesario, indispensable,
apropiado, útil.
— **and proper clause,** cláusula
constitucional del poder
legislativo del Congreso.
— **damages,** daños generales o
directos.
— **easement,** servidumbre
necesaria.
— **expense,** gasto necesario.
— **parties,** partes indispensables.
— **repairs,** reparaciones
necesarias, composturas
necesarias.

necessity   Necesidad.

negate   Negar, nulificar.

negative   Negativo, opuesto.
— **averment,** aseveración
negativa.
— **condition,** condición negativa.

— **covenant,** promesa, pacto de
no hacer algo.
— **easement,** servidumbre
pasiva.
— **evidence,** prueba negativa.
— **pregnant,** negativa con
implicación afirmativa.
— **testimony,** testimonio
negativo.

neglect   Descuido, negligencia,
desatender, descuidar.

neglectful   Descuidado.

negligence   Negligencia, descuido,
imprudencia.
— **in law,** negligencia
procesable.

negligent   Negligente, descuidado,
inatento.
— **act,** omisión negligente.
— **arson,** incendio negligente.
— **homicide,** homicidio por
negligencia.
— **misrepresentation,**
representación falsa
negligente.

negotiability   Negociabilidad.

negotiable   Negociable.
— **instruments,** efectos de
comercio, obligaciones
comerciales, obligaciones
mercantiles, pagaré a la orden.
— **order of withdrawal,** cuenta
de ahorro de la cual se pueden
girar cheques.
— **paper,** efectos negociables,
valores transmisibles.
— **securities,** valores
transmisibles.

negotiate   Negociar, agenciar, hacer
efectivo, traspasar, tratar.

negotiated plea   Acuerdo de declaración de culpabilidad.

negotiation   Gestión, negociación, trato.

negotiator   Negociador, gestor.

nemo dare potest quod non habet (Lat.)   Nadie puede dar lo que no tiene.

neonatal   Recién nacido, neonatal.
— **tissue,** tejidos neonatales.

nepotism   Nepotismo.

net   Neto, líquido, rendido.
— **assets,** haberes netos.
— **balance,** balance neto, saldo neto.
— **before taxes,** ingreso total antes de impuestos.
— **earnings,** ingresos netos.
— **estate,** caudal hereditario neto.
— **income,** ingreso neto, renta líquida.
— **interest,** interés neto.
— **lease,** contrato de arrendamiento mas gastos.
— **listing,** contrato de venta inmobiliario con comisión.
— **operating loss,** ingreso neto comercial después de gastos de operación.
— **pay,** salario, ingreso neto.
— **premium,** prima neta.
— **price,** precio neto.
— **proceeds,** ganancias netas.
— **profit,** ganancia neta, beneficio neto, beneficio líquido.
— **revenue,** ingreso neto.
— **value,** valor líquido.
— **weight,** peso neto.
— **worth,** patrimonio neto.

— **yield,** renta neta, rendimiento neto.

neurosis   Neurosis.

Neutrality Laws   Leyes de neutralidad nacional.

new   Nuevo, moderno fresco, reciente.
— **and useful,** nuevo y útil.
— **cause of action,** enmienda procesal nueva.
— **evidence,** prueba nueva.
— **issue,** emisión nueva de valores.
— **matter,** cuestión nueva.
— **promise,** promesa sustitutoria nueva.
— **trial,** nuevo juicio.

newly discovered evidence   Prueba nueva descubierta después de la sentencia o fallo.

newspaper of general circulation Periódico de circulación general.

next   Próximo, siguiente.
— **friend,** denominación dada a la persona nombrada por la corte para vigilar por los intereses de un menor o de un incompetente.
— **of kin,** pariente mas cercano.

NFPA Siglas para **National Federation of Paralegals Association** Asociación Nacional de Paralegals

night court   Corte o tribunal de guardia.

night shift   Turno de noche.

nightime   Noche, de noche.

nisi (Lat.)   Provisional, condicional.
— **decree,** decreto provisional, interino.
— **prius,** tribunal de primera instancia.

NLRB Siglas para **National Labor Relations Board** Junta Nacional de Relaciones del Trabajo.

no   No, sin.
— **action clause,** cláusula en una póliza, asin demanda, no hay abono.
— **arrival, no sale,** sin entrega, sin obligación de pagar.
— **contest,** See **nolo contendere.**
— **evidence,** sin prueba.
— **eyewitness rule,** regla de presunción de cuidado ordinario, a no ser que haya testigos oculares que mantengan lo contrario.
— **fault divorce,** divorcio sin culpa.
— **funds,** insuficiencia de fondos.
— **par stock,** acciones sin valor nominal.
— **privacy,** carecer de sitio donde estar solo.
— **recourse,** sin recurso.
— **strike clause,** cláusula prohibiendo huelga.

nol. pros. (Lat.) Abrev. **nolle prosequi** abandono del proceso.

nolo contendere (Lat.)   "No deseo contender." Declaración de culpabilidad basada en la imposibilidad de refutar las pruebas.

nominal   Nominal.
— **capital,** capital nominal.

— **consideration,** causa contractual nominal.
— **damages,** daños nominales.
— **partner,** socio nominal.
— **plaintiff,** demandante nominal, sin interés en la causa.
— **right,** derecho nominal.
— **trust,** fideicomiso nominal.

nominate   Nominar, designar, nombrar.

nomination   Nominación, nombramiento, designación.

nominee   Nombrado, nómino, nominatario.

non (Lat.)   No.
— **compos mentis,** demente, incompetente mental.
— **obstante veredicto,** no obstante el veredicto.
— **prosecutor,** no quiere proseguir.
— **sequitur,** sin concesión a lo previo.

nonabatable nuisance   Molestia permanente.

non-acceptance   No aceptable, rechazo.

non-access   Sin acceso sexual, sin relaciones sexuales.

non-admission   Rechazo de admisión, no admisión, inadmisión.

non-age   Menor de edad.

non-apparent easement
Servidumbre no aparente.

non-appearance   Incomparecencia, contumacia.

non-bailable   Sin fianza.

non-cancelable policy   Seguro que, por sus términos, no puede ser cancelada por la aseguradora.

nonconforming use   Uso disconforme.

non-cumulative dividend Dividendo no cumulativo.

non-delivery   Falta de entrega, sin entrega.

non-disclosure   Sin revelar los hechos.

non-exclusive listing   Contrato de venta inmobiliaria, sin exclusiva.

nonfeasance   Omisión, negligencia, incumplimiento.

non-intervention will   Testamento sin intervención ni fianza aseguradora.

non-joinder   Falta de unión o de asociación.

non-jury trial   Juicio sin jurado.

nonlegal   No jurídico.

non-leviable   No gravable, no embargable.

non-mailable matter   No enviable por correo.

nonmarketable   No vendible, sin mercado.

nonmember   No miembro, no asociado.

non-navigable waters   Aguas no navegables.

non-negotiable   No negociable.

nonpayment   Falta de pago.

non-performance   Falta de cumplimiento, incumplimiento, inejecución.

non-profit   No lucrativo.
— **association,** asociación no lucrativa.
— **corporation,** empresa no ganancial.
— **institution,** institución caritativa.

nonresident   Persona no residente.
— **alien,** extranjero no residente.
— **motorist statutes,** estatutos de conductores no residentes.

nonsane memory   Locura, insania.

non-stock corporation   Sociedad sin acciones.

nonsuit   Sobreseimiento, caducidad.

non-support   Falta de pensión alimenticia.

non-taxable   Exento de impuestos.

non-transferable   Innegociable.

non-user   Falta de uso.

non-voting stock   Acciones sin derecho de voto.

not   No, nada. Palabra que denota el negativo o negación.
— **due,** saldo neto.
— **for-profit corporation,** See **nonprofit corporation.**

— **found,** endoso del gran jurado cuando se rehusa a acusar.

— **guilty,** no culpable.

notarial   Notarial.

— **act,** acto notarial.

— **seal,** sello notarial.

notary   Cartulario.

notary public   Notario público, escribano público.

notarization   Atestación notarial.

notarize   Otorgar ante notario.

note   Nota, pagaré, vale, apunte, anotación, billete de banco, impugnar, levantar acta.

notice   Aviso, notificación, advertencia, conocimiento.

— **of action,** aviso formal de demanda.

— **of appeal,** notificación de apelación.

— **of appearance,** aviso de comparecencia.

— **of deposition,** aviso de interrogatorio extrajudicial.

— **of discharge,** expediente de despido.

— **of dishonor,** aviso de incumplimiento de pago, de no aceptación.

— **of dismissal,** aviso sobreseimiento.

— **of judgment,** aviso del fallo.

— **of lis pendens,** aviso de litispendencia.

— **of loss,** aviso de daño o pérdida.

— **of motion,** aviso de moción presentada.

— **of protest,** aviso de protesta.

— **of trial,** notificación del juicio.

— **to appear,** aviso de comparecencia.

— **to creditors,** aviso formal a los acreedores.

— **to plead,** aviso al demandado de que presente su defensa.

— **to produce,** aviso de presentar.

— **to quit,** aviso de desalojo.

notorious   Notorio, público, conspicuo.

— **adultery,** adulterio notorio.

— **possession,** posesión abierta y notoria.

notwithstanding   No obstante.

novation   Novación, delegación de crédito.

nugatory   Nugatorio, sin efecto, inválido, sin causa.

nuisance   Daño, molestia, perjuicio.

— **at law,** perjuicio de por si.

— **in fact,** perjuicio de hecho.

— **per se,** perjuicio por si.

null   Nulo, sin efecto, no existente.

— **and void,** nulo, sin efecto.

nullification   Anular.

nullify   Anular, invalidar.

nullity of marriage   Nulidad matrimonial.

nunc pro tunc (Lat.)   Con efecto retroactivo.

nuncupative will   Testamento abierto.

O

oath Juramento.
— **of allegiance,** juramento de fidelidad.
— **of office,** juramento político.

obedience Obediencia.

obiter dictum (Lat.) Comentario incidental.

object Objetar, oponerse a, impugnar, formular reparos, hacer una objeción, objetivo, objeto, fin, propósito, punto.
— **of a power,** personas nombradas, personas designadas.
— **of a statute,** objetivo del estatuto.

objection Objeción, oposición, disconformidad, recusación, impugnación, excepción, réplica, reclamación.

objectionable Objetable.

objective Objetivo.

obligation Obligación, compromiso, deber, deuda.
— **of contract,** obligación bajo el contrato.
— **under seal,** obligación bajo contrato sellado.

obligatory Obligatorio.

obligee Persona sujeta a una obligación, obligante.

obligor Obligado, deudor.

obliterate Borrar, arrasar, destruir, tachar, cancelar.

obscene Obsceno, indecente, grosero, pornográfico.
— **material,** pornografía.

obscenity Obscenidad, indecencia, pornografía.

observe Observar, cumplir, respetar.

obsolescence Lo que no se usa.

obstruct Obstruir, impedir, obstaculizar.

obstructing Obstruir, impedir, entorpecer, evitar, resistir..
— **justice,** delito de impedir, resistir o interferir con la administración de justicia.
— **service of process,** delito de impedir o interferir con el proceso o emplazamiento.
— **mails,** delito federal de interferir con el servicio de correos.

obstruction of justice
Encubrimiento activo.

obvious Obvio, evidente, patente, manifiesto.
— **danger,** peligro evidente.
— **defect,** defecto obvio.
— **risk,** riesgo manifiesto, riesgo evidente.

occupancy Ocupación, tenencia, toma de posesión.

occupant Inquilino, ocupador.

occupation   Ocupación, profesión, oficio.
— **permit,** cédula de habitabilidad.
— **tax,** impuesto comercial, impuesto profesional.

occupational   Pertinente a ocupación, profesión u oficio, ocupacional.
— **accident,** accidente laboral.
— **disease,** enfermedad laboral.
— **hazard,** riesgo ocupacional.
— **injury,** lesión ocupacional, lastimadura de trabajo.
— **therapy,** terapia para la rehabilitación ocupacional.

occupying claimant   Reclamante ocupador.

of   De, desde, por.
— **age,** mayor de edad.
— **counsel,** abogado asociado en el caso.
— **course,** por supuesto, claro, desde luego.
— **grace,** como favor, bondad, indulgencia.
— **record,** registrado, constatado.
— **right,** por o de derecho.
— **sound mind,** en su sano juicio.

off calendar   Eliminado del calendario judicial.

off the record   Sin constar en las actas, extraoficial.

offender   Ofensor, injuriador, delincuente, transgresor.

offense   Ofensa, delito, daño.

offensive   Ofensivo, gravoso, dañino.

offer   Oferta, ofrecimiento, propuesta, ofrecer, proponer.
— **a bribe,** ofrecer soborno.
— **and acceptance,** oferta y aceptación.
— **in evidence,** proponer como prueba.
— **of judgment,** propuesta previa al juez de permitir fallo limitado a dicha propuesta.
— **of proof,** oferta de prueba denegada para fines apelativos.
— **of settlement,** concesión para la resolución extrajudicial.

offeree   Persona a quien se le hace la oferta, ofrecido.

offering   Ofrecimiento de valores al público.

offeror   Ofrecedor contractual, oferente contractual, promitente.

office   Oficina, despacho, cargo, oficio, agencia.
— **audit,** auditoría por el departamento de rentas internas en la oficina del pagador de impuestos.
— **copy,** copia para la oficina.

officeholder   Titular, funcionario público.

officer   Oficial, funcionario ejecutivo, policía, agente, administrador.

official   Oficial, dignatario, funcionario, autorizado, de oficio.
— **act,** acto oficial.
— **copy,** saca.
— **immunity,** inmunidad oficial.

— **misconduct,** malversación de caudales públicos.

— **newspaper,** gaceta oficial, boletín oficial.

— **notice,** aviso oficial por una agencia administrativa.

— **oath,** juramento de fidelidad, juramento político.

— **record,** archivos oficiales.

— **reports,** compilación de opiniones judiciales.

— **seal,** sello oficial.

— **transcript,** transcripción oficial.

officiate   Oficiar, desempeñar una función oficial.

officious   Oficioso, intruso, entrometido.

— **intermeddler,** metiche.

offspring   Descendencia.

offset   Compensación, anular, contrarreclamar, neutralizar, contrarrestar, equilibrar.

offspring   Descendencia

oil and gas lease   Contrato de explotación de petroleo y gas del terreno.

oligarchy   Oligarquía.

olograph See **Holograph.**

ombudsman   Defensor del público, funcionario protector del bien común.

omission   Omisión, falla, falta.

omnibus (Lat.)   Colectivo, global, total.

— **bill,** proyecto de ley que cubre varios asuntos.

— **clause,** cláusula de seguro automovilístico que cubre a conductores autorizados.

on   Sobre, en, por, adjunto, alrededor, sobre de, cerca de.

— **account,** a cuenta de.

— **all fours,** semejante.

— **approval,** sujeto a ser aprobado.

— **call,** estar de turno, estar de guardia.

— **demand,** nota o pagaré pagable al demandarse.

— **duty,** de turno.

— **information and belief,** según información y entendimiento, según mi leal saber y entender.

— **margin,** compra de seguros al margen.

— **my account,** por mi cuenta.

— **or about,** aproximadamente.

— **or before,** a mas tardar.

— **point,** similar.

— **sale,** en venta.

— **the merits,** benemérito.

— **the person,** encima.

onerous   Oneroso, opresivo.

— **contract,** contrato a título oneroso.

— **gift,** regalo condicional.

— **title,** título oneroso.

open   Abrir, abierto, público, claro, notorio.

— **a bid,** abrir una propuesta.

— **a case,** abrir un caso.

— **a judgment,** presentar un fallo previamente hecho para que se considere una modificación.

— **account,** cuenta abierta.

— **and notorious,** abierto y notorio.

— **and notorious adultery,**
adulterio flagrante y notorio.

— **and notorious possession,**
tenencia abierta y notoria.

— **bulk,** granel abierto.

— **court,** en pleno tribunal, en
audiencia pública, en sesión
pública.

— **ended,** sin límites
establecidos.

— **end credit plan,** crédito
abierto, normalmente hasta
cierto límite.

— **end lease,** contrato de
arrendamiento sin fecha de
vencimiento.

— **end mortgage,** hipoteca sin
límites.

— **market,** mercado libre.

— **season,** temporada abierta.

— **shop,** compañía sin
membrecía sindical
obligatoria.

— **the door,** conceder la
oportunidad.

— **trial,** juicio abierto, juicio
público.

opening statement Declaración
inicial, declaración inaugural.

operate Operar, explotar, producir
un efecto, poner en marcha, efectuar.

operating Operativo.
— **budget,** presupuesto de
operaciones.
— **capital,** capital en giro.
— **costs,** gastos de explotación.
— **expenses,** gastos de
operación.
— **income,** entrada, ingresos de
operación.

operation of law Por efecto de ley.

operative Operativo, efectivo,
funcional, central, clave, válido.
— **words,** palabras valederas.

opiate Opiato, narcótico somnífero.

opinion Opinión, dictamen,
decisión de la corte.
— **evidence,** prueba pericial o
prueba basada en opinión.

opium Opio.

opponent Oponente, contrario,
adversario.

oppression Opresión.

option Opción, derecho de opción,
elección.
— **contract,** contrato de opción.

optionee Persona que recibe la
opción.

oral Oral, verbal.
— **argument,** alegato oral.
— **confession,** confesión verbal.
— **contract,** contrato verbal.
— **evidence,** prueba testimonial.
— **trust,** fideicomiso oral.

ordain Ordenar, decretar, mandar,
mandar, legislar.

ordeal Ordalía, juicio de Dios,
experiencia penosa.

order Precepto, mandamiento,
decreto, encargo, pedido, orden,
determinación judicial.
— **instrument,** instrumento de
pago a la orden.
— **of court,** adjudicación de la
corte.
— **of filiation,** decreto de
filiación.

— **paper,** instrumento
negociable.

— **to show cause,** orden judicial de
justificación.

ordinance   Ordenanza, estatuto
municipal, decreto.

ordinary   Ordinario, usual, normal,
común.

— **and necessary expense,** gasto
común y necesario.

— **care,** cuidado razonable.

— **course of business,** curso
normal de negocios.

— **dividend,** dividendo común.

— **interest,** interés sencillo.

— **negligence,** negligencia
ordinaria.

— **repairs,** reparaciones
necesarias.

— **risk of employment,** riesgo
común laboral.

— **share,** acción ordinaria.

— **skill,** destreza o habilidad
usual.

organic   Orgánico, fundamental,
básico, estructural.

— **law,** derecho orgánico, ley
orgánica.

organization   Organización.

organized crime   Hampa.

original   Original, primero.

— **contractor,** contratista inicial.

— **conveyance,** traspaso
primario.

— **deed,** título original.

— **document,** documento
original.

— **entry,** asiento original en el
diario.

— **evidence,** prueba original.

— **jurisdiction,** jurisdicción de
primera instancia.

— **package,** paquete original,
envoltura original.

— **process,** proceso inicial.

— **promise,** promesa con interés
propio, aunque algunas veces
garantiza la deuda de otro.

orphan   Huérfano.

OSHA Siglas para **Occupational
Safety and Health Act**   Estatuto
federal de disminución de enfermedades
y riesgos ocupacionales.

ostensible   Ostensible, visible,
aparente.

— **agency,** agencia ostensible.

— **authority,** autoridad
ostensible.

— **ownership,** propietario
aparente.

— **partner,** socio aparente.

oust   Despojar, lanzar, desposeer.

ouster   Desahucio, desposeimiento,
despojo, lanzamiento.

out   Fuera, fuera de.

— **of court admission,** confesión
extrajudicial.

— **of court settlement,** acuerdo
extrajudicial, auto
composición.

— **of pocket expense,** gastos en
efectivo.

— **of term,** fuera de sesión de la
corte.

— **of wedlock,** fuera del
matrimonio, extramarital.

outcome determinative test   Regla
federal de resultado determinativo.

outlaw   Forajido, prófugo, prescribir.

outlay   Gasto, desembolso.

outrage   Ultraje.

outright   Completamente, totalmente, sin rodeo.

outstanding   Sobresaliente, sin pagar
— **accounts,** cuentas sin pagar.
— **balance,** saldo sin pagar.

over   Sobre, sobre de, por encima de.
— **limitation,** dominio subsecuente.
— **the counter market,** valores no vendidos en la bolsa.
— **the counter medication,** medicamentos vendidos sin receta médica.

overbid   Sobrepuja.

Overbreadth Doctrine   Doctrina de nulifación cuando la ley infringe con los derechos constitucionales.

overcharge   Recargo, cobro demás.

overdraft   Giro en descubierto, descubierto bancario.

overdraw   Sobregirar, girar en descubierto.

overdrawn   En descubierto moroso.

overdue   Vencido, atrasado, pendiente.

overhang   Colgar, sobresalir.

overhead   Gastos de operación, gastos generales.

overissue   Emisión excesiva.

overreach   Sobre pasar, cancelar.

override   Anular, invalidar, declarar sin lugar.

overrule   Denegar, declarar sin lugar, anular.

overt   Abierto, público, manifiesto.

overt act   Acto manifiesto, acto revelador.

overtime   Se refiere a trabajo mayor que el turno normal, tiempo extra.

owe   Deber, estar en deuda, adeudo.

own   Poseer, tener, propio.
— **motion,** por moción propia de la corte.
— **recognizance,** bajo palabra.

owner   Dueño, propietario, poseedor.

ownership   Propiedad, pertenencia, dominio, posesión.

P

pack Empacar envasar, envase, paquete, embalaje.
— **a jury,** formar un jurado por medios ilegales.

pact Pacto, acuerdo, convenio, tratado.

paddy wagon Autobús para transportar detenidos.

paid Pagado, satisfecho.
— **in,** dinero o propiedad dado a cambio de un interés.
— **in full,** totalmente pagado, liquidado, cancelado.
— **in surplus,** superávit pagado, prima de emisión.
— **leave,** permiso con sueldo.
— **up capital,** capital desembolsado.
— **up stock,** acciones pagadas.

pain and suffering Angustia mental y dolor físico.

pais (Fr.) País, extraterritorial.

palimony Pensión alimenticia entre personas solteras.

palming off Colarle algo, clavarle.

pamphlet law See **advance sheets.**

pander Alcahuete, celestina, alcahuetear, gratificar, complacer.

panel Subcomité judicial, lista de posibles jurados, comisión.

panhandling Mendigar, pedir.

paper Papel, diario, periódico, instrumentos de crédito, palina.
— **money,** papel moneda.
— **title,** título aparente, título dudoso.

papers Documentos.

par Paridad.
— **value,** valor a la par.

paralegal Asistente legal.

parallel citation Citación paralela, citación en dos o más publicaciones.

paramount Dominante, primero, superior, supremo.
— **right,** derecho supremo.
— **title,** título superior.

paraphernal property Bienes parafernales.

paraphernalia Objetos de uso personal.

parcel Parcela, paquete, porción.

parceny Copropiedad.

parcener Co-heredero.

pardon Perdón, indulto, absolución, indultar, perdonar.

parens patriae doctrine Doctrina de rotección estatal para menores, incompetentes, desamparados.

parent Paternal, maternal.
— **company,** compañía controladora, compañía matriz, casa matriz, compañía dominatriz.
— **corporation,** empresa matriz, compañía matriz.

parental   Paternal, maternal.
— **consent,** autorización paterna
o materna.
— **kidnapping,** secuestro por
progenitor.
— **liability,** responsabilidad civil
de los padres.
— **rights,** derechos de los padres
con respecto a sus hijos.

parenting plan   Régimen de visitas.

pari (Lat.)   A la par.
— **causa,** con igual derecho.
— **delicto,** con igualdad de
delito.
— **materia,** conexión con el
mismo asunto.

parish   Subdivisión política en el
estado de Louisiana.

parity   Paridad.

Parliament   Parlamento.

parliamentary   Parlamentario.
— **law,** derecho parlamentario.
— **practice,** uso parlamentario.
— **privilege,** inmunidad
parlamentaria.
— **rules,** reglas parlamentarias.

parochial   Parroquial, provincial,
intolerante.
— **school,** escuela parroquial.

parol   Verbal, oral.
— **agreement,** acuerdo verbal.
— **contract,** contrato verbal.
— **evidence,** testimonio oral.
— **evidence rule,** principio que
prohíbe la modificación de un
contrato por prueba verbal.

parole   Libertad vigilada.

— **board,** comisión estatal
autorizada a conceder libertad
vigilada de presos.
— **officer,** oficial asignado a
supervisar personas en libertad
vigilada.
— **revocation,** revocación de
libertad vigilada.
— **violation,** incumplimiento de
las normas de libertad vigilada.

parolee   Persona puesta en libertad
vigilada.

part   Parte, porción, segmento, sala.
— **owner,** co dueño.
— **performance,** cumplimiento
parcial.
— **time employment,** empleo a
tiempo parcial.

partial   Parcial, en parte, incompleto,
parcialidad.
— **acceptance,** aceptación
condicional.
— **disability,** inhabilidad parcial.
— **eviction,** desalojamiento
parcial.
— **loss,** pérdida parcial.
— **verdict,** veredicto parcial.

participate   Participar.

participation   Participación.

particular   Particular, separado,
distinto.
— **agent,** agente para asuntos
especiales.
— **average,** pérdida parcial.
— **estate,** dominio parcial.
— **lien,** gravamen sobre
propiedad específica.
— **malice,** malicia hacia una
persona en particular.

particularity   Particularidad.

particulars Datos, detalles, explicaciones.

partition Partición, división de fincas, separación, juicio divisorio.

partner Socio, asociado, aparcero, consocio.

partnership Sociedad, compañía colectiva, aparcería, consorcio, sociedad personal.
— **agreement,** acuerdo firmado por los socios, pacto social, contrato de asociación.
— **articles,** escritura de sociedad.
— **assets,** bienes de la sociedad, caudal social.
— **debts,** deudas de la sociedad.
— **property,** bienes sociales.

party Parte, persona.
— **in interest,** parte interesada.
— **litigant,** parte litigante.
— **of record,** parte nombrada en una acción.
— **to a crime,** cómplice de un delito.
— **to be charged,** parte acusada.
— **wall,** barda, muro medianero.

pass Pasar, aprobar, admitir, pase.
— **a law,** legislar una ley.
— **a test,** pasar una prueba.
— **counterfeit money,** circular dinero falso.
— **judgment,** pronunciar sentencia.
— **sentence,** pronunciar sentencia, condenar.
— **title,** transferir título.
— **upon,** decidir sobre.

passage Pasaje, viaje, aprobación.

passbook Libro de ahorros, libro de cuentas y razón.

passenger Pasajero.
— **list,** lista de pasajeros.

passive Inactivo, sumiso, pasivo.
— **assets,** activo intangible.
— **bond,** bono sin interés.
— **liabilities,** pasivo fijo.
— **negligence,** negligencia por omisión.
— **trust,** fideicomiso pasivo.
— **use,** uso pasivo.

passport Pasaporte.

past Pasado, anterior, previo.
— **consideration,** causa contractual previa.
— **due,** sobrevencido, con vencimiento pasado.

past recollection recorded Remembranza pasada y anotada.

patent Patente, obvio, evidente, aparente, privilegio de invención, patentar.
— **ambiguity,** ambigüedad patente.
— **and trademark office,** Oficina de patentes y marcas.
— **defect,** vicio o defecto patente.
— **holder,** titular de una patente.
— **infringement,** violación o infracción de patente.
— **law,** derecho patentario.
— **medicine,** medicina patentada.
— **pending,** patente en tramitación.
— **rights,** derechos de patente.

patentable Patentable.

patentee Poseedor de patente, concesionario de la patente.

patentor Dueño de la patente.

paternal line   Linea heredaría paternal.

paternity suit   Demanda para determinar paternidad.

pathological   Patológico.

pathology   Patología.

patient   Paciente, tolerante, enfermo.

patrimony   Patrimonio.

patronage   Patrocinio, amparo, clientela.

pattern   Patrón, muestra, modelo.

pauper   Pobre, indigente.

pawn   Empeñar.
— **shop,** monte de piedad.

pawnbroker   Prestamista, prendero.

pawnshop receipt   Recibo de empeño.

pay   Pagar, compensar, abonar, remunerar.
— **back,** retribuir.
— **by installments,** pago a plazos.
— **damages,** pagar daños y perjuicios.
— **in full,** pagar por completo.
— **to the order of,** páguese a la orden de.

payable   Pagable, pagadero, por pagar, debido.
— **at sight,** pagable a la vista.
— **on demand,** pago a la vista.
— **to bearer,** pagadero al portador.

— **to order,** pagable a la orden.

payee   Portador, tenedor, cobrador, beneficiario.

payment   Pago, desembolso, dacción, remesa.
— **in due course,** pago en su debido curso.
— **in full,** pago total.
— **in kind,** pago por entrega de bienes.
— **into court,** pago por consignación al tribunal.

payor   Pagador.

payroll   Nómina.

payroll tax   Impuesto sobre ingresos laborables.

peace   Paz, tranquilidad, buen orden, seguridad.
— **officer,** oficial del orden público, guardia.

peaceable   Pacífico, tranquilo.
— **entry,** entrada sin uso de fuerza.
— **possession,** posesión de bienes raíces sin litigio ni a la fuerza.

peaceful   Pasivo, pacífico, sereno, sosegado.
— **assembly,** asociación pacífica.

peculation   Peculado, desfalco, malversación.

pecuniary   Pecuniario, monetario.
— **benefit,** beneficio monetario.
— **bequest,** legado monetario.
— **condition,** condición monetaria, valor de la persona.

— **damages,** daños determinados monetariamente.
— **injury,** daño monetario.
— **interest,** interés monetario.
— **legacy,** legado pecuniario.
— **loss,** pérdida monetaria.

pederasty   Pederastia.

pedestrian   Peatón.

Peeping Tom   Voyerista, mirón, aquel que espía, atisbo, atisbar.

peer   Igual, par, mirar, asomar, fijar la vista.

penal   Penal.
— **action,** acción penal.
— **bond,** fianza u obligación penal.
— **code,** código penal.
— **institution,** institución penal, cárcel, prisión.
— **laws,** derecho penal.
— **servitude,** trabajos forzados.
— **statute,** estatuto penal.

penalty   Pena, multa, castigo, penalidad, condena.
— **bond,** fianza de incumplimiento.
— **clause,** cláusula contractual de castigo.

pendency   Pendencia, suspensión, sin decisión.
— **of action,** acción pendiente.

pendent   No concluido, sin decidir, indeterminado, pendiente.
— **jurisdiction,** derecho de la corte federal de ejercer jurisdicción.

pendente lite (Lat.)   Mientras el juicio continúa.

pending   Pendiente, en trámite, pendiente de, hasta que.

penetration   Penetración.

penitentiary   Penitenciaría, presidio.

pension   Pensión, jubilación, retiro, haber jubilatorio.
— **fund,** fondo de donde se paga la pensión, jubilación o retiro, caja de compensación, montepío.
— **plan,** plan de jubilación.
— **trust,** fideicomiso de jubilaciones.

penumbra   Lugar ligeramente alumbrado y rodeado de sombras.

peonage   Trabajo a la fuerza.

people   Gente, pueblo.

per   Por, a través de, en, por medio de, de acuerdo con, bajo.
— **annum,** (Lat.) por año, anual.
— **autre vie,** (Fr.) por la vida de otro.
— **capita,** (Lat.) por cabeza.
— **cent,** (Lat.) por ciento
— **curiam,** (Lat.) por la corte.
— **curiam opinion,** (Lat.) opinión de la corte.
— **diem,** (Lat.) por día.
— **os,** (Lat.) por la boca.
— **pais,** (Fr.) por jurado.
— **quod,** (Lat.) por cual, como resultado de.
— **se,** (Lat.) por si mismo.
— **stirpes,** (Lat.) por raíces de representación.
— **year,** por año, anual.

percolating waters   Aguas de filtración.

peremptory   Perentorio, autoritario, incontrovertible, decisivo.
— **challenge,** recusación sin causa.
— **instruction,** veredicto incontrovertible.
— **nonsuit,** fallo a favor del demandado cuando el querellante deja de probar su caso.
— **rule,** fallo definitivo.
— **writ,** auto perentorio.

perfect   Perfecto, perfeccionar, completo, entero.
— **equity,** título completo en equidad.
— **obligation,** obligación legal.
— **right,** derecho legal.
— **title,** título perfecto.
— **trust,** fideicomiso completo.

perfected   Perfeccionado, perfecto, ejecutado, sin defectos.

perfidy   Perfidia, deslealtad, alevosía, tracción.

perform   Cumplir una obligación, desempeñar, ejecutar, ejercer.

performance   Cumplimiento, desempeño, ejecución, rendimiento.
— **bond,** fianza de cumplimiento.

peril   Peligro, riesgo.

period   Período, plazo.

periodic payments   Pagos a plazos.

perishable   Perecedero.

perjure   Perjurar, perjurarse.

perjurer   Perjuro.

perjury   Perjurio, testimonio falso, juramento falso.

permanent   Permanente, duradero, continuo sin ser perpetuo.
— **disability,** incapacidad permanente.
— **employment,** empleo fijo.
— **executor,** albacea permanente.
— **injunction,** interdicto, requerimiento definitivo.
— **injury,** daño permanente.
— **nuisance,** molestia persistente.
— **residence,** residencia permanente.
— **separation,** separación permanente.
— **trespass,** traspaso continuo.

permissive   Permisivo, permitido, tolerate.
— **counterclaim,** contrarreclamo permitido.
— **joinder,** unión o conjunción permitida.
— **use,** uso pasivo o permitido.

permit   Permitir, licencia, permiso.

permitee   Autorizado.

perpetrate   Perpetrar, cometer, hacer.

perpetration   Perpetración.

perpetrator   Perpetrador.

perpetual   Perpetuo.
— **bond,** bono sin vencimiento.
— **injunction,** requerimiento perpetuo.

perpetuating testimony
Perpetuación de testimonio oral.

perpetuity   Perpetuidad.

perquisites   Gajes, emolumentos, privilegios o beneficios mas allá de lo normal.

personal   Personal, particular, privado.
— **action,** acción personal.
— **assets,** bienes personales.
— **bond,** fianza personal.
— **chattels,** enseres personales.
— **covenant,** convenio personal.
— **defense,** defensa personal.
— **disability,** incapacidad particular.
— **effects,** bienes personales.
— **estate,** bienes muebles.
— **exemption,** exención personal.
— **income tax,** impuesto sobre ingresos personales.
— **injury,** lesiones o daños corporales.
— **judgment,** sentencia o fallo contra la persona.
— **jurisdiction,** jurisdicción sobre la persona.
— **knowledge,** conocimiento personal o de primera mano.
— **liability,** responsabilidad civil personal.
— **liberty,** libertad personal.
— **loan,** préstamo personal.
— **notice,** aviso personal.
— **property,** bienes personales, bienes mobiliarios.
— **representative,** representante personal.
— **rights,** derechos constitucionales personales.
— **security,** garantía personal.
— **service,** entrega a la persona del aviso.
— **service contract,** contrato por servicios personales.

— **servitude,** servidumbre personal.
— **surety,** fianza personal.
— **tort,** agravio en contra la persona.
— **warranty,** garantía personal.

personally known to me
Personalmente conocido por mi.

personalty   Bienes muebles, propiedad personal.

personality   Personalidad.

persuasive authority   Precedente persuasivo.

pertinent   Pertinente.

petit (Fr.)   Pequeño.
— **jury,** jurado de juicio.
— **larceny,** hurto menor.

petition   Petición, pedido, instancia, súplica, pedimento, demanda, libelo, ocurso.

petitioner   Peticionario, suplicante, solicitante, demandador.

petitioning creditor   Acreedor peticionario.

pettifogger   Abogado sin importancia, picapleitos, leguleyo.

petty   Pequeño, minúsculo, insignificante, inferior, mezquino.
— **average,** avería menor.
— **cash,** gastos pequeños de caja.
— **jury,** jurado de juicio.
— **larceny,** hurto menor.
— **offense,** ofensa menor.

photostat   Copia fotostática.

physical   Físico.
— **cruelty,** crueldad corporal
— **depreciation,** depreciación a la propiedad.
— **disability,** incapacidad física, inutilidad física.
— **evidence,** prueba física.
— **fact,** hecho tangible.
— **fact rule,** regla de supresión de prueba contradictoria a hechos físicos.
— **force,** fuerza física en conexión con un asalto.
— **impossibility,** imposibilidad física.
— **incapacity,** incapacidad física.
— **injury,** lesión corporal.
— **inventory,** inventario físico.
— **necessity,** necesidad física.
— **possession,** el ejercer dominio sobre la propiedad.
— **violence,** violencia física.

physician patient privilege Inmunidad entre médico y paciente.

picket   Piquete, persona en el piquete.

picketing   Persona haciendo guardia.

pickpocket   Carterista, ratero.

piecework   Trabajo a destajo.

piercing the corporate veil   Penetrar la estructura de la sociedad comercial.

pilfer   Ratear, hurtar.

pillage   Pillaje, saqueo, merodeo.

pimp   Alcahuete, celestina, proxeneta.

pioneer patent   Patente básica.

piracy   Piratería, plagio.

pirate   Piratear, plagiar, pirata.

PJ Siglas para **presiding judge** Juez presidente.

place   Local, lugar, sitio, localidad, situar, colocar.
— **of abode,** residencia.
— **of business,** lugar del negocio.
— **of contract,** lugar donde se establece el contrato.
— **of delivery,** lugar donde se entrega.
— **of employment,** lugar de empleo.

plagiarism   Plagio.

plagiarist   Plagiario.

plagiarize   Plagiar.

plain   Aparente, claro, común, ordinario, usual, simple.
— **error rule,** regla en el caso de error judicial que conlleva injusticia.
— **meaning rule,** regla de interpretación estatutoria.
— **view doctrine,** doctrina de la admisibilidad de prueba que está a la vista.

plaintiff   Demandante, querellante, demandador, parte actora.
— **in error,** demandante por auto de casación.

plat   Plano, mapa, parcela.

plea   Alegato, alegación, instancia, excepción, defensa.
— **bargain,** declaración de culpabilidad concertada.
— **in bar,** excepción perentoria.

— **in discharge,** defensa de descargos.

— **of abatement,** instancia de nulidad.

— **of guilty,** alegación de culpabilidad.

— **of insanity,** declaración de insania.

— **of nolo contendere,** admisión de que los cargos interpuestos podrán ser probados.

— **of not guilty,** alegación de no culpable.

plead   Alegar, abogar, defender, pedir.

pleading   Alegación, informe, petición.

pleadings   Alegatos, alegaciones, escritos

plebiscite   Plebiscito.

pledge   Prenda, caución, empeño, empeñar, dar en prenda, pignorar.
— **of allegiance,** juramento de fidelidad.

pledged assets   Activos gravados.

pledgee   Tenedor de prenda, depositario.

pledger   Prendador.

plenary   Plenario, completo, lleno.
— **action,** acción plenaria.
— **jurisdiction,** jurisdicción o competencia total.
— **meeting,** sesión plenaria.
power, poder plenario.

plenipotentiary   Plenipotenciario.

plot   Complot, conspiración, solar, parcela.

plunder   Pillaje, saqueo, despojo. Despojar, pillar, saquear.

plural   Plural.

plurality   Pluralidad.
— **opinion,** opinión pluralística.
— **vote,** elección pluralística.

poaching   Entrar para pescar o cazar in permiso.

pocket veto   Veto indirecto, retención de un proyecto de ley por el presidente.

point   Punto, cuestión.
— **of law,** cuestión legal.
— **of order,** cuestión de procedimiento.
— **reserved,** cuestión de derecho decidida provisionalmente.
— **system,** sistema de puntos en el permiso de conducir.

point-blank   Quemarropa.

poison   Veneno, envenenar.

police   Policía.
— **authority,** autoridad policial.
— **car,** radio patrulla, perseguidora, coche de policía.
— **commissioner,** comisario.
— **court,** juzgado municipal.
— **department,** departamento de policía.
— **dog (K-9),** perro policía.
— **force,** cuerpo de policía.
— **headquarters,** jefatura de policía, comandancia.
— **lineup,** rueda de presos, confrontación.

— **officer,** oficial de departamento de policía.
— **power,** poder policial.
— **precinct,** comisaría.
— **record,** antecedentes penales.
— **report,** informe policial, atestado policial.
— **regulations,** código de la policía.
— **state,** estado totalitario.
— **sweep,** redada policial.

policeman   Policía, oficial de policía, guardia, guardián.

police woman   Mujer policía.

policy   Póliza, escritura, práctica política.

policy holder   Tenedor de la póliza de seguros.

political   Político.
— **action committee,** (PAC) comité de acción política.
— **activity,** actividad política.
— **asylum,** asilo político.
— **corporation,** compañía municipal.
— **crime,** delito político.
— **liberty,** derechos civiles.
— **offense,** delito político.
— **office,** cargo político.
— **question,** cuestión política.
— **subdivision,** subdivisión política.

poll   Votación, elecciones, lista electoral, votar, realizar una encuesta empadronar, solicitar el voto.
— **tax,** impuesto de capitación, capitación.

polling the jury   Solicitar el voto de los jurados individualmente.

polls   Urna electoral, lugar de votaciones, olegio electoral.

pollute   Contaminar.

pollution   Contaminación.

polyandry   Poliandria.

polygamy   Poligamia.

polygraph   Polígrafo, detector de mentiras.

pool   Combinación, convenio, consorcio, fusión de intereses, mancomunar, contribuir.

pooling agreement   Acuerdo contractual de accionistas en cuanto a votación.

pornographic   Pornográfico.

pornography   Pornografía.

port   Puerto.
— **authority,** autoridad portuaria.
— **duties,** derechos portuarios.
— **of departure,** puerto de salida.
— **of entry,** puerto fiscal, puerto aduanero.
— **of refuge,** puerto de amparo.

portfolio   Cartera.

positive   Positivo, definitivo, afirmativo.
— **defense,** defensa positiva, defensa afirmativa.
— **evidence,** prueba directa.
— **fraud,** fraude flagrante.
— **identification,** identificación definitiva.

— **law,** derecho positivo.
— **proof,** prueba directa.

posse comitatus   Cuadrilla armada, grupo de civiles autorizados a detener.

possess   Poseer.

possessed   Poseído.

possession   Posesión, tenencia, goce, disfrute.
— **in fact,** posesión de hecho.
— **in law,** posesión legal.
— **in trust,** posesión fiduciaria.

possessor   Poseedor.

possessory   Posesorio.
— **action,** acción posesoria.
— **interest,** derecho de posesión.
— **judgment,** sentencia posesoria.
— **lien,** gravamen posesorio.
— **title,** título de posesión.
— **warrant,** proceso sumario de devolución de bienes fraudulentamente adquiridos.

possibility   Posibilidad, contingencia.
— **of issue extinct,** la posibilidad de descendencia mientras viva la persona.
— **of reverter,** posibilidad de reversión.

post (Lat.)   Después, atrás.
— **facto,** después del hecho.
— **hoc,** después de esto, después de este tiempo.
— **mortem,** después de muerto.
— **obit,** después de la muerte.

post   Correos, mandar una carta, puesto, cargo, empleo, avisar, anunciar.

post office   Oficina de correos.

postal   Postal.
— **money order,** giro postal.
— **service,** servicio postal, correos.

postconviction remedy   Escritura de habeas corpus o moción presentada por el acusado para anular o modificar su sentencia.

postdate   Posfecha.

postdated check   Cheque que lleva fecha posterior a la fecha en que se extendió.

posted land   Terreno en el cual se ha fijado un aviso.

posterity   Posteridad. Generaciones venideras.

posthumous   Póstumo.
— **child,** hijo póstumo.
— **work,** trabajo publicado después de la muerte del autor.

postmark   Matasellos.

postmaster   Administrador de correos, jefe de correos.

postnuptial   Después del matrimonio.
— **agreement,** acuerdo marital hecho después del matrimonio.

postpone   Posponer, dilatar, aplazar.

postponement   Prórroga, aplazamiento.

posttrial   Después del juicio.
— **discovery,** revelación de pruebas después del juicio.

— **diversion,** programa de resolución alterna en casos penales.
— **motions,** mociones presentadas después del juicio.

potential existence   Posibilidad de que algo exista.

poverty   Pobreza, indigencia.

power   Poder, autoridad, facultad, potencia, fuerza, apoderamiento.
— **of alienation,** poder de enajenar.
— **of appointment,** facultad de nombramiento.
— **of attorney,** poder de representación, poder notarial, procura.
— **of revocation,** autoridad de revocar.
— **of sale,** poder de vender en caso de no pagar.
— **of substitution,** poder de sustitución.

practicable   Practicable, factible, ejecutable, práctico.

practice   Práctica, uso, costumbre, ejercicio, regla, clientela.
— **of law,** ejercer abogacía.
— **medicine,** ejercer medicina.

praecipe (Lat.)   Escrito dirigido al escribano de la corte para que haga un acto ministerial.

prayer   Parte rogatoria, suplicatoria.

preamble   Preámbulo.

precarious   Precario, incierto, inseguro, no estable.
— **loan,** préstamo sin plazo fijo.
— **right,** derecho precario.

precatory   Suplicante.
— **trust,** fideicomiso implícito.
— **words,** palabras suplicantes.

precedence   Derecho de ser primero.

precedent   Precedente, decisión previa por el mismo tribunal.

precept   Precepto, orden, regla moral o ética.

precinct   Distrito, comisaría.

preclusion   Impedimento, acto de impedir, prevenir.
— **order,** orden de imposibilitación.

precognition   Precognición, examen de un testigo por el fiscal.

precondition   Condición precedente.

precontract   Contrato inicial.

predatory   Predatorio.

predecease   Premorir, morir antes.

predecessor   Predecesor.

predisposition   Predisposición, tendencia o disposición previa.

preemption   Prioridad, derecho de prioridad.

preemptive right   Derecho de prioridad.

preexisting condition   Condición previa.

preference   Preferencia, prioridad.

preferential Preferente, de preferencia.
— **assignment,** asignación con preferencia.
— **debts,** deudas con preferencia.

preferred Preferido.
— **creditor,** acreedor preferido.
— **dividend,** dividendo de acciones preferidas.
— **stock,** acciones preferidas.
— **stockholder,** accionista preferido o con preferencia.

prejudge Prejuzgar.

prejudgment Prejuicio.

prejudice Prejuicio, parcialidad, menoscabar, preocupar.

prejudicial Dañoso, perjudicial.
— **error,** error perjudicial.
— **evidence,** prueba perjudicial.

preliminary Preliminar, previo.
— **examination,** interrogatorio preliminar.
— **hearing,** audiencia preliminar.
— **injunction,** interdicto preliminar, mandato judicial preliminar.
— **investigation,** investigación preliminar.
— **report,** informe preliminar.

premarital agreement Acuerdo prenupcial.

premeditate Premeditar.

premeditated Premeditado.
— **malice,** malicia premeditada.

premeditation Premeditación.

premises Premisas, local, terreno, establecimiento.

premium Prima de seguro.
— **stock,** acción con prima.

prenatal injury Lastimadura a una criatura antes de nacer, lastimadura prenatal.

prenuptial Prenupcial.
— **agreement,** acuerdo prenupcial.

prepaid Pagado por adelantado.

preparatory offenses Delitos preparatorios.

prepayment Pago adelantado.
— **clause,** cláusula hipotecaria que concede derecho de pagar por adelantado sin recargo.
— **penalty,** sanción por pagar por anticipado.

preponderance Preponderancia, importancia, peso.
— **of evidence,** preponderancia de prueba.

prerequisite Requisito previo, condición previa.

prerogative Prerrogativa, privilegio.

prescribe Prescribir, ordenar, recetar.

prescription Prescripción.

prescriptive Prescriptivo.
— **easement,** servidumbre por prescripción.

— **period,** período requerido para obtener servidumbre prescriptiva.

presence Presencia.
— **of an officer,** ante un oficial.
— **of the accused,** derecho del acusado de estar presente durante el juicio.
— **of the court,** ante la presencia del juez.
— **of the testator,** el firmar ante el testor.

present Presente, existente, actual, contemporáneo, estar presente.
— **danger,** riesgo patente.
— **estate,** propiedad en posesión actual.
— **interest,** derecho de posesión inmediata.
— **recollection recorded,** remembranza pasada y anotada.
— **recollection revived,** uso de cualquier medio para recordar.
— **use,** uso actual.
— **value,** valor actual.
— **worth,** valor actual.

present Presentar.
— **for acceptance,** presentar para aceptación.
— **for payment,** presentar para pago.

presentence hearing Audiencia precondenatoria.

presentence investigation Investigación precondenatoria.

presenter Presentador, presentante.

presentment Acusación, denuncia.

preside Dirigir, presidir.

president Presidente, jefe ejecutivo.

presiding judge Juez presidente.

presume Presumir, asumir como hecho basado en la experiencia, suponer.

presumption Presunción, conjetura, indicio.
— **of death,** presunción de fallecimiento, presunción de muerte.
— **of fact,** presunción de hecho.
— **of innocence,** presunción de inculpabilidad.
— **of law,** presunción legal.
— **of legality,** presunción de legitimidad.
— **of paternity,** presunción de paternidad.
— **of survivorship,** presunción de supervivencia.

presumptive Presunto, presuntivo.
— **evidence,** prueba presuntiva.
— **heir,** heredero presunto.

pretermitted Omitido, no atendido, pasado por alto.
— **child,** hijo del testor omitido

pretrial Antes del juicio.
— **conference,** conferencia antejuicio.
— **discovery,** revelación de pruebas antejuicio.
— **hearing,** audiencia preliminar.
— **motions,** mociones antejuicio.
— **orders,** ordenes antejuicio.

prevail Prevalecer, persuadir, predominar, ganar, triunfar.

prevailing Común, dominante.
— **party,** la parte predominante.
— **rate,** tarifa o rédito común.

preventive   Preventivo, cautelar, precautorio.
— **action,** acción cautelar.
— **detention,** detención preventiva.
— **injunction,** providencia precautoria, requerimiento precautorio.
— **justice,** medidas para la prevención de actos criminales.
— **measures,** medidas preventivas.

previous endorsement   Endoso anterior.

price   Precio, estimar, calcular el precio.
— **discrimination,** discriminación en el precio.
— **fixing,** fijar precios.

priest-penitent privilege
Inmunidad entre sacerdote y penitente.

prima facie (Lat.)   A primera vista.
— **case,** causa de acción que establece pruebas suficientes para una decisión a su favor.
— **evidence,** prueba prima facie.

primary   Primario, principal, primero, original, inicial, directo.
— **activity,** actividad concertada en contra de un empleador.
— **boycott,** boicot directo.
— **cause,** causa primaria.
— **conveyance,** traspaso original.
— **easement,** servidumbre primaria.
— **election,** elección primaria, comicios primarios.
— **evidence,** prueba primaria.
— **jurisdiction,** competencia inicial.

— **liability,** responsabilidad directa.
— **rights,** derechos primarios.

prime   Primero, primario, principal.
— **contractor,** contratista general.
— **interest rate,** rédito preferencial.
— **minister,** primer ministro.

primogeniture   Primogenitura.

principal   Principal, jefe, de mayor importancia, valor actual.
— **and agent,** poderdante y apoderado.
— **contractor,** contratista general.
— **fact,** hecho fundamental en el caso.
— **in the first degree,** autor del delito.
— **in the second degree,** cómplice.
— **office,** oficina central, casa central.
— **sum,** capital principal.

principle   Principio, regla, ley, fundamento, base.

prior   Anterior, previo, precedente, preferente.
— **adjudication,** adjudicación previa.
— **claim,** derecho superior.
— **conviction,** convicción previa, fallo de culpabilidad anterior.
— **creditor,** acreedor previo, preferido.
— **inconsistent statement,** declaración contradictoria anterior.
— **lien,** gravamen precedente.

— **restraint,** restricción previa.

— **testimony,** testimonio previo.

priority   Prioridad, anterioridad, precedencia.

prison   Prisión, cárcel, presidio, penitenciaria.

— **term,** pena.

— **van,** transporte penitenciario.

prisoner   Preso, prisionero, recluso, reo.

— **of war,** prisionero de guerra.

privacy   Secreto, privacía, retiro.

private   Privado, personal, privilegiado, confidencial, particular.

— **act,** ley iniciada por un particular.

— **agent,** agente privado.

— **bill,** proyecto de ley iniciado por un particular.

— **carrier,** empresa de transportes particular.

— **corporation,** sociedad, empresa privada.

— **detective,** detective privado.

— **easement,** servidumbre particular.

— **enterprise,** empresa libre.

— **foundation,** organización caritativa.

— **international law,** Derecho internacional privado.

— **law,** derecho privado.

— **nuisance,** molestia que produce perjuicio a uno, y no al público en general.

— **offering,** ofrecimiento de valores a un numero reducido de personas.

— **person,** persona privada.

— **property,** propiedad particular, bien de dominio privado, hacienda particular.

— **prosecutor,** fiscal particular.

— **rights,** derechos particulares.

— **road,** vía privada.

— **sale,** venta a un particular.

— **statute,** estatuto o ley particular.

— **trust,** fideicomiso privado.

— **waters,** aguas bajo control privado.

— **wrong,** daño a un derecho individual.

privately held   Que pertenece a una persona.

privies   Partes con interés común.

privilege   Privilegio, inmunidad, concesión, patente, opción.

— **against self incrimination,** inmunidad de auto inculpación.

— **from arrest,** inmunidad de arresto.

— **tax,** impuesto al ejercer con licencia o tener una empresa con patente.

privileged communication
Comunicación privilegiada.

Privileges and Immunities Clause
Cláusula constitucional de privilegios e inmunidades.

privity   Coparticipación, intereses comunes.

— **of contract,** relación entra las partes contratantes.

— **of estate,** interés mutuo en bienes raíces.

— **of possession,** relación de cesionario y cesionista.

privy   Privado copartícipe.

prize   Premio, galardón.

pro (Lat.)   Por, en representación de, en proporción a, como, en favor de.
— **bono publico,** por el bien del público.
— **forma,** a manera de, de acuerdo con la forma.
— **hac vice,** por esta ocasión.
— **rata,** porrata, en proporción a.
— **se,** por si mismo.
— **tanto,** por tanto.
— **tempore,** interino, temporalmente.

probability   Probabilidad.

probable   Probable.
— **a will,** validar un testamento.
— **cause,** causa razonable.
— **consequence,** consecuencia probable.
— **evidence,** prueba presunta.

probate   Validación de un testamento, validar, probar judicialmente.
— **bond,** fianza depositada por el representante.
— **code,** código de sucesiones.
— **court,** Tribunal testamentario, Tribunal de sucesiones.
— **estate,** caudal testamentario.
— **jurisdiction,** competencia testamentaria.
— **proceeding,** juicio sucesorio.
— **tax,** impuesto testamentario.

probation   Libertad condicional, libertad a prueba.
— **officer,** oficial de libertad condicional.

probationer   Persona bajo libertad condicional.

probative   Probatorio.
— **evidence,** prueba probatoria.
— **facts,** hechos probatorios.
— **value,** mérito probatorio.

procedendo (Lat.)   Auto del tribunal superior dirigido al tribunal inferior de continuar con el caso.

procedural   Procesal.
— **due process,** debido derecho procesal.
— **law,** derecho procesal, derecho adjetivo.

procedure   Procedimiento, trámite, medida.

proceeding   Proceso, procedimiento, trámites, diligencias.

proceedings   Minutas, autos.

proceeds   Ganancias.

process   Proceso, auto, citación, actos procesales.
— **of law,** proceso legal.
— **server,** entregador del citatorio o de la citación, requirente, ujier.

proclamation   Edicto, aviso oficial.

proclaim   Proclamar.

proctor   Procurador, apoderado, abogado.

procuration   Procuración, poder, agencia.

procure   Procurar, adquirir, conseguir, causar, ocasionar, obtener.

procurement   Consecución, adquisición.
— **contract,** contrato de consecución.

procurer   Alcahuete, tercero.

procuring cause   Razón causante.

produce   Producir, rendir, productos agrícolas.

product liability   Responsabilidad civil por productos defectuosos.

production   Producción, producto, obra teatral.
— **of documents,** presentación obligatoria de documentos.

profanity   Blasfemia, maldición, palabra obscena.

profession   Profesión.

professional   Profesional.
— **association,** asociación profesional.
— **conduct,** Conducta según las Normas de Conducta Profesional.
— **corporation,** corporación profesional.
— **ethics,** ética profesional.
— **fees,** honorarios facultativos.
— **misconduct,** mala conducta profesional.
— **responsibility,** responsabilidad profesional.

proffer   Ofrecer prueba, proponer ofrecimiento.

profit   Ganancia, utilidad, lucro, beneficio.
— **a prendre,** (Fr.) derecho de extracción.

— **and loss statement,** estado de pérdidas y ganancias.
— **corporation,** corporación organizada con mira a ganancias.
— **sharing plan,** plan de participación en las ganancias.

profitable   Provechoso, beneficioso, productivo.

profiteer   Logrero, agiotista, acaparador, usurear, acaparar.

profiteering   Logrería, acaparamiento.

profits and losses   Lucros y daños.

progeny   Prole, descendencia.

progressive tax   Imposición progresiva.

prohibit   Prohibir, vedar, evitar.

prohibited   Prohibido.

prohibition   Prohibición, inhibición.

prohibitive   Prohibitivo.

prohibitory   Prohibitorio.
— **injunction,** interdicto prohibitorio.

promise   Promesa.
— **of marriage,** promesa de matrimonio.
— **to pay the debt of another,** promesa de pagar la deuda de otro.

promisee   Tenedor de promesa.

promisor   El que promete, prometedor.

promissory   Promisorio.
— **estoppel,** impedimento
promisorio.
— **note,** pagaré, vale, nota de
pago.

promote   Promover, fomentar,
agenciar, respaldar.

promoter   Promotor, promovedor,
gestor.

prompt   Puntual, pronto, listo, a
tiempo.

promptly   Con puntualidad, a
tiempo, puntualmente.

promulgate   Promulgar, anunciar,
proclamar, dar aviso oficial al público.

pronounce   Pronunciar
formalmente, declarar.
— **judgment,** pronunciar fallo o
sentencia.

pronouncement   Pronunciamiento.

proof   Prueba, comprobación,
demostración.
— **beyond a reasonable doubt,**
prueba mas allá de toda duda
razonable.
— **of claim,** declaración escrita
del acreedor detallando la
cantidad del adeudo.
— **of debt,** prueba o
comprobación de la deuda.
— **of loss,** prueba de la pérdida.
— **of publication,** prueba
certificada de publicación.
— **of service,** prueba del
emplazamiento.

proper   Apropiado, debido,
adecuado, justo, válido, respetable.
— **care,** cuidado apropiado.

— **evidence,** prueba apropiada.
— **party,** parte interesada.

property   Pertenencias, bienes
inmuebles, propiedad, bienes, haberes.
— **agreement,** acuerdo sobre la
propiedad.
— **assessment,** avalúo de la
propiedad.
— **damages,** daños materiales.
— **rights,** derechos de propiedad.
— **settlement,** acuerdo entre
cónyuges sobre la distribución
de los bienes gananciales.
— **tax,** impuesto sobre la
propiedad o bienes.

proponent   Proponente.

proportion   Proporción.

proportional representation
Representación proporcional.

proposal   Propuesta, proposición,
oferta.

proposition   Proposición, propuesta,
ponencia.

propound   Proponer, ofrecer.

proprietary   Privilegiado, patentado,
patrimonial.
— **functions,** funciones
gubernamentales por el bien
común.
— **interest,** interés patentado.
— **rights,** derechos de propiedad.

proprietor   Propietario, dueño.

proprietorship   Propiedad,
patrimonio.

prorate   Prorratear.

proscribe   Proscribir, prohibir.

prosecute   Procesar, encausar,
enjuiciar, proseguir.

prosecuting   Acusador.
— **attorney,** abogado público
  acusador, fiscal,
— **witness,** testigo de cargo,
  testigo demandante.

prosecution   Procesamiento,
proceso, enjuiciamiento.

prosecutor   Fiscal, abogado público
acusador.

prospective   Probable, posible,
esperable, presunto.
— **damages,** daños anticipados.
— **heir,** heredero aparente.

prospector   Explorador, buscador de
minerales, cateador.

prospectus   Prospecto, manifiesto
de emisión.

prostitute   Prostituta.

prostitution   Prostitución.

protection   Protección, amparo,
defensa, dinero pagado para evitar
violencia.

protection order   Orden de
protección.

protective   Protector.
— **custody,** prisión preventiva.
— **order,** orden de protección
  contra abusos procesales.

protest   Protesta, protestar,
verificación del notario público.

prothonotary   Protonotario.

protocol   Protocolo.

prove   Probar, demostrar,
comprobar, verificar.

proven   Haber probado.

provided   A condición de,
proveyendo, disponiéndose.

province   Provincia.

provisional   Provisional, provisorio,
interino.
— **court,** tribunal provisional.
— **employment,** interinidad.
— **injunction,** mandato
  interlocutorio, amparo
  provisional.
— **measures,** medidas cautelares.
— **order,** orden interlocutoria.
— **remedy,** remedio temporal,
  recurso interino.

proviso   Condición, restricción,
limitación.

provocation   Provocación.

provoke   Provocar, incitar, hacer
enojar.

proximate   Próximo, cerca,
inmediato.
— **cause,** causa relacionada.
— **consequence,** consecuencia
  natural.
— **damages,** daños inmediatos.
— **result,** resultado directo.

proximately   Directamente,
efectivamente, inmediatamente.

proxy   Poder, delegación,
apoderado, mandatario.
— **holder,** apoderado.

— **statement,** declaración necesaria solicitando carta poder.

prudence   Prudencia.

prudent man   Persona razonable.

prurient interest   Interés lujurioso.

psychiatrist   Psiquiatra.

psychoative   Psicoactivo.

psychosis   Psicosis.

puberty   Pubertad.

public   Público.
— **accommodation,** hospedaje al público.
— **accountant,** contador público.
— **administrator,** testamentario público.
— **agency,** administración pública.
— **attorney,** fiscal.
— **auction,** subasta pública.
— **authority,** autoridad pública.
— **bill,** proyecto de ley para el bien común.
— **body,** organismo público.
— **building,** edificio público.
— **carrier,** transporte público.
— **charge,** carga pública.
— **contract,** contrato para la construcción de mejoras públicas.
— **convenience,** necesidad pública.
— **defender,** abogado de oficio
— **document,** escritura pública.
— **domain,** dominio público.
— **drunkenness,** condición de estar borracho en lugar público.

— **easement,** servidumbre pública.
— **employee,** empleado público.
— **figure,** persona pública.
— **funds,** fondos públicos.
— **good,** bienestar público.
— **health,** higiene y sanidad pública.
— **hearing,** audiencia abierta al público.
— **holiday,** día de fiesta oficial.
— **housing,** viviendas subvencionadas.
— **improvement,** mejoras públicas.
— **interest,** interés público.
— **intoxication,** embriaguez en lugar público.
— **land,** tierra bajo el dominio público.
— **liability insurance,** seguro de responsabilidades pública.
— **notice,** aviso al público.
— **nuisance,** daño contra la salud pública.
— **office,** cargo público.
— **officer,** funcionario público.
— **official,** funcionario público.
— **place,** lugar público.
— **policy,** orden público.
— **property,** bienes de dominio público.
— **prosecutor,** procurador fiscal.
— **purpose,** propósito para beneficio del público.
— **record,** registro público documento público.
— **revenue,** renta fiscal, renta tributaria.
— **road,** vía pública.
— **safety,** protección para el público.
— **school,** escuela pública.
— **seal,** sello oficial del gobierno.
— **service company,** sociedad de interés público.

— **treasury,** hacienda pública.

— **trial,** juicio abierto al público.

— **trust,** fideicomiso público.

— **use,** uso público.

— **utilities,** empresa de servicios al público.

— **verdict,** veredicto en tribunal abierto.

— **welfare,** bienestar público.

— **works,** obras públicas.

publication   Publicación, periódico, revista, libro, edición.

— **of a forgery,** falsificación para cometer fraude.

— **of a will,** declaración del testor ante los testigos antes de firmar su testamento.

publicity contract   Contrato de publicidad.

publish   Publicar.

publisher   Editor, publicador.

puff   Exagerar, dar bombo a algo.

punishable   Punible, penable, castigable.

punishment   Pena, castigo.

punitive damages   Indemnización punitiva por daños y perjuicios, daños ejemplares.

purchase   Compra, adquirir, adquisición, comprar.

— **agreement,** acuerdo de compraventa.

— **money,** dinero entregado.

— **money mortgage,** garantía hipotecaria.

— **order,** orden o pedido de compras.

— **price,** precio de compra.

— **tax,** impuesto de venta.

purchaser   Comprador.

pure accident   Accidente inevitable

purge   Purgar, disculpar, justificar, exonerar.

purport   Significado, sentido aparente, profesar, significar, representar.

purported   Presunto.

purpose   Propósito, plan, intención, meta, objetivo.

purposely   A propósito, intencionalmente, a sabiendas.

purse   Caudal, dinero, fondo.

pursuant to   De acuerdo con, según.

pursuit of happiness   Búsqueda de la felicidad.

put   Poner, vender valores.

— **in fear,** intimidar, poner en aprehensión, asustar.

— **on record,** elevar a instrumento público, hacer constar.

putative   Putativo, supuesto, presunto.

— **father,** supuesto padre.

— **marriage,** matrimonio inválido.

— **spouse,** cónyuge putativo.

pyramid sales scheme   Plan o ardid de promesa compensatoria al comprador que consiga otros compradores.

pyromania   Piromanía.

Q

qualification   Capacidad, calidad, preparación.

qualified   Calificado, condicional, hábil, competente, apto.
— **acceptance,** aceptación condicional.
— **elector,** elector habilitado.
— **estate,** posesión limitada.
— **fee,** posesión condicional.
— **indorsement,** endoso limitado endoso con reservas.
— **interest,** interés limitado.
— **oath,** juramento limitado.
— **owner,** tenedor de interés limitado.
— **privilege,** inmunidad condicional.
— **rights,** derechos condicionales.
— **stock option,** opción que tiene un empleado de una sociedad comercial de comprar acciones.
— **voter,** elector habilitado y votante.

qualify   Calificar, efectuar, autorizar, habilitar, limitar, cumplir con los requisitos.

qualifying clauses   Cláusulas con condiciones.

quantum meruit   Tanto como sea merecido.

quarantine   Cuarentena.

quare clausum fregit (Lat.)   Por que rompió o traspasó.

quarterly   Cada tres meses, trimestral.

quash   Anular, invalidar, abogar.

quasi (Lat.)   Casi, relacionado a, parecido a, aparente.
— **admission,** admisión implícita.
— **contract,** cuasicontrato.
— **corporation,** casi corporación, cuasi corporación.
— **crime,** cuasidelito.
— **delict,** entuerto sin malicia.
— **in rem action,** acción que adjudica los derechos sobre los bienes solamente.
— **judicial,** cuasijudicial.

query   Pregunta, interrogación.

question   Pregunta, cuestión en controversia, interrogar, preguntar, dudar, disputar.
— **of fact,** cuestión de hecho.
— **of law,** cuestión de derecho.

questioning   Interrogatorio.

questioner   Interrogador.

quick assets   Activo disponible.

quid pro quo (Lat.)   Una cosa por otra.

quiet enjoyment   Uso y disfrute.

quieting title   Recurso para eliminar imperfección del título.

quit   Cesar, abandonar.

quitclaim   Finiquito, quitación.
— **deed,** escritura de traspaso de finiquito.

quittance   Finiquito, descargo.

quo warranto   Con que autoridad.

quorum   Quórum.

quota   Cuota, contribución.

quotation   Cita, citación.

R

race　Raza.

race discrimination
Discriminación racial.

racial　Racial.

racial segregation　Segregación
racial.

racism　Racismo.

racist　Racista.

racketeering　Fraude organizado,
cometer fraudes, estafas.

raffle　Rifa, lotería.

raid　Redada, hacer una redada.

raider　Persona que adquiere control
de una empresa por adquisición de
valores.

railroad　Ferrocarril.

raise　Alzar, levantar, aumentar,
cultivar, crear, producir, subir.
— **a point,** presentar un punto,
hacer una observación.
— **a presumption,** plantear una
presunción.
— **an issue,** plantear una
cuestión.
— **an objection,** formular una
objeción.

rake-off　Participación ilegal en las
ganancias, tajada.

ransom　Rescate.

rap sheet　Antecedentes penales,
ficha criminal.

rape　Estupro, violación, ultraje,
rapto, violar.

Rape Shield Laws　Leyes/estatutos
para protección de víctimas de delitos
contra la honestidad.

rapist　Violador.

ratable　Proporcional, valuable,
tasable.
— **property,** propiedad tasable.

rate　Tipo, tarifa, tipo de cambio,
cuota, valuar, tasar, calificar.
— **base,** base, tarifa, base de tasa.
— **making,** el fijar réditos al
público.
— **of exchange,** cotización de
divisas extranjeras.
— **of interest,** tarifa de interés.
— **of return,** ganancia,
rendimiento de la inversión.

ratification　Ratificación,
aprobación, confirmación.

ratify　Aprobar, confirmar, ratificar,
convalidar, adoptar.

rational　Razonable.
— **basis,** motivo razonable.
— **doubt,** duda razonable.

rationale　Razón fundamental.

ravish　Violar, forzar, captivar,
encantar.

ravisher　Violador.

raw product　Materia prima.

ready　Listo, preparado, pronto.
— **for trial,** listo para el juicio.

— **willing and able,** listo, dispuesto y capaz.

reaffirm   Reafirmar.

real   Real, verdadero, legítimo, genuino.
— **assets,** bienes raíces, bienes inmuebles.
— **chattels,** bienes reales.
— **covenant,** convenio de bienes raíces.
— **defenses,** defensas legítimas.
— **estate,** bienes raíces, bienes inmuebles.
— **estate agent,** agente inmobiliario.
— **estate appraisal,** avalúo catastral.
— **estate lien,** gravamen inmobiliario.
— **estate tax,** impuesto inmobiliario.
— **evidence,** prueba material.
— **injury,** perjuicio material.
— **issue,** cuestión verdadera.
— **party in interest,** parte con interés en el resultado.
— **property,** bienes raíces, bienes inmuebles, arraigo.

realize   Realizar, recibir, liquidar, obtener beneficio, ganar, vender.

realtor   Agente corredor inmobiliario.

realty   Bienes raíces.

reapportionment   El cambiar los linderos de los distritos legislativos.

reappraisal   Retasa.

reappraise   Reavaluar, revaluar.

reargue   Reargüir, volver a argumentar.

reargument   Argumento adicional.

rearrest   Volver a detener.

reason   Razón, razonamiento, motivo, causa, explicar, justificar.

reasonable   Razonable, justo, equitativo, prudente.
— **belief,** creencia lógica.
— **care,** cuidado razonable.
— **compensation,** compensación justa.
— **diligence,** diligencia razonable.
— **doubt,** duda razonable.
— **force,** fuerza razonable.
— **man test,** prueba de la persona prudente.
— **notice,** aviso razonable.
— **skill,** habilidad usual.
— **suspicion,** sospecha razonable.
— **time,** tiempo razonable.
— **use doctrine,** principio del uso prudente de un bien inmueble.
— **value,** valor equitativo.
— **woman standard,** prueba de la mujer prudente.

rebate   Reembolso, devolución, desgravación. reembolsar, rebajar.

rebel   Rebelde, rebelarse, sublevar.

rebellion   Rebelión, insurrección armada.

rebut   Rebatir, refutar, negar, contradecir.

rebuttable presumption   Indicio dudoso.

rebuttal   Refutación.
— **evidence,** prueba de
   refutación.
— **of a presumption,**
   presentación de pruebas para
   negar la presunción.

recall   Aviso, retirada, anulación,
revocación, llamar de nuevo, recordar,
retirar, revocar, deponer.
— **of a judgment,** revocación de
   un fallo.
— **of a public officer,** retirada de
   un elegido.
— **of a witness,** llamada de
   nuevo de un testigo.

recant   Retractar, desmentir.

recantation   Retracción.

recapitalization   Recapitalización.

recapitulation   Recapitulación.

recaption   Rescate de bienes,
recuperación de bienes.

recapture   Recapturar, devolución de
deducciones tributarias.

receipt   Recibo, recibir, factura.

receivables   Cuentas por cobrar.

receive   Recibir, tomar posesión y
control, percibir.

receiver   Síndico, administrador
judicial.
— **in equity,** administrador en
   equidad.
— **of taxes,** recaudador de
   impuestos.
— **pendente lite,** síndico durante
   el período del litigio.

receivership   Sindicatura,
administración judicial.

receiving stolen property   Recibir
propiedad.

recess   Suspensión, receso,
vacaciones, recesar.

recidivist   Criminal habitual,
recidivista, reincidente.

reciprocal   Recíproco.
— **contract,** contrato recíproco.
— **covenants,** garantías
   recíprocas.
— **easements,** servidumbres
   recíprocas.
— **trusts,** fideicomisos
   recíprocos.
— **wills,** testamentos recíprocos.

**Reciprocal Enforcement of Support
Act**   Decreto de observancia de fallos
determinativos de pensión alimenticia.

reciprocity between states
Reciprocidad interestatal, reciprocidad
entre estados.

recital   Narración, relación,
exposición.

recite   Recitar, detallar verbalmente
o por escrito.

reckless   Temerario, atrevido,
imprudente, descuidado.
— **conduct,** comportamiento
   temerario.
— **disregard of the rights of
   others,** indiferencia temeraria
   a los derechos de terceros.
— **driving,** conducción
   imprudente o temeraria.
— **endangerment,** poner en
   peligro a otros.

— **homicide,** homicidio temerario.

recklessness   Temeridad.

reclamation   Mejoramiento de terreno.

recognition   Reconocimiento, ratificación, confirmación.

recognizance   Obligación impuesta judicialmente.

recognize   Reconocer, admitir, conceder.

recollect   Recolectar, recordar, reunir.

recollection   Recuerdo, reminiscencia, evocación.

recompense   Recompensar, remunerar, compensación, remuneración.

reconsider   Reconsiderar, considerar de nuevo.

reconciliation   Reconciliación.

reconsideration   Reconsideración.

reconvene   Convocar de nuevo, reunirse de nuevo.

reconveyance   Traspaso de título.

record   Registro, acta, expediente, inscripción, antecedente, libro de cuentas, registrar.
— **date,** fecha de acuerdo con el registro.
— **on appeal,** expedientes enviados a la corte de apelación.

— **of the hearing,** relato de la audiencia.
— **owner,** dueño registrado.
— **title,** título de propiedad.

recordation   Inscripción oficial, grabación.

recorder   Juez municipal.

recoup   Recuperar, recobrar, obtener de nuevo.

recoupment   Reconvención.

recourse   Recurso, remedio.

recover   Recobrar, recuperar, obtener como resultado de decreto.

recoverable   Recobrable.

recovery   Recobro, recuperación, sentencia o fallo favorable.

recrimination   Recriminación.

recross examination   Repregunta por segunda vez.

rectify   Rectificar, corregir, enmendar, modificar.

recusation   Recusación.

recuse   Recusar.

red handed   Con las manos en la masa.

red tape   Rutina burocrática, burocracia.

redeem   Redimir, rescatar, desempeñar, recobrar, amortizar.

redeemable bond   Bono redimible.

redeemable stock   Acción redimible.

redelivery   Entrega subsecuente.

redemption   Rescate, redención, cancelación.
— **period,** período de redención.
— **securities,** valores redimibles.

redirect examination   Segundo interrogatorio directo.

rediscount   Descuento sobre descuento.

redlining   La negativa de ofrecer préstamos hipotecarios en ciertas zonas.

redraft   Redactar de nuevo, girar de nuevo, giro renovado.

redress   Reparación, compensación, desagravio, compensar, reparar, satisfacer, remediar.

reduction   Reducción, rebaja, disminuir, recortar, reducir, refinar, extraer.

redundancy   Redundancia, repetición innecesaria.

redundant   Redundante, excedente.

re-entry   Asumir posesión de nuevo.

refer   Referir, remitir, someter.

referee   Arbitro, administrador judicial.
— **in bankruptcy,** juez de quiebras, ponente de la quiebra, interventor de concurso.

reference   Referencia, recomendación.

referendum   Referéndum.

refinance   Refinanciar.

refinancing   Refinanciamiento.

reform   Reformar, corregir, reforma, mejorar, modificar, reforma.

reformation   Reformación.

reformatory   Reformatorio.

refund   Reembolso, reembolsar, devolución, devolver, restituir.

refusal   Rechazo, denegación.

refuse   Rechazar, negar, denegar, rehusar, basura.

refute   Refutar, rebatir, negar, contradecir.

regent   Regente, administrador.

register   Registro, matrícula, registrar, inscribir, matricular, encartar.
— **of deeds,** registro de títulos de propiedad.
— **of ships,** registro de naves.
— **of wills,** registro de testamentos.

registered   Registrado, matriculado, inscrito.
— **bonds,** obligaciones nominativas.
— **check,** giro verificado, cheque certificado.
— **mail,** correspondencia certificada.
— **securities,** valores certificados.
— **trademark,** marca registrada.
— **voter,** votante registrado.

registrar   Registrador.
— **of deeds,** registrador de títulos de propiedad.

registration   Acto de registrar, matricular, inscribir.
— **of land titles,** inscripción en el registro de propiedad.
— **of securities,** registración de valores.

registry   Registro, matriculación.

registry office   Oficina del registro civil.

registry of vital statistics   Registro demográfico.

regressive tax   Impuesto decreciente.

regs.   Vocablo utilizado para referirse a las reglas y reglamentos.

regular   Regular, común, ordinario, uniforme, consistente.
— **course of business,** curso normal de negocios.
— **deposit,** depósito normal.
— **employment,** empleo constante.
— **on its face,** proceso jurídico legal.
— **session,** sesión ordinaria.
— **term,** período ordinario, término normal.

regularly   Regularmente, con regularidad.

regulate   Controlar, dirigir, gobernar, reglamentar.

regulation   Reglamento.

regulatory   Reglamentario, regulador.
— **agency,** agencia reguladora.
— **crime,** delito reglamentario, delito tipificado.

rehabilitate   Rehabilitar, corregir, restaurar, curar.

rehabilitation   Rehabilitación, reposición.
— **center,** centro de rehabilitación.
— **program,** programa de rehabilitación.

rehearing   Nueva audiencia, revisión de fallo erróneo.

reimburse   Reembolsar, repagar, compensar, reintegrar.

reimbursement   Reembolso, compensación, reintegración.

reinstate   Reinstalar, reponer, reincorporar, rehabilitar.

reinstatement   Reinstalación, rehabilitación.

reinsurance   Contraseguro, reaseguro.

reinsurer   Reasegurador.

reject   Rechazar, rehusar, repulsar, desechar.

rejection   Rechazo, repulsión, desecho.

rejoinder   Respuesta, réplica, contrarréplica.

related   Relacionado.

relation Relación, parentesco, relato, narración.
— **back,** con retroactividad, modificación limitada.
— **by affinity,** parentesco por afinidad sanguínea.

relative Relativo, referente a, pariente, deudo.
— **fact,** hecho relacionado, hecho circunstancial.
— **rights,** derecho privado.

relator Relator.

release Descargo, liberación, librar, relevar, descargar, libertar.
— **from a pledge,** despignorar.

relevance Relevancia.

relevancy Pertinencia, relevancia.

relevant Relevante, pertinente, material.
— **evidence,** prueba pertinente.

reliable Confiable, serio, formal, cumplido, acreditado.

reliance Confianza.

reliction Incremento o disminución terrenal al recidir de las aguas.

relief Alivio, asistencia, desgravación, prestación social, desagravio, amparo, reparación de derechos.

relieve Aliviar, relevar, quitar.

religion Religión.

religious Religioso.
— **freedom,** libertad de creencia, libertad de culto.

— **liberty,** libertad de creencia, libertad de culto.
— **wedding,** matrimonio canónico.

rely Confiar.

rem (Lat.) Cosa.

remainder Resto, restante, residuo, derecho expectativo a un bien raíz.

remainderman Nudo propietario.

remand Devolver, regresar, reencarcelar, dictar auto de prisión preventiva.

remediable Remediable.

remedial Remediador.
— **action,** acción de indemnización.
— **laws,** leyes para hacer proteger los derechos.

remedy Remedio, recurso.

remise Ceder, rectificar, subsanar, abandonar, renunciar.

remission Remisión, descargo, reducción, extinción de una cuenta, perdón.

remit Remitir, remesa, eximir, devolver.

remittance Remesa, remisión, envío, consignación.

remittee Destinatario.

remitter Remitente.

remittitur Devolución, judicial apelativa, remisión judicial apelativa.

— **of record,** remisión judicial apelativa del tribunal superior al tribunal inferior.

remonstrance   Protesta, reconvención.

remote   Remoto, lejano, distante.
— **cause,** causa especulativa.
— **damages,** daños remotos.

removal   Levantamiento, alejamiento, deposición (de empleo), mudanza, eliminación, translación.
— **from office,** destitución de un cargo público, remoción.
— **of cases,** normalmente, el cambio de un caso de una corte estatal a una federal.

remuneration   Remuneración, compensación.

render   Dar, entregar, hacer, ejecutar, interpretar, traducir, rendir o dar cuenta de.
— **a decision,** emitir fallo o sentencia.
— **an account,** rendir cuenta.
— **a judgment,** pronunciar sentencia.
— **a service,** prestar un servicio.
— **a verdict,** rendir un veredicto.
— **assistance,** auxiliar, prestar auxilio.
— **help,** auxiliar, prestar auxilio.

rendering accounts   Rendición de cuentas.

rendition   Entrega de un fugitivo.

renegotiation   Renegociación, renegociar, reajustar.

renew   Renovar, restaurar, reanudar, prorrogar.

renewal   Renovación, prórroga, renovación.
— **of a note,** renovación de un pagaré.

renounce   Renunciar, abandonar, repudiar.

rent   Alquiler, arriendo, arrendamiento, renta, anualidad, alquilar, arrendar.

rental   Arrendamiento, arriendo, alquiler, renta.

renunciation   Renuncia, abandono.

renvoi (Fr.)   Principio procesal de conflicto de leyes de otro estado.

reopening a case   Reabrir la causa.

reorganization   Reorganización.

repair   Reparar, remendar, componer, restaurar.

reparable injury   Daño reparable, pérdida de dinero, compensable.

reparation   Reparación.

reparations   Compensación en derecho internacional.

repatriation   Repatriación.

repay   Reembolsar, compensar.

repeal   Derogar, abrogar, revocar, abolir, anular.

repeat offender   Delincuente habitual, reincidente.

replace   Reponer, restaurar, substituir, reemplazar, restituir.

replacement   Reemplazo, restitución, substitución.
— **cost,** costo de reemplazo.
— **value,** valor de reposición.

replead   Archivar alegato de nuevo.

repleader   Alegato nuevo.

replevin   Reivindicación.

replevy   Reivindicación.

replication   Réplica.

reply   Réplica, contestación, contestar, responder.

report   Reporte, informe, parte, relación, denuncia, dictamen, atestado.

reported cases   Decisiones judiciales publicadas.

reporter   Taquígrafo de la corte.

reporters   Recopilación de las opiniones judiciales.

repossession   Recuperación.

represent   Representar, declarar.

representation   Representación, declaración, aseveración.
— **by counsel,** representación por abogado.
— **election,** elección para determinar si la mayoría de los empleados de una empresa desean inscribirse al sindicato.

representative   Representante, delegado, gestor, representativo, albacea.
— **action,** acción representativa colectiva.

— **capacity,** capacidad de representar.

reprieve   Suspensión de la sentencia, suspensión, indulto, indultar, suspender.

reprimand   Reprender, regañar, reprimenda, reprensión.

reprisal   Represalia.

reproduction cost   Costo de reproducción o de reemplazo.

reproductive rights   Derechos de reproducción.

republic   República.

republication   Nueva publicación.
— **of will,** ejecución de un codicilo o nuevo testamento.

repudiate   Repudiar, renunciar, rechazar.

repudiation   Repudio, repudiación, rechazo, renuncia.
— **of contract,** rechazo de un contrato.

repugnancy   Inconsistencia, contradicción.

repugnant provisions   Provisiones inconsistentes.

repurchase   Comprar de nuevo, adquirir de nuevo.
— **agreement,** acuerdo de volver a compra, de adquirir de nuevo.

reputable   Estimable.

reputation   Reputación, fama pública, renombre, crédito.

repute   Reputar, considerar.

reputed   Aparente, renombrado,
considerado.
— **owner,** dueño aparente.

request   Solicitar, rogar, solicitud,
petición, demanda, súplica, ruego.
— **for admission,** solicitud de
aseveración o negación de los
hechos.
— **for instructions,** petición para
instrucciones adicionales para
el jurado.

requirement contract   Contrato de
exclusividad.

requisition   Requisitoria, requisa,
requerimiento, requisición, requisar.

res (Lat.)   Cosa.
— **adjudicata,** cosa adjudicada.
— **derelicta,** propiedad
abandonada.
— **gestae,** circunstancia esencial.
— **ipsa loquitur,** los hechos por
si solos indican las
circunstancias.
— **judicata,** cosa adjudicada.
— **publica,** cosa pública.

resale   Segunda venta, reventa.

rescind   Rescindir, anular, abrogar,
deshacer.

rescission   Rescisión, abrogación,
cancelación de un contrato.

rescript   Segunda redacción.

rescue   Rescatar, rescate.

reservation   Reserva, reservación.

reserve   Reservar, guardar, detener,
reserva, encaje metálico.

reserved   Separado guardado,
reservado.
— **powers of the state,** poderes
del estado.
— **question,** cuestión reservado
por el Tribunal de
Apelaciones.

reside   Vivir en un lugar, residir.

residence   Residencia.

residency   El estado de ser
residente, tener residencia.

resident   Residente.
— **agent,** persona autorizada para
recibir emplazamiento.
— **alien,** extranjero autorizado a
residir en el país.

residuals   Pago adicional a un autor
por usar de nuevo su obra.

residuary   Remanente, residual.
— **bequest,** legado residual,
legado remanente.
— **clause,** cláusula de la heredad
residual.
— **devise,** legado residual,
legado remanente.
— **estate,** heredad residual.
— **legacy,** legado residual,
legado remanente.
— **legatee,** legatario residual,
heredero del remanente.

residue   Residuo, resto.

resignation   Renuncia, dimisión.

resisting   Resistencia, oposición.
— **an officer,** delito de obstruir, estorbar, impedir, o interferir con los deberes de un oficial.
— **arrest,** delito de resistir a la policía.

resolution   Resolución, acuerdo, decisión, disposición.

resolve   Acordar, resolver, decidir, proponerse.

resort   Recurrir, recurrir a la fuerza, recurso.

resources   Recursos, medios.

respond   Responder.

respondeat superior   (Lat.) Responsabilidad civil al supervisor.

respondent   Apelado, demandado.

response   Respuesta, contestación.

responsibility   Responsabilidad, obligación, solvencia.

responsible   Responsable, garante, solvente, autorizado.
— **bidder,** proponente solvente.
— **for,** responder o responsible por.

responsive   Que responde.

rest   Descansar, recaer, responder, resto, descanso, reposo.
— **residue and remainder,** cláusula residual en un testamento.
— **a case,** terminar la presentación de pruebas.

Restatement of the Law   Nueva Exposición de Derecho.

restitution   Restitución, devolución.

restrain   Restringir, prohibir, vedar, limitar, confinar.

restraining order   Inhibitoria, interdicto, orden de amparo.

restraint   Limitación, prohibición, restricción.
— **of trade,** represión de comercio.
— **on alienation,** restricción de venta.

restrict   Restringir, limitar.

restriction   Restricción, limitación.

restrictive   Restrictivo, limitativo.
— **condition,** condición restrictiva, condición limitativa.
— **covenant,** pacto restrictivo, convenio limitativo.

resulting   Resultado, procedente de.
— **powers,** poderes del gobierno.
— **trust,** fideicomiso resultante.

retail   Venta por menor o al mayoreo, menudeo.
— **price,** precio al por menor.

retailer   Detallista, revendedor, comerciante al por menor.

retain   Retener, emplear, guardar.

retainer   Anticipo de honorarios.

retaliation   Desquite, desagravio, represalia, venganza.

retaliatory   De represalia, vengativo.

retire   Retirar, jubilarse.

retiree   Jubilado.

retirement   Retiro del empleo, jubilación.
— **age,** edad de retiro, edad de jubilación.
— **annuity,** beneficio de retiro, pensión.
— **benefit,** beneficio pagado bajo un plan de retiro.
— **of securities,** redención de valores.
— **pay,** haber jubilatorio.
— **plan,** plan de jubilación.

retract   Retirar, abjurar.

retraction   Retracción.

retreat   Retiro, refugio, retroceder, retirarse.

retrial   Nuevo juicio, nueva audiencia.

retroactive   Retroactivo.

retrospective   Retrospectivo.

retry   Rever, tener nuevo juicio, intentar de nuevo.

return   Regreso, regresar, volver, retornar, devolver, replicar, rendimiento, devolución, rendir.
— **day,** día específico de comparecencia.
— **of service,** certificación del emplazamiento.
— **on investment,** rendimiento de la inversión.

returnable   Retornable.

rev. stat.   Abreviatura para estatuto revisado.

revenue   Ingresos, rendimiento, renta, entrada bruta, recaudación.
— **bonds,** bono gubernamental.
— **law,** leyes tributarias.
— **rulings,** determinaciones del Servicio de Rentas Internas.
— **stamps,** timbre fiscal, sello de impuestos de consumo.

reversal   Revocación.

reverse   Reverso, opuesto, contrario, dar vuelta y regresar.
— **discrimination,** discriminación inversa.

reversed   Anulación.
— **and remanded,** anulado y re-enviado al tribunal de primera instancia.

reversible error   Error reversible.

reversion   Reversión, derecho de sucesión.

reversionary   Reversible, recuperable.
— **interest,** derecho de reversión.

reversioner   Tenedor de derecho de reversión.

revert   Revertir.

reverter   Reversión.

review   Revisión, examen, revista, revisión.

revise   Revisar, modificar, corregir, enmendar.

revised   Revisado, enmendado.
— **statutes,** estatutos revisados.

revision   Enmienda, modificación.

revival   Renovación,
restablecimiento.

revive   Revivir, restaurar.

revocable   Revocable, retirado,
anulable.

revocation   Revocación, derogación,
anulación.
— **hearing,** audiencia de
revocación.
— **of license,** revocación de
licencia.
— **of offer,** revocación de la
oferta hecha.
— **of will,** revocación
testamentaria.

revoke   Revocar, cancelar, anular.

revolution   Revolución.

revolving   Revolvente.

reward   Premio.

RICO Siglas para **Racketeer
Influenced and Corrupt
Organizations Act**   Decreto en
contra del organizado fraude.

rider   Anexo, adición, endoso,
proyecto de ley.

right   Derecho, privilegio, correcto.
— **in action,** derecho de acción.
— **in personam,** derecho en
contra de la persona.
— **in rem,** derecho contra la
propiedad.

— **of action,** derecho de entablar
una demanda.
— **of appeal,** derecho de
apelación, derecho de apelar,
derecho de recurso.
— **of assembly,** derecho de
reunión.
— **of asylum,** derecho de asilo.
— **of entry,** derecho de entrada.
— **of first refusal,** retracto
arrendaticio.
— **of possession,** derecho de
posesión.
— **of preemption,** derecho de
prioridad.
— **of privacy,** derecho de
intimidad.
— **of property,** derecho de
propiedad.
— **of redemption,** retracto.
— **of reentry,** derecho de
reposesión.
— **of representation,** derecho de
representación.
— **of retainer,** derecho de
retención.
— **of subrogation,** derecho de
sustituir.
— **of survivorship,** derecho de
supervivencia entre dueños de
propiedad mancomunada.
— **of way,** derecho de paso,
servidumbre de paso, derecho
de vía.
— **to challenge,** derecho de
recusar.
— **to counsel,** derecho de ser
representado.
— **to die,** derecho de morir.
— **to life,** derecho a la vida del
feto.
— **to organize,** derecho de
formar un sindicato.
— **to strike,** derecho de huelga.
— **to travel,** libertad de
circulación.

— **to work laws,** leyes que prohíben la filiación sindical como requisito para poder desempeñar un puesto, derecho de trabajo.

— **to vote,** derecho de votar, derecho de sufragio.

rights   Derechos.

rigor mortis (Lat.)   Rigidez del cuerpo después de muerto.

riot   Motín, desorden tumulto, amotinarse.

riparian   Ribereño.
— **land,** tierra ribereña.
— **owner,** dueño ribereño.
— **rights,** derechos ribereños.

ripe   Maduro, listo, completamente desarrollado.
— **for judgment,** estado listo para un fallo.
— **for review,** estado para ser apelado.

Ripeness Doctrine   Principio de competencia judicial limitado a casos o controversias.

rising of the court   Suspensión de la sesión.

risk   Riesgo.

rob   Robar, hurtar, desvalijar, atracar.

robbery   Robo, atraco.

Roberts Rules of Order   Reglas de orden parlamentario.

roll   Registro, lista, rollo.
— **call,** pasar lista.

— **over,** refinanciar o renovar una nota que ha madurado.

rooming house   Casa de hospedaje.

root of title   Escritura matriz del bien mueble.

rough draft   Borrador, bosquejo.

round lot   Unidad de compraventa de la bolsa.

royalties   Regalía de autor.

royalty   Derecho de patente, derecho de mineraje, regalía.

rule   Regla, fallo, reglamento, principio, dictamen.
— **absolute,** fallo imperativo.
— **against perpetuities,** principio que limita la inalienabilidad de bienes.
— **of law,** principio de derecho.

rules   Reglas.
— **for lawyer discipline,** Reglas disciplinarias para abogados.
— **of appellate procedure,** reglas procesales apelativas.
— **of civil procedure,** reglas del procedimiento procesal civil.
— **of court,** reglas procesales de los tribunales, usos forenses.
— **of criminal procedure,** reglas del procedimiento procesal penal.
— **of evidence,** reglas que regulan la admisibilidad de las pruebas.
— **of practice,** reglamento procesal.
— **of presumptions,** reglas en cuanto a las presunciones.
— **of the road,** reglamentos de tránsito.

rulemaking   El promulgar reglas por las agencias administrativas.

Rules of Professional Conduct
Reglas de Conducta Profesional.

ruling   Determinación oficial, auto judicial.

rumor   Rumor.

runaway shop   Taller, planta, empresa trasladada para evitar sindicalización de los trabajadores.

running   Carrera, manejo, dirección, corriente.
— **account,** cuenta abierta.
— **days,** días sucesivos.
— **of the statute of limitations,** período de prescripción.

rural   Rural.

S

S Corporation   Empresa con clasificación tributaria.

sabotage   Sabotaje, sabotear.

sadism   Sadismo.

safe   Seguro, protegido, caja fuerte.
— **deposit box,** caja de custodia, caja de caudales.
— **investment rule,** regla para determinar el valor actual de los ingresos del finado.
— **place statutes and ordinances,** ordenanzas regulatorias de los dispositivos de seguridad para locales abiertos al público.
— **working place,** criterio de seguridad en cuanto al local laboral.

safety rules   Normas de seguridad.

said   Dicho, dijo.
— **aforesaid,** dicho con anterioridad, antedicho.

salable   Vendible, mercantil.
— **value,** precio de venta.

salary   Sueldo, salario.

sale   Venta.
— **and leaseback,** venta y arrendamiento de una propiedad.
— **as is,** venta tal cual.
— **by sample,** venta por muestrario.
— **on approval,** venta por aprobación.
— **or exchange,** venta o cambio.

sales   Ventas.
— **agreement,** contrato de venta.
— **check,** recibo de venta.
— **tax,** impuesto sobre ventas.

salesperson   Vendedor.

salvage   Recuperación, recuperar, salvamento, mercaderías.
— **agreement,** contrato de salvamento.
— **charges,** cargos de salvamento.
— **loss,** pérdida económica neta del salvamento.
— **value,** valor de un bien despúes del período otal de uso.

same   Mismo, igual, idéntico, de la misma clase.
— **evidence test,** similitud de pruebas para la determinación non bis idem.
— **offense,** para propósitos del non bis idem, el cargo debe tener el mismo nombre, y resultar del mismo acontecimiento.

sample   Muestra.

sanction   Sanción, castigo, ratificación, autorización, sancionar, autorizar, castigar.

sanctuary   Santuario.

sane   Cuerdo.

sanitary   Sanitario.
— **codes,** Códigos de Salud Pública.

sanity   Cordura, juicio.

satisfaction   Satisfacción, liquidación, cumplimiento, pago, finiquito.
— **contracts,** contrato a satisfacción de la otra parte.
— **of judgment,** sentencia liquidada.
— **of mortgage,** liquidación de la hipoteca.
— **piece,** escrito de cancelación o resolución.

satisfactory   Satisfactorio, suficiente, adecuado.
— **evidence,** prueba suficiente.
— **title,** título satisfactorio.

satisfied   Pagado, cumplido, liquidado, satisfecho.
— **encumbrance,** hipoteca liquidada, gravamen liquidado.

satisfy   Satisfacer, liquidar, cancelar, finiquitar.

save   Exentar, excluir, reservar, conservar, guardar, ahorrar.
— **harmless clause,** cláusula de indemnificación y de liberación de la responsabilidad civil.

saving   Exentar, eximir, conservar, cuenta de ahorro.
— **clause,** cláusula que resguarda la validez del documento aunque haya secciones inválidas.

savings   Ahorro, ahorros.
— **and loan association,** sociedad de préstamos y ahorros.
— **bank,** banco, caja de ahorros.
— **bonds,** bonos de ahorros.

— **deposit,** depósitos de ahorros.
— **passbook,** cartilla de ahorros.

SBA Siglas para **Small Business Administration**   Administración de Pequeños Negocios.

scab   Esquirol.

scalper   Revendedor a precios elevados.

scandal   Escándalo, maledicencia.

scandalous   Escandaloso.

schedule   Horario, itinerario, anexo/adjunto tributario, inventario.
— **in bankruptcy,** lista de cosas de valor y propiedad.

scheduled   Lista, alistado.
— **injuries,** lesiones compensables con determinada cantidad.
— **property,** lista de bienes muebles asegurados en caso de pérdida.

scheme   Esquema, plan, proyecto, sistema.
— **to defraud,** plan para defraudar.

school   Escuela, colegio, centro escolar.
— **board,** junta administrativa de las escuelas públicas.
— **bonds,** bonos emitidos con el propósito de construir o reparar escuelas.
— **district,** distrito escolar.
— **taxes,** impuestos para la subvención de las escuelas.

scienter (Lat.)   A sabiendas, con conocimiento.

scintilla   Centella, detalle mínimo.
— **of evidence,** la mínima
cantidad de prueba.
— **of evidence rule,** regla
probatoria que requiere una
mínima cantidad de prueba.

scope   Alcance, extensión, esfera,
ámbito.
— **of agency,** el alcance de
autoridad de la agencia.
— **of authority,** autoridad
explícitamente otorgada o
implícitamente concedida.
— **of employment,** la extensión
de la actividad laboral del
empleado.

scrawl   Garabatear, marca o raya
hecha con intención de firmar.

scrip   Certificado, cédula, vale,
acción fraccionaria.
— **certificate,** certificado de
acción fraccionaria.
— **dividend,** dividendo pagado
por acciones o en pagarés.

script   Escritura original.

scrivener   Escribano, notario.

scroll   Rúbrica.

seal   Sello, timbre, cerrar, sellar,
timbrar.

sealed   Sellado, timbrado, cerrado.
— **bid,** oferta sellada.
— **instrument,** escritura sellada.
— **verdict,** veredicto firmado, y
cerrado.

sealing of records   Antecedentes
penales bajo sello, disposiciones
jurídicas bajo sello.

search   Registro, reconocimiento,
allanamiento, registrar, allanar.
— **and seizure,** allanamiento,
registro e incautación.
— **of title,** revisión, búsqueda de
título.
— **warrant,** orden de registro o
de allanamiento.
— **without a warrant,** registro o
allanamiento sin orden
judicial.

season   Temporada, tiempo, ocasión,
estación.

seasonable   A tiempo, a su debido
tiempo.

seasonal employment   Trabajo
estacional.

seasonal worker   Temporero.

seat   Asiento, silla, sede, centro.
— **of government,** sede o centro
del gobierno.

S.E.C. Siglas para **Securities and
Exchange Commission**   Comisión
de cambios y valores.

secession   Retiro, separación,
secesión.

second   Segundo, unidad de tiempo.
— **degree crime,** delito de
segundo grado.
— **degree murder,** homicidio de
segundo grado.
— **hand evidence,** prueba de
segundas.
— **mortgage,** segunda hipoteca.
— **offense,** reincidencia.
— **the motion,** apoyar la moción.

secondarily liable   Responsabilidad
civil secundaria.

secondary Secundario, subordinado, accesorio, remoto, derivado.
— **authority,** autoridad secundaria, persuasiva en lugar de obligatoria.
— **boycott,** boicot secundario, boicot contra terceros.
— **easement,** servidumbre incidental o secundaria.
— **evidence,** prueba derivada.
— **liability,** responsabilidad civil secundaria.
— **mortgage,** sub hipoteca.
— **rights,** derechos secundarios.

secret Secreto, escondido, no comunicado.
— **ballot,** votación secreta.
— **lien,** gravamen secreto.
— **partner,** socio secreto.
— **partnership,** asociación secreta.
— **police,** policía secreta.
— **service,** servicio secreto.
— **trust,** fideicomiso secreto.

secretary Secretario(a).
— **of corporation,** secretario de la corporación.
— **of State,** Ministro de Relaciones Exteriores.
— **general,** secretario general.

secrete Esconder, ocultar, encubrir.

section Sección, subdivisión.

secular Secular, seglar, civil.

secure Seguro, asegurado, firme, afianzar, obtener, proteger, garantizar.

secured Asegurado, garantizado, protegido, obtenido.
— **bond,** bono hipotecario.

— **creditor,** acreedor garantizado, acreedor pignoraticio.
— **debt,** deuda asegurada.
— **loan,** préstamo asegurado.
— **obligation,** obligación garantizada.
— **party,** persona con interés asegurado.
— **transaction,** transacción con un interés asegurado.
— **value,** valor en garantía.

securities Valores, títulos, obligaciones.
— **acts,** estatutos regulatorios de la Bolsa de Valores.
— **broker,** corredor de valores.
— **in hand,** valores en cartera.
— **market,** plaza bursátil, mercado de valores.

security Seguridad, garantía, prenda, resguardo, título, caución.
— **agreement,** acuerdo que crea la garantía de un interés.
— **deposit,** deposito de seguridad.
— **for costs,** bono depositado con el escribano de la corte como garantía del pago de los gastos.
— **interest,** interés en bienes muebles o inmuebles que garantizan el pago o cumplimiento de una obligación.

sedition Sedición.

seduction Seducción.

segregate Segregar, separar.

segregation Segregación.

seisin Posesión de un inmueble.

seize   Arrestar, confiscar, secuestrar, incautar.

seizure   Embargo, secuestro, aprehensión, confiscación, incautación, decomiso.

select   Elegir, escoger, electo, selecto, mejor, escogido.
— **committee,** comité selecto.

selective prosecution
Enjuiciamiento selectivo.

self   Referente a la persona. Si mismo, propio, auto.
— **dealing,** en asuntos fiduciarios, el actuar para beneficio propio.
— **defense,** defensa propia.
— **denial,** abnegación renunciamiento.
— **employment tax,** impuesto laboral autónomo.
— **executing,** de efecto inmediato.
— **help,** ayudarse a si mismo, tomar las cosas en propias manos.
— **incrimination,** autoincriminación.
— **insurance,** seguro autónomo, autoseguro.
— **serving declaration,** declaración para beneficio propio.

sell short   Vender corto, vender al descubierto.

seller   Vendedor.

sellers market   Mercado del vendedor.

sell-off   Vender a precio reducido.

semiannual   Semi-anual, semestral.

Senate   Senado, Cámara de Senadores.
— **bill,** proyecto de ley que origina en el Senado.

senator   Senador.

senior   De primera importancia, mayor, veterano, rango o derecho.
— **accountant,** jefe contador.
— **counsel,** abogado principal.
— **encumbrance,** hipoteca con mayor prioridad.
— **lien,** gravamen superior.
— **mortgage,** hipoteca prioritaria.
— **partner,** socio mayoritario.

seniority   Derecho de antigüedad o preferencia.

sentence   Sentencia, condena, dictar sentencia, imponer castigo o pena, sentenciar.

sentencing   Acto de sentenciar.
— **guidelines,** pautas condenatorias federales.
— **hearing,** audiencia de imposición de la condena.

separable   Separable, divisible.
— **controversy,** traslación de un proceso.

separate   Separar, separado, aparte, diferente, distinto, independiente.
— **action,** acción separada.
— **counts,** cargos independientes.
— **estate,** propiedad particular.
— **maintenance,** manutención, pensión alimenticia.
— **property,** bienes privativos.
— **trials,** juicio por separado.

separation Separación, separación de cuerpos.
— **agreement,** convenio de separación matrimonial.
— **of powers,** separación de poderes.

sequester Separar, secuestrar, aislar, tomar posesión.

sequestration Secuestro, secuestración, embargo.
— **of jury,** aislamiento judicial del jurado.
— **of witnesses,** aislamiento judicial de los testigos.

Sergent-at-arms Oficial de orden.

serial En serie, secuencial, sucesivo, consecutivo.
— **bonds,** bonos en serie, obligaciones en serie.
— **note,** nota de pago a plazos.

serious Severo, grave, importante, significativo.
— **and willful misconduct,** mala conducta grave e intencional.
— **bodily injury,** herida o lastimadura corporal grave.
— **illness,** enfermedad de gravedad.

servant Criado, sirviente, empleado.

serve Ser miembro de, servir, actuar, notificar.
— **a sentence,** cumplir una condena.
— **a subpoena,** entregar o notificar de un comparendo.
— **a summons,** entrega de una citación o emplazamiento.
— **notice,** dar conocimiento.

service Servicio, prestación, atenciones, notificación, citación, mantener en reparación, atender.
— **by mail,** emplazamiento por correos.
— **by publication,** citación por edicto.
— **charge,** sobrecargo por servicios hechos.
— **contract,** contrato de mantenimiento/reparación de artículos.
— **corporation,** empresa de servicios al público.
— **of process,** entrega del citatorio, emplazamiento.

servient Sirviente, subordinado.
— **easement,** servidumbre subordinada.
— **estate,** predio sirviente.
— **tenement,** predio sirviente.

servitude Servidumbre.

session Sesión, período de sesiones.

set Fijo, establecido, conjunto, establecer, poner en posición, registrar, fijar.
— **aside,** abrogar, anular, rechazar.
— **bail,** fijar fianza.
— **forth,** exponer, expresar, manifestar.
— **for trial,** fijar fecha del juicio.
— **of exchange,** letra girada en serie.
— **off,** contrademanda, contrademandar.
— **out,** alegar, describir.
— **up,** ofrecer como defensa.

settle   Ajustar, arreglar, allanar, cancelar, liquidar, solventar, resolver, saldar.
— **an account,** saldar una cuenta.
— **up,** pagar deudas.

settlement   Arreglo, composición, ajuste, liquidación, componenda, acomodo.
— **plea,** juicio convenido.
— **statement,** declaración comercial pormenorizada.

settlor   Fideicomitente.

sever   Separar, desunir, dividir, terminar, romper.

severability   Divisibilidad.

severable   Separable, divisible.

several   Varios.
— **actions,** demandas separadas.
— **inheritance,** herencia solidaria.
— **liability,** obligación solidaria.

severally   Distinta, separada, solidariamente.

severalty   Posesión exclusiva.

severance   Separación por orden judicial, separación, división, cese.
— **of actions,** separación o división de las causas de acción o de defensas ordenada por la corte.
— **pay,** indemnización por cesantía.
— **tax,** impuesto sobre la explotación mineral o forestal.

sex discrimination   Discriminación sexual.

sexism   Sexismo.

sexual abuse   Abusos deshonestos.

sexual harassment   Acoso sexual.

sexual offenses   Delitos contra la honestidad.

sexual penetration   Acceso carnal.

sexually dangerous person   Persona sexualmente peligrosa.

sham   Falso, pretendido, ficticio.
— **defense,** defensa falsa.
— **marriage,** matrimonio simulado.

share   Cuota, parte, participación, acción, participar.
— **and share alike,** partir por partes iguales.
— **certificate,** certificado de acciones, comprobante de acciones.
— **of stock,** acción.

sharecropper   Aparcero, arrendador a la parte.

sharecropping contract   Contrato de aparcería.

shareholder   Accionista.

Shepardize   Hacer uso del citador **Shepard.**

sheriff   Jefe ejecutor de un condado.
— **deed,** título o escritura por venta judicial.
— **sale,** venta judicial.

shifting   Cambio de posición, traslación, desplazamiento.
— **income,** desplazamiento de ingresos.
— **risk,** riesgo creado por el valor cambiante del artículo asegurado.
— **the burden of proof,** cambio de la obligación de prueba.

ship   Buque, nave, barco, navío, enviar.

shipment   Embarque, cargamento, despacho, envío, remesa.

shipper   Embarcador, remitente.

shipping   Embarque.
— **charges,** cargos de envío o de embarque.
— **order,** orden de embarque o de envío.

ships papers   Documentación de la nave.

shipwreck   Naufragio, naufragar.

shop   Taller, tienda, comprar.
— **right rule,** regla de derecho de uso por el empleador.
— **steward,** representante sindical.

shop book   Libro de cuentas, libro de contabilidad.

shoplifting   Ratería en tiendas.

shore   Costa, playa, orilla, puntal, apuntalar.

short   Corto, escaso, pequeño, breve.
— **cause,** causa para pronta decisión.

— **delivery,** entrega corta.
— **notice,** aviso a corto plazo.
— **sale,** venta corta.
— **sight,** vista corta, no preveer.
— **summons,** emplazamiento para pronta contestación.
— **swing profit,** ganancia por la venta de acciones en menos de seis meses.

short-term   A corto plazo, menos de un año.
— **bond,** bono a corto plazo.
— **debt,** deuda pagable en menos de un año, obligaciones inmediatas.
— **liabilities,** obligaciones a corto plazo.
— **loan,** préstamo a corto plazo.

show   Mostrar, enseñar, exhibir, probar, demostrar, asomarse.
— **cause,** cumplir con una orden judicial, comparecer y presentar motivos justificantes.
— **up,** llegar, aparecer, presentarse.

shower   Mostrador, exhibidor.

shyster   Abogado sin ética ni escrúpulos, picapleitos, leguleyo.

sick   Enfermo.
— **pay benefit,** subsidio por enfermedad.
— **leave,** excedencia por enfermedad.

side bar   Consulta entre abogados y el juez.

sight   Habilidad de ver, vista, visión.
— **bill,** letra a la vista.
— **draft,** giro a la vista, letra a presentación.

sign   Firmar, letrero, señal, seña.
— **and seal,** firmar y rubricar.
— **up,** contrata, matricularse.

signatory   Signatario, firmante.

signature   Firma.
— **card,** tarjeta del depositante
con su firma para fines
bancarios.

signed   Ejecutado, al ser firmado.
— **sealed and delivered,** firmado
y rubricado en presencia del
notario público.

silence   Silencio.

silent partner   Socio comanditario
capitalista.

similar   Semejante, similar,
parecido.

simple   Simple, sencillo, sin
agravantes.
— **assault,** agresión sin
agravantes.
— **battery,** agresión simple.
— **bond,** bono sin obligaciones.
— **contract,** contrato informal.
— **interest,** interés simple.
— **larceny,** hurto simple.
— **negligence,** negligencia
simple, imprudencia.
— **obligation,** obligación
incondicional.
— **promise,** promesa pura, sin
obligación.
— **trust,** fideicomiso simple.

simulate   Simular, imitar, fingir.

simultaneous death   Muerte
simultanea.

sine (Lat.)   Sin.

— **die,** sin día o fecha fija.
— **qua non,** sin la cual, no es,
condición imprescindible.

single   Simple, único, individual,
soltero.
— **adultery,** adulterio en el que
una sola persona es casada.
— **creditor,** acreedor de
gravamen único.
— **juror charge,** instrucción al
jurado de la imposibilidad de
llegar a un veredicto si tan solo
un jurado no está satisfecho.
— **proprietorship,** propiedad de
una sola persona.
— **publication rule,** regla de
revelación única en casos de
difamación.

sinking fund   Caja de amortización,
fondo acumulativo, fondo amortizable.

sit   Sentarse, celebrar sesión, ser
miembro de un cuerpo.

sit down strike   Huelga de brazos
caídos.

sitting   Presidir la sesión, sentado.
— **en banc o in bank,** sesión
plena.
— **of court,** sesión del tribunal.
— **on a jury,** el ser parte del
jurado.

situated   Situado, localizado,
ubicado.

skilled witness   Testigo perito.

skiptracing   El localizar personas
endeudadas, ausentes o perdidas.

slander   Calumnia, difamación oral, calumniar.
— **of title,** imputación falsa al título de popiedad.
— **per quod,** difamación con la obligación de probar daños y perjuicios.
— **per se,** difamación por si.

slanderer   Infamador, calumniador.

slavery   Esclavitud.

sleeping partner   Socio secreto.

slight   Leve, ligero, mínimo, insignificante.
— **care,** grado mínimo de cuidado.
— **diligence,** diligencia leve.
— **evidence,** prueba no convincente.
— **negligence,** negligencia leve o simple.

slip opinion   Opinión judicial publicada por separado.

slush fund   Dinero para cabildeo.

small business   Pequeño negocio, pequeña empresa.

Small Claims Court   Corte de Pequeñas Reclamaciones. Corte de Reclamaciones de Menor Cuantía.

smart money   Daños punitivos.

smuggler   Contrabandista, matutero.

smuggling   Contrabando, contrabandeo, matuteo.

sobriety   Sobriedad.

— **checkpoint,** punto de inspección para investigar la sobriedad de los motoristas.
— **test,** prueba de sobriedad.

social   Social, sociable, de buen trato.
— **duty,** deber social.
— **guest,** huésped social.
— **insurance,** seguro social gubernamental.
— **security,** seguro social, prevención social.
— **service,** prestación social, beneficencia.

socialism   Socialismo.

society   Sociedad, asociación.

sodomy   Sodomía.

soil bank   Subvención de control agrícola.

sole   Solo, único.
— **actor doctrine,** principio de imputación de conocimiento.
— **agency,** agencia exclusiva.
— **agent,** gestor afecto.
— **and unconditional ownership,** propietario único y de dominio exclusivo.
— **custody,** custodia única, patria.
— **discretion,** discreción absoluta.
— **heir,** heredero único.
— **proprietorship,** propiedad plena y exclusiva.
— **representative,** representante exclusivo.

solemn   Solemne, formal, formalidad, muy serio.
— **oath,** juramento solemne.

solemnization of marriage
Solemnización del matrimonio,
celebración del matrimonio.

solemnize   Solemnizar, celebrar
formalmente.

solicit   Solicitar, procurar, pedir,
invitar.

solicitation   Solicitación, tentativo
de delincuencia.

solicitor   Procurador, abogado,
solicitante, solicitador.

Solicitor General of the United States
Fiscal general de los EE.UU.

solid waste   Desperdicios.

solidarity   Solidaridad.

solitary confinement   Prisión
incomunicada.

solvency   Solvencia, habilidad de
pagar.

solvent   Solvente.

somnambulism   Sonambulismo.

son   Hijo.

sound   Sonido, solvente, confiable,
productivo, sano, sin avería.
— **and disposing mind and
      memory,** mente y memoria
      sana, en su sano juicio.
— **health,** de buena salud.
— **mind,** mente sana.
— **title,** título vendible o
      comerciable.

sounding in damages   Acción para
recuperar daños o pérdidas.

source   Fuente, origen, principio.
— **of income,** fuente de
      ingresos.
— **of information,** fuente
      informativa.

sources of the law   Fuentes de
derecho.

sovereign   Soberano, rey, gobierno.
— **immunity,** inmunidad
      soberana.
— **power,** poder del gobierno.
— **right,** derecho gubernamental.
— **state,** estado libre y soberano.

sovereignty   Soberanía.

speaking demurrer   Objeción no
fundamentada en los alegatos.

speaking motion   Moción no
fundamentada en los alegatos.

special   Especial, particular,
individual, distinto, selecto.
— **administrator,** administrador
      especial.
— **agent,** agente con poder
      limitado, apoderado singular.
— **appearance,** comparecencia
      limitada.
— **assessment,** tasación especial
      para mejoras.
— **bail,** fianza especial, fianza de
      arraigo.
— **bailment,** encargo que afecta
      el interés público y, por el
      cual, la medida de
      responsabilidad es mayor.
— **benefits,** beneficios
      particulares.
— **case,** caso extraordinario.
— **charge,** instrucción especial al
      jurado.
— **consideration,** causa especial.

— **contract,** contrato sellado, contrato de especialidad.

— **counsel,** abogado nombrado por el procurador general para llevar un caso particular.

— **damages,** daños cuantificables.

— **defense,** defensa especial.

— **demurrer,** excepción especial.

— **deposit,** depósito especial.

— **endorsement,** endoso completo.

— **exception,** excepción especial.

— **finding,** decisión incidental o parcial.

— **guaranty,** garantía especial.

— **guardian,** tutor o curador con autoridad limitada.

— **indorsement,** endoso especial.

— **instruction,** instrucción especial al jurado.

— **issue,** cuestión especial.

— **jurisdiction,** jurisdicción especial, competencia limitada.

— **jury,** jurado especial.

— **legacy,** legado específico.

— **lien,** gravamen específico o particular.

— **master,** persona nombrada por la corte para asistir en ciertas funciones en un caso específico.

— **motion,** moción especial.

— **partner,** socio de responsabilidad limitada.

— **pleadings,** alegatos especiales.

— **power of appointment,** poder limitado.

— **privilege,** privilegio particular.

— **proceeding,** proceso especial.

— **prosecutor,** abogado nombrado para ayudar al procurador en el proceso de asuntos criminales, abogado fiscal con nombramiento.

— **retainer,** iguala o contratación de abogado para un caso particular.

— **trust,** fideicomiso especial.

— **use,** uso especial.

— **verdict,** veredicto especial.

specialty   Especialidad.

— **contract,** contrato sellado.

specie   Moneda metálica.

specific   Específico, particular, limitado.

— **bequest,** legado de una cosa particular.

— **denial,** negación de un punto específico.

— **devise,** legado de terreno específico.

— **duties,** obligaciones específicas.

— **intent,** intento específico.

— **legacy,** legado de propiedad personal específica.

— **performance,** prestación específica contractual.

specification   Especificación.

specificity   Detallado, específico, particularidad.

specimen   Muestra.

spectograph   Espectógrafo.

speculate   Especular, jugar.

speculation   Especulación, riesgo.

speculative damages   Daños especulativos.

speech   Habla, discurso.

speedy   Rápido, pronto, veloz.
— **execution,** ejecución con prontitud.
— **remedy,** remedio o recurso rápido.
— **trial,** juicio sin demora.

spendthrift   Derrochador, gastador, pródigo.
— **trust,** fideicomiso para derrochadores o pródigos.

spirit of the law   La interpretación de un estatuto que ve el intento mas que el sentido literal.

spite fence   Muro construido para la incomodidad del vecino.

split   Dividir, dividido, mixto.
— **decision,** decisión con opiniones mixtas.
— **off,** escisión empresarial.
— **sentence,** sentencia con multa y encarcelamiento.

splitting cause of action   Separación de acción.

spoliation   Destrucción de pruebas, alteración de un documento legal.

sponsor   Fiador, patrocinador.

spontaneous exclamation   Declaración espontánea.

spot sales   Venta de valores con entrega inmediata.

spot zoning   En planeamiento urbanístico, clasificación de uso incompatible con el ámbito.

spousal   Conyugal.

— **abuse,** abuso conyugal.
— **privilege,** inmunidad de comunicación conyugal.
— **support,** manutención.

spouse   Cónyuge.

spurious   Espurio, falso, imitado.

spy   Espía, espiar.

squatter   Ocupante ilegal, paracaidista.

SS   Abreviatura de "A saber."

SSI Siglas para **Supplemental Secutity Income**   Seguro de Ingresos Suplementales.

stake   Participación o interés en un negocio.

stakeholder   Depositario.

stale   Caducado, viejo, rancio, vencido.
— **check,** cheque caducado.
— **claim,** reclamo vencido.
— **debt,** deuda caducada.

stalking   Delito de acecho intencional.

stamp tax   Impuesto sobre los timbres.

stand   Ponerse de pie, parar, aguantar, mantenerse firme.

standard   Normal, nivel, regular, uniforme, ordinario, establecido.
— **deductions,** deducciones tributarias normales.
— **mortgage clause,** cláusula en una póliza de seguro contra incendio.

— **of care,** nivel de cuidado.
— **of living,** nivel de vida.
— **of need,** nivel de ayuda
necesitada.
— **of weights and measures,**
nivel de pesos y medidas.

standing   Posición de la persona con
respecto a su capacidad para actuar en
determinadas circunstancias.
— **committee,** comité o comisión
permanente.
— **master,** ayudante nombrado
permanentemente.
— **mute,** negarse a contestar,
quedarse callado.
— **order,** orden permanente.
— **to sue,** capacidad legal de
demandar.

staple   Artículos de necesidad,
producto, alimento básico.

stare decisis (Lat.)   Vinculación
con decisiones judiciales anteriores.

state   Estado, condición, situación,
estatal, afirmar, declarar.
— **action,** acción estatal.
— **agency,** agencia estatal.
— **attorney,** abogado estatal,
fiscal.
— **auditor,** auditor del estado.
— **banks,** banco público.
— **constitution,** constitución del
estado.
— **courts,** tribunales del estado.
— **evidence,** prueba presentada
por la fiscalía.
— **government,** gobierno estatal.
— **law,** ley del estado.
— **legislature,** legislatura estatal.
— **of emergency,** ley de
excepción.
— **of mind,** estado de ánimo,
estado mental.

— **of mind exception,** testimonio
admisible en cuanto al estado
anímico del declarante.
— **of war,** estado de guerra.
— **police power,** poder público
estatal.
— **prison,** prisión estatal.
— **statutes,** estatutos estatales.
— **tax,** impuesto estatal.
— **unemployment
compensation,** compensación
estatal por desempleo.

State Department   Departamento de
Estado, Ministerio de Relaciones
Exteriores.

stated   Declarado, expresado,
afirmado, acordado, oficial.
— **account,** cuenta acordada.
— **capital,** valor declarado de las
acciones.

statement   Alegación, declaración,
relato, estado de cuentas.

status crime   Delito por la condición
o estado de vida de la persona.

status quo (Lat.)   Las cosas como
están.

statute   Estatuto, ley.
— **at large,** publicación oficial
del gobierno federal que
incluye tanto las leyes
decretadas como resoluciones
y tratados.
— **of Frauds,** requisito
contractual de constar por
escrito.
— **of limitations,** ley de
prescripción

statutory   Estatutario, estatuido,
legal.
— **action,** acción estatutaria.

— **benefits,** beneficios legales.

— **bond,** bono requerido por estatuto.

— **construction,** interpretación judicial de la ley.

— **crimes,** delitos tipificados.

— **dedication,** dedicación por estatuto.

— **foreclosure,** ejecución hipotecaria estatutaria.

— **law,** derecho estatutario.

— **liability,** responsabilidad estatutaria.

— **lien,** gravamen estatutario.

— **period,** período estatutario.

— **rape,** estupro, violación de un menor de edad.

— **right,** derecho concedido por estatuto, derechos legales.

stay Suspensión, interrupción, suspender, posponer una acción.

— **of action,** suspender el proceso de una acción.

— **of execution,** suspensión de la ejecución.

— **of proceedings,** interrupción del proceso.

— **on appeal,** interrupción durante el proceso de apelación.

steal Robar, hurtar, robo, hurto.

stealth Recato, subrepción, actuar de manera secreta.

stenographic notes Notas taquigráficas.

step-child Hijastro, hijastra.

step-parent Padrastro o madrastra.

sterility Esterilidad, inhabilidad de tener hijos.

sterilization Esterilización.

stillborn child Criatura nacida muerta.

stipulate Estipular.

stipulated damages Daños estipulados.

stipulation Estipulación.

stock Acciones, capital, existencias, semental.

— **assessment,** demanda de la corporación de que sus accionistas contribuyan fondos para reponer pérdidas.

— **certificate,** certificado o título de acciones.

— **company,** sociedad anónima, sociedad por acciones, sociedad limitada.

— **dividend,** dividendo pagado a las acciones.

— **insurance company,** corporación de seguros.

— **in trade,** bienes que un mercader tiene para vender.

— **issue,** emisión completa de acciones.

— **manipulation,** manipulación en el mercado de acciones.

— **market,** mercado de valores.

— **option,** opción de comprar o vender acciones.

— **rights,** derechos de prioridad en la compra de acciones.

— **split,** aumento de acciones sin aumento de capital.

— **transfer,** proceso de traspasar acciones.

— **warrant,** certificado de derechos para la compra de acciones.

stockbroker   Bolsista, corredor de valores.

stockholder   Accionista, dueño de acciones.
— **liability,** responsabilidad civil de los accionistas por las deudas de la corporación.
— **meeting,** junta o asamblea de accionistas.

stock rights   Derecho a las acciones.

stolen goods   Bienes hurtados.

stop   Detener, arrestar, alto, parada.
— **and frisk,** detener y palpar.
— **loss provision,** reembolso por el seguro después de un abono inicial.
— **order,** directivo dado al corredor de comprar o vender acciones al alcanzar cierto precio.
— **payment order,** suspensión de pago.

stoppage   Detención, interrupción, impedimento, paro.
— **in transit,** derecho que el vendedor tiene de recuperar la mercancía en tránsito.
— **of work,** huelga, paro, paralización.

storage   Bodega, depósito, almacén.

store   Tienda, guardar.

straight   Derecho, recto, honrado.

straight life insurance   Seguro de vida simple.

stranger   Extraño, desconocido.

straw man   Testaferro.

street   Calle, vía pública.

strict   Estricto, literal, riguroso, restringido.
— **construction,** interpretación rigurosa.
— **foreclosure,** ejecución hipotecaria forzada.
— **liability,** responsabilidad rigurosa.
— **liability crimes,** delitos de responsabilidad penal.
— **scrutiny test,** nivel riguroso de escrutinio judicial.

strictly   Estrictamente, exclusivo, restringido.

strike   Huelga, paro, tachar, golpe, borrar, golpear.
— **breaker,** rompehuelgas, esquirol.
— **off,** excluir.

striking a jury   Selección del jurado por eliminación.

struck jury   Jurado especial.

struck off   Aceptación de la proposición y retirado del objeto como artículo en una subasta.

structural alteration   Modificación estructural.

style   Estilo.

sua sponte (Lat.)   Por moción propia.

suable   Capaz de ser demandado.

sub judice   Ante la corte para su determinación.

sub rosa   Secretamente, a escondidas, en privado.

subagent   Subagente, agente del agente.

subcontract   Subcontrato, subcontratar.

subcontractor   Subcontratista.

subdivide   Subdividir.

subdivision   Subdivisión, parcelación de terrenos.

subject   Súbdito, asunto, sujeto, tema, materia, someter, sometido.
— **matter,** asunto.
— **matter jurisdiction,** competencia de la corte para ver y determinar el caso.

subject to   Sujeto a, vulnerable, dependiente a, subordinado.

sublease   Subarriendo, sublocación, subarrendar.

sublessee   Subarrendatario, sublocatario.

sublessor   Subarrendador, sublocador.

sublet   Subarrendar, subcontratar, subalquiler.

submission   Sometimiento, solicitud, propuesta, presentación.

submit   Someter, referir a decisión. rendir, proponer, sugerir.

subordinate   Subordinado, de menor rango, asistente, subordinar.

subordination   Subordinación.

— **agreement,** acuerdo de que el interés de una persona es de menos prioridad que el interés de otros.

suborn   Sobornar.

subornation   Soborno.
— **of perjury,** delito de persuadir a otro a cometer perjurio.

subpoena   Citación, citatorio, comparendo, cédula de citación, citación judicial, subpoena.
— **ad testificandum,** (Lat.) citación para presentarse a dar testimonio.
— **duces tecum,** (Lat.) citatorio para comparecer y presentar documentos.

subrogation   Subrogación, substitución.

subrogee   Subrogado.

subrogor   Substituido.

subscribe   Subscribir, firmar debajo, acordar pagar por otro.

subscribed   Suscrito, firmado, sancionado.
— **and sworn to before me,** suscrito y afirmado ante mi.

subscriber   Subscriptor, abonado.

subscription   Subscripción, firma, abono.
— **contract,** contrato de abono.
— **rights,** derecho de subscripción, derecho de poder adquirir acciones adicionales.

subsequent   Subsecuente, subsiguiente, consecutivo.

— **condition,** condición
subsecuente.
— **negligence,** negligencia
consecutiva.

subsidiary corporation   Empresa
subsidiaria.

subsidize   Subvencionar.

subsidy   Subvención, subsidio.

subsistence   Mantenimiento,
subsistencia.

substance   Sustancia.

substantial   Sustancial, material.
— **compliance,** cumplimiento
considerable de un contrato.
— **error,** error grave.
— **evidence,** prueba adecuada y
suficiente.
— **evidence rule,** regla en cuanto
a la prueba sustancial.
— **performance,** cumplimiento
considerable de un contrato.

substantive   Substantivo, sustantivo,
real, esencial.
— **defect,** defecto material.
— **due process,** garantías
procesales sustantivas.
— **evidence,** prueba substantiva.
— **law,** derecho substantivo.
— **right,** derecho substantivo.

substitute   Sustituto.

substituted   Sustituido.
— **executor,** ejecutor o albacea
substituido.
— **party,** parte substituida.
— **service,** emplazamiento
alterno, notificación por
cédula.

substitution   Substitución.

substitutional   Substituidor.

substitutionary   Substituto o de
substitución.

subterfuge   Subterfugio.

subtitle   Subrubro, subtítulo.

subversive activity   Actividad
subversiva.

succession   Sucesión, herencia.

successor   Sucesor, heredero.
— **in interest,** sucesor en interés.

successors and assigns   Sucesores y
cesionarios.

Sudden Emergency Doctrine
Doctrina de Emergencia Repentina.

sue   Demandar, procesar.

suffer   Sufrir, tolerar, permitir.

sufferance   Tolerancia,
consentimiento.

suffering   Sufrimiento.

sufficient   Adecuado, suficiente, lo
necesario.
— **consideration,** causa
contractual adecuada.
— **evidence,** prueba suficiente.

suffrage   Sufragio, derecho de votar.

sui (Lat.)   Por si.
— **generis,** de su genero, único.
— **Juris,** por derecho propio.

suicide   Suicidio, suicida.

suit   Demanda, litigio, acción judicial, pleito.

suitor   Demandante, litigante.

sum   Suma, cantidad de dinero.
— **certain,** cantidad fija o definitiva.
— **payable,** cantidad pagable.

summarily   Sumariamente.

summary   Resumen, recopilación, digesto, extracto, compendio, corto, conciso.
— **conviction,** convicto por la corte de jurisdicción limitada.
— **judgment,** sentencia sumaria.
— **jurisdiction,** jurisdicción sumaria.
— **jury trial,** juicio abrevado con jurado.
— **proceeding,** proceso sumario.
— **process,** proceso sumario.
— **remedy,** remedio de proceso sumario.
— **trial,** juicio sumario.

summation   Argumento final, escrito de conclusiones, alegación de bien probado.

summon   Convocar, llamar, citar.

summons   Aplazamiento, convocatoria, llamado, citatoria, citación, comparendo, emplazamiento, cédula de citación.

Sunday Closing Laws   Estatutos que prohíben comercio o entretenimiento los domingos.

Sunset Law   Estatuto revisador de estatutos.

Sunshine Law   Estatutos que requieren que las reuniones administrativas sean abiertas al público.

superfund   Fondo creado por estatuto público federal.

superior   Superior.
— **court,** corte o tribunal superior de juicios.
— **lien,** gravamen superior o de prioridad.

supersede   Sobreseer.

supersedeas   Auto de suspensión del juicio.

supervening   Superviniente, adicional.
— **cause,** causa superviniente.
— **negligence,** negligencia superviniente.

supervisor   Supervisor

supplemental   Suplemental, adicional, suplementario.
— **act,** estatuto suplementario.
— **affidavit,** declaración jurada suplemental.
— **papers,** documentos suplementales.

supply contract   Contrato de abastecimiento.

suppress   Suprimir, excluir pruebas ilegalmente obtenidas, reprimir, suspender.

suppression   Supresión, exclusión, excluir, reprimir o suspender.
— **hearing,** audiencia para determinar la exclusión de pruebas.

— **of evidence,** exclusión de pruebas.

Supremacy Clause   Cláusula de Supremacía.

Supreme Court   Corte Suprema.

surcharge   Recargo, sobretasa.

surety   Fiador, garante.
— **bond,** fianza de caución, fianza de garantía, fianza de seguridad, fianza solidaria.
— **company,** institución de fianzas.
— **insurance,** seguro de fidelidad.
— **witness,** testigo abonado.

surface   Superficie.

surname   Apellido.

surplus   Superávit, exceso, excedente, sobrante.

surplasage   Sobrante, excedente, materia impertinente en un pliego.

surprise   Sorpresa, sorprender.

surrebuttal   Prueba que contesta la refutación del demandado.

surrender   Rendir, entregar, entrega, rendirse, entregarse.

surrogate   Juez testamentario sustituto.
— **motherhood,** maternidad por sustitución.

surtax   Sobretasa, sobreimpuesto.

surveillance   Observación concertada por la policía.

survey   Agrimensura de un terreno, estudio, examen, inspección.

survival   Supervivencia.
— **action,** demanda por supervivencia.
— **statutes,** estatutos de supervivencia.

surviving   Superviviente, sobreviviente.
— **spouse,** cónyuge sobreviviente.
— **spouses benefit,** cuota viudal.

survivor   Sobreviviente, superviviente.

survivorship   Sobrevivir.
— **annuity,** anualidad de superviviente.

suspect   Sospecha, sospechar, sospechoso.

suspend   Suspender, interrumpir, descontinuar.

suspended   Suspendido, temporalmente inactivo o sin efecto.
— **sentence,** sentencia suspendida, condena condicional.

suspicion   Sospecha.

sustain   Sostener.

swear   Jurar, declarar bajo juramento.
— **in,** tomar el juramento o protesta para un cargo.

sweatshop   Fábrica explotadora de los obreros.

sweetheart contract   Contrato colectivo sindical en el que las condiciones de trabajo son inferiores a las que prevalecen.

swindle   Estafa, timo, estafar, timar esquilmar, escamotear.

swindler   Estafador, defraudador, embaucador.

sworn   Jurado, bajo juramento.
— **declaration,** declaración jurada.
— **statement,** declaración bajo juramento, atestiguación, relación jurada.
— **to,** declaración hecha bajo juramento.

syllabus   Compendio de un curso de estudio, sumario del dictamen.

symbolic delivery   Entrega simbólica.

sympathy strike   Huelga por solidaridad o de apoyo.

syndicalism   Sindicalismo.

syndicate   Sindicato, consorcio.

T

tacit   Tácito, silencioso, implicado.
— **acceptance,** aceptación implícita.
— **admission,** admisión implícita.
— **consent,** consentimiento tácito.

tacking   Principio que permite unir el período de posesión al del otro posesor ilegítimo para cumplir con el período que marca la ley.

take   Tomar, llevar, recibir.
— **exception,** reprobar.
— **measures,** hacer diligencias.

take-home pay   Pago net, sueldo neto, salario neto.

takeover   Tomar posesión de, hacerse cargo de.

taking   Expropiación, toma, ocupación.

talesman   Jurado suplente.

tamper   Alterar, modificar fraudulentamente, falsificar, corromper (a un jurado o testigo).

tangible   Tangible, real.
— **asset,** activo tangible.
— **evidence,** prueba real.
— **property,** propiedad tangible, bienes tangibles.
— **value,** valor real.

target   Blanco, meta, objetivo.

tariff   Tarifa, derecho, arancel, impuesto.

tax   Impuesto, contribución, tasa, tributo, gravamen, gabela, gravar, imponer, gravar, avaluar.
— **advisor,** asesor fiscal.
— **assessor,** tasador de impuestos.
— **audit,** revisión de los libros de contabilidad, auditoría tributaria, inspección tributaria.
— **avoidance,** descuento tributario por vías legales.
— **base,** base imponible.
— **benefit rule,** regla de beneficio impositivo.
— **burden,** carga tributaria.
— **bracket,** clasificación tributaria.
— **certificate,** certificado tributario.
— **collector,** recaudador de impuestos.
— **credit,** abono impositivo.
— **deduction,** deducción tributaria.
— **deed,** escritura de venta inmobiliaria por impuestos no abonados.
— **district,** subdivisión estatal tributaria.
— **evasion,** evasión de impuestos, evasión tributaria.
— **exempt income,** ingreso exento de impuestos.
— **exempt organization,** organización exenta de pagar contribuciones.
— **exemption,** exención tributaria, exención contributiva.
— **fraud,** fraude fiscal.
— **free,** libre de impuestos.
— **inspector,** fiscalizador.
— **law,** derecho fiscal.

— **liability,** obligación
contributiva, delincuencia
fiscal.

— **lien,** gravamen impositivo.

— **rate,** rédito impositivo, tarifa
impositiva.

— **rebate,** desgravación
tributaria, bonificación
tributaria.

— **return,** declaración al
Servicio de Rentas Internas,
declaración a Hacienda.

— **roll,** registro tributario.

— **sale,** venta de bienes por no
pagar impuestos.

— **year,** año impositivo.

tax court   Tribunal federal que oye
asuntos relacionados con el pago de
impuestos.

taxable   Imponible, gravable,
tributable, sujeto al pago de impuestos.

— **costs,** gastos imponibles.

— **income,** renta imponible,
ingresos tributarios.

— **profits,** utilidades impositivas.

— **value,** valor impositivo.

taxation   Imposición de impuestos.

taxpayer   Pagador de impuestos,
contribuyente.

technical   Técnico, específico.

— **error,** error material, error
importante.

teller   Pagador, contador,
escrutador, cajero.

temporary   Temporal, provisional,
provisorio, temporario.

— **administrator,** administrador
provisional, albacea temporal.

— **alimony,** pensión alimenticia
provisional.

— **disability,** incapacidad
temporal.

— **injunction,** embargo
provisional, requerimiento
interlocutorio.

— **insanity,** demencia temporal.

— **nuisance,** molestia temporal.

— **relief,** socorro provisional.

— **restraining order,** interdicto
provisional, inhibitoria
provisional.

tenancy   Tenencia, inquilinato,
arrendamiento.

— **at sufferance,** tenencia o
posesión por tolerancia.

— **at will,** tenencia o inquilinato
sin plazo fijo.

— **by the entirety,** tenencia
conyugal.

— **for life,** tenencia vitalicia.

— **for years,** inquilinato por
tiempo fijo.

— **from month to month,**
inquilinato de mes a mes.

— **from year to year,** inquilinato
sin tiempo fijo.

tenant   Arrendatario, inquilino,
poseedor.

tenantable   Habitable, arrendable.

tenantable repairs   Reparaciones
que hacen na vivienda habitable.

tender   Propuesta, oferta, presentar.

— **of delivery,** oferta de entrega.

— **of performance,** oferta de
cumplimiento.

— **offer,** oferta pública de
adquisición.

tenement   Vivienda, casa de pisos.

tenor   Contenido exacto, palabras
exactas.

tenure Tenencia, período de posesión, pertenencia.

term Plazo, término, tiempo, vigencia, período de sesiones.
- **bonds,** bonos emitidos y que se vencen a la vez.
- **for years,** dominio por tiempo fijo.
- **life insurance,** seguro de vida.
- **loan,** préstamo con término fijo.
- **of art,** palabras técnicas, que tienen un significado particular.
- **of court,** período de sesiones.
- **of imprisonment,** período de encarcelamiento.
- **of insurance,** vigencia de la póliza de seguro.
- **of lease,** período del arriendo.
- **of office,** período de un cargo.
- **of years,** período fijo.

terminable interest Interés terminable.

termination Terminación, final, conclusión, despido, lapso.

terminus Límite, con fin, terminación.

terms Condiciones específicas contractuales.

territorial Territorial.
- **jurisdiction,** jurisdicción territorial.
- **waters,** aguas territoriales.

territory Territorio.

terroristic threats Amenazas terroristas, amenazas.

test Prueba, ensayo, medida para evaluar algo, probar.
- **case,** caso de prueba.

testacy Testado.

testament Testamento.

testamentary Testamentario.
- **capacity,** capacidad testamentaria, facción de testamento.
- **class,** grupo beneficiario del testamento.
- **disposition,** disposición testamentaria.
- **gift,** regalo testamentaria.
- **inheritance,** sucesión testamentaria.
- **instrument,** documento testamentario, testamento.
- **intent,** intento testamentario.
- **power of appointment,** poder de nombramiento que tiene el donatario al morir el testor.
- **trust,** fideicomiso testamentario.
- **trustee,** fiduciario testamentario.

testate Testado.
- **estate,** propiedad, caudal hereditario.
- **succession,** adquisición testamentariamente.

testator Testador.

testify Atestar, atestiguar, dar testimonio.

testimonium clause Cláusula de otorgamiento, cláusula final que dice que las partes "firman y ponen su sello" en el documento.

testimony Testimonio, declaración.

theft   Hurto.
— **by deception,** apropiación fraudulenta.
— **insurance,** seguro contra el hurto.

theory of the case   Base jurídica y teórica del caso.

thereafter   Posteriormente, después de un evento.

thereby   Por razón de, debido a, por virtud de.

therefor   Por ello, por ellos.

therefore   Por lo tanto, consecuentemente, de acuerdo.

therein   En ese lugar.

thereupon   Sin demora, paso del tiempo.

these presents   Este instrumento, este documento.

thief   Ladrón, hurtador, ratero.

things   Cosas tangibles.
— **in action,** derecho de acción.
— **of value,** cosas de valor.
— **personal,** cosas personales, bienes muebles.

third   Tercer, tercera.
— **degree,** interrogación con tortura, interrogación despiadada.
— **mortgage,** hipoteca inferior en prioridad.
— **party,** terceros.
— **party action,** demanda contra tercero.

— **party beneficiary,** beneficiario de un contrato hecho por otros.
— **party beneficiary contract,** contrato hecho para beneficio de terceros.
— **party claim,** reclamación por un tercero.
— **party complaint,** demanda hecha por el demandado en contra de un tercero.
— **party defendant,** tercero demandado.
— **party practice,** proceso por medio del cual el demandado en una demanda entabla una demanda contra un tercero.

threat   Intimidación, amenaza.

three-judge court   Tribunal con pleno de tres jueces.

through   A través de, de punta a punta, por medio de, debido a.
— **bill of lading,** conocimiento corrido o directo.

ticket   boleto, listos de los candedatos.

tide   Marea.

timber lease   Contrato de explotación de madera.

time   Tiempo, hora, lapso.
— **bill,** letra a plazo.
— **deposit,** depósito a plazo.
— **draft,** giro a plazo.
— **immemorial,** tiempos perdidos.
— **is of the essence,** cumplimiento con premura.
— **note,** letra a cambio a plazo fijo, pagaré.

— **of legal memory,** tiempo inmemorial.

— **paper,** notas a plazo.

timely   A tiempo.

timeshare   Pertenencia compartida, propiedad con dueños múltiples y sucesivos.

title   Título, derecho de posesión, rango, denominación.

— **bond,** fianza de propiedad.

— **by adverse possession,** título por posesión adversa.

— **by descent,** título adquirido por herencia.

— **by prescription,** título por prescripción adquisitiva.

— **company,** empresa que busca y vende seguro de títulos.

— **documents,** documentos de título.

— **insurance,** seguro de título.

— **of a statute,** nombre o título de un estatuto.

— **of an action,** nombre o título de una acción.

— **opinion,** opinión legal en cuanto al título de bienes raíces.

— **registration,** registro de título.

— **search,** revisión de todos los documentos registrados relacionados con el título de la propiedad.

TM Siglas para **Trade Mark** Marca registrada.

to   Hasta, hacia, para.

to be in effect   Regir, tener vigencia.

to take effect   Entrar en vigencia.

token   Ficha, señal, símbolo, prenda, prueba, pago nominal.

toll   Tasa, suspensión.

tolling the statute   Interrupción estatutoria procesal.

tonnage   Tonelaje.

— **duty,** impuesto sobre tonelaje.

tontine   Tontina.

tort   Agravio, torticero, entuerto, daño legal, perjuicio, acto ilícito civil.

tortfeasor   Autor de agravio, daño, o perjuicio.

torture   Tortura, torturar.

total   Total, entero, completo.

— **dependency,** dependencia absoluta.

— **disability,** incapacidad total.

— **loss,** pérdida completa.

totalitarianism   Totalitarismo.

Totten trust   Fideicomiso bancario Totten.

town   Municipio.

— **council,** concilio legislativo municipal.

— **meeting,** reunión municipal.

toxic waste   Desperdicios tóxicos, desechos contaminados, basura tóxica.

toxicology   Toxicología.

tract   Terreno, área, zona.

trade   Comercio, mercancía, profesión, negocio, trueque, cambio, mercadería, comerciar, traficar, negociar.

— **agreement,** tratado comercial.
— **association,** asociación comercial, gremio.
— **discount,** descuento comercial.
— **fixtures,** accesorios permanentes comerciales.
— **libel,** difamación comercial.
— **name,** nombre comercial, marca de fábrica, marca comercial.
— **notes,** pagarés comerciales.
— **secret,** información confidencial comercial.
— **union,** sindicato de oficios, gremio.
— **usage,** costumbre comercial, usanza.

trademark   Marca registrada, marca industrial.
— **law,** derecho marcario.

trading   Comercial, mercantil, negocio.
— **company,** sociedad mercantil.
— **stamps,** estampilla de premios, estampilla para propaganda comercial.
— **with the enemy,** delito de mantener relaciones comerciales con el enemigo en tiempo de guerra.

traffic   Tráfico, tránsito, comercio, traficar, comercio, comerciar, transitar.
— **accident,** accidente de tránsito.
— **citation,** citación por infracción de tránsito.
— **court,** corte de infracciones de tránsito.
— **offense,** infracción de las reglas de tránsito o circulación.

— **regulations,** reglamentos de tránsito, ordenanzas de circulación.

traitor   Traidor.

transaction   Transacción, trámite, gestión, negocio.

transactional immunity   Inmunidad transaccional.

transcript   Transcripción, traslado, trasunto, copia, expediente, copia oficial.
— **of the record,** registro de la causa judicial.

transfer   Traspaso, transferencia, remesa, cesión, transbordo, enajenar, alienar, transferir, trasladar.
— **agent,** agente de transferencias.
— **of title,** traspaso de título, transmisión de propiedad.
— **tax,** impuesto de transmisión.

transferable   Transferible.

transferee   Cesionario.

transferor   Cesionista, cedente, transferidor.

transferred intent   Intención transferida.

transgress   Transgredir, transgresión.

transgression   Ofensa, delito, transgresión.

transgressive   Transgresivo.

transient   Transeúnte, transitorio, pasajero.

transitory   Transitorio.
— **action,** acción transitoria, acción judicial sobre la persona.

translate   Traducir.

transmit   Transmitir, emitir.

transit   Tránsito.

transitory   Transitorio.

trauma   Trauma, lesión.

traumatic   Traumático.

travelers check   Cheque de viajero.

traverse   Contracción, denegación, cruzar, recorrer, examinar, negar, impugnar.

treason   Traición, ultraje a la nación.

treasure trove   Tesoro hallado.

treasurer   Tesorero.

treasury   Tesorería, tesoro público.
— **bill,** letra de tesorería.
— **bonds,** bonos de tesorería.
— **note,** cédula de la tesorería, pagaré fiscal vale, vale de tesorería.
— **securities,** valores te tesorería.
— **stock,** acciones de tesorería.

treatise   Tratado.

treatment program   Programa de tratamiento rehabilitación.

treaty   Tratado, trato, convenio, pacto.
— **power,** poder presidencial de firmar tratados.

treble damages   Daños triplicados.

trespass   Transgresión, violación de propiedad ajena, translimitación, traspasar, violar, infringir, transgredir.
— **on the case,** acción judicial por agravio.
— **to land,** entrar sin autorización.

trespasser   Intruso, transgresor.

triable   Procesable, enjuiciable.

trial   Juicio, audiencia, proceso, prueba.
— **balance,** estado de cuentas, balance de saldos.
— **by court,** juicio ante un juez.
— **by fire,** juicio de Dios.
— **by jury,** juicio por jurado.
— **by ordeal,** ordalías, juicio de Dios.
— **calendar,** lista de juicios a celebrarse.
— **court,** tribunal de primera instancia.
— **de novo,** juicio de nuevo.
— **docket,** lista del día.
— **examiner,** juez administrativo, examinador procesa lista.
— **judge,** juez de la causa.
— **jury,** jurado procesal.
— **lawyer,** abogado litigante.
— **list,** lista de casos.
— **of office,** período de servicios.

tribal lands   Fideicomiso de terrenos para las tribus indígenas.

tribe   Tribu.

tribunal   Tribunal, juzgado.

trick Treta, truco, artificio, maña, suerte, artimaña.

trickery Artimaña, astucia.

trier of fact Juez, jurado.

trimester Trimestre.

trover Acción judicial para recuperar mueble bien.

truancy Ausencia injustificada escolar.

true Verdadero, verdad, exacto, de acuerdo, genuino.
— **copy,** copia fiel, extracta.
— **value,** valor verdadero.
— **verdict,** veredicto sin compulsión.

trust Fideicomiso, confianza, confidencia, confianza, crédito, combinación, consorcio, grupo industrial.
— **account,** cuenta fiduciaria.
— **agreement,** convenio de fideicomiso, contrato de fideicomiso.
— **bond,** obligación de fideicomiso.
— **certificate,** certificado de financiamiento para empresas de ferrocarriles.
— **company,** compañía fiduciaria.
— **deed,** escritura fiduciaria, contrato de fideicomiso, título constitutivo hipotecario.
— **estate,** bienes de fideicomiso.
— **fund,** fondos fiduciarios.
— **indenture,** escritura de fideicomiso, contrato fiduciario.
— **instrument,** escritura de fideicomiso.

— **mortgage,** hipoteca fiduciaria.
— **property,** propiedad fiduciaria.
— **receipt,** recibo fiduciario.

trustee Fiduciario ecónomo, síndico, consignatario.
— **ad litem,** fiduciario nombrado por la corte.
— **de son tort,** fiduciario torticero.
— **in bankruptcy,** administrador judicial, síndico de una quiebra.

truth Verdad, verdadero, veracidad.

try Probar, juzgar.

turning states evidence El delatar a otros para conseguir una condena menor.

turnover order Orden de entrega de propiedad aun en posesión del deudor.

turntable doctrine see **attractive nuisance.**

turpitude Torpeza, infamia, comportamiento infame.

tutelage Tutela, curaduría.

tutor Tutor, curador.

twelve-mile limit Limite de las aguas territoriales.

twice in jeopardy Non bis idem.

U

UCC Siglas para **Uniform Commercial Code** Código Comercial Uniforme.

ukase Orden, decreto, decreto del zar.

ultimate Final, último, máximo, decisivo.
— **facts,** hechos decisivos.
— **issue,** cuestión decisiva.

ultimatum Ultimátum.

ultra vires Mas allá de la facultad de actuar.

umbrella policy Póliza de seguro global.

umpire Árbitro, tercero, compromisario, decidir, juzgar, arbitrar.

unadjusted Incierto, no ajustado, pendiente, inadaptado, transitorio.

unambiguous Sin ambigüedad, inequívoco.

unamortized No amortizado.

unanimity Unanimidad.

unanimous Unánime.
— **decision,** decisión unánime, decisión.
— **verdict,** veredicto unánime.

unappealable Inapelable.

unappropriated No asignado, no consignado.

unascertained No determinado.

unasignable No asignable, no transferible.

unattached No embargado.

unattested instrument Instrumento sin firma del que suscribe o de los que atestiguan.

unauthorized No autorizado.
— **practice of law,** ejercer derecho sin licencia.
— **use of a motor vehicle,** uso ilegítimo de un vehículo.

unavailable No disponible, no autorizado.

unavoidable Inevitable, ineludible, fortuito.
— **accident,** accidente inevitable.
— **casualty,** siniestro inevitable.
— **cause,** causa inevitable.

unbiased Imparcial, neutral.

unborn child No nato.

Unclean Hands Doctrine Doctrina de poder aprovecharse de la desgracia ajena.

uncollected funds Fondos sin cobrar.

uncollectible Incobrable, irrecuperable.

unconditional Incondicional, absoluto.
— **pardon,** perdón, amnistía, indulto incondicional.
ownership, título sin restricción.

unconscionable   Reprochable, repugnante, desmedido.

unconstitutional statute   Estatuto anticonstitucional.

unconstitutionally vague
Indefinido inconstitucionalmente.

uncontested   No disputado, sin oposición, sin respuesta, no defendido.

uncontradicted   Sin contradicción, no impugnado.

uncontrollable rage   Obcecación.

under   Inferior, menos, subordinado, de bajo, mas bajo.
— **and subject to,** sujeta a.
— **arrest,** arrestado, bajo arresto.
— **color of law,** respaldado por la ley.
— **date of,** con fecha de.
— **detention,** detención bajo acusación penal.
— **oath,** bajo juramento.
— **obligation,** bajo obligación.
— **protest,** bajo protesta.
— **seal,** bajo sello.
— **the influence,** en estado de.

undercapitalized   Con capital insuficiente.

underlease   Subarriendo.

underlying   Fundamental, precedente.

undersecretary   Subsecretario.

undersell   Malbaratar.

undersigned   Suscrito, suscribiente.

understanding   Acuerdo, arreglo, entendimiento.

undertaking   Empresa, compromiso, garantía ventura de negocio.

undertenant   Subarrendatario.

underwrite   Subscribir, asegurar, firmar.

undisclosed   Escondido, no revelado.
— **agency,** agencia encubierta.
— **assets,** bienes no revelados.
— **principal,** comitente no revelado, encubierto.

undisputed   Incontestable, indiscutible, sin debate.
— **profits,** ganancias no disputables.

undistributed profits   Reservas de utilidades.

undivided   Indiviso, no distribuidos, no separados.
— **interest,** interés indiviso.
— **profits,** ganancias indivisas.
— **surplus,** superávit no distribuido.

undocumented   Indocumentado.

undue influence   Influencia indebida, coacción, abuso de poder.

unearned   No ganado, no devengado.

unemployment Desempleo, desocupación, paro
— **compensation,** compensación por desempleo.
— **insurance,** seguro de desempleo.

unencumbered Libre de cargas.

unenforceable Inejecutable.

unequivocal Inequívoco.

unethical Sin ética, no ético.

unexpired term Término hábil.

unfair Injusto, inicuo, no razonable.
— **comment,** comentario injusto.
— **competition,** competencia injusta, concurrencia desleal.
— **labor practice,** acción laboral inequitativa.

unfinished Sin terminar, no concluido, inconcluso.

unfit Incapaz, incompetente.

unfounded Sin lugar, improcedente, infundado.

unicameral Unicameral.

uniform Uniforme, sin cambio, sin variación.

Uniform Code of Military Justice Código de Justicia Militar.

Uniform Laws Leyes uniformes.

unilateral Unilateral.
— **contract,** contrato unilateral.
— **mistake,** error unilateral.

unimproved land Terreno sin mejoras.

unincorporated No incorporado.

uninsured Sin seguro, no asegurado.

union Unión, gremio, sindicato obrero, federación, asociación.
— **contract,** contrato sindical.
— **label,** etiqueta de producción sindical.

unissued stock Acciones autorizadas, pero sin emitir.

unit Unidad.
— **price,** precio unitario, precio por pieza.
— **price contract,** contrato de precio unitario.

United States of America Estados Unidos de América.
— **Attorney,** fiscal federal.
— **Attorney General,** Procurador General de los Estados Unidos de América.
— **bills,** notas de la tesorería de los Estados Unidos.
— **Code,** código federal.
— **Courts,** cortes o tribunales federales.
— **Supreme Court,** Corte Suprema de los Estados Unidos.

unity Unidad.
— **of interest,** unidad de intereses.
— **of possession,** unidad de posesión.
— **of time,** unidad de tiempo.

universal Universal.
— **agent,** apoderado general.
— **partnership,** asociación universal.

unjust   Injusto, inicuo.

unjust enrichment
Enriquecimiento injusto.

unjustifiable   Injustificable.

unlawful   Ilegal, ilícito, ilegítimo.
— **act,** acto ilegal.
— **arrest,** arresto ilegal.
— **assembly,** asamblea ilegal.
— **detainer,** detención ilícita.
— **entry,** entrada ilegal.
— **restraint,** restricción ilegal de
  la libertad.
— **search,** registro ilegal.

unlimited   Sin límites, ilimitada, no
limitada.
— **authority,** autoridad sin
  límite.
— **liability,** responsabilidad civil
  sin limite

unliquidated   Sin liquidar, no
saldado, no pagado.
— **claim,** reclamo sin liquidar.
— **damages,** daños
  indeterminados.
— **debt,** deuda ilíquida.

unlisted security   Valores no
inscritos en la Bolsa de valores.

unmarketable   Invendible.
— **title,** título invendible.

unmarried   No casada.

unnatural   Artificial,
desnaturalizado, anormal.

unnecessary hardship   Penalidad
innecesaria.

unofficial   Extracartular,
extraoficial.

unpaid   Impago.

unprecedented   Sin precedente,
nuevo, original.

unprofessional conduct   Conducta
antiprofesional.

unqualified   Incompetente, inepto,
no apto, sin reservas.

unquestionable   Indubitable,
indisputable, indiscutible.

unreasonable   Irrazonable, no
razonable, exorbitante.
— **restraint on alienation,**
  restricción irrazonable de
  alienación.
— **search and seizure,** registro y
  embargo arbitrario, registro y
  secuestro arbitrario.

unrecorded   No registrado, sin
inscribir, in inscripción.

unrecoverable   Irrecobrable.

unrelated offenses   Ofensas no
relacionadas entre si.

unresponsive answer   Contestación
evasiva.

unrestricted   Sin restricción,
ilimitado.

unsecured   Sin garantía.
— **creditor,** acreedor no
  garantizado.
— **debt,** deuda quirografaria.
— **loan,** préstamo sin caución,
  crédito a sola firma, préstamo
  a descubierto.

unsettled   Sin pagar, pendiente,
insatisfecho.

unsound mind   Privado de razón, de mente inestable.

unsworn statement   Declaración no jurada.

untenable   Insostenible, indefensible.

untenantable   Inhabitable.

untimely   Extemporáneo, prematuro.

untrue   Falso, incierto, inexacto, engañoso.

untruth   Falsedad.

unvalued   Sin valor, inestimado.

unwed   Soltero, soltera.

unwritten   No escrito, oral.
— **law,** derecho consuetudinario.

upkeep   Mantenimiento.

upon   Sobre, encima de.

upper house   Cámara alta, senado de los EE.UU.

upper riparian owner   Ribereño con terreno río arriba.

upset price   Precio mínimo fijado.

urban   Urbano.
— **development,** desarrollo urbano.
— **easement,** servidumbre urbana.
— **renewal,** renovación urbana.

usage   Uso, costumbre, usanza.

usance   Usanza, uso.

use   Uso, usar, aprovechamiento, costumbre, gasto.
— **and benefit,** uso y beneficio.
— **immunmity,** inmunidad limitada, inmunidad en cuanto al uso.
— **tax,** impuesto sobre utilización.

usual   Usual, acostumbrado, habitual.
— **course of business,** curso ordinario de negocios.
— **covenants,** garantías usuales.
— **place of abode,** domicilio habitual.
— **place of business,** lugar o dirección habitual.

usufruct   Usufructo.

userer   Usurero.

usurious contract   Contrato usurario.

usurpation   Usurpación.

usury   Usura, agiotaje, logrería.

utilities   Servicios públicos.

utter   Poner moneda o documentos falsos en circulación.

V

v. Abrev. para **versus** (Lat.) En contra de.

V.A. Siglas para **Veterans Administration** Administración para los Veteranos Militares.

vacant Vacante, desocupado.
— **possesion,** posesión libre de ocupantes.
— **succession,** herencia de herederos, desconocidos, sucesión sin reclamación alguna.

vacate Evacuar, dejar vacío, desalojar, desocupar, anular, revocar, invalidar.
— **a judgment,** anular un fallo.
— **the premises,** desocupar el lugar.

vacation Vacación, vacaciones, anulación, revocación.
— **of judgment,** anulación del fallo.

vagabond Vagabundo, vago.

vagrancy Vagancia, vagabundeo.

vagrant Vago, vagabundo.

vagueness Incierto, indefinido, ambiguo.

valid Válido, verdadero, efectivo, suficiente ante la ley.

validate Validar, convalidar, legalizar.

validity Validez, vigencia.

valuable Preciado, valioso, apreciable.
— **consideration,** causa contractual con cierto valor, causa contractual onerosa.
— **improvements,** mejoras permanentes.
— **papers,** papeles importantes.

valuation Apreciación, avaluación, avalúo, tasación.

value Valor, valorar, tasar.
— **at maturity,** valor al vencimiento.
— **received,** valor recibido.
— **secured,** valor en prenda o en garantía.

valued policy Póliza avaluada, póliza con valor pre-establecido o declarado.

vandalism Vandalismo.

variable Variable.

variance Variación, discrepancia, desacuerdo.

vehicular homicide Homicidio vehicular.

venal Venal, mercenario, corruptible, sobornable.

vend Vender, divulgar.

vendee Comprador.

vendor Vendedor.

vendible Vendible.

venire Convocación, comparecencia.

venireman   Jurado aun no seleccionado, jurado futuro.

venture   Aventura, riesgo, ventura.
— **capital,** capital invertido en empresa, capital riesgo.

venue   Partido judicial.

veracity   Veracidad.

verbal   Verbal, oral.
— **acts,** palabras con consecuencia legal.
— **acts rule,** principio de admisibilidad probatoria de palabras con consecuencias legales.
— **contract,** contrato verbal.

verbatim   Al pié de la letra.

verdict   Veredicto, fallo, sentencia, decisión.
— **against the evidence,** veredicto sin base probatoria.
— **by lot,** veredicto por sorteo.
— **contrary to law,** veredicto contrario a la ley.
— **of guilty,** veredicto de culpabilidad.
— **of not guilty,** veredicto de absolución.

verification   Verificación, comprobación, constatación, declaración bajo juramento.

verified   Verificado, bajo juramento.

verify   Verificar, comprobar, constatar.

versus (Lat.)   En contra.

vertical   Vertical.

— **agreement,** acuerdo entre productores y vendedores.
— **merger,** asociación entre empresas, vendedoras y productoras.
— **union,** sindicato, gremio industrial.

very high degree of care   Alto grado de cuidado.

vest   Conceder, conferir, investir, tener derecho.

vested   Derecho absoluto, incondicional, establecido.
— **devise,** legado absoluto, legado incondicional.
— **estate,** propiedad con dominio absoluto.
— **gift,** regalo absoluto.
— **in interest,** con derecho de goce en el futuro.
— **in possession,** con derecho de goce en el presente.
— **interest,** interés creado.
— **legacy,** legado absoluto, legado incondicional.
— **pension,** pensión o jubilación absoluta.
— **remainder,** nuda propiedad intrínseca.
— **rights,** derechos absolutos, derechos adquiridos.

veteran   Veterano, ex-miembro de las fuerzas armadas.

veto   Veto, vetar.
— **a bill,** anular un proyecto de ley.

veto power   Poder de vetar o anular.

vexatious   Molesto, incómodo, vejatorio.
— **litigation,** litigación vejatoria.

viability   Viabilidad.

viable   Viable.

vicarious   Vicario, substituto.
— **liability,** responsabilidad de uno por actos de otro.

vice   Vicio, defecto, conducta inmoral, depravación.

vice   Vice, suplente.

vicinity Vecindad, cercanía, inmediaciones.

vicious animal   Animal peligroso por naturaleza.

victim   Víctima.

victimless crime   Delito sin víctima.

village   Villa, aldea.

vindictive damages   Daños punitivos.

violate   Violar, infringir, estropear, desobedecer la ley.

violation   Acto de violación, infracción, tropello de la ley.

violence   Violencia, fuerza física sin justificación.

violent death   Muerte violenta.

virtual representation   Principio de representación colectiva.

virtue   Virtud, castidad, efecto, poder.

visa   Visado.

visible means of support   Manera visible de sostenimiento.

visitation rights   Derecho de visita.

visitation schedule   Régimen de visitas.

visitor   Visitante, inspector, visitador.

vital statistics   Estadísticas demográficas.

vitiate   Viciar, invalidar, anular.

vocation   Vocación, ocupación, profesión.

vocational rehabilitation Rehabilitación profesional.

vocational training   Formación profesional.

voiceprinting   Grabación e impresión de la voz.

void   Nulo, inválido, anular, invalidar.
— **contract,** contrato inválido.
— **judgment,** fallo nulo, sentencia sin efecto legal.
— **marriage,** matrimonio inválido.
— **process,** proceso inválido.

voidable   Anulable, cancelable.
— **marriage,** matrimonio anulable.
— **preference,** pago anulable en anticipación de quiebra.

voiding   Acto de anular.

voir dire examination   Examen de las personas propuesta para el jurado.

voluntary   Voluntario, sin presión.
— **abandonment,** abandono
   voluntario.
— **alienation,** traspasar
   voluntariamente título.
— **arbitration,** arbitraje
   voluntario.
— **assignment,** cesión
   voluntaria.
— **association,** asociación
   voluntaria.
— **assumption of the risk,**
   asumir el riesgo
   voluntariamente.
— **bankruptcy,** quiebra o
   bancarrota voluntaria.
— **commitment,** internamiento
   voluntario.
— **confession,** confesión
   voluntaria.
— **conveyance,** cesión
   voluntaria.
— **departure,** salida voluntaria.
— **dismissal,** desestimación
   voluntaria, el retirar la
   demanda voluntariamente.
— **intoxication,** embriaguez
   voluntaria.
— **manslaughter,** homicidio sin
   malicia.
— **nonsuit,** sobreseimiento
   voluntario.
— **oath,** juramento voluntario.
— **payment,** pago voluntario.
— **petition,** petición voluntaria.
— **settlement,** acuerdo
   voluntario.
— **statement,** declaración
   voluntaria.
— **trust,** fideicomiso voluntario.

volunteer   Voluntario, gratuito, por
deseo propio.

vote   Voto, votar.

voter registration   Empadronamiento

voting   Perteneciente a votar,
votación.
— **by proxy,** votación por poder.
— **rights,** derechos de votar,
   sufragio.
— **roll,** registro de sufragio.
— **stock,** acciones con derecho
   de voto.
— **trust,** fideicomiso para
   votación.

vouch   Comprobar, atestiguar,
certificar.

voucher   Comprobante, recibo,
conocimiento, vale, justificante, pieza
justificable.

voyeur   Mirón lascivo.

W

wage   Salario, jornal, sueldo.
— **and hour acts,** estatutos
federales y estatales que
establecen el pago mínimo por
hora.
— **assignment,** cesión del
salario.

wager   Apostador, apuesta, apostar.

wagering contract   Contrato de
juego.

waiting period   Período de espera.

waive   Renunciar, ceder, suspender,
abdicar.

waiver   Renunciar, desistir, ceder,
suspender, abdicar, renuncia.
— **of exemption,** renuncia de
exención.
— **of immunity,** renuncia a la
inmunidad.
— **of jury,** renuncia al derecho
de juicio ante un jurado.
— **of notice,** renuncia de
citación.
— **of performance,** renuncia al
cumplimiento específico.
— **of protest,** cesión del derecho
de protesta.
— **of rights,** renuncia de
derechos.
— **of testamentary rights,**
repudiación de la herencia.
— **of tort,** renuncia del derecho a
daños por agravio.

walkout   Abandono de puesto en
señal de protesta.

want   Falta de.
— **of consideration,** falta de
causa contractual.
— **of jurisdiction,** falta de
competencia.
— **of prosecution,** falta de
enjuiciamiento.

wanton   Temerario, descuidado,
indisciplinado, indiferente, malicioso,
licencioso, cruel.
— **misconduct,** conducta
indebida o temeraria.
— **negligence,** negligencia
temeraria.
— **omission,** omisión temeraria.

war power   Poder constitutivo de
declarar guerra.

ward   División administrativa de un
pueblo, defender, proteger, guarda,
custodia, pupilo, circunscripción.
— **of the court,** persona puesta
bajo la custodia de otro por la
corte.

warden   Persona encargada de
prisión, guarda, alcalde, carcelero.

warehouse   Almacén, depósito,
bodega.
— **bond,** fianza de almacén.
— **receipt,** recibo, registro,
certificado o conocimiento de
almacén, certificado de
depósito.

warehouseman   Almacenista,
almacenador.

warehouseman's lien   Gravamen de
almacenista.

warrant   Autorización, resguardo, comprobante, certificado, justificación, decisión judicial.
— **in bankruptcy,** auto de bancarrota.
— **of arrest,** auto de detención, orden de arresto, auto de búsqueda y captura.
— **of attorney,** poder de representación.

warranted   Garantizado.

warrantless   Sin garantía.
— **arrest,** arresto sin orden judicial.
— **search,** registro o allanamiento sin orden judicial.

warranty   Garantía, seguridad.
— **deed,** escritura con garantía de título.
— **of fitness,** garantía de aptitud.
— **of fitness for a particular purpose,** garantía implícita para un propósito particular.
— **of habitability,** garantía de habitabilidad.
— **of merchantability,** garantía mercantil.
— **of title,** garantía de título.

waste   Deteriorar, gastar, malograr, pérdida, uso, desgaste.
— **wasting assets,** bienes consumibles.

water rights   Servidumbre de aguas.

watercourse   Curso del agua.

watered stock   Acciones diluidas.

wax seal   Sello lacre.

way   Pasaje o derecho de pasar, camino.

— **of necessity,** servidumbre de paso necesario.

waybill   Itinerario del transportador.

ways   Manera, método, medio.
— **and means,** medio y arbitrios.
— **and means committee,** comité de medios y arbitrios.

weapon   Arma.

wear and tear   Deterioro normal.

wedlock   Estado matrimonial, matrimonio, connubio.

weigh   Pesar, valorar, ponderar.
— **the evidence,** ponderar la prueba.

weight   Peso.
— **of the evidence,** preponderancia de la prueba.

weights and measures   Pesos y medidas.

welfare   Asistencia pública.
— **fund,** fondo de previsión.

welsh   Repudiar una obligación.

wetback   Emigrante ilegal de México.

wetlands   Terreno húmeda, terreno pantanoso.

whereabouts   Paradero.

whereas   Por cuanto a, en vista de, considerando.

whereby   Por medio de o en vista de que.

wherefore   Por esta razón.

whiplash   Lastimadura al cuello.

white collar crime   Delito de guante blanco. Delincuencia de oficinista.

white slavery   Trata de blancas.

white slave trader   Tratante de blancas.

whole   Entero, todo, sin división.

wholesale   Venta al mayoreo.
— **dealer,** mayorista.
— **price,** precio de mayoreo.
— **trade,** comerciante de mayoreo.

wholesaler   Mayorista.

wholly   Totalmente, completamente, enteramente.
— **destroyed,** pérdida total.
— **disabled,** inhabilidad total.
— **owned subsidiary,** corporación subsidiaria en propiedad absoluta.

whore   Prostituta.

widow   Viuda.

widows   Viudal.
— **allowance,** porción viudal.
— **election,** elección testamentaria viudal.

widower   Viudo.

wife   Esposa.

wildcat strike   Huelga descabellada.

will   Testamento, voluntad.

willful   Intencional, premeditado, con mal propósito, voluntario.

— **and malicious,** intencionalmente y malévolamente.
— **and wanton,** premeditado y temerario.
— **misconduct,** mala conducta intencional.
— **neglect,** negligencia temeraria.

willfully   Intencionalmente, deliberadamente, malévolamente.

willingly   Libremente.

winding up   Disolución o liquidación de una compañía.

wirefraud   Fraude cometido por medio del uso del teléfono o telégrafo.

wiretapping   Interceptación telefónica.

with   Con, cerca, cerca de, en compañía de, además de.
— **all faults,** con todas faltas, tal cual.
— **interest,** con interés.
— **prejudice,** sin derecho a juicio nuevo.
— **recourse,** con recurso.
— **strong hand,** entrada sobre la propiedad de otro a mano dura.

withdraw   Retirar, retraer, separar, apartar, separarse, apartarse.
— **a bid,** retirar una propuesta.
— **a charge,** retirar un cargo, retirar una acusación.
— **funds,** retirar fondos.

withdrawal   Retirada, retiro.
— **from a conspiracy,** retirada de la conspiración.
— **from criminal activity,** retirada de la actividad delictiva.
— **of charges,** retiro de cargos o acusaciones.

withhold   Retener, detener.

within   Dentro, adentro.
— **the course of employment,** dentro del transcurso del empleo.
— **the meaning of the law,** dentro de los términos de la ley.

without   Sin, del otro lado, mas allá.
— **benefit of clergy,** cohabitación sin estar casados.
— **notice,** sin aviso, de buena fe.
— **obligation,** sin obligación o compromiso.
— **prejudice,** sin prejuicio.
— **protest,** sin protesta o sin protestar.
— **recourse,** sin recurso.
— **reserve,** sin reservas, sin precio mínimo fijado.

witness   Testigo, declarante, atestar, testificar, atestiguar.
— **against oneself,** testigo contra si mismo.
— **box,** banquillo del testigo.
— **fees,** honorarios de testigo, dieta de testigo.
— **for the defense,** testigo de descargo.
— **for the prosecution,** testigo de cargo.

witnessing part   Parte testificativa, por la presente hago constar.

wittingly   Intencionalmente, a sabiendas, por designio.

woman   Mujer.

words   Palabras.
— **actionable per se,** palabras difamatorias de por si.
— **of art,** palabras con un sentido particular.
— **of limitation,** palabras que limitan.
— **of purchase,** palabras de traspaso.

work   Trabajo, tarea.
— **slowdown,** sabotaje laboral.

worker   Trabajador, jornalero.

Workers Compensation Insurance
Seguro de indemnización laboral, seguro por accidente de trabajo.

working   Funcional, trabajando, operando, funcionando, relacionado al trabajo.
— **assets,** activo de explotación.
— **capital,** capital activo, capital de explotación.
— **day,** día laboral.
— **hours,** jornal laboral.
— **partner,** socio activo.

workmanlike manner   Término aplicado al trabajo hecho de manera competente.

world bank   Banco Mundial, Banco Internacional.

worldly goods   Bienes terrenales.

worth   Valor, precio, riqueza, mérito.

worthless   Sin valor, sin uso, sin mérito.

wreck   Destrucción, ruina, arruinar, destruir.

writ   Escrito, decreto, auto, orden mandamiento.
— **of attachment,** mandamiento de embargo.
— **of certiorari,** pedimento de avocación.
— **of delivery,** mandamiento para la entrega de bienes muebles.
— **of ejectment,** mandamiento de desalojo, providencia de lanzamiento.
— **of entry,** acción para recobrar posesión de un inmueble, auto de posesión.
— **of error,** auto de casación.
— **of execution,** auto de ejecución, ejecutoria.
— **of habeas corpus,** auto de habeas corpus.
— **of possession,** auto de posesión, interdicto de despojo.
— **of prohibition,** inhibitoria.
— **of replevin,** auto de reivindicación.
— **review,** auto de revisión.

write   Escribir.
— **in,** intercalar, insertar.
— **in candidate,** candidato cuyo nombre no aparece en la boleta oficial y que es escrito al votar individualmente.
— **off,** anular, cancelar, suprimir, eliminar, deuda incobrable, pérdida total.

writing   Escrito, escritura, instrumento.

written   Escrito, manuscrito.
— **agreement,** acuerdo por escrito.
— **contract,** contrato por escrito.
— **law,** derecho escrito.
— **notice,** aviso por escrito.

wrong   Daño, entuerto, agravio, injuria, perjuicio, injusticia.

wrongdoer   Malhechor

wrongful   Ilegal, dañino, injusto.
— **act,** acto injusto.
— **conduct,** conducta ilegal.
— **death,** muerte que resulta de un acto ilegal.
— **discharge,** terminación de empleo injustamente.

X

X   Símbolo o marca.

Y

yardstick   Norma para medir o evaluar.

year   Año
— **and a day,** año y un día.

yellow dog contract   Contrato antisindicalista. Contrato en el cual el empleado promete no afiliarse l sindicato.

yield   Rendimiento, producto, rendir, producir.

Your Honor   Su Señoría, Vuestra Señoría.

youthful offender   Ofensor juvenil.

Z

zealous witness   Testigo indebidamente afanoso.

zipgun   Fusil improvisado.

zip code   Código Postal.

zone   Zona.

zoning rules   Reglamentos de urbanización.

zygote   Célula creada cuando el huevo es fertilizado por la esperma.

PEARSON
ESPAÑOL/INGLÉS
DICCIONARIO LEGALES

Antonio Figueroa, JD
Norma C. Connolly, LLB

PREFACIO

Hace algunos años daba clases en el curso de asistente legal en el colegio de la comunidad de Doña Ana en Las Cruces, Nuevo México. Una mañana, mientras tomábamos café, una de las profesoras de lenguas mencionó la necesidad de varios libros, entre ellos, un diccionario de términos legales en inglés y español. De pronto, creí que la idea era buena. No queriendo duplicar los trabajos ya hechos, investigué si hubiese publicaciones recientes. Para mi sorpresa, encontré que no las había. Esto hizo nacer en mi el deseo de embarcarme en un proyecto del cual no tenía idea lo grande que pudiera resultar.

A medida que me adentraba en el problema, encontré que palabras que yo creía adecuadas no tenían significado legal. Palabras con sentido legal en inglés, una vez traducidas perdían sentido legal en español, o vice versa. Habiendo practicado como abogado en el área de Los Angeles, California, estaba acostumbrado a los modismos de allí. Encontré que éstos no eran necesariamente iguales a los del resto del país. Todo esto hizo el proyecto más interesante.

Mientras más me enredaba en el proyecto, mas me emocionaba. Escribí a distintas casas publicadoras informándoles de mi idea y si se interesasen en tal trabajo. Algunos contestaron que no, otros dijeron que tal vez en el futuro. A este respecto, Pearson Publications fue la única casa que contestó favorablemente.

Desde ese momento, el trabajo comenzó. Empecé con algunos libros que yo tenía. A medida que el trabajo avanzaba, tuve necesidad de obtener o de buscar en otras fuentes. Esto hizo que la lista de obras revisadas creciera. Esta lista está incluida en la bibliografía de referencias de este libro.

La intención de este diccionario no es para que se use como libro de texto, sino como una ayuda para aquellos que laboran donde se usan términos legales del inglés al español, o del español al inglés. En la mayoría de los casos, se hizo una traduccióndirecta. Solo en los casos donde no existe una traducción directa se hizo una explicación. Si es necesario una mayor explicación, el lector tal vez quiera consultar algunos de los libros citados en la bibliografía de recursos incluida en esta publicación.

En mis comunicaciones con Pearson Publications, Norma C. Connolly, profesora en Montclair State University en New Jersey, fue recomendada como editora para el trabajo. Después de alguna correspondencia, acordamos en que ella fuera la editora. Su primer repaso me hizo ver lo mucho que aún quedaba por hacerse. Después de un trabajo de mas de dos años, por fin fue completada esta obra. Durante ese tiempo, mas que editora, la señora Connolly se convirtió en mi co-escritora.

Finalmente, mi hijo, con su conocimiento en computación, y su dedicación al trabajo, le dio el formato que el trabajo tiene. Para él, y para Norma, mis mas sentidas, Gracias!

Antonio Figueroa

A

a   From, after, by, in, on, of, out of, because of, with.
— **contrario sensu,** (Lat.) on the other hand.
— **flete común,** carrier having an interest.
— **fortiori,** by the stronger reason.
— **granel,** in balk.
— **instancias de,** at the request of.
— **a la gruesa,** bottomry, in bulk.
— **mi leal saber y entender,** upon my knowledge and belief.
— **non domino,** (Lat.) to the non-owner.
— **plazos,** in installments.
— **posteriori,** from a later point.
— **priori,** from before.
— **quien corresponda,** to whom it may concern.
— **quo,** trial court judge.
— **ruego,** at the request.
— **saber,** to wit.
— **sabiendas,** knowingly.
— **solicitud de,** at the request of.
— **título gratuito,** without consideration.
— **título oneroso,** subject to obligation.

ab (Lat.)   From.
— **initio,** from the beginning.
— **intestato,** intestate proceedings.
— **origine,** from the beginning.

abajo firmado   Undersigned, subscriber.

abanderado   Standard bearer.

abanderar   To register the flag of a ship. To take or carry the national flag.

abandonar   To abandon, waive, give up, desert, surrender.

abandono   Abandonment, renunciation, waiver, neglect, desertion.
— **de acción** withdrawal of a complaint.
— **de apelación,** abandonment or waiver of the appeal.
— **de derechos,** forfeiture of known rights.
— **de destino,** absence without leave, failure to comply with official duties.
— **de hogar,** desertion.
— **de la instancia,** withdrawal of a complaint,
— **de menores,** abandonment of minors.
— **de proceso,** nolle prosequi.
— **de querella,** failure to press criminal charges.
— **de trabajo,** unauthorized absence from work, absenteeism.

abarcar   Monopolize, corner the market, cover, buy up, embrace, contain, include.

abastecer   To supply, equip, provide.

abastecimiento   Supplies.

abdicar   To abdicate, renounce, relinquish.

aberración   Aberration, deviation from the usual.

abigeato   Cattle rustling, stealing of animals.

abjuración   Abjuration, renunciation of one's citizenship, recantation under oath.

abjurar   Abjure, disclaim, renounce, repudiate, recant.

abogable   Capable of being plead, triable.

abogacía   Practice of law, advocacy.

abogado   Lawyer, attorney at law, counsel, solicitor, Barrister, advocate.
— **acusador,** prosecuting attorney.
— **asociado,** associate attorney, of counsel.
— **auxiliar,** junior counsel, assistant attorney.
— **civilista,** civil lawyer.
— **colegiado,** duly admitted to practice law.
— **consultor,** legal advisor, counselor.
— **de empresa,** corporate attorney.
— **de oficio,** court-appointed counsel.
— **de patentes,** patent lawyer.
— **de pobres,** court-appointed lawyer.
— **de secano,** shyster.
— **defensor,** defense attorney.
— **del estado,** attorney general, state attorney general.
— **fiscal,** prosecuting attorney, district attorney, U. S. attorney.
— **litigante,** trial lawyer.
— **penalista,** criminal lawyer.
— **picapleitos,** ambulance chaser.
— **que consta,** attorney of record.
— **tributarista,** tax lawyer.

abogar   To advocate, defend.

abolengo   Ancestry, lineage.

abolición   Abolition, abrogation, revocation, repeal, nullification.

abolir   Repeal, revoke, abolish, recall, cancel.

abonador   Bondsman, surety, subscriber.

abonamiento   Bail, security, or guarantee.

abonar   To guarantee, give bond, pay on account.
— **a cuenta de,** to credit to the account of.
— **de horas extras,** overtime pay.

abono   Installment, guarantee, voucher, certificate, payment, surety.
— **a cuenta,** payment on account.
— **del tiempo de prisión,** commutation of sentence, good time.
— **del tiempo de condena,** time served.

aborrecer   To abhor, hate, detest.

abortar   To abort, fail, miscarry.

abortista   Abortionist.

abortivo   Abortive.

aborto   Abortion, miscarriage.

abreviación   Abbreviation, abridgement, condensation.

abreviar   To abbreviate, shorten, condense, reduce.

abrir   To open, unlock.
— **a pruebas,** to begin taking
testimony.
— **expediente,** initiate an
investigation.
— **los libros,** to open a set of
books for a business.
— **propuestas,** to open for bids.

abrogable   Subject to being
annulled, canceled, repealed, voidable.

abrogar   Abrogate, repeal, annul, set
aside, or nullify.

absolución   Absolution, acquittal,
pardon, or dismissal.
— **condicionada,** conditional
pardon, parole.
— **de la demanda,** dismissal of the
complaint.
— **de la instancia,** demurrer.
— **del juicio,** dismissal of the
action.
— **libre,** acquittal, verdict of not
guilty.
— **perentoria,** summary
dismissal.

absoluto   Absolute, unconditional,
complete, unrestricted, independent.

absolutorio   Absolving, acquitting,
pardoning.

absolver   To absolve, release, acquit,
resolve, pardon.
— **de la instancia,** to acquit or
dismiss the case due to lack of
evidence.

absorción penal   Merger of criminal
sentences.

abstemio   Abstemious, non-drinker.

abstinencia marital   Sexual
abstinence in a marriage.

absuelto   Absolved, acquitted,
pardoned.

absurdidad   Absurdity, senseless,
ridiculous.

abusar   To abuse, mistreat, misuse,
impose upon.

abusivo   Abusive, one who abuses
or mistreats.

abuso   Abuse, misuse,
mistreatment, injustice.
— **de autoridad,** abuse of
authority or power.
— **de confianza,** betrayal of
trust, breach of fiduciary trust.
— **de derecho,** abuse of the legal
process. Excessive use of the
legal process.
— **de discreción,** abuse of
judicial discretion.
— **de menores,** abuse of minors.
— **de sustancias tóxicas,** abuse of
toxic substances.
— **de menores,** abuse of minors.
— **infantil,** child abuse.
— **sexual,** sexual abuse.

abusos deshonestos   Statutory sexual
abuse.

abusos sexuales   Statutory sexual
abuse.

acalorado   Heated, excited, angry.

acaparador   Monopolizer.

acaparamiento   Cornering the
market.

acaparar To monopolize, to corner the market.

acarar To bring face to face, to confront.

acarreador afianzado Bonded or insured carrier.

acarrear To carry, convey, transport, haul.

acatar To accept, comply with, revere.
— **una decisión judicial,** comply with a judicial decision.

acceder To accede, give consent, assent, comply with, agree.

accesible Accessible, approachable, opportunity.

accesión Accession.

acceso Access, entrance, admittance, attack, approach.
— **a la propiedad,** trespass.
— **violento,** forcible entry, rape.
— **carnal,** sexual intercourse.

accesorio Accessory, appendant, fixture.

accesorio cómplice Accessory.

accidental Accidental, contingent, causal, unforeseen, unexpected.

accidente Accident, an unexpected occurrence.
— **de circulación,** traffic accident.
— **de tránsito,** traffic accident.
— **de trabajo,** work-related accident.

— **inculpable,** accident without liability.
— **mortal,** fatal accident.

acción Action, act, lawsuit, share of stock, stock certificate, effect of an act.
— **a que hubiere lugar,** legal cause.
— **a que tuviere derecho,** action to which there may be a legal right.
— **accesoria,** appendant action, ancillary action, collateral action.
— **administrativa,** administrative action.
— **caucionable,** bailable action.
— **cautelar,** action for provisional relief.
— **civil,** civil action.
— **confesoria,** ejectment action.
— **contra la cosa,** action in rem.
— **contractual,** contract claim.
— **criminal,** criminal prosecution.
— **de condena,** prosecution for a crime.
— **de conducción,** action by the tenant to keep possession.
— **de calumnia,** action for slander.
— **de desahucío,** unlawful detainer action.
— **de desalojo,** eviction action.
— **de deslinde y amojonamiento,** action for survey and property line.
— **de despojo,** action to restore property to rightful owner.
— **de difamación,** action for defamation.
— **de división,** action for partition.
— **de divorcio,** divorce action.

— **de estado civil,** action for determination of one's civil status.

— **de filiación,** paternity suit.

— **de habeas corpus,** habeas corpus action.

— **de impugnación de filiación,** action to contest paternity proceedings.

— **de lanzamiento,** eviction action.

— **de libelo,** action for libel.

— **de reclamación de filiación,** paternity proceedings, bastardy proceedings.

— **declarativa,** declaratory action, declaratory judgment.

— **hipotecaria,** foreclosure action.

— **interdictal,** injunction proceedings.

— **mancomunada,** joint action.

— **oblicua,** action for subrogation.

— **para cuenta y razón,** action for accounting.

— **pauliana,** action for revocation by creditors.

— **penal,** criminal action.

— **personal,** action to recover damages for personal injuries.

— **petitoria,** petitory action, action to establish title to property.

— **por daños y perjuicios,** action for damages.

— **por incumplimiento de contrato,** action for breach of contract.

— **precautoria,** action for a provisional remedy.

— **preventiva,** action for a provisional remedy.

— **real,** action in rem.

— **reivindicatoria,** replevin.

— **rescisoria,** action for rescission.

— **revocatoria,** action for revocation by creditors.

— **sin lugar,** action without merit.

— **solidaria,** joint and severable action.

— **sostenible,** action which lies.

— **sumaria,** summary proceeding.

— **transitoria,** transitory action.

acciones   Shares of stock, shares, stock.

— **al prtador,** bearer stock.

— **con derecho a voto,** voting shares.

— **comunes,** common stock, shares of common stock.

— **cotizadas en la Bolsa,** listed stock.

— **cubiertas,** paid up shares.

— **de capital,** capital stock.

— **de cartera,** treasury stock.

— **de favor,** stock issued for services.

— **de industria,** stock issued for services.

— **de preferencia cumulativa,** cumulative preferred stock.

— **de preferencia no cumulativa,** non-cumulative preferred stock.

— **de sociedades,** corporate stock.

— **de tesorería,** treasury stock.

— **desembolsadas,** fully paid-up shares.

— **doradas,** preferred stock.

— **en especie,** stock issued for turned in property.

— **exhibidas,** fully-paid shares.

— **liberadas,** bonus stock, bonus shares.

— **neutras,** non-voting stock.

— **participantes preferentes,** participating preferred stock.

— **preferenciales,** preferred stock.

— **preferidas,** preferred stock.

— **redimibles,** callable stock.

— **rescatadas,** treasury stock.

— **sin derecho a voto,** non-voting stock.

— **sin valor nominal,** no par value shares.

— **votantes,** voting shares.

accionista   Shareholder.

— **comanditario,** holder of stock in a joint stock company.

— **disidente,** dissenting stockholder.

— **mayoritario,** majority stockholder.

— **minoritario,** minority stockholder.

— **registrado,** stockholder of record.

acelerar   To accelerate, to speed up, to quicken, to hasten.

aceptación   Acceptance, approval, agreement, acceptance bill.

— **bancaria,** acceptance by the bank.

— **cambiaria,** accepted bill of exchange.

— **comercial,** commercial acceptance.

— **condicional,** qualified acceptance.

— **de favor,** accommodation acceptance.

— **en blanco,** blank acceptance.

— **implícita,** implied acceptance.

— **mercantil,** trade acceptance.

aceptar   To accept, admit, approve, agree to pay.

— **a cuenta de,** to accept on account of.

— **como prueba,** admit in evidence.

— **con reserva,** to accept with reserves.

— **sobornos,** take bribes.

— **una letra,** accept a draft.

acertado   Accurate, right, proper.

acertar   To determine a point of law.

acervo   Total assets of a an estate.

— **común,** undivided estate.

— **hereditario,** individual estate.

— **social,** assets of the corporation.

aclaración de sentencia
Clarification of a trial court's decision.

acobardar   To frighten, to intimidate.

acoger   To conceal a crime, receive, accept, honor.

— **un giro,** to honor a draft.

acogido/a   Resident of a poor house.

acogimiento de menor   Children in foster care.

acometer   To assault, attack, overcome, undertake.

acometida   Attack, battery, undertaking.

acometimiento y agresión   Assault and battery.

acompañante   Companion, escort, attendant.

aconsejar   To advise, counsel, offer an opinion.

acontecer   To happen, occur.

acoquinar   To intimidate, put in fear, scare.

acordar   To agree, arrange, decide, pass a resolution, to grant.
— **un dividendo,** declare a dividend.
— **una patente,** issue a patent.

acordarse   To remember, reach an agreement, decide.

acorde   In harmony, in agreement, in accord.

acoso   To harass, badger.

acoso sexual   Sexual harassment.

acostumbrado   Customary, usual, habitual.

acotación   Annotation, marginal note, boundary mark.

acrecencia   Accretion.

acrecimiento   Accretion.

acreditado   Borrower.

acreditar   To credit, accredit, authorize.

acreedor   Creditor.
— **alimentario,** recipient of spousal support.
— **común,** general creditor, unsecured creditor.
— **con caución,** bond creditor.
— **concursal,** creditor of a bankruptcy.
— **de dominio,** secured creditor.

— **embargante,** lien creditor.
— **escriturario,** secured creditor through a notary.
— **garantizado,** secured creditor.
— **hereditario,** creditor to the estate.
— **hipotecario,** mortgagee.
— **inferior,** junior creditor.
— **mancomunado,** joint creditor.
— **ordinario,** general creditor, unsecured creditor.
— **pignoraticio,** pledgee.
— **por fallo,** judgment creditor.
— **prendario,** lien creditor.
— **quirografario,** unsecured creditor.
— **real,** real creditor.
— **refaccionario,** lender creditor.
— **social,** creditor of a corporation or partnership.
— **solidario,** joint and several creditor.
— **superior,** senior creditor.
— **testamentario,** legatee, devisee.

acreencia   Credit balance.

acribillar   To riddle, perforate, pierce, harass.

acriminador   Accuser, incriminating, accusatory.

acriminar   To accuse, incriminate, charge.

acta   Act, record, certificate, document minutes of meeting, memorandum.
— **constitutiva,** articles of incorporation.
— **de audiencia,** record of a hearing.
— **de cesión,** conveyance, transfer, assignment.

— **de defunción,** death certificate.

— **de matrimonio,** marriage certificate.

— **de nacimiento,** birth certificate.

— **de notoriedad,** judicial notice.

— **de protesto,** bill of exchange.

— **de reconocimiento,** acknowledgment.

— **notarial de presencia,** notarial attestation of the individual's presence.

activar   To activate, make active, hasten.

activo   Asset(s).

— **a mano,** cash on hand, cash assets.

— **acumulado,** accrued assets.

— **aparente,** intangible assets.

— **circulante,** working assets, current assets,

— **corriente,** current assets.

— **demorado,** deferred assets.

— **disponible,** disposable assets.

— **en circulación,** working assets.

— **eventual,** contingent assets, assets set aside for a contingency.

— **fijo,** fixed assets.

— **invisible,** goodwill.

— **inmaterial,** intangible assets.

— **líquido,** liquid assets.

— **realizable,** quick assets, current assets.

— **social,** assets of the partnership, corporate assets.

activos   Assets.

acto   Act, action, proceeding, ceremony, deed, regulation.

— **conciliatorio,** conciliation proceeding.

— **concursal,** bankruptcy proceeding.

— **de comisión,** act of commission.

— **de insolvencia,** bankruptcy proceeding.

— **de omisión,** act of omission.

— **de presencia,** appearance.

— **judicial,** judicial act, judicial decree.

— **jurídico,** legal act, legal proceeding.

— **ministerial,** ministerial act.

— **prejudicial,** preparatory act to the lawsuit.

— **procesal,** procedural phase.

actos procesales   Procedural steps.

actor   Plaintiff, complainant, claimant, impleader, actor.

— **civil,** plaintiff.

— **criminal,** prosecutor.

actuable   Actionable.

actuación   Order, proceeding.

actuario   Actuary, clerk of the court.

acuchillar   To knife, stab.

acuerdo   Accord, agreement, decree, understanding, resolution, sentence, verdict.

— **de intercambio,** trade agreement.

— **de separación matrimonial,** separation agreement.

— **de voluntades,** meeting of the minds.

— **entre caballeros,** gentlemen's agreement.

— **expreso,** express agreement.

— **extrajudicial,** out-of-court settlement.

— **familiar,** domestic agreement.

— **harmónico,** gentlemen's agreement.

— **obligatorio,** binding agreement.

— **premarital,** premarital agreement.

— **verbal,** oral agreement.

Acuerdo de Libre Comercio   Free Trade Agreement.

Acuerdo General sobre Aranceles Aduaneros y Comercio   General Agreement on Tariffs and Trade (GATT).

acumulación   Accumulation, joinder, accrual.

— **de acciones,** joinder of actions.

— **de autos,** consolidation of cases.

— **de sentencias,** consecutive sentences.

acumular   To accrue, accumulate.

acuñar moneda   To coin money, mint.

acusación   Accusation, arraignment, indictment, presentation, prosecution.

acusado   Accused, defendant.

acusador   Complainant, prosecutor.

— **particular,** special prosecutor.

— **público,** public prosecutor.

acusar   To accuse, denounce, charge, prosecute.

— **ganancia,** to acknowledge, show a profit.

— **pérdida,** to acknowledge, show a loss.

— **recibo,** to acknowledge receipt.

adatar   To date, credit.

adelanto   Advance, advancement, progress, betterment.

adeudar   To owe, debit, charge.

adeudo   Debt, duty, charge.

adherir el sello,   To affix, the stamp or seal.

adhesión   Adherence, adhesion, assent, consent.

adicción   Addiction.

adicto   Addict.

aditamento   Addition, annex.

adjudicación Adjudication, award, decision, allotment.

adjudicar   Adjudge, adjudicate, to award, to assign.

— **se,** to appropriate for oneself.

— **un contrato,** to award a contract.

adjudicatario   Grantee, awardee.

adjudicativo Adjudicative, adjudicatory.

adjunto   Adjunct, attached, enclosed.

adminículos   Paraphernalia.

administración Administration, management.
— **accesoria,** ancillary administration.
— **con testamento anexo,** administration with will attached.
— **de bienes de ausente,** administration of property of absentee landlord.
— **de justicia,** administration of justice.
— **de la quiebra,** bankruptcy receivership.
— **de la sucesión,** administration of the estate.
— **fiduciaria,** trusteeship.
— **judicial,** receivership.
— **local,** local authorities.

administrador Administrator, board member, guardian.
— **concursal,** trustee or receiver in bankruptcy.
— **de fincas,** land agent.
— **judicial,** receiver.

administradora Administratrix.

administrar To administer, manage, direct, apply.

admisibilidad Admissibility.

admisible Admissible, allowable.

admisión Admission, confession, acceptance, acknowledgment.
— **adversa,** admission against interest.
— **completa,** complete admission.
— **de parte,** admission by a party.
— **de sentencia,** confession of judgment.

— **desventajosa,** admission against interest.
— **directa,** express admission.
— **implícita,** implied admission.
— **plenaria,** complete admission.
— **procesal,** judicial admission.

admitir To admit, acknowledge, receive, accept.
— **un reclamo,** to allow a claim.
— **una deuda,** to recognize a claim.

admonición Admonition, warning, reprimand.

adoctrinar To teach, instruct, indoctrinate.

adolescencia Adolescence.

adopción Adoption.

adoptar To adopt.

adoptivo Adoptive.

adquirente Buyer, procurer.
— **a título gratuito,** donee.
— **a título oneroso,** purchaser for value.
— **de buena fe,** bona fide purchaser.
— **sin previo conocimiento,** purchaser without notice.

adquisición derivada Derivative acquisition.

aduana Customhouse.

aduanero Custom officer.

aducción de pruebas Presentation of evidence in a court of law.

aducir pruebas   To adduce
evidence, to present proof.

adueñarse   To take possession of.

adúltera   Adulteress.

adulterar   To adulterate, falsify,
corrupt, to commit adultery.

adulterio   Adultery.

adúltero   Adulterer.

adulto/a   Adult.

advenimiento   Advent, arrival,
coming.
— **del plazo,** maturity of a period
of time.

adventicio   Adventitious, accidental.

adverado   Attested, witnessed.

adversario   Adversary, opponent,
foe.

advertencia   Admonition, notice,
warning, advice.

advertir   To give notice, warn,
admonish.

afectable   To be able to be
mortgaged.

afectación   Encumbrance,
appropriation, charge.
— **preventiva,** tentative
encumbrance.

afectado   Affected.

afectar   To encumber, pledge,
allocate, appropriate.

afecto   Subject to a lien, affected,
encumbered, pledged, affection.

afianzado   Bonded.

afianzador   Bondsman.

afidavit   Affidavit, sworn statement.

afiliado   Affiliated, member.

afinidad   Affinity.
— **colateral,** collateral affinity.
— **en linea directa,** direct
affinity.

afirmación   Affirmation.

afirmar   To affirm, assert, aver,
contend.

aforar   To appraise, gage, value,
grant a privilege.

agencia   Agency, bureau, office,
agent ship.
— **exclusiva,** exclusive agency.
— **implícita,** implied agency.
— **por impedimento,** agency by
estoppel.
— **real,** express agency.

agenciar   To promote, negotiate.

agente   Agent.
— **administrador,** managing
agent.
— **aparente,** ostensible agent.
— **asesor,** underwriter.
— **corredor,** stock broker.
— **de aduanas,** customs officer.
— **de comercio,** broker.
— **de compras,** purchasing
agent.
— **de plaza,** local representative.
— **de población,** immigration
officer.

— **de policía,** police officer.
— **fiduciario,** trustee, fiduciary agent.
— **fiscal,** internal revenue officer.
— **financiero,** fiscal agent.
— **general,** general agent.
— **inmobiliario,** real estate agent.

agio   Usury, speculation.

agiotista   Usurer, money changer, profiteer.

agotamiento previo de recursos
Prior exhaustion of remedies.

agravante   Aggravating, aggravation.

agravar   To aggravate, burden, oppress, impose a tax.

agravatorio   Aggravating.

agraviada   Aggrieved.

agraviador   Offender, tortfeasor, violator.

agraviar   To injure, damage, offend, commit a wrong.

agravio   Actionable wrong, injury, tort, affront, insult, offense, exception.
— **a la persona,** tort.
— **civil,** civil wrong.
— **malicioso,** malicious tort.
— **procesable,** actionable wrong.
— **protervo,** wanton injury.

agravioso   Injurious, offensive, tortious.

agredir   To assault, attack.

agregar   To add, incorporate, join, attach.

agremiación   Labor union.

agremiado   Member of a labor union.

agremiar   To unionize.

agresión   Aggression, assault, battery, attack.

agresor   Aggressor, assailant, violator.

agrimensor   Surveyor.

agrimensura   Survey, surveying.

agrupación   Association, group, grouping, cartel.

aguar   To water.
— **acciones,** to water stock.

aguinaldo   Bonus, tip.

ahijado   Godchild.

ahorcar   To hang until dead.

ahorro   Savings.

ajuar   Furniture, trousseau, dowry.

ajustador   Adjuster.
— **de derechos,** liquidator.
— **de reclamaciones,** claims adjuster.
— **de seguros,** insurance claims adjuster.

ajustar   To adjust, settle, fix, compromise.

ajuste   Compromise, settlement, agreement, accommodation, adjustment.

ajusticiar   To execute.

alargar el plazo   To extend the period of time.

albacea   Executor, executrix.
— **administrativo,** administrator of a will.
— **dativo,** court appointed executor.
— **mancomunado,** coexecutor.
— **provisional,** temporary executor.
— **sucesivo,** substituted executor.
— **suplente,** substitute executor.
— **testamentario,** testamentary executor.

albaceazgo   Executorship.

albedrío   Discretion, free choice.

albergar   To shelter, lodge.

alboroto   Riot, brawl, tumult, disturbance, uproar.

alcabala   Excise tax, transport tax, transfer tax.

alcahuete   Procurer, pimp, panderer.

alcaide   Warden of a prison.

alcalde   Mayor.

alcaldía   Mayor's office.

alcoholemia   Blood alcohol content.

alcoholismo   Alcoholism.

alcurnia   Lineage.

aleatorio   Aleatory, uncertain, contingent, accidental.

alegable   Pleadable.

alegación   Allegation, declaration, argument, plea, contention.
— **de bien probado,** summation, closing argument.
— **de culpabilidad,** plea of guilty.
— **de inocencia,** plea of not guilty.

alegaciones   Pleadings.

alegar   To plead, allege, claim, contend.
— **agravios,** claim for damages.
— **de buena prueba,** argument based on the evidence.
— **de conclusión,** summation.

alegato   Allegation, brief, plea, summation, assertion.
— **de buena prueba,** brief, summing up.
— **de réplica,** reply brief, answer.

alegatos   Pleadings, brief, oral argument.

alevosía   Treachery, breach of trust, perfidy.

alguacil   Bailiff, constable, court officer, marshal.

alianza   Alliance, pact, agreement.

alias   Alias, otherwise known as, also known as.

alienable   Alienable, lawfully transferable.

alienación   Alienation, transfer, sale, unsound mind.

alienado   Insane person; sold.

alienar   Alienate, transfer.

alijo   Contraband, smuggled goods.

alimentante   One who pays alimony.

alimentista   One who receives alimony.

alimento   Alimony, support, maintenance, allowance.

alindar   To mark a boundary line.

almacén de aduedo   Bonded warehouse.

almirantazgo   Admiralty, maritime or admiralty court.

almoneda   Public auction.

alocución   Allocation.

alquilador   Lessor, renter, landlord.

alquilar   To rent, employ, hire, lease.

alterable   Ambulatory, alterable.

alteración   Alteration, dispute, disturbance.

alternativo   Alternative.

alzada   Appeal.

alzado   Absconder. Person who declares bankruptcy fraudulently.

alzarse   To appeal, abscond, rebel.

allanamiento   Trespass, unlawful entry, raid.
 — **a la demanda,** acceptance of the claim by the defendant.

 — **de morada,** burglary, breaking and entering, trespass to land.

allanar   To settle, adjust, raid, search, trespass, invade.

ama de casa   Housewife.

amalgamar   To merge, combine, mix.

ambigüedad   Ambiguity.
 — **latente,** hidden ambiguity.
 — **patente,** obvious ambiguity.

ambiguo   Ambiguous, doubtful, uncertain.

ámbito   Ambit, enclosure, boundary line, limit, scope.

ambulatorio   Ambulatory.

amedrentar   To scare, frighten.

amenaza   Threat, menace, intimidation.

amenazar   To threaten, menace, intimidate.

amicus curiae   Amicus Curiae.

amnistía   Amnesty.

amo   Head of household, owner.

amojonamiento   Demarcation.

amonestación   Admonition, warning, caution.

amonestacios   Marriage bans.

amonestar   To admonish, warn.

amortizable   Redeemable, callable, amortized.

amortizar   Amortize, redeem, refund, pay off.
 — **un préstamo,** pay off a debt.
 — **una hipoteca,** pay off a mortgage.

amortización   Depreciation, amortization.
 — **acelerada,** accelerated depreciation.
 — **de acciones,** redemption of shares.

amortización lineal   Straight line depreciation.

amotinar   To riot, to incite to rebellion, mutiny.

ampara   Attachment, seizure.

amparar   To protect, cover, pardon, support, vouch for or guarantee.

amparo   Protection, shelter, aid, relief, guarantee for the protection of civil rights.
 — **al – de,** protected by, under the protection of, by authority of.
 — **judicial,** legal recourse.
 — **social,** Social Security.

amplificación   Enlargement, extension, development of an area.

amplificar   To enlarge, amplify, extend.

ampliar el plazo   To extend the time period.

analogía   Analogy.

análogo   Similar, analogous.

anexidades   Incidental rights, incidental questions.

anexión   Annexation.

anexo   Enclosure, attachment, exhibit.

anfetaminas   Amphetamines.

angustia mental   Mental anguish, mental suffering.

ánimo   Animus, intent.
 — **criminal,** criminal intent, mens rea.
 — **de donar,** intent to donate.
 — **de lucro,** intent to profit.
 — **de revocar,** intent to revoke.
 — **delinquir,** criminal intent.

anómalo   Anomalous.

anónimo   Anonymous.

anotación   Annotation.
 — **al dorso,** endorsement.
 — **contable,** entry in the books.
 — **preventiva,** provisional entry in property registry, caveat.

ante mi   Before me.

ante la sala   Before the court.

antecedente   Foregoing.

antecedentes   Record, history, information, data.
 — **criminales,** criminal record.
 — **de policía,** police record, rap sheet.
 — **penales,** arrest record.

antedicho   Aforesaid, above-mentioned, named before, aforementioned.

antefechar   To antedate, to date back.

antelación   Precedence, priority (in time).

antemencionado   Above-cited, before mentioned.

antenupcial   Antenuptial, prenuptial.

anteprocesal   Before trial, pre-trial.

anteproyecto   Draft.

anterioridad   Beforehand, earlier, previous.

anteriormente   Heretofore, earlier, previously.

antes   Before, formerly, previously.
— **citado,** above-cited, above-mentioned.
— **escrito,** above written, before written.
— **mencionado,** above-mentioned.

anticipar   To anticipate, advance, pay in advance.

anticipo al abogado   Retainer fee.

anticoalicionista   Antitrust.

anticoncepción   Contraception, birth control.

anticonstitucional   Unconstitutional.

anticresis   Antichresis.

antigüedad   Antique, antiquity, seniority.
— **laboral,** seniority in the workplace.

antiguo   Ancient, old, antique.

antijurídico   Unlawful, illicit, illegal.

antilegal   Unlawful, illegal, against the law.

antilogía   Conflict in law.

antimonopolio   Antitrust.

antiprofesional   Unprofessional.

anualidad   Annuity, rent.
— **acumulada,** accumulated annuity.
— **anticipada,** annuity due.
— **condicional,** contingent annuity.
— **de supervivencia,** survivor's annuity.
— **de vida única,** single life annuity.
— **pasiva,** payable annuity .
— **vitalicia,** life annuity.

anuencia   Consent, agreement.

anulable   Capable of being annulled, voidable, capable of being canceled, defeasible.

anulación   Annulment, cancellation, extinguishment, vacation, avoidance, abolishment.

anular   To annul, void, cancel, set aside, defeat, quash.
— **el título,** to annul or defeat title.
— **la sentencia,** to vacate the judgment.

— **un contrato,** to rescind a contract.

— **un legado,** to adeem a bequest.

— **un proyecto de ley,** to veto a bill.

— **una demanda,** dismiss a complaint.

anuncio   Announcement.
— **de subasta,** invitation to bid.

anverso   Face of a document.

añadido   Allonge.

año   Year.
— **base,** base year.
— **calendario,** calendar year.
— **civil,** calendar year.
— **contributivo,** tax year.
— **económico,** fiscal year.
— **fiscal,** fiscal year.
— **impositivo,** taxable year.
— **muerto,** grace period before payments begin.
— **natural,** calendar year.
— **social,** fiscal year.

apalabrar   To come to agreement, bespeak.

aparcería   Sharecropping.

aparcero   Sharecropper.

aparentar   To pretend, feign.

apariencia de título   Apparent title, color of title.

apartado postal   Post office box.

apartamiento   Withdrawal, waiver.

apartarse   To withdraw, desist, go away.

apático   Apathetic, indifferent, indolent.

apátrida   Person without a country. Stateless.

apelable   Appealable.

apelación   Appeal.
— **adhesiva,** appeal joined by the winning party.
— **con efecto suspensivo,** appeal with suspension of judgment.
— **desierta,** appeal withdrawn by the party.
— **extraordinaria,** appeal for annulment.

apelado   Appellee, decision subject to appeal.

apelante   Appellant.

apelar   To appeal.

apellido   Surname.

apéndice   Appendix.

apeo   Survey.
— **y deslinde,** description of boundaries.

apercibimiento   Official warning.

apercibir   To receive, warn, summon, advice.

apersonarse   To be party to a suit.

apertura   Opening.
— **de crédito,** issuance of a credit line.
— **de juicio oral,** commencement of trial.
— **de licitaciones,** opening bids.

— **de sucesión,** commencement of probate proceedings.

— **del testamento,** reading of the last will and testament.

aplazable   Postponable.

aplazamiento   Postponement, adjournment, continuance.

aplazar   To postpone, adjourn, extend, summon.

aplicar   To apply, adjudicate, impose, appropriate.

apoderado   Agent, attorney, representative, assignee.

— **general,** general agent.

— **especial,** special agent.

— **judicial,** attorney in fact.

apoderamiento   To take possession, empower, give authority.

apoderar   To give authority, empower, give power of attorney.

— **se,** to take possession of, seize.

apodo   Nickname.

apógrafo   Transcript, copy.

apología del delito   Justification.

aportación   Contribution, payment.

aportar   To carry, contribute.

— **pruebas,** present evidence.

apostar   To bet, post, wage, gamble.

apostilla   Annotation, apostille.

apoyar   To back, support, aid, favor.

apreciador   Appraiser.

apreciar   To appreciate, appraise, value.

aprehender   To apprehend, seize, arrest.

aprehensión   Apprehension, seizure, arrest.

apremiar   To urge, compel, press, hurry.

apremio   Court order, decree, legal proceedings for collection.

— **administrativo,** action by an administrative department, writ.

— **judicial,** foreclosure.

— **personal,** collection action.

— **real,** sale of attached property.

apresar   To imprison, seize, capture.

aprisionar   To imprison.

aprobación   Approval, consent.

apropiación   Appropriation, conversion.

— **ilícita,** conversion.

— **implícita,** constructive conversion.

— **indebida,** misappropriation.

aptitud legal   Competency, legal capacity.

apto   Capable, competent, suitable.

apuesta   Wager, bet.

apuntamiento   Annotation, entry, summary of the court record.

a quien pueda interesar   To whom it may concern.

aquiescencia   Acquiescence, consent.

arancel   Tariff, schedule of fees.
— **de aduana,** customs duty.
— **judicial,** court fees.

arancelario   Pertaining to tariffs.

arbitrable   Capable of being arbitrated.

arbitrador   Arbitrator, referee, umpire.

arbitraje   Arbitration.
— **forzoso,** compulsory arbitration.
— **judicial,** judicial arbitration.
— **voluntario,** voluntary arbitration.

arbitrar   To arbitrate.

arbitrario   Arbitrary.

arbitrio   Excise tax.

árbitro   Arbitrator, referee, judge.
— **profesional,** professional arbitrator.

archivado   On file.

archivar   To file.

arbitrar   To arbitrary.

arbitrario   Arbitrary.

archivero   File clerk, registrar.

archivos   Files, archives, records.

argumentador   Arguer, disputant, argumentative.

argumentar   To argue.

argumentativo   Argumentative.

argumento   Argument.

arma mortífera   Deadly weapon.

arqueo   Audit of cash.

arraigado   On bail.

arraigar   To put up a bond.

arraigo   Bail, bond, obligation, bailment.

arras   Earnest money, pledge, dowry, security.

arrasar   To level, raze, tear down.

arrebato y obcecación   Heat of passion.

arreglar   To fix, adjust, arrange, regulate.

arreglo   Arrangement, adjustment, settlement, agreement.

arremeter   To attack, assault, assail.

arrendable   Rentable.

arrendador   Landlord, lessor.

arrendamiento   Lease, rent, rental.

arrendar   To rent, lease, hire.

arrendatario   Lessee, leaseholder, tenant.

arrepentirse   To repent, reconsider, withdraw.

arrestar   To arrest, apprehend, detain.

arresto   Arrest, imprisonment.
— **ilegal,** false arrest.
— **de fin de semana,** weekend
sentence.

arribada   Arrival of ship at port.

arriendo   Lease, rent, rental.
— **a plazo,** lease for years.
— **sin plazo,** lease at will.

arriesgar   To risk, dare, run a risk.

arrogación   Unwanted assumption.

articulado   A series of articles.

articular   To articulate, question,
join, unite.

artículo   Article.
— **de especial pronunciamiento,**
dilatory exception.
— **de ley,** section of the law.
— **de muerte,** at the point of
death.
— **de valor,** valuable.
— **inhibitorio,** peremptory
exception.

artículos y servicios   Goods and
services.

asalariado   Wage earner, salaried
employee.

asaltador, asaltante   Assailant, holdup man, mugger.

asaltar   To assault.

asalto   Assault, assault and battery.
— **a mano armada,** armed
robbery.
— **con arma mortífera,** assault
with a deadly weapon.

— **con intento homicida,** assault
with intent to kill.
— **con intento hurtador,** assault
with intent to rob.
— **y agresión,** assault and
battery.

asamblea   Assembly, convention,
meeting.
— **constitutiva,** corporate
organization meeting.
— **constituyente,** constitutional
convention.
— **extraordinaria,** special
meeting.
— **legislativa,** legislature.
— **ordinaria,** regular meeting.

ascendencia   Ascendancy,
parentage, ancestry.

ascender   To promote.

ascendiente   Ancestor.

asegurado   Insured, bonded.

asegurador   Insurer, insurance
carrier, underwriter.

aseguranza   Insurance.

asegurarse   To take out or carry
insurance.

asentamiento   Accession,
attachment, seizure.

asentimiento   Assent.

asentir   To assent, agree.

asertorio   Sworn statement of fact,
answer.

asesinar   To murder.

asesinato   Murder.
— **en primer grado,** murder in the first degree.
— **en segundo grado,** second degree murder.
— **premeditado,** premeditated murder.

asesino   Murderer, assassin.

asesor   Consultant, adviser, lawyer.
— **fiscal,** tax consultant.
— **jurídico,** legal adviser, counselor.
— **letrado,** counselor.

asesorado   Advised.

aseveración   Affirmation, averment, assertion.
— **expresa,** express averment.
— **falsa,** false statement.
— **impertinente,** immaterial averment.
— **superflua,** unnecessary averment.

aseverar   To affirm, assert, aver.

asiento   Entry, seat, site, location.

asignación   Allotment, allowance, quota, appointment.

asignar   To allot, appropriate, appoint, entrust.

asignatario   Beneficiary, legatee.

asilo   Asylum.

asistencia   Assistance, relief, attendance.
— **legal,** legal aid.
— **sanitaria,** health care.
— **social,** welfare.
— **suficiente,** quorum.

asistente   Assistant, one who assists or attends.

asistir   To assist, help, be present.

asociación   Association, company, union, partnership.
— **anónima,** corporation, stock company.
— **de abogados,** bar association.
— **de ahorro y préstamos,** savings and loan association.
— **de crédito,** credit union.
— **delictiva,** conspiracy.
— **general,** general partnership.
— **gremial,** trade or labor union.
— **no pecuniaria,** nonprofit organization.
— **obrera,** labor union.
— **patronal,** employer's association.
— **profesional,** professional association.

asociado   Associate, partner, contributing partner.

asunción de la deuda   Assumption of the debt.

asunción de riesgo   Assumption of risk.

asuntar   To litigate, sue.

asunto   Matter, business affair, subject, issue.
— **contencioso,** subject in dispute.
— **incidental,** collateral issue.
— **pendiente,** unfinished business.

atacable   Refutable.

atacar   To attack, assault, contest, rebut, challenge.

ataque   Attack, assault, challenge.
— **a mano armada,** armed assault.

atenciones   Attentions, matters, affairs, business.

atender   To attend, care for, deal with.

atenerse   To abide by, rely on.

atentado   Attempt, offense, transgression, violation.
— **contra el pudor,** public lewdness.

atentar   To attempt, begin.

atentatorio   Illegal, unlawful.

atenuación   Extenuation, mitigation.

atenuante   Extenuating, mitigating.

atestado   Certified, attested, witnessed, sworn complaint.

atestar   To attest, witness, certify.

atestiguación   Affidavit, sworn statement.

atinado   Relevant, pertinent.

atracar   To rob.

atraco   Robbery.

atrasado   Delinquent, in arrears.

atrasos   Arrears.

atribución de facultades   Grant of authority or power.

atribuir jurisdicción   To extend the jurisdiction of a judge.

atrocidad   Atrocity, cruel or wicked act.

atropello   Arbitrary treatment, violation.

audiencia   Hearing, audience.
— **de alegación,** interlocutory proceeding.
— **de avenimiento,** conciliation hearing, settlement hearing.
— **pública,** open court, public hearing.
— **territorial,** high court.
— **verbal,** oral hearing.

audiencia   Hearing, court, courtroom.

auditor   Auditor, judge advocate.
— **fiscal,** tax auditor.
— **interno,** internal auditor.

ausencia   Absence.
— **no justificada,** absence without official leave.

autenticar   To authenticate, attest.

autenticidad   Authenticity.

auténtico   Authentic, genuine.

auto   Decree, writ, warrant, ruling, act, order.
— **acordado,** decision of a supreme court in banc.
— **alternativo,** alternative writ.
— **de avocación,** certiorari.
— **de casación,** writ of error.
— **de comparecencia,** summons.
— **de deficiencia,** deficiency judgment.
— **de detención,** arrest warrant.
— **de ejecución,** writ of execution.

— **de embargo,** writ of attachment.

— **de enjuiciamiento,** judgment.

— **de oficio,** writ by a judge on his own motion.

— **de posesión,** writ to recover possession.

— **de prisión,** arrest warrant.

— **de procesamiento,** indictment.

— **de quiebra,** declaration of bankruptcy.

— **de reivindicación,** writ of replevin.

— **de sobreseimiento,** stay of proceedings.

— **definitivo,** final decree, final judgment.

— **interlocutorio,** interlocutory decree.

— **judicial,** ruling.

— **perentorio,** peremptory writ.

— **provisional,** temporary decree.

autocomposición   Out-of-court settlement.

autoejecutable   Self executing.

autoincriminación   Self incriminating.

autopsia   Autopsy.

autor   Principal, perpetrator of a crime.

autoridad   Authority.

— **competente,** competent authority.

— **completa,** full authority.

— **de revocación,** power of revocation.

— **expresa,** express permission.

autorizar   To authorize, empower, legalize.

autos   File, record of the case.

auxiliatoria   Order to compel.

aval   Special guarantee, accommodation.

— **absoluto,** full endorsement.

— **limitado,** qualified or limited endorsement.

avalista   Special endorser, guarantor, accommodation endorser.

avalorar   To appraise, value, price.

avaluación   Appraisal, valuation.

avalador   Appraiser.

avaluar   To appraise, assess, value.

avalúo   Appraisal, valuation.

— **catastral,** real estate appraisal.

— **fiscal,** tax appraisal.

— **sucesoral,** estate appraisal.

avenencia   Agreement, to settle.

avenidor   Mediator, arbitrator.

avenirse   To agree, settle, compromise.

avería   Damage.

aviar   To equip, fit, finance, advance money to.

avieso   Malicious.

avisar   To notify, advise, inform.

aviso   Notice, advice, announcement, advertisement.

— **de bajo,** notice of termination of employment.

— **de comparecencia,** notice of appearance.

— **de rechazo,** notice of dishonor.

— **emplazatorio,** summons.

— **judicial,** judicial notice.

— **oportuno,** timely notice, fair warning.

— **razonable,** reasonable notice

avocación   Removal to a higher court.

avocarse el conocimiento   To take over a case from a lower court.

ayuntamiento   Municipal council, municipal government.

B

bachiller en leyes   Bachelor of laws.

baja   Decrease, withdrawal, discharge.
— **laboral,** leave from work.
— **médica,** sick leave.
— **por maternidad,** maternity leave.

bajar   To go down, lower, drop, reduce.

bajeza   Vile act, meanness, baseness, degradation.
— **moral,** moral turpitude.

bajo   Under.
— **arresto,** under arrest.
— **coacción,** under duress.
— **contrato,** under contract, contracted.
— **fianza,** bonded, under bond, bonded, on bail.
— **juramento,** under oath.
— **palabra,** on his own recognizance.
— **pena de,** under penalty of.
— **protesta,** under protest.

bala   Bullet.

balance   Balance.
— **anual,** yearly balance.
— **comercial,** balance of trade, commercial balance, current account balance.
— **de contabilidad,** balance sheet, profit and loss statement.

— **fiscal,** profit and loss statement.
— **provisorio,** interim balance sheet.

balanza   Balance, scale.
— **comercial,** trade balance.
— **de pagos,** balance of payments.

balazo   Shot, bullet wound.

baldío   Uncultivated land, open land, waste land.

balística forense   Ballistics.

balota   Ballot.

banca   Banking, banking house.
— **central,** central banking.
— **de sucursales,** bank with branches.

bancable   Bankable, negotiable, capable of doing business with a bank.

bancario   Pertaining to or related to a bank.

bancarrota   Bankruptcy.

banco   Bank.
— **capitalizador,** bank for capitalization of savings.
— **comercial,** commercial bank.
— **cuenta de,** bank account.
— **de ahorros,** savings bank.
— **de crédito inmobiliario,** mortgage loan bank.
— **de emisión,** issuing bank.
— **de liquidación,** clearing house.
— **de inversiones,** investment bank.
— **de los acusados,** prisoner's dock.
— **estatal,** national bank.

— **fiduciario,** trust company.

— **hipotecario,** mortgage company.

Banco   Bank

— **de Reserva Federal,** Federal Reserve Bank.

— **Mundial,** World Bank.

banda   Group, gang, border, band.

bandera   Flag.

bandidaje   Banditry.

bandido   Bandit, robber, outlaw.

bandolerismo   Racketeering, robbery.

bandolero   Bandit, racketeer.

banquillo   Stool, seat, chair.

— **de los acusados,** defendant's dock.

— **de los testigos,** witness stand.

baratear   To sell cheap, to cut the price of.

baratería   Barratry.

barbaridad   Cruelty, brutality, atrocity.

barbitúricos   Barbituric drugs.

barragana   Concubine.

barraganería   Concubinage.

barrio   District, neighborhood, quarter.

bártulos   Household goods, implements, tools, chattel.

base   Base, basis, term, condition, foundation, basic.

— **constitutiva,** incorporation charter.

— **de costo,** cost basis.

— **de cotización,** rate of contribution.

— **de efectivo,** cash basis.

— **de la acción,** theory of the action.

— **gravable,** tax base.

— **imponible,** tax base.

bastardear   To falsify, alter, forge, misrepresent.

bastardo   Bastard, illegitimate child.

bebidas alcohólicas   Alcoholic beverages.

beca   Scholarship, fellowship, grant.

becario   Scholar, fellow, holder of a scholarship.

beligerante   Belligerent, combative, hostile, quarrelsome.

beligerancia   Belligerency.

bellaquear   To cheat, play tricks.

beneficencia   Welfare office, social service, relief, welfare, public assistance.

beneficiado   Beneficiary.

beneficiar   To benefit, develop, exploit, sell commercial paper at a discount.

beneficiario   Beneficiary, payee.

— **condicional,** contingent beneficiary.

— **en expectativa,** expectant beneficiary.

beneficio   Benefit, benefit payment, gain, profit, equity.
— **bruto,** gross profit.
— **de la duda,** benefit of the doubt.
— **de excarcelación,** right to be released on bail.
— **de excusión,** right of surety to compel creditor to exhaust remedies against principal debtor before having recourse against surety.
— **impositivo,** taxable profit.
— **justo,** fair return.
— **líquido,** net profit.
— **por muerte,** death benefit.
— **tributable,** taxable gain or profit.

beneficios   Profits, gains, benefits.
— **acumulados,** earned surplus, undivided profits.
— **de indemnización,** indemnity benefits.
— **extraordinarios,** excess profits.
— **por incapacidad,** disability benefits.
— **sin repartir,** undivided profits.
— **tributarios,** taxable profits.

benemérito   Worthy, notable.

beodo   Drunk, drunkard, intoxicated.

bestialidad   Sodomy.

biblioteca   Library.

bibliotecario   Librarian.

bicameral   Bicameral.

bien de familia   Homestead.

bienes   Assets, effects, estate, goods, property.
— **accesorios,** fixtures, property fixed to the land.
— **adventicios,** property not acquired by inheritance.
— **de capital,** capital assets, capital goods, investments.
— **de dominio privado,** private property.
— **de dominio público,** public property.
— **de sucesión,** estate of the decedent.
— **disponibles en manos de albacea,** disposable assets in the hands of the executor.
— **dotales,** dowry.
— **duraderos,** durable goods.
— **equitativos,** equitable assets.
— **forales,** leasehold estate.
— **hereditarios,** decedent's estate assets.
— **hipotecados,** mortgaged property.
— **incorpóreos,** intangible assets.
— **inmuebles,** real estate.
— **litigiosos,** property, to which title is in dispute.
— **mobiliarios,** movable assets, personal property.
— **mostrencos,** abandoned property.
— **muebles,** chattel, personal property.
— **por heredar,** hereditament.
— **privativos,** separate property of a spouse.
— **reales,** real estate.
— **reservables,** property legally held for another.
— **semovientes,** livestock.
— **sociales,** corporate property.

— **vinculados,** entailed property.
— **y servicios,** goods and
    services.

bienestar   Welfare.
— **público,** public welfare.
— **social,** social welfare.

bienhechor   Benefactor.

bienquerencia   Goodwill.

bifurcar   To divide, fork, branch
off, bifurcate.

bigamia   Bigamy.

bígamo   Bigamist.

bilateral   Bilateral.

bilingüe   Bilingual.

birlar   To snatch away, steal.

blasfemia   Blasphemy.

bloquear   To blockade, block.

bloqueo   Blockade.

bodega   Warehouse, hold, cellar,
storeroom.

boicot, boicoteo   Boycott.
— **secundario,** secondary
    boycott.

boleta   Ticket, certificate, pass, pay
order, draft.
— **de citación,** judicial
    notification.
— **de depósito,** deposit slip.

boletín   Bulletin, ticket, warrant,
voucher.
— **judicial,** law journal.

boleto   Ticket, ballot, bill.
— **de carga,** bill of lading.
— **de compraventa,** bill of sale.

Bolsa   Stock exchange.

bombero   Fireman, pump man.

bonificación   Bonus, discount,
allowance.
— **tributaria,** tax rebate.

bono   Bond, bonus, evidence of
indebtedness.
— **asumido,** bond assumed by
    another.
— **colateral,** collateral bond.
— **comercial,** bond backed by
    commercial paper.
— **de ahorro,** savings bond.
— **de fundador,** promoter bond.
— **de opción,** bond with an
    option to subscribe to stock.
— **de prenda,** collateral trust
    bond.
— **de primera hipoteca,** bond
    secured by a first mortgage.
— **de rendimiento,** income
    bond.
— **de tesorería,** treasury bill,
    government bond.
— **hipotecario,** mortgage bond.
— **inmobiliario,** bond secured by
    real estate.
— **participante,** bond that
    participates in the profits as
    well as to the fixed interest.
— **retirable,** callable bond.
— **sobre equipo,** bond with
    equipment as security.

borrachin   Drinker, tipper,
drunkard.

borracho   Drunkard, drunk.

borrador   Draft.

borrar   To erase, blot out, delete,
expunge.

bosquejo   Sketch, plan, outline, rough
draft.

boticario   Druggist.

botín   Booty, plunder.

bracero   Laborer.

brecha   Breach, gap.

breve   Brief, short.

brutal   Brutal, beastly, savage.

buen   Good.
— **comportamiento,** good
behavior.
— **nombre,** good name, good
reputation, goodwill.

buena   Good.
— **conducta,** good conduct, good
behavior.
— **fama,** good name, reputation,
or fame.
— **fe,** good faith.
— **paga,** good payer, good credit.

bufete   Lawyer's office.

bullicio   Noise, uproar.

bullicioso   Boisterous, noisy,
turbulent.

burdel   House of prostitution.

burlar   To mock, ridicule, deceive,
mock, make fun of.

burocracia   Bureaucracy.

Buró Federal de Investigación
Federal Bureau of Investigation.

buscona   Procurer.

búsqueda   Search.

buzón   Mailbox, letter drop.
— **nocturno,** night depository.

C

cabal Complete, entire, exact, whole.
— **de juicio,** of sound mind.

cábala Conspiracy.

caballero Gentleman, knight, horseman.

cabecera Head, seat, chief city.
— **de la ciudad,** city hall.
— **de condado,** county seat.
— **del estado,** state capitol.

cabecero Heading.

caber recurso To have a right to appeal.

cabeza Head, seat of a local government.
— **de casa,** head of household.
— **de familia,** head of household.

cabezalero Executor of a will.

cabildante Member of the council.

cabildear To lobby.

cabildo Municipal council, council room, city hall, meeting.

cabotaje Coastal trade, costal traffic.

cacique Chief, political boss, tyrant.

caciquismo Bossism.

caco Thief, pickpocket.

cadáver Corpse.

cadavérico Deadly, ghastly, pale.

cadena Chain.
— **de título,** chain of title.
— **perpetua,** life sentence, life imprisonment.

caducable Subject to forfeiture, lapse, or extinction.

caducar To expire, lapse, be forfeited, become extinct.

caducidad Expiration, lapse, forfeiture, loss of a right as a result of a default.
— **de la fianza,** forfeiture of the bond.
— **de la instancia,** lapsing of a legal action.

caer To fall, fail.
— **en comiso,** to be forfeited.
— **en desuso,** fall in abeyance.
— **en mora,** become delinquent, default.

caída Fall or drop, descent.
— **de una empresa,** failure of a business.

caja Box, cash, safe, fund, cashier's office.
— **de ahorros,** savings bank.
— **de amortización,** sinking fund.
— **de compensación,** pension fund, equalization fund.
— **de crédito agrario,** farm loan bank.
— **de crédito hipotecario,** mortgage credit office.
— **de seguridad,** safe deposit box.
— **fuerte,** safe.

— **mutua de ahorros,** mutual savings bank.

cajero   Cashier.

calabozo   Dungeon, prison cell, jail.

calcar   To trace, copy, imitate.

calcinar   To char.

calcular   To calculate, figure, estimate.

calendario   Calendar, schedule, agenda.
— **de la corte,** court calendar.
— **judicial,** court calendar.

calidad   Quality, class, grade.

calificación   Qualification, judgment, opinion.
— **de delito,** indictment.

calificar   To qualify, judge, classify, certify.

caligrafía   Handwriting, penmanship.

calígrafo perito   Handwriting expert.

calumnia   Calumny, defamation, slander.

calumniador   Slanderer.

calumniar   To defame, slander, accuse falsely.

calumnioso   Defamatory, slanderous, false.

cámara   Room, chamber, legislative body.
— **alta,** upper house, senate.

— **arbitral,** arbitration board.
— **de representantes,** house of representatives.
— **de senadores,** senate.
— **del juez,** judge's chambers.
— **letal,** death chamber.

camarilla   Small group of politicians, lobby.

camarista   Council member.

cambiar   To change, exchange, negotiate.

cambio   Change, exchange, pertaining to exchange.
— **a corto plazo,** exchange for a short term.
— **a la par comercial,** commercial change at par.
— **a la vista,** exchange on sight.
— **de moneda,** money exchange.
— **dirigido,** controlled exchange.
— **exterior,** foreign exchange.
— **libre,** free market exchange.

cambista   Trader in money, exchange broker.

camión   Truck, bus.
— **de carga,** freight truck.
— **de pasajeros,** passenger bus.

cancelable   Voidable.

cancelar   To cancel, annul, discharge, expunge.

canciller   Chancellor, minister of foreign affairs.

cancillería   Ministry of foreign affairs.

canje   Change, exchange, interchange.

canjeable   Exchangeable, convertible, changeable.

canjear   To change, exchange, convert.

canon   Canon, precept, rule, principle, rule of law.

capacidad   Capacity, ability, competency.
- **civil,** legal capacity, capacity to enter into a contract.
- **contractual,** capacity to contract.
- **crediticia,** creditworthiness, ability to pay.
- **de actuar,** capacity to sue or be sued.
- **de giro,** authority to draw on an account.
- **financiera,** financial standing, credit rating.
- **plena,** full capacity, full authority.

capacitar   To empower, delegate, commission, qualify.

capaz   Able, capable, competent.

capital   Capital, principal, funds.
- **autorizado,** authorized capital.
- **aventurado,** venture capital.
- **circulante,** circulating capital.
- **comanditario,** silent partner's capital.
- **cubierto,** paid up capital.
- **de explotación,** working capital.
- **de obligaciones,** borrowed capital, debentures.
- **declarado,** declared capital.
- **desembolsado,** paid-up capital.
- **en giro,** operating capital.

- **efectivo,** paid in capital.
- **flotante,** floating capital.
- **inicial,** original capital.
- **invertido,** invested capital.
- **neto,** net worth.
- **nominal,** registered capital.
- **social,** social capital.

capitalizar   To capitalize, convert, invest.

capitulaciones matrimoniales
Prenuptial agreement, marital agreement.

capitular   To capitulate, surrender, impeach, file charges, reach an agreement.

capitulero   Lobbyist, politician.

capítulo   Chapter, title, count, item.

capturista de datos   Data processor.

captura   Capture, seizure, arrest.

capturar   To capture, seize, arrest.

carabina   Carbine, rifle.

cárcel   Jail, detention center.
- **de la ciudad,** city jail.
- **del condado,** county jail.

carear   To face, confront, check, bring face to face.

carecer   To lack, be in need of.

careo   Confrontation.
- **de testigos,** court ordered confrontation of witnesses.

carga   Burden, charge, duty, encumbrance, freight impost, load.
- **de la herencia,** inheritance tax.

— **de la prueba,** burden of proof.

— **impositiva** o **tributaria,** tax burden.

cargas personales Litigation expenses.

cargo Accusation, charge, commission, duty, office, burden.
— **consolidado,** omnibus count.
— **de confianza,** position of trust.
— **fiduciario,** trusteeship, fiduciary duty.

caridad Charity, alms.

carnal Carnal.

carnet Identification card.
— **de conducir,** driver's license.

carretaje Cartage.

carta Letter, chart, map, charter.
— **blanca,** carte blanche, full power.
— **certificada,** certified letter.
— **circular,** circular.
— **constitutiva,** corporation charter.
— **de administración,** letters of administration.
— **de autorización,** letter of authorization.
— **de citación,** summons, citation.
— **de compromiso,** letter of undertaking.
— **de confirmación,** confirming letter.
— **de crédito,** letter of credit, bill of credit.
— **de crédito confirmado,** letter of confirmed credit.
— **de derechos,** bill of rights.

— **de embarque,** bill of lading.
— **de transmisión,** cover letter, letter of transmittal.
— **de tutoría,** letters of guardianship.
— **poder,** proxy, power of attorney.
— **rogatoria,** letters rogatory.
— **testamentaria,** letters testamentary.

cartel Poster, bulletin, handbill, cartel.

carteo Exchange of letters, correspondence.

cartera Briefcase, portfolio, cabinet post, wallet.

carterista Pickpocket.

cartular Of record.

cartulario Notary.

casa
— **bancaria,** banking house, bank.
— **cambiaria,** money exchange firm.
— **de bolsa,** brokerage firm.
— **de depósito,** warehouse, storage place.
— **de empeño,** pawnshop.
— **de liquidaciones,** clearing house.
— **de moneda,** mint.
— **de vecindad,** tenement.
— **matriz,** parent company.

casación Repeal, abrogation, cessation, annulment.

casamiento Marriage, matrimony.
— **consensual,** consensual marriage.

— **por mero acuerdo y cohabitación,** common law marriage.

casar   To annul.

casarse   To marry.

caso   Case, question, matter, point.
— **fortuito,** Act of God.
— **omiso,** omission to act.
— **perdido,** hopeless case.

castigable   Punishable, liable to punishment.

castigar   To punish, fine, charge, chastise.

castigo   Punishment, fine, correction.
— **corporal,** corporal punishment.
— **cruel y desacostumbrado,** cruel and unusual punishment.

casual   Incidental, occasional.

casualidad   Casualty.

catastral   Having to do with real estate.

catastro   Real estate recording office.

catástrofe   Catastrophe, mishap.

catear   To explore, search, look around.

cateo   Search of a house with a lawful warrant.

caución   Bail, bail bond, guarantee, pledge, surety, security, warning.
— **de arraigo,** bond for court costs.

— **de fidelidad,** fidelity bond. Insurance against employee dishonesty.
— **de indemnidad,** indemnity bond.

caucionable   Bailable.

caucionar   To bond, pledge, guarantee, bail.

caudal   Wealth, estate, capital.
— **hereditario,** decedent estate.
— **relicto,** decedent's estate.
— **social,** partnership assets.

causa   Lawsuit, case, cause.
— **adecuada,** adequate consideration.
— **civil,** civil case.
— **concurrente,** concurrent consideration.
— **criminal,** criminal prosecution.
— **de acción,** cause of action.
— **de divorcio,** divorce, dissolution action.
— **de insolvencia,** bankruptcy proceedings.
— **directa,** direct cause.
— **eficiente,** sufficient cause.
— **enjuiciada,** case on trial.
— **equitativa,** proceeding in equity.
— **inadecuada,** inadequate consideration.
— **indirecta,** remote cause.
— **inmediata,** proximate cause.
— **justificada,** just cause.
— **onerosa,** valuable consideration.
— **pasada,** past consideration.
— **razonable,** fair consideration.
— **sobreviniente,** supervening cause.

causahabiente   Assign, successor.

causal   Cause, reason, ground.
— **de recusación,** grounds for challenge.

causante   Originator.

causar   To cause, occasion, sue.
— **impuesto,** be subject to a tax.
— **intereses,** bear interest.

cautelar   To guard against, safeguard.

cedente   Constituent, conveyor, transferor, endorser, grantor.

ceder   To assign.

cedible   Transferable, assignable, waiverable.

cedido   Transferee, assignee.

cédula   Certificate, official document.
— **de aduana,** customhouse license.
— **de capitalización,** certificate issued by a capitalization bank.
— **de citación,** subpoena, summons.
— **de empadronamiento,** registration.
— **de privilegio de invención,** patent certificate.
— **de subscripción,** subscription warrant.
— **inmobiliaria,** real estate bond, mortgage certificate.
— **personal,** personal identification card.

cédulas de inversión   Investment securities.

cedular   To register, enlist, enroll.

celebrar   To celebrate, formalize, execute, carry out.
— **actos,** take action.
— **un acuerdo,** to make an agreement.
— **una audiencia,** to hold a hearing.

censo   Census, leasehold.
— **consignativo,** ground rent.
— **consignativo,** annuity contract.
— **de bienes,** inventory.
— **de contribuyentes,** taxpayer's roll.
— **de por vida,** life annuity.
— **electoral,** voter's list.
— **vitalicio,** life annuity.

censual   Pertaining to annuity, rent, lease.

censualista   Annuitant, lessor.

censuario   Annuitant.

cercanía   Surroundings.

cercar   To fence, enclose, surround, besiege.

cerciorar   To assure, affirm, ascertain, find out.

ceremonia   Ceremony.

certidumbre   Certainty.

certificación   Certification, registration.
— **y aviso de recepción,** certification with receipt requested.

certificado Certificate, warrant, attestation.
— **catastral,** certificate of real property.
— **de acciones,** stock certificate.
— **de adeudo,** certificate of indebtedness.
— **de avalúo,** certificate of appraisal.
— **de averías,** certificate of the damage appraisal.
— **de cambio,** certificate of exchange.
— **de constitución,** incorporation certificate.
— **de depósito,** certificate of deposit.
— **de incorporación,** corporation charter.
— **de necesidad,** certificate of convenience.
— **de propiedad,** certificate of ownership.
— **del tesoro,** treasury bill.
— **para reintegro,** debenture.
— **prenupcial,** pre-nuptial medical examination.

certificar To certify, acknowledge, attest, warrant.

cesación Cessation, discontinuance.
— **del procedimiento,** discontinuance of the proceedings.

cesar To cease, stop, quit.

cesible Transferable.

cesión Assignment, conveyance, cession, transfer, grant.
— **contractual de bienes,** voluntary assignment.
— **de bienes,** assignment of property.

— **de crédito,** assignment of a claim.
— **de derechos,** assignment of rights.
— **libre,** absolute conveyance.

cesionario Assignee, transferee, grantee.

cesionista Assignor, grantor, transferor.

cibernética Cybernetics, computer science.

cierre Lock, clasp, closing, locking, method of closing.
— **patronal,** employer lockout.

circuito judicial Judicial circuit.

circunstancia Circumstance.
— **agravante,** aggravating circumstance.
— **atenuante,** extenuating circumstance.
— **eximente,** exculpatory circumstance.

circumstancial Circumstantial, indirect.

circunstantes Bystanders.

cita Appointment, engagement, citation, summons.

citación Citation, call, summons, subpoena, notice of hearing, quotation.
— **a comparecer,** summons, subpoena, order to appear.
— **a juicio,** notice to appear for trial.
— **a licitadores,** notice or invitation to bidders.
— **de remate,** notice of public sale.

— **judicial,** subpoena.

— **para sentencia,** notice for sentencing.

— **por edicto,** notice by publication.

citar   To make an appointment, cite, give notice, summon.

citatoria   Summons.

ciudadanía   Citizenship.

ciudadano   Citizen.

cívico   Civic.

civil   Civil.

civilista   Civil practitioner.

clasificación de gravámenes
Marshaling liens.

clasificar   To classify, rate.
— **bienes,** to classify, marshal in assets.

cláusula   Article.
— **de arbitraje forzoso,** compulsory arbitration clause.
— **de escape,** escape clause.
— **de salvedad,** savings clause.
— **penal,** penalty clause.

clausura de sesiones   Adjournment.

clave   Key, code, keystone.

clemencia   Clemency, mercy.

cleptomanía   Kleptomania.

cleptómano   Kleptomaniac.

cliente   Client.

coacción   Coaction, coercion, duress, undue influence, compulsion.

coaccionar   To coerce.

coacreedor   Joint creditor.

coacusado   Co-defendant.

coadministrador   Joint administrator.

coafianzamiento   Co-bondsman.

coalbacéa   Coexecutor (trix).

coalición   Coalition.

coasegurador   Co-insurer.

cofiador   Co-guarantor.

cofiduciario   Co-trustee.

coartada   Alibi.

cobrable   Collectable.

cobarde   Coward, timid, weak, cowardly.

cobertura   Cover, covering, coverage.

cobrador   Collector, payee.

cobranza   Collection.

cobrar   To collect, charge, cash, recover, demand.

cocesionario   Joint assignee.

codelincuente   Accomplice, accessory.

codemandado   Co-defendant.

codeudor   Joint debtor.

códice   Code.

codicilio   Codicil.

codicilo   Codicil.

codificador   Classifier, digest.

código   Code of laws.
— **civil,** civil code.
— **de comercio,** commercial code.
— **de construcciones,** building code.
— **de ética profesional,** business professional code.
— **de procedimiento procesal civil,** code of civil procedure.
— **de procedimiento procesal penal,** code of criminal procedure.
— **de pruebas,** evidence code.
— **del trabajo,** labor code.
— **de tránsito,** vehicle code.
— **fiscal,** internal revenue code.
— **constitucional,** constitutional law.
— **marítimo,** maritime law, admiralty law.
— **penal,** penal code.

Código
— **de los Estados Unidos,** United States Code.
— **de Justiniano,** Justinian Code.
— **judicial,** Judicial Code.
— **laboral,** Labor Code.
— **Napoleónico,** Code Napoleon.
— **penal,** Penal Code.

coerción   Coercion, restraint.

coercitivo   Coercive, restraining.

cofradía   Brotherhood.

cognición   Cognizance, awareness, recognition, acknowledgment.
— **judicial,** judicial knowledge.
— **limitada,** limited jurisdiction.

cohabitación   Cohabitation.

cohechar   To bribe, suborn.

cohecho   Bribery.

coheredero   Joint heir.

cohibir   To restrain, repress, inhibit.

coincidencia de voluntades
Meeting of the minds.

coinquilino   Cotenant.

cointeresado   Interested jointly.

coito   Coitus, carnal knowledge.

colación   Collation.

coleccionable   Collectable.

colateral   Collateral.

colección   Collection.

colecta   Collection.

colectiva e individualmente   Joint and several.

colectivo   Collective.

colector   Collector.

colecturía   Collector's office.

colega   Colleague.

colegatario   Joint legatee.

colegiatura   Tuition, scholarship, college fellowship.

colegio   College, academy, professional association.
— **de abogados,** bar association.

coligación   Alliance, association, combination.

colindante   Adjoining.

colindar   To border (on).

colisión   Collision, conflict, clash
— **de derechos,** conflict of rights.

colonia   Colony, city district.

coloquio   Conversation.

coludir   To conspire.

colusión   Collusion.

colusorio   Collusive, fraudulent.

comandancia   Headquarters of the commander.

comandante   Commandant, commander.

comandita   Silent partnership, limited partnership.
— **por acciones,** joint stock company.
— **simple,** limited partnership.

comanditado   Active partner.

combinación   Cartel.

combinar   To merge.

comentar   To comment.

comerciable   Merchantable.

comercializar   To commercialize.

comerciante   Merchant.

comercio   Commerce.
— **de comisión,** business on commission.
— **de ultramar,** overseas trade.
— **interestatal,** interstate commerce.

cometer   To commit, entrust, charge, perpetrate.
— **un crimen,** to commit a crime.

comicios generales   General election.

comicios primarios   Primary election.

comisario   Deputy, delegate, manager, police official, commissioner.

comisión   Commission, committee, mandate, assignment, perpetration.
— **asesora,** consulting board.
— **de cobro,** commission, fee.
— **de confianza,** trust, commission of a trustee, commission of entrustment.
— **de encuesta,** fact finding board.
— **de divisas,** exchange control board.
— **de higiene,** health board.
— **de servicio público,** public utilities commission.
— **de un delito,** commission of a crime.

Comisión   Commission.
— **Arancelaria o de Derechos Aduaneros,** Tariff Commission.
— **de Comercio Interestatal,** Interstate Commerce Commission.

— **de Fomento Interamericano,**
Inter-American Development
Commission.

— **de la Reserva Federal,**
Federal Reserve Board.

— **de Valores y Bolsas,**
Securities and Exchange
Commission.

— **Federal de Comunicación,**
Federal Communications
Commission.

comisionado   Commissioner.

comisionar   To commission,
empower, delegate.

comisionista   Merchant.

comiso   Confiscation, seizure,
attachment, forfeit.

comité   Committee, commission.
— **administrador,** executive
committee.
— **consultivo,** advisory
committee.
— **de agravios,** grievance
committee.
— **de fiduciarios,** Board of
Trustees.

comitente   Constituent.

comodante   Lender, gratuitous
bailor.

comodatario   Borrower.

comodato   Commodatum.

compañero de trabajo   Fellow
worker.

compañía   Company, corporation,
partnership, association.

— **anónima,** stock company,
corporation.
— **asociada,** associated
company.
— **cerrada,** closed corporation.
— **colectiva,** partnership.
— **controladora,** holding
company.
— **de avales,** bonding company.
— **de fideicomiso,** trust
company.
— **de responsabilidad limitada,**
limited liability company.
— **de seguros mutuales,** mutual
insurance company.
— **de utilidad pública,** public
utility company.
— **dominatriz,** parent company.
— **en nombre colectivo,** general
partnership.
— **fiadora,** bonding company.
— **matriz,** parent company.
— **mutualista de inversión,**
mutual investment company.
— **tenedora,** holding company.
— **terrateniente,** real estate
company.

comparecencia   Appearance.
— **especial,** special appearance.
— **general,** general appearance.

comparecer   To appear.

compareciente   One who makes an
appearance.

comparendo   Summons, subpoena.

comparte   Co-party, co-litigant.

compeler   To compel, constrain.

compendio   Compendium

compensación Compensation, pay, balancing, offset, relief.
— **a trabajadores,** workers' compensation.
— **por desempleo,** unemployment compensation.
— **por accidente de trabajo,** worker's compensation.

compensatorio Compensatory.

competencia Competence, jurisdiction, fitness, capacity, competency, cognisance, venue, competition.
— **desleal,** unfair competition.
— **eventual,** special jurisdiction.
— **exclusiva,** exclusive jurisdiction.
— **material,** subject matter jurisdiction.
— **necesaria,** general jurisdiction.
— **principal,** general jurisdiction.

competente Competent.

competer To concern.

compilador Compiler, reporter.

cómplice Accomplice, accessory, abettor.
— **encubridor,** accessory after the fact.
— **instigador,** accessory before the fact.

complot Conspiracy.
— **para represión de comercio,** conspiracy in restraint of trade.

componedor Arbitrator, referee, conciliator.

componenda Adjustment, compromise, agreement.

componer To mediate, arbitrate.

composición Settlement.
— **procesal,** out of court settlement.

compostura Repair, settlement, adjustment, compromise.

compra Purchase.

comprador Buyer, purchaser, vendee.
— **de buena fe,** good faith purchaser.
— **de chueco,** fence.
— **inocente,** innocent purchaser.

compra venta Buy-sell, purchase-sale, sales contract.

comprobación Check, proof, verification, voucher.

comprobante Proof, evidence, voucher, certificate, proving, verifying.

comprometedor Compromising, incriminating endangering.

comprometerse To become engaged, promise, bind oneself, to become liable.

compromiso Commitment, obligation, compromise, engagement, undertaking, appointment, appropriation, arbitration.
— **arbitral,** arbitration agreement, arbitration award.
— **eventual,** contingent liability.

comprometientes Parties to an arbitration.

compulsar   To make an official copy, check, audit, compare.

compulsión   Compulsion, duress.

compulsivo   Compulsive, compelling, coercive.

compulsorio   Compulsory.

compurgador   Witness.

comunero   Joint owner.

comunicación privilegiada Privileged communication.

comunicado   Official announcement, official notice.

comunicar   To communicate, inform, announce, inform.

comunidad   Community, commonwealth, society, corporation, association, joint ownership.
— **de bienes,** community property.
— **de interés,** joint interest.

comuníquese   Let it be known, know all men.

comunismo   Communism.

conato   Attempt, effort, assault.

concedente   Licensor, grantor.

conceder   To concede, allow, grant, permit, admit.
— **crédito,** to extend credit.
— **plazo,** to allow terms.
— **un préstamo,** to make a loan.

concentración   Concentration, consolidation, recapitulation, combination.

— **de empresas,** consolidation, business merger.
— **horizontal,** horizontal combination.
— **vertical,** vertical combination.

concertar   To arrange, conclude, settle, adjust, plan, agree.

concesible   Grantable.

concesión   Concession, privilege, franchise, grant, acknowledgment.
— **social,** corporate franchise.

concesionario   Concessionaire.

concesivo   Capable of being granted.

conciencia limpia   Clean hands.

concierto de voluntades   Meeting of the minds.

conciliación   Conciliation, settlement.

conciliador   Conciliator, mediator.

conclusión   Conclusion, closure, close, legal finding.
— **definitiva,** final decision, judgment.
— **previsora,** interlocutory decision.

conclusivo   Concluding, final.

concluyente   Conclusive, determining, concluding.

concordancia   Conformity, agreement.

concordar   To agree, be in accord, be in agreement.

concubina   Concubine.

conculcar   To infringe, violate.

concurrencia   Concurrence, attendance, competition.
— **de acción,** joinder of actions.
— **de normas,** concurrence of legal principles.
— **desleal,** unfair competition.
— **concurrir,** to attend, meet, compete, concur.

concursado   Bankrupt.

concursal   Bankruptcy.

concursante   Bidder, competitor.

concursar   To compete, declare bankruptcy.

concurso   Competition, competitive bidding, meeting, conference, proceedings.
— **civil,** personal bankruptcy proceedings.
— **comercial,** commercial bankruptcy proceedings.
— **de acreedores,** insolvency proceedings.
— **de derechos,** conflict of rights, conflict of laws.
— **necesario,** involuntary bankruptcy.
— **voluntario o preventivo,** voluntary bankruptcy.

condado   County.

condena   Sentence, penalty, prison term.
— **con reserva,** judgment with reservation of rights to the defendant.
— **condicional,** deferred sentence, suspended sentence.

— **de futuro,** judgment with stay of execution.
— **judicial,** judgment of conviction.
— **perpetua o vitalicia,** life sentence.

condenación   Condemnation, conviction, judgment, sentence.

condenado   Convicted, condemned, sentenced, convict.

condenar   To convict, condemn, sentence.

condición   Condition, state, stipulation, proviso.
— **callada,** implied condition.
— **concurrente,** concurrent condition.
— **de derecho,** arising by the operation of law.
— **de hecho,** express condition.
— **dependiente,** dependent condition.
— **expresa,** express condition.
— **implícita,** implied condition.
— **independiente,** independent condition.
— **mutua,** mutual condition.
— **negativa,** restrictive condition.
— **potestativa,** optional condition.
— **precedente o previa,** condition precedent.
— **subsecuente,** condition subsequent.
— **tácita,** implied condition.

condicional   Conditional, contingent.

condicionar   To impose conditions, qualify, put in condition.

condominio   Condominium.

condonar   To condone, remit, pardon.

conducente   Pertinent, relevant, conclusive.

conducta indebida   Misconduct.

codueño   Joint owner.

conexidades   Incidental rights.

confabulación   Conspiracy, collusion, plotting.

confederación   Association, federation.
— **de sindicatos,** labor federation.
— **patronal,** employer's association.

conferencia   Conference, consultation, interview, lecture, assembly.

conferir   To confer, consult, concede, award, bestow.
— **poderes,** to empower.

confesar   To confess, voluntarily admit.

confesión   Confession, admission.
— **en juicio,** admission during a deposition.
— **en pleno tribunal,** admission during trial.
— **espontánea,** spontaneous admission.
— **expresa,** express admission.
— **extrajudicial,** out of court admission.
— **implícita o tácita,** implied admission.

— **involuntaria o provocada,** involuntary confession.
— **judicial,** deposition.
— **y anulación,** plea in confession and avoidance.

confesional   Confessional.

confeso   One who confesses or acknowledges.

confiable   Trustworthy, reliable.

confiar   To entrust, commit, confide, hope.

confidencial   Confidential.

confinado   Prisoner.

confinamiento   Confinement.

confinar   To limit, confine, exile to a specific place, deprive a person of his liberty.

confirmación   Confirmation.

confirmar   To confirm, ratify, corroborate, acknowledge, approve.

confirmatorio   Confirming, affirming, upholding.

confiscable   Subject to confiscation.

confiscación   Confiscation, condemnation, seizure, expropriation.

conflictos sociales   Labor/work disputes.

conformar   To conform, adopt, adjust, comply, agree.

conformarse   To be satisfied, be in agreement.

conformidad   In agreement.

confrontar   To check, confront, compare.

confrontación   Confrontation.

confusión   Mingle, mixing.
— **de bienes,** commingling of assets.
— **de derechos,** merger of the rights.
— **de deudas,** merger of debts.

confutar   Refute, disprove, deny, rebut.

congresista   Member of a convention, congressman, congresswoman.

congreso   Congress.

conjetura   Conjecture, presumption, circumstantial evidence, guess, surmise.

conjunto   Conjunctive, whole, joint, joined.

conjura   Conspiracy.

conjurador   Conspirator.

conjurar   To conspire, plot, conjure, entreat.

conminación   Judicial admonition.

conminar   To threaten, admonish.

conmoción   Commotion.

conmutación de sentencia   Commutation of sentence.

conocedor   Expert, judge.

conocer   To know, become acquainted with, meet, consider.
— **de,** to take cognizance of.
— **de nuevo,** to try a case again.
— **un juicio,** to decide a case.
— **una causa,** to try a case.

conocible   Capable of being known, cognizable, triable.

conocimiento   Knowledge, notice, hearing, cognizance, voucher.
— **acumulativo,** concurrent jurisdiction.
— **de almacén,** warehouse receipt.
— **de carga o de embarque,** bill of lading
— **de causa,** knowledge of the basic facts.
— **de embarque marítimo,** ocean bill of lading.
— **judicial,** judicial notice.
— **personal,** personal knowledge.
— **y creencia,** knowledge and belief.

consanguinidad   Consanguinity.
— **collateral,** collateral consanguinity.
— **lineal,** lineal consanguinity.

consecuente   Consequent.

consejero   Counselor, attorney, board member, advisor.
— **legal,** legal counselor, advisor.

consejo   Commission, board, council.
— **administrativo,** board of directors.
— **consultivo,** consulting board, advisory council.
— **de conciliación,** conciliation board.

— **ejecutivo,** executive board.

— **y aprobación,** advice and consent.

Consejo de Seguridad Security Council.

consenciente Consenting, assenting.

consensual Consensual.

consentido Consent decree.

consentimiento Consent, assent, acquiescence.

— **expreso,** express consent.

— **implícito o tácito,** implied consent.

consentir To consent, admit, acquiesce, allow.

conservador Conservator, conservative, custodian, guardian.

considerado Considerate, thoughtful, prudent.

considerando Considering, whereas.

consignación Consignment, remittance, payment, deposit, assignment, appropriation.

— **en pago,** deposit or assignment in payment.

— **consignador** Consignor, assignor, depositor.

consignar To consign, assign deposit, hold for trial.

consignatario Consignee, assignee, trustee.

consiguiente Consequent, consequence.

consistente Consistent, firm, substantial.

consocio Partner, associate, member of a partnership.

consolidación Consolidation.

— **de acciones,** joinder of separate claims into one suit.

— **de compañías,** merger of two or more companies.

consolidar To consolidate, combine, merge, unite into one.

consorcio Consortium, syndicate, cartel.

— **bancario,** bank consortium.

consortes Co-litigants.

conspicuo Conspicuous.

conspiración Conspiracy.

conspirador Conspirator.

conspirar To conspire, plot, combine.

constancia Documentary proof, certainty, record, evidence.

— **escrita,** written evidence.

— **notarial,** notary's attestation.

constar To be evident, be recorded, show.

constatar To verify, substantiate, confirm.

conste por el presente documento Know all men by these presents.

constitución Constitution.

constitucional   Constitutional.

constituir   To constitute, establish, create, organize, fund, incorporate, set up.

constitutivo   Essential.

constituyente   Constituent.

consuetudinario   Customary, common, habitual.

consulta   Consultation, conference, inquiry, opinion.
— **y consentimiento,** advice and consent.

consultar   To consult, seek advice, consider, study.

consultivo   Advisory.

consultor jurídico   Legal advisor.

consultorio   Office, clinic.

consumación   Consummation, completion, termination.

contabilidad   Accounting.

contador   Accountant, cashier, teller, auditor.
— **autorizado,** certified public accountant.
— **judicial,** court appointed auditor.
— **partidor,** distribution auditor.
— **titulado,** certified public accountant.

contaduría   Accounting.

contención   Contention, dispute, lawsuit.

contencioso   Contested, in dispute.

contencioso-administrativo   Contested.

contender   To contest, litigate, dispute, argue, contend.

contestable   Returnable, answerable.

contestación   Answer, reply, dispute.

contestar   To answer, reply, contest.
— **demanda,** to answer a suit.
— **en juicio,** to defend a suit.

contexto   Context.

contienda   Contest, dispute, fight.

contingencia   Contingency, possibility, risk.

contingente   Contingent, accidental.

continuación   Continuance, continuation.

continuar   To continue.

contra   Against, opposite, counter, to oppose or defend.
— **el orden público,** against the public peace.
— **la preponderancia de la prueba,** against the weight of the evidence.

contra apelación   Counter appeal, cross appeal.

contrabandear   To smuggle.

contrabando   Contraband, smuggled goods, smuggling.

contrabandista   Smuggler.

contractual   Contractual.

contrademanda   Counterclaim, crossclaim.

contrademandar   To counterclaim, crossclaim.

contradenuncia   Counterclaim, counter accusation.

contradictorio   Contradictory, contrary, opposing.

contraendosar   To countersign.

contraer   To make a contract, to contract, to acquire.
— **deudas,** to incur debts.
— **matrimonio,** to marry.
— **obligaciones,** to incur obligations.

contraespía   Counterspy.

contraevidente   Against the evidence.

contrafianza   Indemnity bond, counter security, back bond.

contrafuero   Infringement, violation of law.

contrahecho   Forgery, false, counterfeit.

contrainterrogar   To cross examine.

contrainterrogatorio   Cross examination.

contraparte   Counterpart.

contrapetición   Counterclaim, cross motion.

contraorden   Countermand.

contraproposición   Counteroffer, counter proposal, counter motion.

contraprueba   Rebutting evidence, counter proof.

contraquerella   Cross action, cross bill, cross complaint.

contrariar   To oppose, to contradict.

contrario   Opponent, adversary.
— **a la prueba,** against the weight of the evidence.

contrarreclamación   Counterclaim, set off.

contrarreclamación Compensation, crossclaim.

contrarréplica   Rejoinder.

contrarrestar   To counteract, resist, oppose, offset.

contrasellar   To counter seal.

contrasentido   Contradiction.

contratable   Contractible, capable of being contracted.

contratante   Contracting party, covenantee, person making a covenant, covenantor.
— **comprador,** vendee, buyer.
— **vendedor,** vendor, seller.

contratar   To enter into a contract.

contratiempo   Mishap, accident, misadventure, misfortune.

contratista   Contractor, covenantor.

contrato   Contract, bargain, agreement.

— **a corretaje,** contract under which all work is subcontracted.

— **a costo mas honorario,** cost plus contract.

— **a precios unitarios,** a unit price contract.

— **a título gratuito,** gratuitous contract.

— **a título oneroso,** onerous contract.

— **aleatorio,** aleatory contract.

— **bilateral,** bilateral contract.

— **colectivo de trabajo,** labor agreement.

— **condicional,** conditional contract.

— **conjunto,** joint contract.

— **de abastecimiento,** supply contract.

— **de adhesión,** adhesion contract.

— **de aparcería,** sharecropping contract.

— **de arrendamiento,** lease agreement.

— **de asociación,** partnership agreement.

— **de compraventa,** buy/sell agreement.

— **de depósito,** bailment contract.

— **de empeño,** contract with property as collateral.

— **de fiducia,** trust agreement.

— **de locación,** lease agreement.

— **de palabra,** oral contract.

— **de prenda,** contract with collateral as a pledge.

— **de renta de retiro,** retirement income contract.

— **de renta vitalicia,** life annuity agreement.

— **de retrovendendo,** sale with an option to buy back.

— **de sociedad,** partnership agreement.

— **de venta condicional,** conditional sales contract.

— **divisible,** divisible or severable contract.

— **escrito,** written contract.

— **expreso,** express contract.

— **implícito,** implied contract.

— **indivisible,** indivisible contract.

— **leonino,** one-sided contract.

— **mutual,** mutual contract.

— **normativo,** standard form contract, boilerplate.

— **notariado,** notarized contract.

— **partible,** divisible contract.

— **pignoraticio,** contract of pledge.

— **sin causa,** contract without consideration.

— **social,** partnership contract, corporation.

— **solemne,** contract under seal.

— **unilateral,** unilateral contract.

— **verbal,** oral agreement.

contrato-ley   Union contract.

contravención   Infringement, violation, breach of contract, misdemeanor, contravention.

contravenir   To violate, infringe, transgress.

contrayente   Contracting party.

contribución   Tax, impost, contribution, assessment, quota.

— **de herencia,** estate tax.

— **de mejoras,** assessment for improvements.

— **fiscal,** government tax.

— **inmobiliaria,** real estate tax.
— **sobre ingresos,** income tax.
— **sobre la propiedad,** property tax.
— **sobre transmisión de bienes,** transfer tax.

contributario   Taxpayer.

contribuyente   Taxpayer.

controversia   Controversy, dispute.

controvertible   Contestable, disputable, controvertible.

controvertir   To controvert, dispute, contest.

contubernio   Cohabitation.

contumacia   Nonappearance, contempt of court, default.
— **en derecho consuetudinario,** law contempt.

contumaz   Person guilty of contempt of court.

convalidación   Confirmation, ratification, acquiescence.

convalidar   To confirm, ratify, acquiesce, validate.

convención   Convention, assembly, pact, agreement, contract.
— **constituyente,** constitutional convention.
— **de trabajo,** labor agreement.

convencional   Conventional, contractual, customary.

convenio   Agreement, accord, contract, covenant, deal, convention.

— **afirmativo,** affirmative covenant.
— **colectivo laboral,** collective bargaining agreement.
— **comercial,** commercial agreement.
— **de comercio recíproco,** reciprocal trade agreement.
— **de fideicomiso,** trust agreement.
— **de garantía,** covenant of warranty.
— **expreso,** express agreement.
— **implícito,** implied agreement.
— **maestro,** master agreement.
— **patrón,** master agreement.

convenir   To agree, convene, assemble, concur.

conversión   Refunding, conversion.

convertible   Convertible.

convicción   Conviction of a crime, certainty.

convicto   Convicted, guilty, convict.

convincente   Convincing.

convocación de acreedores
Convening meeting of creditors.

convocar   To call, to summon, to convene.
— **de nuevo,** to reconvene.
— **una sesión,** to call a meeting or session.

convocatoria   Summons, notice of a meeting, call.

conyugal   Conjugal, spousal.
— **sobreviviente,** surviving spouse.

cónyuge   Spouse.

conyugicida   Murderer of a spouse.

co-obligado   Joint obligor.

cooperativa   Cooperative, enterprise.
— **de consumo,** consumer's league or union.
— **de crédito,** credit union.

copar   To cover, monopolize.

copartícipe   Copartner.

copartícipes   Privies.

copia   Copy, transcript.
— **a la letra,** verbatim copy.
— **autenticada,** certified copy.
— **autorizada,** authorized copy, examined copy.
— **carbón,** carbon copy.
— **certificada,** certified copy.
— **en limpio,** fair copy.
— **fiel,** true copy.
— **legalizada,** certified copy.

coposesión   Co-tenancy.

copropiedad   Common ownership.

copropietario   Joint owner.

cópula   Carnal knowledge.

corporación   Corporation, company, guild.
— **afiliada,** affiliated company.
— **controlada,** controlled company.
— **de servicios públicos,** public service corporation.
— **filial,** subsidiary corporation.
— **municipal,** municipal corporation.

— **privada,** closed corporation.
— **pública,** public corporation.

corporal   Corporal, bodily.

corporativo   Corporate.

corpóreo   Corporeal.

correccional   Correctional, corrective.

corredor   Broker.

corregidor   Magistrate, mayor.

corren en autos   Are in the records.

correo   Mail, post office, mail service, accessory to a crime.
— **aéreo,** air mail.
— **certificado,** certified mail.

correspondencia   Correspondence, mail.

corretaje   Brokerage.

corroborar   To corroborate, confirm.

corroborativo   Corroborative, corroborating.

corromper   To corrupt, bribe, seduce.

corrompido   Corrupt, dishonest, crooked.

corrupción   Corruption, bribery, seduction.

corruptible   Corruptible, perishable, venal.

cortabolsas   Pickpocket.

corte   Court.
— **del almirantazgo,** admiralty court.
— **de apelación,** appeals court.
— **de distrito,** district court.
— **de equidad,** chancery.
— **de justicia,** justice court.
— **de registro,** court of record.
— **de sucesiones,** probate court.
— **en lo civil,** civil court.
— **municipal,** municipal court.
— **nocturna,** night court.
— **plena,** full court.
— **superior,** superior court.
— **suprema,** supreme court.

cortesía   Courtesy, grace period, extension of time for the payment of a debt.

cosa   Thing, chose.
— **de nadie,** property of no one.
— **en posesión,** chose in possession.
— **inmueble,** real property.
— **jurante,** res judicata.
— **litigiosa,** matter in dispute.
— **pública,** public property.

costear   To finance, meet the cost.

costo   Cost, expense.
— **de adquisición,** acquisition cost.
— **de desplazamiento,** replacement cost.
— **de inversión,** investment cost.
— **de la vida,** cost of living.
— **de reproducción,** replacement value.
— **inicial,** initial cost.
— **original,** original cost.
— **seguro, flete, desembarcado,** cost, insurance, freight landed.
— **seguro y flete,** cost, insurance and freight.

— **y riesgo própio,** own cost and risk.

costumbre   Custom, practice.
— **comercial,** commercial practice, trade custom.
— **de plaza,** trade custom.

cotejo   Comparison.
— **caligráfico,** handwriting comparison.

cotización   Contribution.

coyote   Speculator, broker, unscrupulous operator.

credenciales   Credentials.

credibilidad   Credibility.

crédito   Credit, loan, reputation, standing.
— **a sola firma,** unsecured loan.
— **comercial,** goodwill, commercial credit.
— **confirmado,** confirmed credit.
— **descubierto,** overdraft privilege.
— **en cuenta corriente,** checking account.
— **hipotecario,** credit secured by a mortgage.
— **libre,** open credit.
— **mobiliario,** chattel credit.
— **pignoraticio,** secured mortgage.
— **prendario,** credit on a chattel mortgage.
— **quirografario,** unsecured credit.
— **territorial,** credit secured by real estate.

créditos incobrables   Bad debts.

creíble   Credible, believable.

crimen   Crime.
— **capital,** capital case, death penalty case.
— **de guerra,** war crime.

criminal   Criminal.

criminalidad   Criminality.

criminología   Criminology.

crueldad mental   Mental cruelty.

cuatrero   Cattle thief.

cubiletear   To evade obligations, use trickery to accomplish a purpose.

cuenta   Account, bill, statement.
— **convenida,** stated account.
— **de crédito,** line of credit, loan account.
— **fiduciaria,** trust account.
— **particional,** partition account.

cuerpo   Body, corps.
— **consular,** consular staff.
— **de bienes,** total assets.
— **de la herencia,** amount of the estate, corpus.
— **de leyes,** body of laws.
— **del delito,** corpus delicti, body of the crime.
— **del derecho,** body of laws.
— **electoral,** electorate.
— **legislativo,** legislative body.
— **policiaco,** police force.

cuestión   Question, matter, affair, issue.
— **artificial,** feigned issue.
— **colateral,** collateral issue.
— **competencia,** conflict of venue.
— **de derecho,** issue in law, question of law.
— **de hecho,** question of fact.

— **de procedimiento,** point of order, question of procedure.
— **en disputa,** matter in dispute.
— **previa,** previous question.
— **substancial,** matter of substance, substantial issue.

cuestionar   To question, to debate, to interrogate.

cuestionario   Questionnaire.

cuidado   Care, caution, custody, charge.

culpa   Fault, guilt, blame.
— **lata,** gross negligence, failure of due care.
— **leve,** ordinary negligence.

culpabilidad   Culpability, guilt.

culpable   Culpable, tortious, guilty, blameworthy.

culpar   To blame, find guilty.

cumplidor   Reliable, trustworthy.

cumplimiento   Performance, fulfillment, completion
— **de la ley,** compliance with the law.
— **específico,** specific compliance, specific performance.
— **parcial,** part performance.
— **procesal,** compliance with the rules of procedure.

cumplir   To perform, comply, fulfill, discharge.
— **con las especificaciones,** to meet the specifications.
— **la sentencia,** to serve the sentence.

cumulativo   Cumulative.

cuota   Quota, share, contribution, charge, commission.
— **contributiva,** tax assessment.
— **de importación,** import fee.
— **de impuesto,** tax rate.
— **mortuoria,** death benefit.
— **viudal,** surviving spouse's benefit.

cupón   Coupon, dividend warrant.
— **de acción,** dividend coupon, fractional share.
— **de dividendo,** dividend coupon.

curador   Administrator, conservator, guardian, tutor, curator.
— **ad litem,** guardian ad litem.
— **de ausente,** representative for an absentee.
— **de herencia,** executor, administrator.
— **natural,** natural guardian.

curaduría   Guardianship, tutorship, tutelage.

curia   Bar, court.

curial   Attorney.

curso   Course, rate.
— **de cambio,** rate of exchange.
— **legal,** legal tender.
— **normal,** ordinary course.

custodia   Custody, custodianship.
— **legal,** legal custody.

custodial   Custodial.

CH

chantaje   Blackmail.

chantajear   To blackmail.

chantajista   Blackmailer.

cheque   Check.

chicana   Sophistry, deception, trickery, chicanery.

chicaneo   Practice of trickery or deception.

D

dacción   Payment, delivery.

dactilograma   Fingerprint.
— **latente,** latent fingerprint.
— **natural,** fingerprint.

dactilografía   Dactilography.

dactilónomo   Fingerprint apparatus.

dactiloscopia   Identification through the study of fingerprints.

dádiva   Gift, grant, donation.

dador   Donor, drawer, conveyor, grantor.
— **a la gruesa,** bottomry.
— **de préstamo,** lender.

daga   Dagger.

damnificar   To damage, injure, hurt.

dañado   Injured, aggrieved, damaged.

dañar   To injure, damage, harm, prejudice.

dañino   Harmful, injurious, destructive, damaging.

daño   Damage, harm, injury, loss.

daños   Damages.
— **anticipados,** prospective damages.
— **compensatorios,** compensatory damages.
— **condicionales,** contingent damages.
— **continuos,** continuing damages.
— **convencionales,** stipulated damages.
— **corporales,** personal injury.
— **cuantificables,** special damages.
— **directos o generales,** general damages.
— **efectivos,** actual damage.
— **ejemplares,** punitive damages.
— **especiales,** consequential damages.
— **especulativos,** speculative damages.
— **inmediatos,** proximate damages.
— **irreparables,** irreparable damages.
— **materiales,** property damages.
— **morales,** damages for pain and suffering.
— **nominales,** nominal damages.
— **pecuniarios,** monetary damages.
— **personales,** personal injury.
— **por incumplimiento de contrato,** damages due to breach of contract.
— **previsibles,** foreseeable damages.
— **punitivos,** punitive damages.
— **sobrevenidos,** losses incurred.
— **triplicados,** treble damages.
— **y perjuicios,** damages.

dañoso   Damaging, injurious, prejudicial, harmful.

dar   To give, confer, grant, convey.
— **a conocer,** to make known.
— **a la gruesa,** lend on bottomry.
— **a luz,** to publish.
— **audiencia,** to grant a hearing.

— **aviso,** to give notice.
— **con,** to encounter, to find.
— **conocimiento,** to serve notice.
— **consentimiento,** to give consent.
— **cuenta,** to report on, account for.
— **de baja,** to discharge, cancel, eliminate.
— **de comer,** to feed.
— **derecho a,** to entitle.
— **en,** to hit upon.
— **en prenda,** to give as a pledge.
— **entrada,** to admit.
— **fe,** to give faith, attest, witness, verify.
— **fianza,** to set bail.
— **parte,** to report, communicate, account.
— **poder,** to empower.
— **por recibido,** to acknowledge receipt.
— **por terminado,** to end.
— **prórroga,** to grant an extension of time.
— **razón,** to explain.
— **testimonio,** to attest.
— **una satisfacción,** to apologize

darse   To give one's self.
— **por citado,** to acknowledge receipt of summons.
— **por notificado,** to acknowledge receipt of notice.
— **por vencido,** to give up.

datar   To date, credit, enter, post, record.

dativo   Court-appointed, dative.

datos   Data, facts, particulars.

de   Of, for, concerning.

— **bene esse,** (Lat.) For present use, of temporary use, provisionally.
— **común acuerdo,** by mutual agreement.
— **costumbre,** customary, usual and customary.
— **derecho,** de jure, by law, at law.
— **facto,** in fact, in reality.
— **fuero,** de jure, by right of law.
— **gracia,** de gratia.
— **hecho,** in fact.
— **minimus,** of minimal concern.
— **oficio,** sua sponte.
— **una parte,** ex parte.

debatir   To debate, discuss, argue.

debenture   Debenture.

deber   Obligation, duty, debit, to owe.
— **legal,** legal obligation.

deberes   Obligations, duties, debts.

debida   Due, just.
— **deliberación,** due consideration, deliberation.
— **diligencia,** due diligence.
— **forma,** proper form.

debidamente juramentado   Duly sworn.

debido   Due, just, appropriate, proper.
— **aviso,** due notice.
— **procedimiento legal,** due process of law.
— **proceso legal,** due process of law.

debiente   Debtor.

débito   Debit, debt.

decapitar   To behead, decapitate.

deceso   Death.

decidir   To decide, determine, resolve.

decisión   Decision, resolution, verdict, judgment, finding.

declaración   Declaration, statement, deposition, testimony, report.
— **de bancarrota,** bankruptcy petition.
— **de contribución sobre ingresos,** income tax return.
— **de culpabilidad,** plea of guilty.
— **de derechos,** Bill of Rights.
— **de fideicomiso,** declaration of trust.
— **de la renta,** income tax return.
— **de nulidad,** annulment.
— **de quiebra,** bankruptcy petition.
— **de rebeldía,** contempt of court order.
— **falsa,** false statement, misrepresentation.
— **fiscal,** income reporting.
— **inaugural,** opening statement.
— **judicial,** decree, order.
— **personal,** personal statement.
— **sin lugar,** order of dismissal.
— **testimonial,** testimony.

declarador   One who declares, deponent, declarant.

declarante   Affiant.

declarar   To declare, state, testify, order, allege, assert, announce, order.
— **bajo juramento,** to state under oath.
— **culpable,** to find guilty.

— **en quiebra,** declare bankruptcy.
— **inocente,** to find not guilty.
— **que ha lugar,** to grant.
— **sin lugar,** to dismiss, deny, override, overrule.

declararse   To declare.
— **culpable,** to plead guilty.
— **insolvente,** to declare oneself bankrupt.

declaratoria   Declaration, statement.
— **de pobreza,** in forma pauperis.

declaratorio   Declaratory, explanatory, clarifying, tending to remove doubt.

declinar   To decline, refuse.

declinatoria   Lack of jurisdiction.

decomisable   Capable of being confiscated or forfeited.

decomisar   To confiscate, seize, forfeit.

decomiso   Forfeiture, seizure, confiscation.

decretar   To decree, decide, resolve, order.

decrétese   So ordered.

decreto   Decree, act, proclamation, order, edict, mandate.
— **con fuerza de ley,** decree with the effect of law.
— **de filiación,** order of filiation.
— **judicial,** judicial order.
— **legislativo,** legislative decree.
— **ley,** executive order.

— **nisi,** interlocutory decree.

— **por acuerdo mutuo,** consent decree.

decursado   Elapsed, slipped away.

decursas   Arrears.

dedicación   Dedication.

— **estatutaria,** statutory dedication.

— **explícita,** express dedication.

— **implícita,** implied dedication.

deducción   Deduction, inference.

— **tributaria,** tax deduction, writeoff.

deducible   Deductible.

deducir   To deduct, subtract, deduce, conclude, plead, allege, offer.

— **demanda,** to file a claim.

— **excepción,** to claim a defense.

— **oposición,** to make an objection.

defecto   Defect, flaw, fault, insufficiency.

— **de forma,** defect in form.

— **material,** substantive defect.

— **oculto,** latent defect.

— **patente,** visible defect.

— **subsanable,** curable defect.

defectuoso   Defective, faulty, imperfect.

defendedero   Defendable, defensible.

defendedor   Defense counsel.

defender   To defend, protect, oppose an action.

defensa   Defense, answer, protection, plea.

— **de descargo,** plea of confession and avoidance.

— **de hecho,** self-defense.

— **dilatoria,** dilatory defense.

— **en derecho,** legal defense.

— **ficticia,** sham defense.

— **justificativa,** affirmative defense.

— **legítima,** legal defense, legitimate defense.

defenso   Person being defended.

defensor   Defense counsel.

— **de menores,** guardian ad litem.

— **de oficio,** court-appointed counsel.

— **de pobres,** court-appointed counsel.

deferir   To defer, yield, submit, postpone.

déficit   Deficit, shortage, deficiency.

definimiento   Final order.

definitivo   Final, conclusive, definite, complete, accurate.

defraudación   Fraud.

defraudador   Embezzler, swindler.

defunción   Death, demise.

dejar   To abandon, leave, quit, yield, permit.

— **a salvo,** to hold harmless.

— **sin efecto,** to cancel, annul, set aside.

delación   Accusation.

delatante   Accuser, informer.

delatar   To accuse, inform against, denounce, charge.

delator   Accuser, informer.

delegación   Delegation, committee, agency, proxy.
— **de poderes,** delegation of powers.
— **de crédito,** novation.
— **de funciones,** delegation of powers.

delegado   Delegate, deputy, representative, agent.

delegante   Principal.

deliberación   Deliberation, advisement.

deliberado   Deliberate, carefully considered.

deliberar   To deliberate, consider, ponder, consult.

delictivo   Criminal.

delictuoso   Delinquent, illegal, moral conduct, in arrears.

delincuencia   Delinquency.
— **de menores,** juvenile delinquency.
— **fiscal,** tax liability.

delincuente   Delinquent.

delinquir   To commit a crime, be in default.

delito   Offense, crime, misdemeanor, felony.
— **caucionable,** bailable offense.
— **civil,** civil wrong.

— **doloso,** intentional crime.
— **grave,** felony.
— **infamante,** heinous crime.
— **mayor,** felony.
— **penal,** criminal offense

demanda   Demand, claim, lawsuit, complaint, petition, motion.
— **alternativa,** complaint on different grounds that requests alternate relief.
— **de daños y perjuicios,** tort claim.
— **de nulidad,** motion to vacate a prior judgment.
— **de pobreza,** application in forma pauperis.
— **declarativa,** petition for a declaratory judgment.
— **en equidad,** action in equity.
— **hipotecaria,** action in foreclosure.
— **suplementaria,** supplemental complaint.

demandado   Defendant, respondent.

demandador   Plaintiff, claimant.

demandante   Plaintiff, complainant.

demandar   To demand, claim, petition, sue, file suit.

demencia   Dementia, insanity, mental illness.

demente   Demented, mentally insane person.

demora   Delay.

demoroso   Overdue, in default, past due, beyond maturity.

demostrable Provable, demonstrable.

demostración Demonstration, proof.

demostrar To demonstrate, prove, show.

denegación Denial, refusal.

denegar To deny, refuse, disallow, overrule, reject, turn down.

denegatorio Denial, rejection.

denigrar To defame, revile, insult.

denodado Dauntless, daring.

denominación Denomination, name, title, designation.

denominar To name, call, entitle.

denuncia Denouncement, condemnation, accusation, presentment, report, notice.

denunciación Denouncement, denunciation.

denunciante Denouncer, informer, accuser.

denunciar To denounce, accuse, proclaim, report, give notice.

deponente Deponent, witness.

deponer To depose, attest, testify.

deportar To deport.

deposición Deposition, declaration under oath, assertion.

depositante Depositor.

depositar To deposit.

depositario Depositary, receiver, trustee, bailee.
— **de plica,** escrow agent.
— **judicial,** court-appointed receiver.

depósito Warehouse, storage, depository, bailment, deposit.
— **a plazo,** time deposit.
— **a la vista,** demand deposit.
— **bancario,** bank deposit.
— **de ahorros,** savings deposit.
— **gratuito,** gratuitous bailment.
— **mercantil,** bailment.
— **obligatorio,** mandatory deposit.

deprecante Plaintiff, petitioner, applicant.

depreciable Depreciable.

depreciación Depreciation.

depreciar To depreciate, lessen in value.

derecho Right, law, duty, tax.
— **a voto,** voting right.
— **absoluto,** exclusive right to possess, use and enjoy.
— **adjetivo,** procedural law.
— **administrativo,** administrative law.
— **adquirido,** acquired rights.
— **al subsuelo,** mineral rights.
— **antecedente,** prior right, antecedent right.
— **civil,** civil law.
— **comercial,** commercial law.
— **común,** common law.
— **canónico,** canonical law.
— **consuetudinario,** common law.

— **constitucional,** constitutional law.
— **corporativo,** corporation law.
— **de acción,** standing.
— **de acrecencia,** right of accession.
— **de apelación,** right to appeal.
— **de arrendamiento,** leasehold rights.
— **de asilo,** right of asylum.
— **de autor,** copyright.
— **de bosque,** timber rights.
— **de contrato,** contract right, right to contract.
— **de despido,** right to discharge someone.
— **de entrada,** right of entry.
— **de gestión procesal,** right to have a "day in court."
— **de huelga,** right to strike.
— **de impresión,** copyright.
— **de insolvencia,** bankruptcy code.
— **de paso,** right of way.
— **de patente,** royalty.
— **de petición,** right to petition.
— **de posesión,** right of possession.
— **de prioridad,** right of preemption.
— **de propiedad,** proprietary rights.
— **de propiedad literaria,** literary rights, copyright.
— **de recurso,** right of appeal.
— **de reunión,** right of assembly.
— **de sindicalización,** right to join a union.
— **de sufragio,** right to vote.
— **de trabajo,** right to work.
— **de vía,** right of way.
— **del trabajo,** labor code, labor law.
— **escrito,** written law, statutory law.
— **estatuario,** statutory law.

— **fiscal,** tax law.
— **fundamental,** constitutional law.
— **inglés,** common law.
— **inmobiliario,** real property law.
— **internacional,** international law.
— **laboral,** labor law.
— **marcario,** trademark law.
— **marítimo,** admiralty law.
— **natural,** natural law.
— **parlamentario,** parliamentary law.
— **patentario,** patent law.
— **penal,** criminal law.
— **preferente,** right of a prior claim.
— **primario,** antecedent right.
— **privado,** private law.
— **público,** public law.
— **romano,** Roman law.
— **superior,** prior claim, prior right.
— **usual,** customary law.

derechos   Taxes, imposts, duties, fees, rights.
— **a las acciones,** stock rights.
— **ajustables,** adjustable tariffs.
— **al valor,** ad valorem tax.
— **civiles,** civil rights.
— **de exclusividad,** exclusive rights.
— **de exportación,** export duty.
— **de importación,** import duty.
— **de licencia,** license fees.
— **de patente,** patent royalties.
— **de subscripción,** stock subscription rights.
— **de sucesión,** death taxes, inheritance taxes.
— **equitativos,** equitable rights.
— **especulativos,** expectant rights.

— **hereditarios,** inheritance rights.

— **impositivos,** duties, taxes.

— **limitados,** limited rights.

— **para renta pública,** revenue tax.

— **particulares,** private rights.

— **personales,** individual rights.

— **reales,** federal taxes.

— **reservados,** reserved rights.

— **ribereños,** riparian rights.

— **sucesorios,** death and inheritance taxes.

derecho-equidad Equity.

derogable Voidable, revokable.

derogar To annul, cancel, void, revoke, abolish.

derramar To spill, spread, scatter, distribute.

derrocar To overthrow a government.

derrochador Squanderer, spendthrift, wasteful.

desacato Contempt, disregard, irreverence, disrespect, deliberate disobedience.

— **al tribunal,** contempt of court.

— **civil,** civil contempt.

— **criminal,** criminal contempt.

desacuerdo Disagreement, discord, discordance.

desafiar To challenge, defy.

desafuero Violation, outrage, abuse, misdemeanor.

desagraviar To make amends, compensate for damage or wrong done, redress.

desaguisado Offense, injury, wrong, outrage.

desahuciar To dispossess, evict, denounce.

desahucío Dispossession, eviction, unlawful retainer, ejectment, discharge, dismissal.

desairar To dishonor, default.

desalojamiento Dispossession, eviction.

desalojar To dispose, evict, vacate, move out, eject.

desalojo Dispossession, eviction, ouster, ejectment.

— **físico,** actual eviction.

— **implícito,** constructive eviction.

desamortizar To disentail.

desamparar To abandon, forsake, give up.

desamparo Abandonment, desertion, dereliction, forfeiture, waiver.

desaparecer To disappear, hide, vanish.

desapoderar To cancel power of attorney.

desaprobar To disapprove, disallow, condemn, deny, disavow.

desapropiar To transfer property.

desapropio Transfer of property.

desasociar   To dissolve an association, disband.

desarrollar   To develop, unfold, explain.

desarrollo   Growth, development, explanation.

desastre   Disaster, misfortune.

desatender   To disregard, neglect, slight, dishonor.

desautorización   Without authorization.

descargar   To unload, discharge, release, exonerate.

descargo   Discharge, acquittal, release, answer, exoneration.

descartar   To discard, set aside.

descendencia   Descent, issue, lineage.
— **colateral,** collateral descent.
— **legítima,** legal descent.
— **lineal,** lineal descent.

descendiente   Descendent.

descentralización Decentralization.

descentralización administrativa Administrative decentralization.

descifrar   To decipher, figure out, decode.

desconfianza   Distrust.

desconfiar   To distrust, suspect.

desconfiado   Distrustful, suspicious.

desconformidad   Disagreement, objection, contrary, in disagreement.

desconocer   To fail to recognize, disown, disregard, disavow, slight, repudiate.

describir   To describe, characterize.

descripción   Description, characterization of property.

descubierto   Uncovered, discovered, deficit, obvious shortage, overdraft.
— **bancario,** overdraft, shortage.

descubrimiento   Discovery, find.

descubrimiento y revelación de secretos   Criminal invasion of privacy.

descuidado   Not careful, untidy, heedless, thoughtless.

descuidar   To be careless, not careful.

descuido   Carelessness, negligent.
— **culpable,** culpable negligence.
— **porfiado,** willful neglect.

desdecir   To detract, retract, contradict oneself.

desechar   To discard, reject, refuse, decline, dismiss.

desecho   Remainder, residue, waste, discard, refuse, scrap, junk.

desembarcar   To disembark, land.

desembargar   To release from an attachment or lien, lift an embargo.

desembargo   Lifting of an
embargo.

desemejanza   Dissimilarity, unlike.

desempatar   To break a tie.

desempeñar   To redeem, recover,
perform.
— **un cargo,** to perform the
duties of a position.

desempleo   Unemployment.

desenterrar   To disinter, exhume.

deserción   Desertion, abandonment,
forfeiture.

desertar   To desert, to willfully
abandon.

desestimación   Denial of a motion.

desestimar   To reject, dismiss,
deny.

desfalcar   To embezzle.

desfalco   Embezzlement.

desfigurar   To disfigure.

desglosar   To itemize.

desglose   Annotated removal of
documents.

desgracia   Misadventure, mishap,
accident, misfortune, disgrace.

desgravamen   To remove an
encumbrance.

desgravar   To remove a lien,
disencumber.

deshacer   To undo, rescind, cancel,
annul, dissolve.

desheredación   Disinheritance.

desheredar   To disinherit.

deshipotecar   To pay off the
mortgage.

deshonestidad   Dishonesty,
disgrace, shame, lewdness.

deshonesto   Dishonest,
dishonorable, unchaste, immodest,
shameful.

deshonor   Dishonor, disgrace,
shame.

deshonrar   To dishonor a draft,
seduce, dishonor a woman.

deshonroso   Dishonorable,
shameful, dishonest.

designación   Appointment.

designar   To designate, nominate,
appoint, select.

designio   Design, plan, purpose.

desincautar   To release from an
attachment or lien.

desincorporar   To dissolve a
corporation.

desinterés   Disinterestedness.

desinteresado   Disinterested,
unbiased, impartial.

desistimiento   Abdication,
abandonment, voluntary dismissal of an
action, non-suit.

desistir   To desist, stop, cease, relinquish, waive, abandon.

desistirse de la demanda   To abandon the lawsuit.

desleal   Disloyal, faithless, unfaithful, false, treasonable.

deslealtad profesional   Criminal legal misconduct.

deslindar   To mark off the boundaries, define a property line.

deslinde   Survey.

desliz   Slip, slide, error, indiscretion.

desmán   Misconduct, abuse, insult, calamity, disaster.

desmandar   To revoke, repeal, reverse.

desmedro   Detriment, prejudice, injury, harm.

desnudar   To undress, uncover.

desnudez   Nudity, nakedness.

desobedecer   To disobey.

desobediente   Disobedient.

desobligar   To release from an obligation.

desocupar   To empty, vacate, depart, leave.

desorden público   Disorderly conduct.

despachar   To dispatch, send, ship, facilitate, settle, evict, kill.

despacho   Office, bureau, shipment, business, dispatch, communication, court order, writ of mandamus.

despedir   To discharge, dismiss, emit.

despejar   To clear, to remove.
 — **la sala,** to clear the court.

despignorar   To release from a pledge.

despojar   To despoil, rob, strip of, deprive of, dispossess.

despojo   Plunder, spoliation, robbery, spoil, booty, eviction, dispossession.

desposeer   To dispossess.

desposeimiento   Dispossession, ouster, divestiture.

destrozar   To destroy, shatter, cut to pieces, squander.

desuso   Disuse.

desvalijar   To rob, defraud.

desventurado   Unfortunate, unhappy, miserable, wretched.

desvergüenza   Shamelessness, disgrace, shame, insolence.

desviación sexual   Sodomy.

desvirtuar   To impair, diminish the value or quality of.

detallar   To itemize, detail, retail.

detalles   Details, particulars.

detective   Detective, inspector.

detector de mentiras   Lie detector.

detención   Detention, arrest, detain, distraint, delay.
— **maliciosa,** unlawful arrest.
— **preventiva,** preventive detention.
— **violenta,** forcible detainer.

detener   To detain, retain, reserve, arrest, distrain.

determinar   To determine, decide, resolve.

detrimento   Detriment, loss, damage, harm, disadvantage.

deuda   Debt.
— **a largo plazo,** long-term debt.
— **a corto plazo,** short-term debt.
— **alimenticia,** support obligation.
— **caducada,** stale debt.
— **consolidada,** fixed debt.
— **hereditaria,** decedent's debt.
— **impositiva,** tax liability.
— **incobrable,** bad debt.
— **líquida,** liquid debt.
— **quirografaria,** unsecured debt.
— **tributaria,** tax liability.
— **vencida,** matured debt.

deudo   Relative, kinsman.

deudor   Debtor.
— **alimentario,** one who pays alimony.
— **concordatario,** bankrupt individual who agrees to pay his creditors.
— **hipotecario,** mortgagor.
— **mancomunado,** joint debtor.
— **moroso,** delinquent debtor.

— **por fallo judicial,** judgment debtor.
— **prendario,** debtor of a chattel mortgage.

devengar   To earn, accrue.

devolución   Return, refund, redelivery.

devolutivo   Returnable.

devolver   To return, refund, remand, pay back.

día   Day.
— **dado,** on a given day.
— **de comparecencia,** adjourn date, court appearance date.
— **de fiesta oficial,** legal holiday.
— **feriado o festivo,** holiday.
— **fijo,** day certain.
— **hábil,** business day.

diagnosticar   To diagnose.

diario   Daily, newspaper, daily newspaper, journal, diary, book of original entry of deeds for the record.
— **de sesiones,** court business days.

días naturales   Calendar days.

dias y horas hábiles   Authority to hear a matter on a non-court day.

dictamen   Judgment, opinion, report.
— **consultivo,** advisory opinion.
— **judicial,** judicial decision.
— **pericial,** expert's opinion.

dictaminar   To render an opinion, rule.

dictar   To dictate, direct, prescribe.
— **auto de prisión,** to remand.
— **sentencia,** to sentence.
— **un auto,** to render a decision.
— **un fallo,** to render a decision.

dictógrafo   Dictograph.

dicho   Statement, declaration, deposition, saying.

dieta de testigo   Witness' fee.

difamación   Defamation.
— **criminal,** criminal defamation.
— **escrita,** libel.
— **oral,** slander.

difamar   To defame, slander, libel.

difamatorio   Defamatory.

diferir   To defer, postpone, adjourn, delay.

difunto   Deceased.

digesto   Digest.

dignatario   Dignitary, official, officer.

digno   Worthy.
— **de confianza,** reliable, trustworthy.

dilación   Delay.
— **liberatoria,** time allowed to file an answer.

dilatar   To delay, defer, extend, postpone, dilate, enlarge, put off.

dilatorio   Dilatory.

diligencia   Diligence, care, speed, business, affair, measure, proceeding, service.
— **de embargo,** attachment proceedings.
— **de emplazamiento,** service of process.
— **de lanzamiento,** ejectment proceedings.
— **judicial,** judicial proceeding.
— **ordinaria,** common care.
— **razonable,** reasonable care.
— **sumaria,** summary proceeding.

diligencias   Formalities.
— **judiciales,** judicial proceedings.
— **para mejor proveer,** deferment, reservation of judgment.
— **probatorias,** manner of presenting proof.

diligenciar   To prosecute, serve, conduct.
— **pruebas,** compile evidence.

diligenciero   Agent, representative, proxy.

dilogía   Ambiguity.

dimensión   Dimension.

diminución   Diminution, decrease.

dimitir   To resign, renounce a position, waive.

dinero   Money, funds, currency.
— **constante y sonante,** ready cash, hard cash.

diplomacia   Diplomacy, tact.

diplomático   Diplomatic, tactful, diplomat.

dipsomanía   Dipsomania.

dipsómano   Dipsomaniac.

diputado   Deputy, delegate, representative, congressman.

diputar   To deputize, delegate, commission, empower.

dirección   Direction, address, course, advice, guidance, managing board.

directiva   Board of directors.

directo   Direct, straight.

director   Director, manager, executive.

directorios entrelazados Interlocking directories.

dirigir   To direct, manage, address, guide.

dirigirse   To go toward, to go to.

discernimiento   Appointment of a receiver, executor or guardian, swearing in an appointed person.

discernir   To discern, distinguish, discriminate, appoint, swear in.

disciplina   Rule of conduct.

disconforme   Dissenting.

disconformidad   Disagreement, opposition, objection, dissent.

discordancia   Discord, disagreement, difference, dissent.

discreción   Discretion.

discrecional   Discretionary, optional.

discreto   Discrete, prudent, clever.

discriminación   Discrimination.

disculpa   Excuse, apology.

disculpable   Excusable.

disculpar   To excuse, exculpate, exonerate, apologize.

discurso   Discourse, speech.

discussión   Discussion, debate.

discutible   Debatable, questionable.

discutir   To discuss, debate, question.

diseminar   To disseminate, scatter, spread.

disensión   Dissension, dissent, disagreement.

disentir   To dissent, differ, disagree.

disertar   To discourse, discuss.

disfrutar   To enjoy, reap benefit, possess, make use of.

disfrute   Enjoyment, beneficial use, satisfaction, enjoyment, term of office.

disidencia   Dissent, protest.

disidente   Dissident, protester.

disipar   To dissipate, squander, waste.

disociación Dissociation, separation.

disolución Dissolution, liquidation, cancellation, lewdness.
— **del consorcio,** dissolution of partnership.
— **de matrimonio,** divorce.
— **disoluto,** Dissolute, loose, immoral, lewd.

disparar To shoot, fire, discharge.

disparidad Inequality, disparity, not equal.

disparo Shot, discharge.

dispensa Exemption, dispensation, privilege, excuse.
— **de impedimentos matrimoniales,** waiver of marital impediments.

dispensable Excusable.

dispensar To excuse, absolve, pardon, grant.
— **una obligación,** to waive.

disponer To dispose, make arrangements, put in order, prepare, order, command.

disponible Available, on hand, disposable.

disposición Disposition, arrangement, order, aptitude, specification, provision of law.

disposiciones Provisions, orders.

dispositivo Dispositive, provision, disposition, disposing, conclusive.

disputa salarial Wage dispute.

disputable Disputable, contestable, controvertible.

disputar To dispute, argue, question, debate.

distinguido Distinguished, conspicuous, eminent, illustrious.

distinguir To distinguish, excel, differ, be different, differentiate.

distintivo Distinctive, mark, sign, badge.

distracción de fondos Misappropriation of funds.

distracto Mutual rescission.

distraer To distract, divert, amuse, divert funds, misappropriate.

distribución Distribution, apportionment.

distribuir To distribute, apportion.

distrito District, region, geographical unit.

disturbio Disturbance, commotion.

disyuntiva Disjunctive.

dita Surety, bondsman, guarantor.

dividendo Dividend.
— **activo,** dividend paid by the corporation to its stockholders.
— **acumulativo,** accumulated dividend.
— **de bienes,** property dividend.
— **en pagarés,** scrip dividend.
— **ocasional,** irregular dividend.
— **preferente,** preferred dividend.

divisas   Currency.

divisible   Divisible, severable, able to be divided.

división   Division, split, partition.
— **de fincas,** partition.
— **de herencia,** distribution of the estate.
— **de poderes,** separation of powers.

divorciar   To divorce.

divorcio   Divorce, dissolution.
— **contencioso,** contested divorce.
— **en rebeldía,** divorce granted by default.

divulgar   To divulge, spread, make public, publish.

divulgación   Publication, publicity.

doble imposición   Double taxation.

doblegar   To submit, yield.

doctor en derecho   Juris Doctor.

doctrina   Doctrine, rule, principle, law.

doctrinario   Doctrinal.

documentación comprobatoria Supporting, documents, vouchers.

documentador   Court clerk.
— **público,** notary public.

documentar   To document, furnish documents, prepare documents.
— **una deuda,** to document or evidence a debt.

documentario   Documentary, documental.

documento   Document.
— **anóninio,** unsigned document.
— **auténtico,** authenticated document, recorded document.
— **autógrafo,** signed document.
— **cambiario,** bill of exchange.
— **constitutivo,** incorporation documents.
— **de giro,** draft.
— **de tránsito,** bill of lading.
— **de transmisión,** deed, bill of sale.
— **declarativo,** affidavit.
— **formal,** legal documents.
— **legal,** legal instrument.
— **negociable,** negotiable instrument.
— **nominado,** document bearing author's name.
— **notarial,** notarized document.
— **privado,** unrecorded document.
— **probatorio,** voucher, receipt.
— **público,** public document.

documentos al portador   Bearer papers.
— **comerciales,** commercial papers.
— **con una sola firma,** single name papers.
— **creditarios.** credit documents.
— **de título,** title documents.
— **mancomunados,** two-name paper.
— **transitorios,** negotiable instruments.

dolo   Fraud, deceit, deceitful misrepresentations.
— **positivo,** contractual fraud.

doloso   Fraudulent, deceitful.

doméstico   Domestic, internal, national, house servant.

domiciliar   To house, lodge, address (a letter), take up residence.

domiciliario   Domiciliary.

domicilio   Domicile.
— **comercial,** business address.
— **constituido,** legal residence.
— **de origen,** natural domicile.
— **de las personas morales,** corporate address.
— **social,** main office, corporate domicile.
— **verdadero,** domicile of choice.

dominante   Dominant, domineering, tyrannic, prevailing.

dominical   Proprietary.

dominio   Domain, dominion, ownership, control, command, mastery.
— **absoluto,** fee simple.
— **directo,** legal ownership.
— **eminente,** eminent domain.
— **fiscal,** government owned.
— **perfecto,** perfected ownership.
— **pleno,** fee simple.
— **por tiempo fijo,** estate for years.
— **supremo,** eminent domain.
— **vitalicio,** life estate.

donación   Donation, gift, contribution, grant.
— **en vida,** inter vivos gift.
— **por causa de muerte,** gift in expectation of death.

donador   Donor.

donar   To make a gift.

donatario   Donee.

donativo   Donation, gift, contribution.

dorso   Reverse side.

dosis   Dosage.

dotación   Endowment, endowing, dowry, allotment, emoluments.

dotar   To endow, provide, furnish, provide a dowry.

dote   Endowment, dowry, natural gift, talent or quality.
— **advertencia,** dowry from maternal assets.

doy fe   I attest to, I certify.

droga   Drug, medicine, debt.

drogadicción   Drug addiction.

droguería   Drugstore, drug business.

duda   Doubt.
— **razonable,** reasonable doubt.

dudoso   Doubtful, dubious, questionable.

dueño   Owner, proprietor.
— **en equidad,** equitable owner.
— **matriculado,** registered owner.
— **sin reservaciones,** absolute owner.

dúplica   Rejoinder.

duplicado   Duplicate, double copy.

durable   Durable, lasting, continuing.

duración   Duration.

durante   During, for.

E

ebriedad   Drunkenness.

ebrio   Drunk, drunkard, intoxicated.
— **empedernido,** habitual
   drunkard.

economato   Commissary.

economía   Economy, economics.
— **dirigida,** directed economy.
— **política,** political economy.

ecónomo   Trustee, curator,
custodian, economist.

echar   To throw, cast, expel, throw
out.
— **bando,** to publish a decree,
   edict or proclamation.
— **de ver,** to notice.
— **mano,** to seize, to grab.

edad   Age.
— **de jubilación,** retirement age.
— **de retiro,** retirement age.
— **legal,** lawful age.
— **núbil,** age of consent.

edecán   Aide-de-camp.

edicto   Edict, proclamation, decree,
command having the effect of law.
— **emplazatorio,** summons,
   subpoena.

edificar   To build, construct, edify.

edil   Municipal employee or
officer.

edilicio   Municipal.

efectivo   Effective, cash, actual,
real.

efecto   Effect, outcome, result,
personal property, commercial
document.
— **cambiario,** bill of exchange.
— **legal,** legal effect.
— **retroactivo,** retroactive
   effect.
— **suspensivo,** stay.

efectos   Possessions, goods,
chattels, bills, drafts, commercial paper.
— **al portador,** bearer paper.
— **cotizables,** listed securities.
— **de comercio,** commercial
   paper, negotiable instruments.
— **desatendidos,** unpaid bonds.
— **extranjeros,** foreign bills of
   exchange.
— **negociables,** negotiable
   instruments.
— **pasivos,** bills payable,
   accounts payable.
— **personales,** personal property.
— **públicos,** government bonds.

efectuar   To effectuate, carry out,
put into effect.
— **cobros,** to make collections.
— **un contrato,** to enter into a
   contract.
— **un pago,** to make a payment.
— **seguro,** to take out insurance.
— **una venta,** to consummate a
   sale.

eficacia   Efficiency, efficacy,
validity, effectiveness, capacity,
competency.

eficaz   Efficient, effective, active.

ejecución   Execution, fulfillment,
performance, enforcement, levy,

signing of a document, enforcement, judgment.
— **concursal,** bankruptcy proceedings.
— **de embargo,** attachment execution.
— **de hipoteca,** foreclosure.
— **de sentencia,** execution of judgment.
— **forzosa,** enforcement of a judgment.

ejecutado Executed, completed, performed, carried out, signed.

ejecutante Executant, executioner.

ejecutar To execute, perform, discharge, sign a document.
— **bienes,** to attach.
— **un contrato,** to sign a contract.
— **una hipoteca,** to foreclose on a loan.

ejecutividad Right to foreclose or to execute.

ejecutivo Executive, official.

ejecutor Executor.

ejecutoria Writ of execution.

ejecutoriar Issue a writ of execution.

ejecutorio Executory, enforceable, capable of being executed, not yet fully performed.

ejemplar Exemplary, model, copy, specimen.
— **de firma,** sample signature.
— **duplicado,** duplicate copy.

ejercer To practice, perform, exert.
— **como abogado,** to practice law.
— **un cargo,** to hold office or appointed position.
— **un derecho,** to exercise a right.
— **una profesión,** to practice a profession.

ejercicio Exercise, practice, to use, to make use of, accounting period.
— **contable,** fiscal year.
— **impositivo,** tax year.
— **profesional,** the practice of a profession.

ejercitable Enforceable.

ejercitar To exercise, put into practice, train, make use of.
— **un derecho del tanto,** to exercise a right of first refusal.
— **un juicio,** to sue, bring suit.

ejido Cultivated land.

elaborar To elaborate.

elección Election.

elecciones Elections.
— **generales,** general elections.
— **municipales,** municipal elections.
— **presidenciales,** presidential elections.

electivo Elective, optional, discretionary.

electo Elected person.

elector Elector, eligible voter.

electorado Electorate.

elegir   To select, to choose.
— **un jurado,** to impanel a jury.

elevar   To raise, elevate, lift.
— **a instrumento público,** to put
on record.
— **el proceso,** to refer to a higher
court.
— **el recurso,** to appeal, file a
motion.
— **parte,** to make a report.
— **una memoria,** to submit a
report.
— **una queja,** to file a complaint.
— **una reclamación,** to file a
claim.

eliminar   To eliminate.

elucidar   Elucidate, illustrate,
explain.

eludir   To elude, avoid, dodge.
— **impuestos,** to avoid paying
taxes.

emancipar   To emancipate, set free,
become free.

emancipación legal   Legal
emancipation.

emancipación voluntaria
Voluntary emancipation.

embajada   Embassy.

embajador   Ambassador.

embarazo   Pregnancy,
impediment, obstacle.

embargable   Attachable, subject to
attachment.

embargado   Garnishee, lienee.

embargador   Lienholder.

embargar   To impede, restrain,
attach, confiscate, lay an embargo.

embargo   Embargo, attachment,
garnishment, injunction, seizure.
— **ejecutivo,** attachment of
property.
— **provisional,** temporary
injunction.
— **subsecuente,** ancillary
attachment.

embaucador   Swindler, cheat,
chiseler, imposter.

embaucar   To swindle, cheat, trick,
deceive.

emborrachar   To intoxicate.

emboscada   Ambush.

emboscar   To ambush.

embriaguez   Drunkenness.

embrión   Embryo.

embrollar   To involve, entangle,
confuse.

embuste   Fraud, trick, lie.

embustero   Trickster, cheat, crook,
liar.

emigración   Emigration.

emigrar   To emigrate.

emisión   Emission, issue, issuance,
broadcast.
— **de acciones,** stock issue.

emisor   Issuer.

emitente   Drawer of a check or bill.

emitir   To emit, utter, send forth, issue.
— **el fallo,** to pronounce judgment.
— **un cheque,** to issue a check.

emolumento   Emolument.

empadronamiento   Census, voting list, tax list, census taking.

empadronar   To register, take census.

emparejar   To even up, to level off, match up, pair off.

emparentar   To become related by marriage.

empatar   To tie, have an equal score, have an equal number.

empeñar   To pawn, pledge.

empeño   Commitment, pledge.

emplazador   Process server.

emplazamiento   Service of process, citation, location, summons.
— **por edicto,** service by publication.

emplazante   One who issues the summons or makes the call.

empleado   Employee.

empleador   Employer.

empleo   Employment, job, occupation, investment.
— **provechoso,** gainful employment.

empobrecer   To impoverish.

emprendedor   Enterprising, energetic, progressive.

emprender   To undertake, start a venture.

empresa   Enterprise, undertaking, company, adventure.
— **colectiva,** joint enterprise.
— **común,** joint venture.
— **de explotación,** operating company.
— **de servicios al pública,** public utility company.
— **fiadora,** bonding company.
— **filial,** branch company.
— **no lucrativa,** nonprofit organization.
— **subsidiaria,** subsidiary company.

empresas municipales   Municipal utilities.

empresario   Entrepreneur, promoter, manager, contractor, employer.

emprestar   To loan, lend.

empréstito   Loan.
— **a la gruesa,** bottomry.
— **con garantía,** loan with a collateral.
— **público,** public loan.

empuñar   To grasp, grab, clutch, seize

en ausencia   In absentia.

en descubierto   Overdrawn.

en efecto   In effect.

en espera   In abeyance.

en efecto de lo cual   In witness hereof.

en flagrante   In the act, flagrante delito.

en gestión   In process, under negotiation.

en mora   Overdue, in default.

en sindicatura   In receivership.

en suspenso   In suspense, in abeyance, suspended, state of inactivity.

enajenable   Alienable, lawfully transferable.

enajenación   Alienation, the act of transferring title.
— **forzosa,** expropriation, condemnation, forced sale.
— **mental,** mental disorder.

enajenante   Alienor, seller, transferor.

enajenar   To alienate, transfer, sell, dispose of.

encabezado   Headline, heading, letterhead.

encadenar   To chain.

encaje   Cash position, cash reserve, adjustment.
— **excedente,** excessive reserve.
— **legal,** legal reserve.
— **metálico,** reserve.

encarcelación   Incarceration, imprisonment.
— **ilegal,** false imprisonment.

encarcelar   To incarcerate, imprison.

encargar   To put in charge, entrust, commission, order.

encargo   Office, position, commission, assignment, errand.
— **de confianza,** confidential commission.

encarpetar   To table, defer.

encartar   To register.

encausable   Actionable, indictable, subject to suit.

encausado   Defendant, accused, respondent.

encausar   To sue, indict, prosecute.

encinta   Pregnant.

encomendar   To commission, entrust, recommend, charge.

encomienda   Charge, commission, recommendation, royal land grant.
— **postal,** parcel post.

encubierta   Fraud, swindle.

encubierto/a   Concealed.

encubridor   Accessory.

encubrimiento   Cover-up.
— **activo,** obstruction of justice.
— **pasivo,** neglect of duty.

encuesta   Search, inquiry, investigation, survey, inquest.

en descubierto   Overdrawn.

endeudado   Indebted.

endeudarse   To become indebted, contract a debt.

endosar   To indorse.

endosable   Endorsable.

endosado   Endorsed, endorsee.

endosador   Endorser.

endosar   To endorse

enosantorio   Endorsee.

endoso   Endorsement. (See **indorse.**)
— **al cobro,** endorsement with a power of attorney.
— **absoluto,** absolute endorsement.
— **condicional,** conditional endorsement.
— **de favor,** accommodation endorsement.
— **de regreso,** endorsement to a prior party.
— **en blanco,** blank endorsement.
— **en garantía,** collateral endorsement.
— **en propiedad,** title transfer endorsement.
— **falsificado,** false endorsement.
— **pleno,** full endorsement.
— **restrictivo,** restrictive endorsement.

enemigo   Enemy, hostile, unfriendly.

enfermar   To become ill, make ill, weaken.

enfermedad   Illness, sickness, disease.

— **industrial,** industrial disease.
— **laboral,** occupational disease.

enganche   Down payment.

engañar   To deceive, defraud, cheat, misrepresent.

engaño   Deceit, trick, fraud, mistake, misunderstanding.

engañoso   Deceitful, misleading, tricky, fraudulent.

engendrar   To engender, beget, produce, cause.

enjuague   Plot, scheme.

enjuiciable   Actionable, indictable.

enjuiciado   Accused, defendant, on trial.

enjuiciamiento   Judgment, prosecution, suit, legal procedure.
— **civil,** civil suit.
— **malicioso,** malicious prosecution.
— **penal,** criminal prosecution.

enjuiciar   To prosecute, sue, judge.

enmendar   To amend, correct, indemnify, compensate, revise.

enmienda   Amendment, reform, revision, compensation.

enriquecer   To enrich, become rich.

enriquecimiento torticero   Unjust enrichment.

enseres   Household goods, utensils, chattels, fixtures, implements, equipment.

entablar   To board up, begin, initiate.
- **demanda,** to bring suit.
- **denuncia,** to make an accusation.
- **juicio hipotecario,** to bring a foreclosure action.
- **pleito,** to file a suit.
- **una protesta,** to file a protest, object.
- **una querella,** to file a complaint.
- **una reclamación,** to file a claim.

ente   Entity, institution, being.
- **administrativo,** agency.
- **de existencia jurídica,** legal entity.
- **moral,** a nonprofit organization.

enterar   To inform, acquaint, advice, pay, satisfy.

enterrar   To bury.

entidad   Entity, unit, group, bureau, department, agency, concern, institution.
- **anónima,** stock company.
- **aseguradora,** insurance company.
- **bancaria,** banking institution.
- **comercial,** commercial entity.
- **de derecho público,** public corporation.
- **jurídica,** legal entity.
- **privada,** private entity.

entrada   Entrance, entry, gate opening, admission, cash receipt.

entradas   Income, revenue, receipts.
- **brutas,** gross receipts, gross income.
- **de caja,** cash receipts.

- **de operación,** operational income.
- **netas,** net income.

entrampar   To entrap.

entrar   To enter, go in.
- **en vigor,** to enter into effect, become effective.

entre   Between, among.
- **si,** with oneself, among themselves.
- **tanto,** in the meantime, meanwhile.
- **vivos,** inter vivos.

entredicho   Injunction, interdict, prohibition.

entrega   Delivery, surrender, payment, installment.
- **de la llave,** returning keys upon expiration of a lease.
- **efectiva,** actual delivery.
- **incondicional,** absolute delivery.
- **inmediata,** special delivery.
- **material,** physical delivery.
- **simbólica,** token delivery.

entregable   Deliverable.

entregador de la citación   Process server.

entregar   To deliver, hand over, surrender, pay.
- **se,** to surrender, submit.

entrevista   Interview, date, appointment.

entroncar   To be related to.

entuerto   Tort, injury, civil wrong.

envenenar　To poison.

epígrafe　Caption, heading, title, article.

época de pago　Due date.

equidad　Equity, right, justice, fairness.

equitativo　Equitable, fair, just.

Equivocación　Error, mistake, misunderstanding.

equívoco　Equivocal, ambiguous, vague, mistaken.

erario　Public treasury.

erigir　To erect, build, found.

errante　Errant.

errar　To err.

error　Error, fault, mistake.
— **de derecho,** mistake of law.
— **de hecho,** mistake of fact.
— **de pluma,** clerical error, error in form.
— **esencial,** fundamental error.
— **excusable,** harmless error.
— **grave,** substantial error.
— **judicial,** judicial error.
— **manifiesto,** apparent error.
— **perjudicial,** prejudicial error.

esbozo　Sketch, outline, draft.

escalador　Burglar, burglarious.

escalafón　Official ranking list.

escalamiento　Burglary, breaking and entering.

escalar　To break and enter, burglarize.

escamotear　To steal, snatch away, swindle, cheat.

escapar　To escape, flee, avoid, run away.

escapatoria　Escape, loophole, excuse.

esclavitud　Slavery.

esclavizar　To enslave.

escolta　Escort, convoy.

esconder　To hide, conceal.

escopeta　Shotgun.

escribanía　Court secretary.

escribano　Court clerk, notary public, lawyer's clerk.
— **de registro,** notary public.
— **del calendario judicial,** calendar clerk.

escrito　Writing, bill, brief, writ, written.
— **de agravios,** formal charge.
— **de ampliación,** brief on newly discovered evidence.
— **de apelación,** appeal.
— **de calificación,** Bill of Particulars.
— **de conclusiones,** closing brief.
— **de demanda,** complaint, pleading
— **de presentación,** brief, pleadings.
— **de promoción,** trial brief.
— **de recusaciones,** bill of exceptions.

escritura   Writing, deed, document, policy, instrument.
— **a título gratuito,** gift, deed without consideration.
— **constitutiva,** articles of incorporation.
— **de cesión,** instrument of assignment.
— **de compraventa,** bill of sale.
— **de concordato,** letter of agreement.
— **de hipoteca,** mortgage deed.
— **de donación,** gift.
— **de fideicomiso,** trust deed.
— **de hipoteca,** mortgage deed.
— **de pleno dominio,** deed in fee simple.
— **de propiedad,** title deed.
— **de seguro,** insurance policy.
— **de traspaso,** transfer deed, deed of conveyance.
— **fiduciaria,** deed.
— **privada,** unrecorded instrument.
— **pública,** public document.
— **sellada,** sealed instrument.
— **social,** articles of incorporation.
— **venta,** bill of sale.

escriturar   To put in writing, notarize, record officially.

escrutinio   Scrutiny, vote count, investigation.

escuela   School.
— **correccional,** reform school.

especies   Goods.
— **valoradas,** stamped paper.

especificación   Specification.

especificar   To specify.

especulación   Speculation.

especulativo   Speculative, commercial, for profit.

espera   Respite.

espía   Spy.

espionaje   Espionage.
— **industrial,** commercial espionage.

esposa   Wife, spouse.

esposo   Husband, spouse.

espurio   Spurious, false, bogus, counterfeit.

esquilmar   To swindle, cheat, exploit.

estable   Stable, firm, steady.

establecer   To establish, set up, found, enact, decree.
— **impuestos,** to impose taxes.
— **una apelación,** to file an appeal.
— **una demanda,** to file a complaint.
— **una reclamación,** to present a claim.

establecimiento   Establishment, institution, plant, statute, law.
— **de un estatuto,** establishment of a statute.
— **de una ley,** establishment of a law.
— **penitenciario,** penal institution.

estación   Station, season.
— **del juicio,** stage of the proceedings.

estado   State, condition, status, statement, report, rank.
— **bancario,** bank statement.
— **civil,** civil status.
— **de concurso,** state of the bankruptcy.
— **de cuentas,** financial statement.
— **de liquidaciones,** liquidation statement.
— **de pérdidas y ganancias,** profit and loss statement.
— **de resultados,** statement of earnings.
— **de situación,** balance sheet.
— **del activo y pasivo,** balance sheet.
— **legal,** legal status.

estafa   Swindle, fraud, trick.

estafador   Swindler, trickster, cheater, crook.

estafar   To swindle, defraud, cheat.

estampilla   Stamp, seal, postage stamp.

estanco   Government store.

estatal   Governmental.

estatuir   To enact, stipulate, provide.

estatuto   Statute, ordinance, bylaw, constitution.
— **orgánico,** fundamental law.

estatutos revisados   Revised statutes.

estatutos sociales   Bylaws.

estéril   Sterile, barren.

esterilizar   To sterilize.

estilar   To draft, draw up.

estilete   Stylet, narrow-bladed dagger, stiletto.

estimar   To esteem, regard highly, appraise, judge, think.

estimativo   Estimated, appraised.

estimulante   Stimulant.

estipendio   Stipend, fee.

estipulación   Stipulation, specification, provision, condition.

estipular   To stipulate, specify, covenant.

estirpe   Lineage, family, stirpes.

estrado   Stand, platform, dais.
— **de testigos,** witness stand.

estrados   Courtrooms.

estraperlista   Black market operator, smuggler.

estraperlo   Black market.

estructura   Structure, building.
— **del capital,** capital structure.

estupefacientes   Drugs, narcotics.

estuprador   Rapist.

estuprar   To rape, ravish, violate.

estrupo   Rape.

ética   Ethics.

ético   Ethical, moral.

eutanasia   Euthanasia.

evacuar   To evacuate, vacate.
— **la respuesta,** to file an
answer.
— **las diligencias,** to comply
with the formalities.
— **prueba,** to furnish evidence.
— **un informe,** to make a report.
— **un traslado,** to give notice.
— **una protesta,** to file a protest.

evadir   To evade, elude.

evaluación   Valuation, appraisal,
computation, evaluation.

evaluar   To evaluate, appraise,
assess, value.

evasión   Evasion, escape.
— **de capitales,** capital flight.
— **de divisas,** loss of foreign
currency.
— **de impuestos,** tax evasion.
— **tributaria,** tax evasion.

evasivo   Evasive, elusive,
nonresponsive.

evento   Event, accident, chance,
contingency.

eventualidad   Fortuitousness,
eventuality.

eventualidades   Contingencies.

evidencia   Proof.

evidencial   Evidentiary.

evitable   Avoidable.

ex (Lat.)   From, out of, in, of, in
accord with, by reason of.
— **contractu,** from the contract.
— **curia,** out of court.
— **delicto,** from a wrongful act.

— **dividendo,** stock sold without
its dividend.
— **oficio,** by virtue of the office.
— **parte,** by one party, one sided.
— **post facto,** after the fact.

exacción   Exaction.

exacerbar   To irritate, aggravate.

exactor   Tax collector.

examen   Examination, inspection,
inquiry, investigation, test.

examinador   Examiner, inspector,
interrogator.

examinar   To examine, inspect,
investigate, inquire.

excedencia   Sabbatical leave.
— **forsoza,** forced leave without
pay.
— **laboral,** leave of absence.

excedente   Excess, overage, surplus.
— **de capital,** capital paid in
surplus.
— **de explotación,** earned
surplus.
— **repartible,** distributable
surplus.

exceder   To exceed, surplus, overdo,
go beyond.

excepción   Exception, demurrer,
defense, plea, objection, protest.
— **de arraigo,** plaintiff's bond
for costs.
— **de compensación,**
counterclaim.
— **de compromiso previo,**
defense of a prior agreement.
— **de derecho,** demurrer.

— **de falta de cumplimiento,** defense of nonperformance.

— **de la incapacidad de la parte,** defense of incapacity.

— **de oscuridad,** objection on the basis of answer being nonresponsive.

— **de unión indebida,** demurrer for misjoinder of parties or actions.

— **declinatoria,** exception for lack of jurisdiction or of improper venue.

— **general,** general demurrer.

— **perjudicial,** objection alleging prejudicial error.

— **procesal,** defense of procedural error.

— **procuratoria,** defense of lack of capacity.

— **superveniente,** defense that appears after the trial has begun.

excepcionable   Demurrable, subject to demurrer.

excepcionante   Person filing an objection, exception, or demurrer.

excepcionar   To object, demur, except.

exceso   Excess, surplus, overage.
— **de explotación,** earned surplus.
— **de seguro,** overinsured.

exclusión   Exclusion, exception, estoppel.
— **del foro,** disbarment.

exclusivista   Exclusive, monopolistic.

exclusiva   Monopoly, exclusive right.

exclusivo/a   Exclusive.

excluyente   Excusing, exculpatory, justifying, excluding.

excursión   Excursion, discussion.

excusa   Excuse, exception, exemption.
— **de noticia de rechazo,** waiver of notice of dishonor.
— **de protesto,** waiver of the objection.
— **para conocer,** disqualification to hear a case.

excusar   To excuse, exempt.

exención   Exemption.
— **contributiva,** tax exemption.
— **fiscal,** tax exemption.
— **personal,** personal exemption.
— **tributaria,** tax exemption.

exentar   To exempt, excuse, be free of obligations.

exento   Exempt, freed.
— **de contribución,** tax exempt.
— **de derechos,** duty free.
— **de impuestos,** tax exempt.

exheredar   To disinherit.

exhibición   Exhibition, exposition, payment on an installment.
— **íntegra,** payment in full.
— **impúdica,** indecent exposure.

exhibir   To exhibit, display, present, make payment.

exhortar   To exhort, admonish.

exhorto   Letters rogatory.

exhumación ilegal   Illegal exhumation.

exigible   Demandable.

exigir   To demand, exact, levy.
— **sin derecho,** to extort, coerce.

exilio   Exile.

eximente   Exculpatory, excusing, exempting, justifying.

eximir   To exempt, except, remit, excuse.

exoneración   Exoneration.

exonerar   To exonerate, discharge, acquit, dismiss.

exordio   Exordium.

expectante   Expectant, abeyant.

expectativa de vida   Life expectancy

expedición   Expedition, dispatch, shipment, issue.

expedidor   Shipper, dispatcher, issuer (of a check).

expediente   File, record.
— **de despido,** notice of discharge.
— **judicial,** court record.

expedienteo   Red tape.

expedir   To issue, forward, ship, send.
— **un auto,** to issue a writ.
— **un cheque,** to issue a check.
— **disposiciones,** to render decisions.

— **una orden judicial,** to issue a judicial order.
— **una patente,** to issue letters patent.

expendedor   Dealer, distributor, retail merchant.

expender   To sell, handle, deal, disburse.

expensas   Costs.

experticia   Expert opinion.
— **de avalúo,** expert appraisal.
— **de consejo,** expert advice.

experto   Expert.

expirar   To expire, lapse, die.

explicable   Explainable, accountable.

explícito   Explicit, express, clear, definite.

explotación   Exploitation.

expoliar   To despoil, forcibly enter.

exponente   Exponent, deponent.

exponer   To express, reveal, expound, state, declare.

exposición   Exposition, complaint, declaration, statement.

expósito   Foundling.

expositor   Exhibitor, commentator.

expresar   To express, state, say.
— **agravio,** to plead.

expropiación   Expropriation, condemnation.
— **colectiva,** expropriation of debtor's property for the benefit of all his creditors.
— **forzosa,** condemnation under right of eminent domain.
— **individual,** expropriation for the benefit of one creditor.

expropiado   Condemnee.

expropiador   Condemnor.

expropiar   To expropriate, condemn property for the public use.

extender   To extend, expand, prolong, draw up.
— **el plazo,** to extend the time.
— **los asientos,** to make the entries.
— **un contrato,** to draw up a contract.

extensión   Extension, extent, expanse, expansion.

extinción   Extinguishment, liquidation, annulment, exhaustion, extinction.

extinguir   To extinguish, annul, pay off, discharge, cancel.

extintivo   Extinctive, extinguishing, terminating, canceling.

extornar   To refund, return.

extorno   Refund, drawback, reversing entry.

extorsión   Extortion, blackmail.

extorsionador   Extortioner, extortionist.

extracartular   Unofficial.

extracta   True copy.

extracto   Abstract, summary, excerpt.
— **de balance,** summarized balance sheet.
— **de la cuenta,** statement of the account.

extradición   Extradition.

extrajudicial   Extrajudicial, out of court.

extrajuridico/a   Unlawful.

extralimitación   Transgression.

extramatrimonial   Extramarital.

extranjería   Alienage.

extranjero   Alien.

extraoficial   Unofficial.

extraprocesal   Out of court.

extraterritorial   Extraterritorial.

extremo   Extreme, end, last.
— **de la demanda,** the amount demanded.
— **de la sentencia,** amount of judgment asked for.

extrínseco   Extrinsic.

F

fabricar   To fabricate, falsify, forge, deceive, construct.

facción de testamento
Testamentary capacity.
— **activa,** capacity to make a will.
— **pasiva,** ability to inherit.

facilitar   To facilitate, make easy, furnish, give.
— **informes,** to furnish information.

factor   Factor, element, joint cause, agent, bailee, manager.

factoraje   Factorage.

factum   Factum, fact.

factura   Invoice, itemized bill.
— **comercial,** commercial invoice, bill.
— **consular,** consular invoice.
— **de venta,** bill of sale.

facturar   To invoice, bill, check.

facultad   Faculty, ability, aptitude, power, right, university school or college.
— **de derecho,** law school.
— **de nombramiento,** power of appointment.
— **de testar,** capacity to make a will.
— **personal,** right to file a suit.

facultar   To authorize, empower, enable.

facultativo   Optional.

falacia   Deceit.

falaz   Illusive, false, deceitful.

falencia   Bankruptcy, mistake, misrepresentation.

falsario   Forger, counterfeiter, crook, liar.

falsas apariencias   False pretenses.

falsear   To falsify, counterfeit, forge.

falsedad   Falsehood, falsity, misrepresentation, lie.
— **fraudulenta,** fraudulent misrepresentation.
— **importante,** material misrepresentation.
— **inocente,** innocent misrepresentation.
— **justiciable,** actionable misrepresentation.
— **negligente,** negligent misrepresentation.

falsía   Fraud, duplicity, deceit, falsity.

falsificación   Falsification, forgery, misrepresentation.

falsificador   Forger, counterfeiter.

falsificar   To falsify, forge, counterfeit, materially alter, change.

falso   False, untrue, unreal, deceitful, dishonest, sham, artificial.

falsos pretextos   False pretenses.

falta   Fault, flaw, lack, want, mistake, deceit, failure, error, misdemeanor.
- **de aviso,** failure to give notice.
- **de capacidad,** lack of legal capacity.
- **de causa,** lack of consideration.
- **de cumplimiento,** noncompliance, nonperformance, nonfulfillment.
- **de entrega,** lack of delivery.
- **de fondos,** insufficient funds.
- **de jurisdicción,** lack of jurisdiction.
- **de manutención,** nonsupport, failure to support.
- **de pago,** nonpayment.
- **de partes,** lack of proper parties.
- **de prueba,** lack of evidence.
- **de uso,** nonuse.
- **grave,** felony.

faltar   To be short, lack, be lacking, default.

falla   Failure, fault, defect.
- **de causa,** failure of consideration.
- **de caja,** cash shortage.

fallar   To fail, default, render a verdict, render a judgment.
- **sin lugar,** judgment to dismiss without leave.

fallecer   To die.

fallecimiento   Death, decease, failure, bankruptcy.

fallido   Insolvent, bankrupt, frustrated.
- **culpable,** involuntary bankruptcy.
- **fraudulento,** fraudulent bankruptcy.
- **rehabilitado,** discharged bankruptcy.

fallo   Verdict, finding, judgment, decision, rule.
- **administrativo,** administrative order.
- **arbitral,** arbitrator's award.
- **condenatorio,** judgment of conviction.
- **de deficiencia,** deficiency judgment.
- **del jurado,** verdict by the jury.
- **judicial,** judicial decision.

fama   Fame, reputation, repute.

familia   Family.

fase   Phase, stage.

fatal   Fatal, mortal, deadly, final, not.

fatalidad   Fatality.

favorecedor   Endorser of an accommodation bill.

favorecido   Maker of an accommodation bill.

fe   Certificate.

fe notarial   Affidavit.

fecha   Date.
- **fija,** day certain.
- **límite,** deadline.

— **de caducidad,** expiration date.
— **de presentación,** filing date.
— **de registro,** date of record.
— **de vencimiento,** due date.
— **de vigencia,** effective date.
— **efectiva,** effective date, value date.

fechar   To date.

fechoría   Misdeed, crime, malfeasance.

fedatario   One who attests to a document, notary public.

federación   Federation.

federal   Federal.

federalismo   Federalism.

fehaciente   Genuine, authentic.

feria judicial   Court holiday.

feticida   Murderer.

feticidio   Feticide.

feudatario de uso   Feoffee of uses.

feudo   Fee, feoffment.

fiable   Responsible, trustworthy.

fiado   Person under bond, on credit.

fiador   Bondsman, surety, guarantor, bailor.
— **mancomunado,** joint surety.

fianza   Bond, surety, bail, security, guarantee, written instrument that evidences a debt.
— **carcelaria,** bail.
— **de almacén,** warehouse bond.

— **de apelación,** appeal bond.
— **de arraigo,** special bail.
— **de averías,** average bond.
— **de caución,** surety bond.
— **de comparecencia,** bail bond.
— **de contratista,** contractor's bond.
— **de contrato a gruesa,** bottomry bond.
— **de cumplimiento,** performance bond, construction bond.
— **de declaración única,** single entry bond.
— **de desembarque,** landing bond.
— **de embargo,** attachment bond.
— **de entredicho,** injunction bond.
— **de fidelidad,** fidelity bond.
— **de garantía,** surety bond.
— **de incumplimiento,** penalty bond.
— **de litigante,** court bond.
— **de manejo,** fidelity bond.
— **de manutención,** maintenance bond.
— **de postura,** bidder's bond.
— **de recuperación,** replevin bond.
— **de seguridad,** surety bond.
— **de subastador,** auctioneer's bond.
— **general,** blanket bond.
— **hipotecaria,** mortgage.
— **judicial,** judicial bond.
— **notarial,** notary bond.
— **particular o personal,** personal surety.
— **prendaria,** collateral security bond.
— **solidaria,** surety bond.

fiar   To give surety, give credit.

fiat   Fiat.

ficción   Fiction, sham

ficticio   Fictitious, imaginary.

ficha dactiloscópica   Fingerprint record.

ficha delictiva   Criminal record.

fidedigno   Trustworthy, reliable.

fideicomisario   Trustee.
— **en una quiebra,** bankruptcy trustee.
— **judicial,** trustee appointed by the court.

fideicomiso   Trust.
— **activo,** active trust, living trust.
— **caritativo,** charitable trust.
— **comercial,** business trust.
— **de beneficiencia,** public trust.
— **de fondos depositados,** funded trust.
— **de jubilaciones,** pension trust.
— **de seguro de vida,** life insurance trust.
— **de sociedad anónima,** corporate trust.
— **definido,** express trust.
— **discrecional,** discretionary trust.
— **expreso,** express trust.
— **formalizado,** executed trust.
— **gradual,** testamentary trust.
— **implícito,** constructive trust.
— **impuesto,** constructive trust.
— **inter vivos,** inter vivos trust.
— **para los pródigos,** spendthrift trust.
— **para votación,** voting trust.
— **particular,** private trust.
— **pasivo,** passive trust.
— **perpetuo,** irrevocable trust.

— **por formalizar,** executory trust.
— **privado,** private trust.
— **público,** public trust.
— **resultante,** resulting trust.
— **secreto,** secret trust.
— **sin depósito de fondos,** unfunded trust.
— **testamentario,** testamentary trust.
— **universal,** universal trust.
— **voluntario,** voluntary trust.

fideicomsor   Trustee.

fideicomitente   Trustor, settlor.

fidelidad   Fidelity, faithfulness, loyalty, allegiance.

fiducía   Trust.

fiduciante   Trustor, settlor.

fiduciario   Fiduciary, fiducial, trustee.

fiel   Faithful, true, accurate.
— **copia,** true copy.
— **cumplimiento,** true performance.

fieldad   Surety, guaranty.

fijar   To settle, fix, establish, determine.

filiación   Filiation.

filial   Subsidiary, filial.

finado   Deceased, decedent.

financiar   To finance.

financiero   Financier, financial, fiscal, monetary.

finanzas   Finance.

finca   Farm, plantation, real estate, land.

finiquitar   To settle, end, close.

finiquito   Settlement, quittance, quitclaim, discharge.

firma   Signature, firm, firm name, name of a person as affixed by his own handwriting.
— **autorizada,** authorized signature.
— **comercial,** business enterprise, business signature.
— **de favor,** accommodation endorsement, done as a favor, without consideration.
— **en blanco,** blank signature.
— **social,** corporation.

firmado de propio puño   Signed in the person's own handwriting.

firmador   Signer, maker of a note.

firmante   Signer, maker, drawer.
— **conjunto,** cosigner.
— **por acomodación,** accommodation maker.

firmar   To sign, execute.

firme   Firm, definite, certain, solid, irrevocable.

firmo y sello la presente   Hereunder I set my hand and affixed the seal.

fiscal   Prosecutor, district attorney, auditor, controller, fiscal, financial.

fiscalía   Government attorney's office, inspector's office, district attorney's office, office of prosecutor.

fiscalización   Supervision, inspection.

fiscalizador   Inspector, tax inspector, tax auditor.

fisco   National treasury, Internal Revenue Service.

flagrante   Flagrant, openly, scandalous.

fletador   Freighter, charterer, carrier.

fletamento   Charter.
— **de ida y vuelta,** round-trip charter.
— **por tiempo,** time charter.
— **por viaje,** trip charter.

fletar   To charter, hire, freight.

flete   Freight, freightage, freight rate.
— **bruto,** bulk charter rate.
— **eventual,** contingent freight.
— **neto,** net cost of the charter.

flotar   To float.
— **un empréstito,** to float a loan.

flotante   Floating, ongoing, fluctuating, uncommitted.

folio   Folio, page.

fomentador   Promoter, developer.

fomentar   To promote, encourage, foment, foster.

fondo   Fund, base, a sum of money.
— **acumulativo,** sinking fund.
— **amortizante,** sinking fund.
— **de comercio,** stock in trade.
— **de la cuestión,** merits of the case.

— **de inversión,** mutual fund.

— **de previsión,** pension/welfare fund.

— **de reserva,** reserve fund.

— **fiduciario,** trust fund.

— **fiduciario irrevocable,** irrevocable trust fund.

— **jubilatorio,** retirement fund.

— **mutualista,** mutual fund, open-end investment company.

— **reservado,** contingency fund.

— **social,** corporate assets of a partnership.

Fondo Monetario Internacional International Monetary Fund.

fondos   Funds.

— **de concurso,** bankruptcy funds.

— **en plica,** funds in escrow.

— **fiduciarios,** trust funds.

— **públicos,** public funds.

forajido   Fugitive, outlaw, highwayman, bandit.

foral   Statutory.

foralmente   Judicially, legally.

foráneo   Alien.

forense   Forensic.

forjador   Forger, counterfeiter.

forma   Form, shape, figure, manner, format, blank.

formal   Formal, serious, trustworthy, punctual, reliable.

formalidad   Formality, reliability, gravity, dignity, punctuality, red tape.

formalismo   Formalism, formality, red tape.

formalizar   Formalize, legalize, execute, formalize.

formar   To form, give shape, draw up.

— **proceso,** to bring suit, file an action.

fórmula   Formula, form, manner, method.

— **de propuesta,** manner of proposal.

formular   To formulate, draw up.

— **cargos,** to file charges.

— **denuncia,** to make an accusation.

— **oposición,** to make an objection.

— **una pregunta,** to ask a question.

— **una reclamación,** to file a claim.

formulatorio   Blank form.

— **de solicitud,** application.

formulismo   Red tape.

fornicación   Fornication.

foro   The bar, legal profession, court.

fortuito   Fortuitous, accidental, casual, unexpected.

fortuna   Fortune, fate, chance, wealth.

forzar   To force, compel.

forzoso   Compulsory, obligatory, unavoidable.

fracasar   To fail, be unsuccessful, fall through.

fracaso   Failure, ruin, lack of success.

fragante   Flagrant, notorious, outrageous.

fraguar   To scheme, plot.

franco   Franc, frank, free, on leave, exempt.
— **a bordo,** free on board (FOB).
— **al costado vapor,** free alongside (FAS).
— **de derechos,** duty free.
— **en almacén,** without warehousing charges.
— **en el muelle,** without charge on dock.
— **sobre rieles,** free on board (FOB).

franquear   To exempt, free, prepay, clear, dispatch, affix the proper postage.

franqueo   Postage, prepayment, clearance.

franquicia   Franchise, grant, exemption, privilege, liberty, privilege of doing business.

fraternal   Fraternal.

fraticida   Fratricide.

fratricidio   Fratricide.

fraude   Fraud, deceit, deception, trickery.
— **de acreedores,** credit fraud.
— **de hecho,** actual fraud.
— **electoral,** electoral fraud.
— **extrínseco,** collateral fraud.
— **fiscal,** tax fraud.

— **implícito,** constructive fraud.
— **presuntivo,** constructive fraud.

fraudulento   Fraudulent, tricky, deceitful, dishonest.

frente   Front, face of a document.
— **obrero,** labor organization.
— **patronal,** employer association.

frívolo   Frivolous, trivial, insufficient.

frontera   Frontier, border, facing.

fructuario   Usufruct.

fructuoso   Fruitful, successful, profitable, productive.

frugal   Frugal, economical, saving, thrifty.

frustración   Frustration, failure, not being able to accomplish a purpose.

frustrar   To frustrate, thwart, foil, fail.

frustráneo   Ineffective, useless.

frutos   Fruits, products, commodities.
— **cultivados,** emblements, cultivated crops.
— **del país,** national products.
— **industriales,** commodities, manufactured products.
— **naturales,** natural products.

fuego perjudicial   Hostile fire, arson.

fuegos artificiales   Fireworks.

fuente   Fountain, source, origin, spring.
— **confiable,** dependable source.
— **de ingresos,** source of income.
— **fidedigna,** reliable source.
— **informativa,** source of information.

fuentes   Sources, origins.
— **de derecho,** legal sources.
— **jurídicas implícitas,** custom and usage.

fuera   Out, outside, beyond.
— **de audiencia,** out of court.
— **de juicio,** extrajudicial.
— **de lugar,** irrelevant.
— **de matrimonio,** out of wedlock.
— **de orden,** out of order.
— **de plazo,** out of time.
— **de razón,** unreasonable.
— **de tiempo,** not timely.

fuero   Jurisdiction, forum, court, code of law, common law, privilege.
— **auxiliar,** ancillary jurisdiction.
— **común,** court of equity.
— **concurrente,** concurrent jurisdiction.
— **de atracción,** ancillary jurisdiction.
— **de los concursos,** bankruptcy court.
— **de las sucesiones,** probate.
— **exclusivo,** exclusive jurisdiction.

fuerza   Strength, force, power.
legal, legal force, force of law.
— **mayor,** act of God, fortuitous act.
— **probatoria,** probative value.
— **pública,** police force.

fugarse   To escape, jump bail, flee.

fugitivo   Fugitive, brief, fleeting.

fulminar   To thunder, utter.

fullero   Cardsharp, crooked gambler, cheat, swindler.

funcionario   Public employee, officer, official, executive.
— **competente,** authorized officer.
— **corporativo,** corporation executive.
— **de carrera,** civil service employee.
— **interino,** provisional civil service employee.
— **público,** public official.

funcionarismo   Bureaucracy.

fundabilidad   Admissibility, quality of being admissible.

fundación   Foundation.

Fundado   Founded, well founded, admissible.

fundar   To found, establish, erect, base.
— **un agravio,** to make a complaint.
— **recurso,** to file an appeal.

fundo   Country estate, rural property, farm.
— **maderero,** timberland.
— **minero,** mining claim.

fungibles   Fungible goods, replaceable, expendable.

fungir   To act in place of another.

furtivo   Furtive, sly, secret.

fusión   Fusion, merger,
amalgamation.
    — **de intereses,** pooling of
      interests.
    — **de títulos,** merger of titles.
    — **horizontal,** merger of
      competing corporations.
    — **vertical,** consolidation.

fusionar   To merge, join, unite,
consolidate.

G

gabela   Tax.

gabinete   Cabinet, advisory council.

gaceta   Gazette, official newspaper, professional periodical.
— **oficial,** official bulletin.

gajes   Perquisites, privileges, benefits.
— **del oficio,** drawbacks of the trade.

gamberro   Thug.

ganancia   Profit, gain, something extra, earnings.
— **en operaciones,** operating profit.
— **líquida,** net profit.

ganancias   Earnings, profits.
— **brutas,** gross profits.
— **de capital,** capital gains.
— **de coyuntura,** unearned profits.
— **excesivas,** surplus profits.
— **gravables,** taxable profits.
— **no distribuidas,** undivided profits.
— **previstas,** anticipated gains.
— **y pérdidas,** profits and losses.

gananciales   Marital property.

ganancioso   Lucrative, profitable.

ganar   To gain, win, earn, profit.

ganzúas   Master key, pick lock.

garante   Guarantor, warrantor, bondsman, surety.

garantía   Guarantee, warranty, guarantee, security, covenant.
— **afirmativa,** affirmative warranty.
— **colateral,** collateral covenant.
— **continua,** continuing guaranty.
— **de la prueba,** right to submit evidence.
— **flotante,** provisional warranty.
— **hipotecaria,** real security.
— **incondicional,** absolute guaranty.
— **mancomunada,** joint warranty.
— **particular,** special guaranty.
— **personal,** personal guaranty.
— **pignoraticia,** secured guaranty.
— **prendaria,** collateral.
— **procesal,** bond for court costs.
— **provisional,** binder.
— **solidaria,** joint and several guaranty.

garantías   Warranties, guarantees.
— **constitucionales,** constitutional rights.
— **escritas,** expressed warranties.
— **implícitas,** implied warranties.
— **procesales,** due process of law.

garantizado   Guaranteed, warranted.

garantizador   Warrantor.

garrote   Garrote.

gastos   Expenses, costs, charges.
— **administrativos,** administration expenses.

— **aduanales,** customhouse charges.
— **bancarios,** bank charges.
— **causídicos,** litigation expenses.
— **corrientes,** operating costs.
— **de capital,** capital expenses.
— **de establecimiento,** capital charges.
— **de explotación,** operating costs.
— **de fomento,** development expenses.
— **de iniciación,** start-up expenses.
— **de operación,** operating expense.
— **fijos,** fixed charges.
— **financieros,** finance charges.
— **indirectos,** general expenses, overhead.
— **legales,** legal expense.

genealogía   Genealogy.

generación   Generation.

general   General.

generales   Personal information, pedigree information.

género   Merchandise, gender.

gentilicio   National.

genuino   Legitimate, real, original.

gerencia   Management, administration.

gerente   Manager, administrator.

gestión   Action, step, maneuver, intervention, handling, negotiation, transaction.

— **judicial,** legal action, judicial proceeding.
— **procesal,** court proceeding.

gestionar   To negotiate, take up, deal with.
— **en juicio,** to litigate.
— **en nombre de,** to act in the name of.
— **fondos,** to negotiate funds, raise money.
— **pago,** to demand payment.
— **un empréstito,** to negotiate a loan.
— **una patente,** to apply for a patent.

gestor   Promoter, agent, representative, negotiator.
— **afecto,** sole agent.
— **de negocios,** business representative, business agent.
— **oficioso,** unofficial representative.

girado   Drawee.

girador   Drawer, maker.

girar   To draw, do business, trade, remit.
— **a cargo de,** to draw against.
— **dinero,** to draw money.
— **en descubierto,** to overdraw.
— **un cheque,** to draw a check.
— **un oficio,** to issue an official communication.

giro   Draft, business, enterprise, order for payment.
— **a plazo,** time draft.
— **a la vista,** sight draft.
— **bancario,** cashier's check, money order.
— **comercial,** commercial draft.
— **documentario,** documentary draft.

— **económico,** finance bill.
— **en descubierto,** overdraft.
— **postal,** postal money order.
— **renovado,** redraft.
— **simple,** clean draft.

glosa   Explanatory note, annotation, audit, comment.

glosador   Auditor, commentator, annotator.

gobernador   Governor.

gobernar   To govern, rule, manage, direct, control.

gobierno   Government, control, management.

golfo   Thug, hooligan.

golpear   To hit, strike.

golpe   Blow, punch.
— **de estado,** coup d'etat.

gozar   To enjoy, have possession of, have the right to.
— **de un derecho,** to have and/or enjoy a right.
— **de una renta,** to have and/or enjoy an income.
— **de un voto,** to have the right to vote.

grabación   Recording.

grabadora   Tape recorder, recorder.

gracia   Grace, favor, gift, pardon, mercy, commutation of a sentence.

gracioso   Amusing, funny, witty, graceful, gratuitous, free.

grado   Grade, stage, step, degree.

graduación   Graduation, grading, appraisal, classification.
— **de cauciones,** marshaling securities.
— **de crédito,** credit rating.
— **de créditos,** order of preferences for the creditors.

gráfico   Graphic, vivid, lifelike.

granja   Grange, farm, country house.

gratificación   Reward, gratuity, fee, bonus, recompense, reward.

gratis   Free of charge, gratuitous.

gratuito   Gratuitous, free, without charge.

gravable   Taxable.

gravado   Encumbered, pledged.

gravamen   Lien, encumbrance, tax, assessment.
— **a la importación,** import tax.
— **agrícola,** agricultural lien.
— **bancario,** banker's lien.
— **de construcción,** mechanic's lien.
— **de valorización,** improvement tax.
— **de vendedor,** vendor's lien.
— **equitativo,** equitable lien.
— **fiscal federal,** federal tax lien.
— **hipotecario,** lien secured by a mortgage.
— **inmobiliario,** real estate lien.
— **marítimo,** maritime lien.
— **por fallo,** judgment lien.
— **posesorio,** possessory lien.
— **precedente,** prior lien.
— **real,** real estate lien.
— **sobre bienes muebles,** chattel mortgage.

— **sucesorio,** estate tax, inheritance tax.

gravar   To tax, assess, mortgage, encumber, pledge.

gravoso   Extortionate, expensive, offensive.

gremio   Labor union, guild, society.

grilletes   Shackles.

grillos   Shackles.

grupo de presión   Lobby group.

guarda   Guard, keeper, custody.

guardador   Guardian, keeper, custodian.

guardar decisión   To reserve decision.

guardia   Guard, protection force, custody, constable, police man.
— **urbano,**   municipal police.

guardián   Guardian, custodian, policeman.

guarismo   Figure, number.

gubernamental   Governmental.

gubernativo   Governmental, administrative.

guerra   War.
— **de nervios,** cold war.
— **de tarifas,** price war.

guía   Guide, directory, handbook, leader, timetable, waybill.
— **aérea,** air waybill, air bill of lading.

— **de depósito,** warehouse receipt.

guiar   To guide, drive.
— **un pleito,** to conduct a lawsuit.
— **sin licencia,** to drive without a license.

H

habeas corpus   Habeas corpus.

haber   Credit, property, salary, credit balance, have.
— **jubilatorio,** pension, retirement pay.
— **lugar,** to lie, be acceptable, have standing.
— **social,** assets of a partnership.
— **y deber,** debits and credits, assets and liabilities.

haberes   Property, resources, wages.

habiendo prestado juramento Being duly sworn.

hábil   Able, skillful, capable, qualified, competent, clever, dexterous.

habilitación   Authorization.
— **de días y horas hábiles,** to hear a matter on a non-court day.

habilitado   Businessman financed by someone else, paymaster, representative, authorized.

habilitador   Creditor.

habilitar   To enable, equip, qualify, validate, finance, provide, furnish.

habitable   Habitable.

habitante   Inhabitant, resident.

hábito   Habit, custom.

habitual   Habitual, customary.

habitualmente   Habitually, customarily.

hacedero   Feasible, practicable, capable of being done.

hacendado   Landholder.

hacer   To do, make, form, cause.
— **acto de presencia,** to be present.
— **capaz,** to enable, qualify.
— **caso omiso,** to ignore.
— **cesión,** to assign, transfer a right from one to another.
— **constar,** to put on the record, make it known.
— **cumplir,** to enforce, put into effect.
— **diligencia,** to take measures, do business.
— **efectivo,** to cash, collect, carry out.
— **gestiones,** to take the necessary steps.
— **hincapié,** to emphasize, stress, insist upon.
— **juramento,** to take an oath.
— **lugar,** to make room, justify, support, approve.
— **responsable,** to hold someone responsible.
— **saber,** to make it known, notify, advice, inform.
— **trampas,** to cheat.
— **un empréstito,** to make a loan.
— **un pedido,** to place an order.
— **una denuncia,** to file a police report.
— **una redada,** to conduct a raid.
— **uso de la palabra,** to take the floor, speak.
— **valer,** to enforce, assert, put into effect.

hacerse   To become, grow.
— **garante,** to become a surety.
— **cargo de,** to take over.

hacienda   Treasury, finance,
property, wealth, estate, large farm.
— **particular,** private property.
— **pública,** public treasury.
— **social,** assets of a corporation
or assets of a partnership.

hagase saber   Let it be known,
know all men.

hallar   To find, discover, find out.

hallazgo   Find, discovery, reward,
finding.

hampa   Underworld.

hampón   Gangster.

hazaña   Deed, exploit, feat.

hecho   Fact, act, deed, event, done,
made.
— **ajeno,** thing done by another.
— **conforme a la ley,** done in
accordance with the law.
— **contrario a la ley,** done
against the law.
— **fabricado,** fabrication.
— **ilícito,** illegal act.
— **operante,** principal fact,
material fact.
— **tangible,** material fact.

hechos   Deeds, facts, something
that took place.
— **evidenciales,** evidentiary
facts.
— **influyentes,** material facts.
— **justificativos,** evidentiary
facts.
— **litigiosos,** disputed facts.
— **pertinentes,** material facts.

— **probados,** proven facts.
— **probatorios,** evidentiary
facts.
— **sobrevenidos,** events that
occur after a trial is underway.

heredable   Inheritable.

heredad   Parcel of land, rural
property, estate, farm, homestead.
— **dominante,** dominant estate.
— **residual o residuario,**
residuary estate.
— **yacente,** inheritance not yet
received.

heredado   Inherited.

heredamiento   Hereditament,
property, rights.

heredar   To inherit, bequeath, leave
in a will.

heredero   Heir, legatee, inheritor.
— **adoptivo,** heir by adoption.
— **aparente,** heir apparent.
— **colateral,** collateral heir.
— **condicional,** contingent heir.
— **del remanente,** residuary
legatee.
— **en expectativa,** expectant
heir.
— **en linea recta,** direct lineal
heir.
— **fideicomisario,** testamentary
trust heir.
— **forzoso,** heir by necessity.
— **legal,** legal heir.
— **legítimo,** heir at law.
— **libre,** legal heir, unconditional
heir.
— **particular,** named legatee.
— **por consanguinidad,** heir by
consanguinity.
— **por estirpe,** heir per stirpes.
— **presunto,** presumptive heir.

— **pretérito,** pretermitted heir.

— **testamentario,** testamentary heir.

— **único,** sole heir.

— **universal,** residuary legatee.

hereditario   Hereditary, inherited, inherit.

herencia   Inheritance, legacy, hereditament, heritage.

— **conjunta,** coparceny, joint inheritance.

— **vacante,** estate without known heirs.

herida   Wound, physical injury.

heroina   Heroin.

higiene pública   Public health, health and welfare.

hijastro/a   Stepchild.

hijo   Child, issue.

— **adoptivo,** adopted child.

— **adulterino,** illegitimate child.

— **bastardo,** non-marital child.

— **de crianza,** adopted child, foster child.

— **de la cuna,** foundling.

— **emancipado,** emancipated child.

— **natural,** natural child, born of unmarried parents.

— **póstumo,** posthumous child.

— **putativo,** putative child.

hijuela   Portion of an estate.

hipoteca   Mortgage.

— **a la gruesa,** bottomry bond.

— **cerrada,** closed mortgage.

— **colectiva,** blanket mortgage.

— **convencional,** conventional mortgage.

— **de bienes muebles,** chattel mortgage.

— **de inquilinato,** leasehold mortgage.

— **en primer grado,** first mortgage.

— **en segundo grado,** second mortgage.

— **indeterminada,** open-ended mortgage.

— **judicial,** court-ordered mortgage.

— **mobiliaria,** chattel mortgage.

— **posterior,** underlying mortgage.

— **prendaria,** chattel mortgage.

— **secundaria,** underlying mortgage.

hipotecable   Mortgageable.

hipotecar   To mortgage, pledge.

hipótesis   Hypothesis.

hipotético   Hypothetical.

hispano   Hispanic, Spanish, Spanish-speaking person.

histeria   Hysteria.

hogar   Home, homestead, hearth.

— **de menores,** group home.

hológrafo   Holograph, holographic.

hombre bueno   Arbitrator, referee.

homicida   Murderer, homicidal, murderous.

homicidio   Homicide.

— **accidental,** involuntary homicide, criminally negligent homicide.

— **culposo,** murder.

— **en riña tumultuaria,** riot death.

— **imperfecto,** attempted homicide.

— **impremeditado,** non-premeditated homicide.

— **inculpable,** excusable homicide.

— **involuntario,** involuntary homicide.

— **piadoso,** mercy killing, euthanasia.

— **por negligencia,** negligent homicide.

— **preferintencional,** felony murder.

— **premeditado,** premeditated homicide.

— **proditorio,** murder with malice aforethought.

homologación Approval, confirmation.

homologar Confirm.

honestidad Honesty.

honesto Honest, fair, just, chaste.

honorable Honorable, reputable, reliable, trustworthy.

honorarios Honorarium, fee.
— **condicionales,** conditional fees.
— **facultativos,** professional fees.

honradez Honesty, integrity, fairness.

honrado Honest, honorable, reputable.

horario Timetable, schedule.

horas extraordinarias Overtime.

horca Gallows.

hospedar To lodge.

hospicio Asylum, orphanage.

hoy en día Nowadays.

huelga Strike.
— **de brazos caídos,** work slowdown.
— **de brazos cruzados,** sit-down strike.
— **de hambre,** hunger strike.
— **de solidaridad,** sympathy strike.
— **descabellada,** wildcat strike.
— **general,** general strike.
— **intergremiál,** jurisdictional dispute.
— **patronal,** lock out.

huellas digitales Fingerprints.

huérfano Orphan.

huida Flight, escape.
— **de capitales,** removal of capital.

huir To flee, escape, avoid.

humanitario Humanitarian, humane, kind, charitable.

humilde Humble.

hundir To sink, submerge, crush, destroy, oppress.

hurtar To steal, rob.

hurto   Robbery, larceny, theft, burglary.
   — **calificado,** aggravated larceny.
   — **con circunstancias agravantes,** aggravated larceny.
   — **de uso,** theft of services.
   — **en tiendas,** shoplifting.
   — **mayor,** grand larceny.
   — **menor,** petty larceny.

I

identidad Identity.
— **de las partes,** identity of the parties.

identificación Identification.
— **de automotores,** vehicle identification number.

identificar To identify.

idiotez Idiocy.

idoneidad Expertise, suitability.

idóneo Competent, genuine, qualified, suitable, fit.

ignorantia juris non excusat (Lat.) Ignorance of the law is no excuse.

ignoto Unknown, undiscovered.

igual Equal, even, uniform, constant.

iguala Retainer, agreement, fee settlement.

igualar To equal, match, adjust, retain for a fixed period, settle.

igualdad Equality, likeness, the same.
— **ante la ley,** equal rights under the law.
— **procesal,** procedural equality.

igualitario Equitable, equalitarian.

ilegal Illegal, unlawful, illicit.

ilegalidad Illegality, unlawfulness.

ilegítimo Illegitimate, illegal, unlawful, out of wedlock.

ileso/a Unharmed.

ilícito Illicit, unlawful, illegal.

ilicitud Illegality, unlawfulness.

ilimitado Unlimited.

illatio (Lat.) Theory of constructive possession.

ilusorio Illusory, imaginary, fictitious, unreal, false, deceptive, false.

ilustre Illustrious, distinguished.

imbecilidad Imbecility.

imborrable Indelible.

imitación Imitation.

imitado Imitated, false, spurious.

impagable Unpayable, not payable.

impago Unpaid.

imparcial Impartial, neutral, unbiased, fair.

impedimento Impediment, hindrance, obstacle, encumbrance, opposition, estoppel, disability, civil disability.
— **absoluto,** absolute impediment.
— **de disparidad de culto,** impediment due to differing faiths.
— **de edad,** impediment due to minority.
— **de escritura,** estoppel by deed.

— **de impotencia,** impediment due to impotence.

— **de muerte dolosa del cónyuge anterior,** impediment due to death of prior spouse.

— **de registro público,** estoppel by record.

— **legal,** legal impediment, estoppel.

— **por parentesco,** impediment due to consanguinity.

— **por tergiversación,** estoppel by agency.

— **promisorio,** promissory estoppel.

impedir   To impede, hinder, prevent, estop.

impeditivo   Impeding.

impensado   Unforeseen, unexpected.

imperativo   Imperative, urgent, compelling, required.
— **legal,** legal requirement.

imperecedero   Enduring, everlasting.

imperfecto   Imperfect, incomplete, flawed, defective.

impericia   Lack of professional expertise.

imperio   Empire, rule, judicial authority, jurisdiction.
— **de la ley,** rule of law.

impersonal   Impersonal.

impertinencia   Impertinence, impudence, irrelevancy.

impertinente   Impertinent, irrelevant.

impignorable   Can not be pledged, non-transferable.

implantar   To introduce, establish, set up, implant.

implicar   To implicate, involve, imply.

implícito   Implicit, implied, tacit, constructive.

imponedor   Assessor.

imponente   Imposing, investor, contributor, depositor.

imponer   To impose, invest, levy, deposit.

imponible   Taxable, assessable, excisable.

importación ilegal de armas   Arms trafficking.

importante   Important, material.

importunar   To demand payment, importune.

imposibilidad   Impossibility, disability, inability.
— **material,** physical impossibility, impossibility of performance.

imposible   Impossible.

imposición   Imposition, burden, tax, deposit, assessment.
— **del patrimonio,** capital levy.
— **de la renta,** income tax.
— **progresiva,** progressive tax.
— **real,** real property tax.
— **sobre capitales,** capital tax.

impositivo   Pertaining to taxes.

impostergable   Unable to be continued.

impostura   Fraud, deceit, calumny, libel, false pretense.

impotencia   Impotence.

impremeditado   Unpremeditated.

imprescindible   Essential, indispensable.

impresión digital   Fingerprint, digital impression.

imprevisible   Unforeseen, contingent.

imprevisión   Lack of foresight.

imprevisto   Unforeseen, unexpected.

imprevistos   Contingencies.

improbable   Improbable, unlikely.

improbación   Disapproval.

improbar   To reject, disapprove.

improbidad   Dishonesty.

improbo   Dishonest, corrupt, shameful.

improcedencia   Illegality, indiscretion.

improcedente   Contrary to law.

improperio   Affront, insult.

improrrogable   Not extendible.

improviso   Unforeseen.

imprudencia   Imprudent, indiscretion, negligence.
— **profesional,** malpractice.
— **temeraria,** gross negligence.

imprudente   Imprudent, negligent.

impúber   One below the age of puberty, a male under 14, and a female under 12.

impuesto   Tax, duty, assessment.
— **al consumo,** excise tax.
— **adicional,** surtax.
— **de importación,** import tax.
— **de legado,** inheritance tax.
— **de mejoras inmobiliarios,** improvements of real estate.
— **de patente,** franchise tax.
— **de patrimonio,** capital tax.
— **de plusvalía,** capital gains tax.
— **de privilegio,** franchise tax.
— **de testamentaría,** inheritance tax.
— **de tonelaje,** cargo tonnage tax.
— **de transferencia,** transfer tax.
— **directo,** direct tax.
— **estatal,** state tax.
— **fiscal,** federal estate tax.
— **indirecto,** excise tax.
— **individual sobre la renta,** individual income tax.
— **inmobiliario,** real estate tax.
— **para previsión social,** Social Security tax.
— **por cabeza,** head tax, poll tax.
— **portuario,** port duty.
— **sobre actos jurídicos documentados,** stamp tax on legal proceedings.
— **sobre bienes,** property tax.
— **sobre capital declarado,** capital stock tax.
— **sobre donaciones a título gratuito,** gift tax.

— **sobre el incremento de valor de los terrenos,** real property increment tax.

— **sobre los ingresos,** income tax.

— **sobre las ventas,** sales tax.

— **sobre el lujo,** luxury goods tax.

— **sobre el valor añadido (I.V.A.),** value added tax (V.A.T.).

— **sobre ingresos de sociedades,** corporate income tax.

— **sobre plantillas de pago,** payroll tax.

— **sobre superprovecho,** excess profits tax.

— **sobre sucesiones y donaciones,** estate and gift tax.

— **sobre transferencia sucesorias,** estate transfer tax.

— **sobre utilidades excedentes,** excess profits tax.

— **sobre ventas,** sales tax.

— **suntuario,** luxury tax.

impuestos   Taxes, assessments, impositions.

— **hereditarios,** inheritance taxes.

impugnable   Exceptionable, challengeable.

impugnación   Objection, exception, impeachment.

impugnador   Objector, person raising the objection.

impugnar   To object, oppose, dispute, take an exception.

— **un testamento,** to contest a will.

impulso de ira   Heat of passion.

impunidad   Impunity.

imputar   To impute, attribute, ascribe, charge.

in   In, on, to, into, within, while, according to, in the course of, at, and among.

— **absentia,** in the absence.

— **articulo mortis,** in contemplation of death.

— **extenso,** from the beginning to the end.

— **extremis,** in the extreme.

— **fraganti,** in the very act.

— **loco parentis,** in the place of a parent.

— **pare delicto,** equally at fault.

— **personam,** an action against the person.

— **rem,** action against the thing.

— **solidum,** joint and severable.

— **stirpes,** by right of representation.

— **terminis,** in express terms.

inabrogable   Indefeasible, irrevocable.

inacción   Inaction.

inaceptable   Unacceptable, unsatisfactory.

inadmisible   Inadmissible.

inafectable   That which cannot be encumbered.

inapelable   Not appealable.

inaplazable   Not postponable.

inaplicable   Inapplicable, irrelevant.

inasistente   Absent.

inatacable   Irrefutable.

incaducable   Non-forfeitable, not subject to forfeiture.

incapaces absolutos   Totally disabled.

incapacidad   Lack of legal competency, incapacity, incompetence, disability.
— **absoluta permanente,** permanent total disability.
— **absoluta temporal,** temporary total disability.
— **física,** physical disability.
— **jurídica,** legal incompetence.
— **laboral,** inability to work.
— **mental,** mental disability.
— **parcial,** partial disability.
— **perpetua,** total disability.
— **relativa,** partial disability.
— **temporal,** temporary disability.

incapacitado   Disabled, legally incompetent, disqualified.

incapaz   Incapable, incompetent.

incautación   Attachment, seizure.

incautar   To impound, attach, confiscate, expropriate.

incauto   Unwary, headless, reckless.

incendiar   To set fire to.

incendiario   Arsonist, incendiary.

incendio   Fire, conflagration.
— **doloso,** intentional arson.
— **negligente,** negligent arson.
— **temerario,** reckless arson.

incesto   Incest.

incestuoso   Incestuous.

incidencia   Incident, consequence, charge.

incidental   Incidental.

incidente   Incident, occurrence, case.
— **de nulidad,** motion to dismiss.
— **de oposición,** exception, objection.
— **de pobreza,** in forma pauperis.

incineración   Cremation.

incipiente   Incipient, inchoate.

inciso   Clause, paragraph, subsection.

incitar   To incite, rouse, stir up, instigate.

inclemencia   Inclemency, severity, harshness.

inclemente   Unmerciful, merciless.

incluir   To include, enclose, attach, incorporate, comprise, involve.

inclusa   State-run orphanage.

inclusión   Inclusion, incorporation.
— **por referencia,** incorporation by reference.

incluso   Included, enclosed.

incoado   Inchoate, initiated, filed.

incoar   To institute.

incoherente   Incoherent, disconnected, rambling.

incomparecencia   Non-appearance.

incompatibilidad   Incompatibility.

incompatible   Incompatible, unsuitable, uncongenial.

incompetencia   Incompetence.

incompetente   Incompetent, unfit, unable, disqualified.

incomunicación   Gag order.

incomunicado   Segregated inmate.

inconcluso   Inconclusive.

inconcurso   Incontrovertible.

incondicional   Unconditional.

incondusivo   Irrelevant, immaterial.

inconexo   Irrelevant.

inconfeso   Suspect who does not admit to the facts of the crime.

inconformado   Unconfirmed, not verified.

inconforme   Dissenting.

inconformidad   Disagreement, dissent.

inconfundible   Unmistakable.

inconsecuente   Inconsistent, contradictory.

inconstitucional   Unconstitutional.

inconstitucionalidad Unconstitutionality.

incontestable   Incontestable, indisputable, incontrovertible.

incontrovertible   Incontrovertible, indisputable.

incorporal   Incorporeal.

incorporar   To incorporate.

incorpóreo   Incorporeal.

incorruptible   Incorruptible.

incosteable   Unprofitable.

incremento   Increment, increase.

incriminar   To incriminate.

inculpabilidad   Innocence.

inculpación   Accusation.

inculpable   Not guilty, innocent.

inculpado   Accused, defendant.

inculpar   To accuse, incriminate, charge with a crime.
— **se,** to self-incriminate.

inculpatorio   Inculpatory.

incumbencia   Concern, duty, obligation.

incumbir   To be the duty or concern of.

incumplido   Defaulted.

incumplimiento   Noncompliance, default, failure of performance, breach.
— **de condición,** failure of condition.
— **de contrato,** breach of contract.

— **implícito,** failure of a constructive condition.

— **por anticipación,** anticipatory breach.

incurrir   To incur, to fall into.
— **en gastos,** to incur expenses.
— **en mora,** to become delinquent on a debt.
— **en un error,** to commit a mistake.
— **en una multa,** to incur a penalty.
— **en responsabilidad,** to become liable.
— **en soborno,** to bribe.

incursión   Invasion, raid.

incurso   Liable.

indagación   Investigation, inquest, inquiry.

indagador   Investigator, examiner, inquirer.

indagar   To investigate, inquire, question.

indagatoria   Investigation, inquiry, inquest, questioning, inspection.
— **de pesquisidor,** coroner's inquest.
— **de policía,** police investigation.

indagatorio   Investigative.

indebido   Undue, improper, illegal, unlawful.

indecencia   Indecency, obscenity.

indecente   Indecent, improper, obscene, lewd, vulgar.

indeciso   Undecided, doubtful, uncertain, inconclusive.

indeclinable   Mandatory, obligatory.

indefendible   Indefensible, without a defense.

indefensión   Without a proper defense.

indefenso   Defenseless, without defense.

indefinible   Indefinable.

indefinido   Indefinite, uncertain, indeterminate.

indelegable   Nonassignable.

indemnidad   Indemnity.

indemnizable   Compensable.

indemnización   Indemnification, compensation.
— **compensatoria,** recoverable damages for loss or injury.
— **a tanto alzado,** lump-sum settlement.
— **de perjuicios,** damages for actual loss.
— **doble,** double indemnity.
— **insignificante,** nominal damages.
— **laboral,** workers' compensation.
— **pecuniaria,** damages.
— **por accidente,** accident compensation.
— **por baremo laboral,** lump-sum worker's compensation payment.
— **por daños y perjuicios,** damages.

— **por enfermedad,** sick-pay coverage.

— **por muerte,** death insurance.

— **razonable,** reasonable, adequate compensation.

indemnizar   To indemnify, compensate, reimburse for loss.

indemnizatorio   Indemnifying, compensatory.

independencia judicial   Judicial discretion, judicial freedom.

independiente   Independent.

indiciar   To inform against, to draw conclusions.

indice   Index.
— **de inflación,** inflation rate.
— **de precios al consumo,** consumer price index.

indicio   Indication, sign, clue, presumption.
— **claro,** conclusive presumption.
— **dudoso,** rebuttable presumption.

indicios   Indicia, indications, circumstantial evidence.

indigencia   Indigence.

indigente   Indigent, poor.

indignidad   Indignity.

indigno   Not trustworthy, not worthy, worthless.
— **de confianza,** untrustworthy, contemptible.

indiscutible   Indisputable, unquestionable.

indispensable   Indispensable, necessary, essential.

indisolubilidad del matrimonio   Indissolubility of marriage.

individual   Individual, personal, separate, single, particular.

individualización de la pena   Individual sentencing.

indivisible   Indivisible.

indiviso   Undivided.

indocumentado   Undocumented.

indolencia   Indolence, laziness, insensitiveness, indifference.

indubitable   Undoubted, unquestionable, indubitable.

inducir   To induce, persuade.

indudable   Not doubtful, unquestionable, certain.

indulgencia   Clemency.

indulgente   Indulgent, lenient, clement, forbearing.

indultar   To pardon, exempt, set free, forgive.

indulto   Pardon, amnesty, exemption, privilege.
— **incondicional,** full pardon.

industria   Industry, cleverness, skill.

industrial   Industrial, manufacturer, industrialist.

inédito   Unpublished, original.

ineficacia   Inefficiency, nullity, ineffectiveness.

ineficaz   Inefficient, ineffective, invalid.

inejecución   Nonperformance.

inejecutable   Unenforceable.

inembargable   Not subject to being attached.

inenajenable   Inalienable, nontransferable.

ineptitud   Incompetence.

inepto   Incompetent.

inequitativo   Inequitable, unfair, unjust.

inequívoco   Unequivocal, unambiguous.

inestimado   Unvalued, without value.

inevitable   Inevitable, unavoidable.

inexacto   Inexact, inaccurate.

inexcusable   Inexcusable, obligatory.

inexistente   Nonexistent, null, void.

inexpugnable   Indefeasible.

infamación   Defamation.

infamador   Defamer.

infamante   Infamous, defamatory, defaming.

infamatorio   Defamatory.

infame   Infamous, notorious, ill famed, despicable, villainous.

infamia   Infamy.

infancia   Infancy.

infante   Child under the age of 7.

infanticidio   Infanticide.

inferencia   Inference, implication.

inferior   Inferior, lower.

inferir daños y perjuicios   To cause damages.

infidelidad conyugal   Marital infidelity.

infidente   Disloyal, unfaithful.

infiel   Unfaithful, disloyal, faithless, inaccurate.

infirmar   To invalidate, nullify.

infligir   To inflict, impose.

influencia   Influence.
— **indebida,** undue influence.

influenciar   To influence.

influyente   Influential.

información   Information, report, brief, inquiry, inquest.
— **de abono,** verification by third parties of prior consistent testimony.
— **de pobreza,** in forma pauperis.
— **para dispensa de ley,** waiver of a legal requirement.

— **posesoria,** possessory action.
— **sumaria,** summary proceeding.
— **testimonial,** witness attestation.

informador   Informer, reporter, presenter.

informal   Informal, unconventional.

informante   Informer.

informar   To inform, report, brief.

informe   Report, information, pleading, account.
— **al jurado,** to address the jury.
— **en estrados,** plea on appeal.

infortunio   Mishap, misfortune, misery.

infra   Below, beneath, under, within.

infracción   Infringement, breach, infraction, minor violation.

infractor   Infringer, transgressor, violator.

infrapetición   Judgment for less than that demanded.

infrascrito   Undersigned, subscribed.

infringir   To infringe, violate, breach, transgress.

ingerencia   Intervention, interference, obstruction, hindrance.

ingresar   To join, deposit.

ingreso   Income, entrance, admission, entry, revenue.
— **bruto,** gross income.

— **imponible,** taxable income.
— **neto,** net income.

ingresos   Revenue, receipts, earnings, income.
— **de explotación,** operating income.
— **devengados,** earned income.
— **tributarios,** taxable income.

inhábil   Unqualified, incompetent, not suitable, unfit.

inhabilidad   Incompetence, ineligibility, disability, incompetence.

inhabilitado   Disabled, disqualified, incompetent.

inherente   Inherent.

inhibición   Inhibition, prohibition.

inhibirse   To disqualify oneself, recuse.

inhibitoria   Writ of prohibition, restraining order.

inhumano   Inhuman, cruel.

iniciar   To initiate, begin, start.
— **una acción,** to commence a legal action.
— **el juicio,** to begin the trial.
— **la sesión,** to open the meeting, open court.

inicuo   Unfair, unjust, wrong, wicked.

injuria   Injury, harm, wrong, damage, affront, insult, defamation.

injuriar   To injure, harm, damage, insult, defame.

injurioso   Injurious, offensive, damaging, insulting, defamatory.

injusticia   Injustice.

injustificable   Unjustifiable.

injustificado   Unjustified.

injusto   Unjust, unfair, unjustifiable.

inmediación   In the presence of the court, before the court.

inmediato   Immediately, near, close.

inmemorial   Immemorial.

inmigración   Immigration.

inmigrante   Immigrant.

inminente   Imminent.

inmobiliario   Real estate.

inmoderado   Immoderate, excessive, extortionate.

inmoral   Immoral, dishonest, depraved, deviant, evil.

inmuebles   Real property, immovables.

inmundo   Filthy, dirty, impure, nasty.

inmune   Immune, exempt.

inmunidad   Immunity, exemption.

inmutable   Unchangeable, invariable.

inmutar   To alter, change.

innegable   Undeniable.

innegociable   Nonnegotiable, nontransferable.

innocuo   Innocuous, harmless.

innovación   Innovation, novelty.

inobservancia justificada   Excusable neglect.

inocencia   Innocence.

inocente   Innocent.

inquilinato   Leasehold, lease, tenancy.

inquilino   Tenant, lessee, lodger, renter.

inquina   Aversion, grudge, dislike.

inquisición   Inquisition, inquiry, investigation, inquest, a judicial legal examination.

insaciable   Insatiable.

insanable   Incurable.

insania   Insanity, lunacy.
— **congénita,** congenital insanity.

insano   Insane, of unsound mind.

insatisfecho   Unsatisfied, unsettled, unpaid.

inscribir   To inscribe, register, enroll, record.

inscripción   Inscription, registration, record.

inscrito   Recorded.

insecuestrable   Not subject to seizure.

inseparable   Inseparable.

inserción   Insertion, insert.

insertar   To insert.

insinuar   To insinuate, hint, suggest.

insobornable   Not bribable.

insoluto   Unpaid.

insolvencia   Insolvency.
— **culpable,** negligent bankruptcy.

insolvente   Insolvent, bankrupt.

inspección   Inspection.
— **de labor,** work inspection.
— **ocular,** judicial inspection of the evidence.
— **sanitaria,** health inspection.
— **tributaria,** tax audit.

inspector   Inspector, overseer.

instancia   Request, petition, process, action, filing and prosecution of a case.
— **de arbitraje,** arbitration proceeding.
— **de nulidad,** plea of abatement.
— **dilatoria,** dilatory plea.
— **perentoria,** peremptory plea.
— **única,** non-appealable action.

instar   To prosecute an action, urge, press.

instigación   Instigation, abetment.

instigador   Instigator, abettor.

instigar   To instigate, abet, incite, urge, encourage.

institución   Institution, establishment, foundation.

institucional   Institutional.

instituir   To institute, establish, found.

instituto financiero   Financial institution.

instituyente   Instituting, founder.

instrucción   Instruction, proceedings, education.
— **al jurado,** jury instructions.
— **criminal,** criminal proceeding.
— **sumaria,** summary proceeding.

instruir   To instruct, teach, inform, advice, put in legal form.
— **de cargos,** to arraign.
— **sumario,** to draw up an indictment.

instrumento   Written document.
— **constitutivo,** charter.
— **de crédito,** credit instrument.
— **privado,** unrecorded documents.
— **público,** recorded document, notarized instrument.

insuficiencia   Insufficiency, inadequate.
— **de la prueba,** insufficiency of evidence, lack of proof to support a verdict.
— **evidente,** gross insufficiency.

insuficiente   Insufficient, inadequate, not enough.

intachable   Unimpeachable, exemplary.

intangible   Intangible.

integrante   Member, partner.

integrar   To integrate, fill, complete, repay.

intención   Intention, intent, purpose, plan.
— **dolosa,** criminal intent.
— **legislativa,** legislative intent.

intencional   Intentional.

intencionalidad   Premeditation.

intencionalmente   Intentionally, knowingly.

intendencia   Intendency, administration, management, headquarters.

intendente   Superintendent, commissioner.

intentar   To intend, attempt, to try.

intento   Attempt, purpose, aim.
— **de conciliación,** attempt at mediation.

inter vivos (Lat.)   Between living persons.

interdicción   Interdiction, injunction, prohibition, restraining order, quarantine.

interdicto   Interdiction, injunction, restraining order.
— **de despojo,** writ of possession.
— **de obra nueva,** injunction to suspend new construction.

— **de obra vieja,** injunction against maintaining an old building.
— **de retener,** restraining order.
— **definitivo,** permanent injunction.
— **mandatario,** mandatory injunction.
— **permanente,** permanent injunction.
— **posesorio,** writ of possession.
— **preventiva,** temporary restraining order.

interés   Interest, right, claim, share, title.
— **adverso,** adverse interest.
— **asegurable,** insurable interest.
— **beneficioso,** beneficial interest.
— **compuesto,** compound interest.
— **convencional,** conventional interest.
— **corriente,** current rate of interest.
— **creado,** vested interest.
— **de demora,** interest charged for delayed payment.
— **posesorio,** writ of possession.
— **preventiva,** temporary restraining order.

intereses   Interests.
— **accionarios,** interest on capital stock.
— **atrasados,** arrearage of interest.

interesado   Interested party, party in interest.

interesarse   To be interested.

interestatal   Interstate.

interfecto   Murder victim.

interinidad Provisional employment.

interino Provisional, acting, temporary.

interlocución Interlocutory decree.

interlocutoria Interlocutory decree.

interlocutorio/a Interlocutory.

intermediario Intermediary, middleman.

intermedio Intermediate.

interpelación Summons, citation.

interpelar To question, examine, interrogate, ask aid from, summon.

interponer To interpose, intervene, mediate, insert, propose, file.
— **excepción,** to file an exception.
— **recurso de apelación,** to file an appeal.
— **una demanda,** to file a complaint.

interposición Mediation.

interpretación Interpretation.
— **doctrinal,** dicta.
— **extensiva,** liberal interpretation.
— **judicial,** judicial interpretation.
— **literal,** literal interpretation.
— **restrictiva,** narrow interpretation.
— **usual,** customary interpretation.

interpretativo Interpretative.

intérprete Interpreter.

interrogador Interrogator, questioner.

interrogante Interrogator, questioner, questioning.

interrogar To interrogate, question, examine.

interrogativo Interrogatory, questioning.

interrogatorio Interrogatory, examination, interrogatories.
— **policial,** custodial interrogation.

interrupción Interruption.
— **del proceso,** stay of proceedings.
— **de la prescripción,** tolling of the Statute of Limitation.

intervalo lúcido Lucid period.

intervención Intervention.
— **adhesiva,** intervention to join one of the parties.
— **forzosa,** compulsory intervention.
— **policial,** police action.
— **principal,** intervention with an independent claim.

intervenir To intervene, audit, inspect, mediate, become a party.
— **en juicio,** to join in an action.
— **judicialmente,** to intervene by means of an attachment or levy.
— **el pago,** to stop payment.

interventor Auditor, controller, inspector, referee, intervener.

intestado   Intestate.

intimar   To suggest, indicate, intimate, notify.

intimación   Notification.

intimatorio   Notifying.

intimidación   Intimidation, threat.

intimidar   To intimidate.

intoxicación   Intoxication.

intra estatal   Interstate.

intransferible   Nontransferable, nonnegotiable, nonassignable.

intransigente   Uncompromising, unyielding.

intransmisible   Nontransferable, nontransmissible.

intranspasable   Nontransferable.

intriga   Intrigue, scheme, plot.

intrusarse   To encroach, intrude upon the land of another.

intrusión   Intrusion, encroachment.

intruso   Intruder, encroacher, intrusive, intruding, trespasser.

inútil   Useless.

inutilidad física   Physical disability.

inutilización de documentos
Falsifying of documents.

invalidación   Invalidation, voidance.

invalidar   To invalidate, nullify, void, annul, quash.

invalidez   Invalidity, disability, incapacity.
— **permanente,** permanent disability.
— **total,** total disability.

inválido   Invalid, void, null, disabled worker.

invasión de derechos   Invasion of rights.

inventario   Inventory.

invento   Invention.

inversión   Investment, outlay, expenditure.
— **dominante,** controlling interest.
— **neta,** net investment.

inversionista   Investor.

invertir   To invest, spend, employ.

investigación de título   Title search.

investigar   To investigate, inquire, look into, make an investigation, research.

investir   To invest, confer, vest.

invicto   Unconquered, undefeated.

inviolable   Inviolable.

invocar   To invoke, call for aid.

involuntario   Involuntary.

irrazonable   Unreasonable.

irrecuperable   Unrecoverable, uncollectible, irretrievable.

irrefutable   Irrefutable.

irregular   Irregular.

irregularidad   Irregularity.

irremediable   Inevitable.

irremisible   Not able of being discharged, unpardonable, not extinguishable, not pardonable.

irrenovable   Not renewable, unable to start again.

irreparable   Irreparable, irretrievable, cannot be repaired or adequately compensated.

irresponsable   Not responsible, untrustworthy, not liable.

irreversible   Not reversible, unable to be turned round.

irrevindicable   Nonrecoverable.

irrevocable   Irrevocable, indefeasible.

irrigar   To cause.

irritable   Voidable, capable of being annulled.

irritar   To annul, void.

J

jactancia de matrimonio Claim of marriage.

jefatura Headquarters, division head, department.
— **de policía,** police headquarters.

jefe Chief, head, foreman, boss, leader.
— **de estado,** chief executive.
— **de familia,** head of household.
— **de policía,** chief of police.
— **ejecutivo,** chief executive.

jornada Day's journey, day's work, day's pay.
— **laboral,** working day.

jornal Day's wage, bookkeeping journal.

jubilación Retirement, pension.
— **anticipada,** early retirement.
— **por vejez,** old-age pension.

jubilado Retiree.

jubilarse To retire.

judicatura Judgeship, court, administration of justice.

judicial Judicial.

juego de azar Game of chance.

juez Judge, magistrate.
— **a quo,** lower court judge.
— **de derecho administrativo,** administrative law judge.

— **apartado,** judge appointed to hear certain cases only.
— **asociado,** associate justice.
— **avenidor,** arbitrator, mediator.
— **civil,** civil court judge.
— **comarcal,** district court judge.
— **competente,** trial judge.
— **de aduanas,** custom's court judge.
— **de apelación,** appeals court justice.
— **de la causa,** trial judge.
— **de derecho,** judge that decides questions of law.
— **de guardia,** judge on call.
— **de instrucción,** magistrate.
— **de lo criminal,** criminal court judge.
— **de paz,** justice of the peace.
— **de primera instancia,** lower court judge, trial court judge.
— **de quiebra,** bankruptcy judge.
— **de turno,** sitting judge.
— **del conocimiento,** presiding judge.
— **inferior,** lower court judge.
— **interino,** judge pro tempore.
— **municipal,** municipal court judge.
— **penal,** criminal court judge.
— **ponente,** judge who writes the opinion of the court.
— **presidente,** presiding judge.

juicio Judgment, decision, trial, lawsuit, action, wisdom, sanity, reason.
— **administrativo,** administrative agency hearing.
— **adversario,** adversarial proceeding.
— **ante jurado,** jury trial.
— **arbitral,** arbitration proceeding.
— **civil,** civil trial.
— **contencioso,** contested trial.
— **convenido,** settlement plea.

— **criminal,** criminal trial.
— **de alimentos,** support hearing.
— **amigables componedores,** arbitration hearing.
— **de amparo,** injunction hearing.
— **de apelación,** oral argument before appellate court.
— **de apremio,** collection proceedings.
— **de avenencia,** arbitration hearing.
— **de conciliación,** conciliation proceeding.
— **de concordato,** probate hearing of a bankrupt estate.
— **de concurso,** bankruptcy proceeding.
— **de condena,** sentencing hearing.
— **de desahucio,** eviction proceedings.
— **de Dios,** trial by fire
— **de divorcio,** divorce hearing.
— **de ejecución,** enforcement hearing.
— **de enajenación forzosa,** condemnation proceeding.
— **de indagatoria,** inquest hearing.
— **de insania,** competency hearing.
— **de lanzamiento,** dispossession proceeding.
— **de mayor cuantía,** suit in excess of a jurisdictional amount.
— **de mensura, deslinde y amojonamiento,** metes and boundaries hearing.
— **de novo,** trial de novo.
— **de nulidad,** annulment hearing.
— **de peritos,** trial by experts.

— **de quiebra,** bankruptcy proceeding.
— **de responsabilidad,** suit for damages.
— **de tercería,** arbitration hearing.
— **declaratorio,** declaratory relief action.
— **del notario,** legal proceeding before a notary.
— **divisorio,** partition hearing.
— **en los méritos,** trial on the merits.
— **en rebeldía,** contempt of court hearing.
— **extraordinario,** extrajudicial proceeding.
— **hipotecario,** foreclosure proceeding.
— **intestado,** probate proceeding.
— **nulo,** mistrial.
— **penal,** criminal trial.
— **político,** impeachment proceedings.
— **por jurado,** trial by jury.
— **secundario,** ancillary proceedings.
— **sin demora,** expedited criminal trial.
— **sucesorio,** probate.
— **sumario,** summary proceeding.
— **sumarísimo,** summary proceeding.
— **testamentario,** probate.

juicios acumulados   Class action lawsuits.

junta   Meeting, commission, council, board, session.
— **de accionistas,** stockholder's meeting.
— **de acreedores,** creditor's meeting.

— **de apelación de impuestos,** tax appeals board.

— **de conciliación,** conciliation board.

— **de dirección,** board of governors.

— **de directores,** board of directors.

— **de fiduciarios,** board of trustees.

— **de revisión,** board of equalization, board of audit.

— **de síndicos,** board of trustees.

— **directiva,** board of directors.

— **general ordinaria,** general stockholder's meeting.

jurado   Jury, juror, sworn.

juramentar   To swear in, to take an oath.

juramento   Oath.
— **de cargo,** oath office.
— **de fidelidad,** oath of allegiance.
— **falso,** false oath.
— **judicial,** judicial oath.
— **político,** oath of office.
— **solemne,** solemn oath.

jurar   To swear.
— **al cargo,** to take the oath of office.
— **en falso,** to swear falsely, to commit perjury.

jurídicamente   Legally.

jurídico   Judicial, legal.

jurisconsulto   Law consultant, lawyer, jurist.

jurisdicción   Jurisdiction, district.
— **administrativa,** administrative jurisdiction.

— **comercial,** commercial jurisdiction.

— **concurrente,** concurrent jurisdiction.

— **contenciosa-administrativa,** jurisdiction over final rulings of administrative agencies.

— **contenciosa tributaria,** jurisdiction over tax and revenue matters.

— **criminal,** criminal jurisdiction.

— **delegada,** delegated jurisdiction.

— **disciplinaria,** disciplinary jurisdiction.

— **en primera instancia,** original jurisdiction.

— **exclusiva,** exclusive jurisdiction.

— **federal,** federal jurisdiction.

— **laboral,** labor jurisdiction.

— **limitada,** limited jurisdiction.

— **ordinaria,** ordinary jurisdiction.

jurisdiccional   Jurisdictional.

jurisprudencia   Jurisprudence, case law.

jurista   Jurist, lawyer.

justicia   Justice, court of justice, court, judge.
— **militar,** military justice.

justiciable   Justiciable.

justiciar   To apply justice.

justiciero   Just, equitable, fair.

justificable   Justifiable.

justificación   Justification, verification.

justificador   Justifying, justifier, warrant.

justificante   Voucher, proof.

justificar   To justify, prove, warrant.

justificativo   Verifying, proving, warranting.

justipreciar   To appraise, rate fairly.

justo   Just, fair, correct, right.

juvenil   Juvenile, young, youth, immature.

juzgado   Court, tribunal, court of law.
— **de instrucción,** trial court.
— **municipal,** municipal court.

juzgador   Judge, trial judge.

juzgar   To try a case, to judge.

L

labor   Labor, work.

laboral   Work-related.

laboratorio forense   Forensic laboratory.

labrar un acta   To draft a legal document.

lacerar   To injure, lacerate.

lacrar   To seal with wax.

ladrón   Thief, robber, burglar.

ladrona   Woman who commits a theft.

ladronicio   Larceny, theft, robbery.

ladronzuelo   Petty thief.

laico   Layman, lay person.

lagunas legales   Legal omissions.

lanza   Lance, spear, swindler, cheat.

lanzamiento   Ouster, eviction.

lanzar   To launch, evict, ouster, dispossess.

lapidación   Death by stoning.

lapso   Termination of a right.

lascivia   Lewdness, lustful, gross sexual indecency.

lascivo   Lascivious, lewd, lustful.

lastimadura   Injury, hurt, sore.

lastimar   To injure, hurt, offend.

latente   Latent, concealed.

latifundio   Large landed estate.

latifundista   Person with an interest in a large landed estate.

lato srisu (Lat.)   Liberal construction of the law.

latrocinante   Larcenous.

latrocinio   Larceny, theft, robbery.

laudar   To laud, praise, award, render a decision.

laudo   Award, finding, decision.
— **arbitral,** arbitrator's award.

lealtad   Loyalty, fidelity, allegiance.

lectivo   Academic.

lecho conyugal   Marital bed.

legación   Legation, embassy.

legado   Legacy, bequest, devise, representative, deputy.
— **condicional,** contingent bequest.
— **de bienes raíces,** devise.
— **de cantidad,** bequest of sum certain.
— **de cosa ajena,** bequest of an item outside of the estate.
— **de cosa cierta,** specific bequest.
— **de cosa indeterminada,** general bequest.
— **demostrativo,** demonstrative legacy.

— **incondicional,** absolute bequest.
— **remanente,** residuary legacy.

legajo   Bundle of papers, file, dossier, court docket.

legal   Legal, lawful.

legalidad   Legality, lawfulness.

legalista   Legalistic.

legalizar   To legalize, authenticate.

legalmente   Legally, according to law.

legar   To bequeath, leave by will, delegate.

legatario   Legatee, devisee, beneficiary.
— **de bienes raices,** devisee.
— **residual,** residuary legatee.

legislación   Legislation.

legislador   Legislator, lawmaker.

legislar   To legislate.

legislativo   Legislative.

legislatura   Legislature.

legítima   Legitimate, real, genuine, lawful.

legitimación   Legitimization.

legitimar   To legitimize.

legitimidad   Legitimacy.

legítimo   Legitimate.

lego   Layman, lay person.

leguleyo   Lawyer, shyster, pettifogger.

lesbianismo   Lesbianism.

lesión   Wound, injury, damage.
— **corporal,** bodily injury.
— **en el trabajo,** occupational injury.
— **mortal,** fatal injury.

lesionado   Injured person.

lesionar   To injure, harm, damage, impair.

lesiones graves   Serious physical injuries.

letal   Lethal, deadly.

letra   Draft, bill of exchange, letter of credit.
— **a plazo,** time bill.
— **a presentación,** sight draft.
— **a término,** bill.
— **a la vista,** sight draft, payable at sight.
— **bancaria,** bank draft.
— **cambiaria,** bill of exchange.
— **de acomodación,** accommodation bill.
— **de cambio extranjera,** foreign bill of exchange.
— **de crédito,** letter of credit.
— **manuscrita,** written by hand.
— **protestada,** dishonored bill.

letrado   Learned, lawyer.
— **consultor,** advisor to the judge.

levantar   To raise, lift, take up, deal with.
— **capital,** to raise capital.
— **el embargo,** to lift the attachment.

— **la garantía,** to release the guaranty.

— **la sesión,** to adjourn.

— **una protesta,** to prepare notice of protest.

lex (Lat.)   Law.

— **fori,** law of the forum.

— **loci,** law of the place.

ley   Law, statute, act.

— **anual,** national budget.

— **agraria,** agrarian law.

— **básica,** constitutional law.

— **cambiaria,** commercial law.

— **civil,** civil law.

— **constitucional,** constitutional law

— **de enjuiciamiento civil,** code of civil procedure.

— **de excepción,** state of emergency law.

— **de fugas,** execution of a detainee by law enforcement.

— **del foro,** law of the forum.

— **de prescripción,** statute of limitations.

— **de quiebras,** bankruptcy law.

— **fundamental,** natural law.

— **laboral,** labor law.

— **marcial,** martial law.

— **mercantil,** commercial code.

— **orgánica,** organic law.

— **reparadora,** remedial statute.

— **seca,** Prohibition.

— **substantiva,** substantive law.

libelar   To file a complaint, start a suit.

libelo   Petition, complaint.

liberación   Liberation, release, exoneration, discharge.

libertad   Liberty, freedom, right.

— **a prueba,** conditional freedom.

— **bajo fianza,** released under bail.

— **bajo palabra,** released on your own recognizance.

— **caucionable,** released on bail.

— **condicional,** conditional freedom.

— **contractual,** right to contract.

— **de asociación,** freedom of association.

— **de circulación,** right to travel.

— **de cultos,** freedom of religion.

— **de enseñanza,** right to a public education.

— **de expresión,** freedom of expression.

— **de imprenta,** freedom of the press.

— **de palabra,** freedom of speech.

— **de prensa,** freedom of the press.

— **de residencia,** right to travel.

— **de reunión,** freedom of assembly.

— **de trabajo,** right to work.

— **de tránsito,** right of way, right to travel.

— **provisional,** provisional release.

— **sexual,** sexual freedom.

— **sin fianza,** released on your own recognizance.

— **sindical,** right to join a union.

— **vigilada,** parole.

libertar   To liberate, release, free, exempt, excuse.

librado   Drawee.

librador   Drawer.

libramiento Order of payment, bill of exchange.

libranza Draft, bill.

librar To draw, issue, release, make an advance.

libre Free, without cost, exempt.
— **al costado vapor,** free alongside, FAS vessel.
— **de contribución,** tax free.
— **de derechos,** duty free.
— **de gastos,** free of charge.
— **de gravamen,** without encumbrances.
— **de impuestos,** tax exempt.

libro Book.
— **de actas,** minute book.
— **de asiento original,** book of original entries.
— **de caja,** cash book.
— **de familia,** family registration book.
— **diario,** journal.
— **mayor,** ledger.

libros Books, bound volumes.
— **de a bordo,** ship or airplane log.
— **de quejas,** complaint book.
— **facultativos,** books in a business.
— **obligatorios,** books required by law.

licencia License, special privilege, permit, leave of absence.
— **de guiar,** driver's license.

licenciado Licentiate, lawyer.
— **en derecho,** attorney licensed to practice law.

licenciar To license, free, grant a leave of absence.

licenciatura University degree.

licitación Bidding, taking bids, competitive bids.

licitador Bidder.

licitar To bid, make an offer.

lícito Licit, legal, lawful, legitimate, permissible.

licitud Lawfulness.

líder Leader.

ligar To tie, unite, join.

limitar To limit, qualify, restrict.

límite Limit.

limítrofe Limiting, bordering.

linaje Lineage, family, race.

linchar To lynch.

lindar To border, adjoin.

linde Boundary, border, landmark.

lindero Boundary, property line.

lineal Lineal, linear.

liquidación Liquidation, cancellation of a debt, settlement, dissolution.
— **de sentencia,** execution of judgment.
— **de sociedad,** termination of a partnership.
— **sucesión,** settling an estate.

liquidador Liquidator, trustee in bankruptcy.

liquidatario   Liquidator.

liquidez   Liquidity.

líquido   Liquid, balance, net, clear.

lisiado   Lame, hurt, injured.

lista   List, strip, stripe.
— **de correos,** general delivery
at the post office.
— **de jurados,** jury panel.
— **de litigios,** trial list, court
calendar.

literal   Literal.

litigación   Litigation, lawsuit, legal
action.

litigador   Litigator, litigant, trial
lawyer.

litigante   Litigant, a party to a
lawsuit, litigator.

— **vencedor,** prevailing party.

— **vencido,** losing party.

litigar   To litigate.

litigio   Lawsuit, litigation, cause.

litigioso   Litigious.

litisconsorcio   Joint litigation.

litisconsorte   Associate in a lawsuit.

litispendencia   Lis pendens,
pending suit or action.

litoral   Litoral.

locación   Lease, bailment,
employment.

— **de servicios,** contract of
employment.
— **implícita,** constructive
bailment.

locador   Lessor, bailor, employer.

local   Local, place of business,
premises, site, union.

localidad   Locality, location, town
place, seat.

locatario   Lessee.

locativo   Rentable, leasable, capable
of being leased.

loco   Insane, mad, crazy.

locura   Insanity.

lograr   To profiteer.

logrería   Usury, profiteering, money
lending.

longevidad   Longevity.

longitud   Longitude.

lúcido   Lucid, clear, shining, bright.

lucero   Profit, gain.
— **cesante,** loss of profits.
— **esperado,** anticipated profits.
— **naciente,** earned profit from
borrowed money.

lucros y daños   Profits and losses.

lujo   Luxury, extravagant.

lujuria   Lust, lewdness, sensuality.

lujurioso   Lustful, lewd, sensual.

lumia   Prostitute.

lunático   Lunatic.

LL

llamada   Call, beckon, knock, reference.
  — **a licitación,** call for bids.

llamamiento   Call, calling, appeal.
  — **a juicio,** summons, citation, indictment.
  — **a licitación,** call for bids.

llamar   To call, summon, name, call up, invoke.
  — **a concurso,** to call for bids,
  — **a junta,** to call a meeting.
  — **al orden,** to call to order.
  — **autos,** to summon the records.
  — **el caso,** to call the case.

llegar a un acuerdo   To reach an agreement.

llevar   To take, carry, bear, transport.
  — **a efecto,** to put into effect, enforce.
  — **fecha de,** to have date of.
  — **un registro,** to keep a record.

M

macana   Club, cudgel, stick.

machete   Machete.

machetazo   Machete blow.

machote   Blank form, memorandum of agreement, rough draft.

madre   Mother, root, origin.
— **adoptiva,** adopted mother.
— **adulterina,** adulterous mother.
— **de familia,** mother/head of household.
— **natural,** unmarried mother.
— **política,** mother-in-law.
— **soltera,** unwed mother.

maestría   Mastery, great skill, advanced teaching degree.

magisterial   Magisterial, pertaining to a magistrate.

magistrado   Magistrate, justice, judge of limited jurisdiction.
— **ponente,** judge writing the opinion of the court of appeals.
— **revisor,** judge writing the opinion.
— **semanero,** judge for the week.
— **sustanciador,** trial judge.

magistral   Masterly, masterful, authoritative.

magistratura   Judiciary.

majada   Bad faith.

mala (Lat.)   Bad, wrong, evil.
— **conducta,** misconduct, wrongful conduct.
— **fe,** bad faith.

malaventura   Misfortune, disaster, misadventure.

malbaratar   To undersell, sell at a loss, squander.

maldispuesto   Not inclined, unwilling.

maleante   Delinquent, criminal.

maléfico   Malicious, malevolent, wicked, evil, vicious.

malentendido   Misunderstanding.

malhecho   Malfeasance.

malhechor   Malefactor, criminal.

malicia   Malice.

malicioso, maligno   Malicious.

malignidad   Malice.

malo   Bad, difficult, evil, wicked, ill.

malos tratos   Abuse, neglect.

malograr   To waste, lose, turn out bad, fail.

malparto   Miscarriage, abortion.

malquerencia   Aversion, dislike, ill will.

maltratar   To abuse.

maltrato de menores.   Child abuse.

maltrecho   Battered, bruised, injured.

malum (Lat.)   Wrong, evil, wicked, reprehensible.
— **in se,** wrong per se.
— **prohibitum,** prohibited wrong.

malvender   To undersell.

malversación   Misappropriation, embezzlement, misuse of funds.
— **de caudales públicos,** misappropriation of public funds.

malversador   Embezzler, defaulter, wrongdoer.

malversar   To misappropriate, embezzle.

manceba   Concubine.

mancomún   Joint liability.

mancomunada y solidariamente Jointly and severally.

mancomunadamente Concurrently, conjointly.

manda   Bequest, legacy, offer, proposal.

mandamiento   Writ, warrant, mandamus, mandate, order.
— **de arresto,** arrest warrant.
— **de comparendo,** subpoena.
— **de desalojo,** writ of ejectment.
— **de ejecución,** writ of execution.
— **de embargo,** writ of attachment.
— **de pago,** payment order.
— **de registro,** search warrant.
— **judicial,** court order.
— **perpetuo,** permanent injunction.

— **provisional,** temporary injunction, temporary restraining order.

mandar   To order, send, decree, command, bequeath.

mandatario   Mandatory, proxy, agent.
— **general,** general agent authorized to perform all acts.
— **real y verdadero,** attorney in fact.
— **singular,** special agent.

mandato   Mandate, power of attorney, charge, commission, writ.
— **especial,** special power of attorney.

mandatorio   Mandatory, compulsory.

mangonear   To exploit an official job.

manía   Mania.

manicomio   Insane asylum.

manifestación   Manifestation, demonstration, statement, declaration.

manifestante   Demonstrator, declarant, deponent.

manifestar   To manifest, show, state, declare.

manifiesto   Manifest, public declaration, evident.
— **de embarque,** cargo list.

mano   Hand.
— **de obra,** workforce.
— **muerta,** mortmain.

mansalva   Without danger or risk, treacherously.

mansesor   Executor of a will.

mantenido   Dependent.

mantenimiento   Maintenance, support, subsistence, sustenance.

manuscribir   To write by hand, handwrite.

manuscrito   Manuscript, written by hand.

manutención   Maintenance, support, subsistence.
— **aparte,** separate maintenance.

maña   Skill, knack, cunning.

mañoso   Skillful, clever, sly, tricky, deceitful.

maquinación   Machination, scheming, plotting, plot, scheme.

mar territorial   Territorial waters.

marca   Mark, stamp, brand, sign, make, trademark.
— **colectiva,** trade association mark.
— **comercial,** trade name, merchant trademark.
— **de calidad,** trademark with quality approval.
— **de fábrica,** manufacturer's trademark.
— **figurativa,** symbol or logo.
— **industrial,** trademark.
— **registrada,** registered trademark.

marchante   Merchant, mercantile, commercial, dealer.

marido   Husband.

marital   Marital.

marítimo   Maritime.

martillador   Auctioneer.

martillar   To hammer, pound, sell at an auction.

martillero   Auctioneer.

martillo   Hammer, auction room.

masa   Mass, volume, assets, wealth, estate.
— **contribuyente,** total contributing mass.
— **de quiebra,** assets in bankruptcy.
— **hereditaria,** estate assets.
— **imponible,** total taxable value.
— **social,** corporate or partnership assets.

matar   To kill, murder.
— **a mansalva,** to kill without warning or chance to defend.

materia   Matter, affair, subject, material.
— **de registro,** matter of record.
— **monetaria,** money matters.
— **prima,** raw product.

material   Material, important, relevant.
— **procesal,** subject or matter of a suit.

maternidad   Maternity.

matricida   Matricide.

matricidio The murder of one's mother.

matrícula License, register, list.

matricular To enroll, enlist, register, license.

matrimonial Matrimonial.

matrimonio Matrimony.
— **canónico,** religious wedding.
— **civil,** civil marriage.
— **consensual,** common law marriage.
— **de hecho,** common law marriage.
— **de uso,** concubinage.
— **entre personas de razas distintas,** interracial marriage.
— **in articulo mortis,** marriage in expectation of death.
— **mixto,** mixed marriage.
— **morganático,** morganatic marriage.
— **polígamo,** polygamous marriage.
— **por poderes,** marriage by proxy.
— **putativo,** putative marriage.
— **rato y no consumado,** unconsumated legal marriage.
— **secreto,** secret marriage.
— **simulado,** sham marriage.

matute Smuggling, smuggled goods.

matuteo Smuggling.

matutero Smuggler.

máxima Maxim.

mayor Greater, older, superior, chief, principle, ledger.
— **de edad,** of age.

— **valía,** of greater value, goodwill.

mayorazgo Right of primogeniture.

mayoreo Wholesale.

mayoría Majority.
— **de edad,** of full age, age of majority.

mayorista Wholesale dealer.

mayoritario Majority.

mediación en conflictos colectivos
Labor mediation.

mediador Mediator, broker, middleman, jobber, go between.

medianería Common wall of two adjacent structures.

medianero/a Mediator.

mediante By means of, intervening, through, with the help of.
— **entrega,** upon delivery.
— **escritura,** by deed.
— **mediar** To mediate, intervene, intercede.

medicina legal Forensic medicine, medical jurisprudence.

medible Measurable, capable of being measured.

médico Doctor, physician.
— **de cabecera,** family doctor.
— **forense,** coroner.
— **legista,** medical expert.

medida Measure, measurement, gauge, rule, means.
— **de los daños,** measure of damages.

medidas   Measures, rule, means.
— **cautelares,** provisional measures.
— **de seguridad laboral,** employment safety measures.
— **legales,** legal means.
— **preventivas,** preventive measures.

medios   Means, resources, facilities.
— **de pago tributario,** tax payment methods.
— **fraudulentos,** false pretenses.
— **y arbitrios,** ways and means.

mejor postor   Lowest or highest bidder.

mejora   Improvement.
— **de embargo,** secondary attachment on debtor's goods.
— **hereditaria,** inheritance to benefit heirs over others.
— **patrimonial,** beneficial improvement.

mejorador   One making the improvement.

mejorar   To improve, make better, get better.

mejorero   One who improves leased land.

memorándum   Memorandum.

memoria   Report, note, account, memory.

memorial   Petition, record, brief, note.

menester   Need, job, occupation, tools, tasks.

menor   Minor, infant, smaller, younger, lesser.
— **de edad,** minor.

menoscabar   To damage, deteriorate, impair, diminish.

menoscabo   Damage, impairment, diminution, loss.

menospreciar   To undervalue, underrate, underestimate, scorn, despise.

menosprecio   Undervaluation, contempt, scorn, underestimation.

mental   Mental.

mente sana   Sound mind.

mentir   To lie, deceive, falsify.

mentira   Lie, falsehood.

mentiroso   Liar, lying, deceptive, false.

menudear   To occur frequently, repeat over and over.

menudeo   Retail.

mercader   Merchant, dealer, trader.

mercadería   Merchandise, trade, goods, wares.

mercaderías y servicios   Goods and services.

mercado   Market, mart.
— **de cambios,** foreign exchange market.
— **de divisas,** foreign exchange market.
— **exterior,** overseas market.
— **negro,** black market.

mercancía   Merchandise, goods, wares and commodities.

mercantil   Commercial, merchantable, salable.

mercar   To buy, trade, purchase, deal.

merced   Mercy, gift, grant, favor, concession, compensation.
— **de tierras,** land grant.

mercedatario   Grantee.

mérito   Merit, worth, quality, value.
— **probatorio,** probative value.

meritorio   Meritorious, worthy

mero   Mere, bare, pure, exact, real.

merodear   To rove in search of plunder, pillage.

mesa   Table, executive board, commission.
— **de entradas,** receiving office.
— **de jurados,** jury panel.
— **directiva,** board of directors.
— **electoral,** board of elections.
— **redonda,** round table.

mestización o **mestizaje**
Miscegenation, marriage between people of different races.

mestizo   Person of mixed races.

metálico   Metallic, metal, specie, coined money.

miedo   Fear, dread.

miembro   Member, part of a family or a group, part of a body.
— **constituyente,** charter member, founding member.

— **suplente,** alternate member.
— **titular,** regular member.
— **vitalicio,** life member.

migración   Migration.

milicia   Military service.

militar   Military.

mina   Mining rights, mine.

minero   Miner.

minifundio   Small estate or farm.

ministerial   Ministerial.

ministerio   Ministry, government, department, agency, administration.
— **público,** office of a government attorney.

Ministerio   Department of Ministry.
— **de Comercio,** Department of Commerce.
— **de Estado,** State Department.
— **de Fomento,** Department of Development.
— **de Gobernación,** Department of the Interior.
— **de Hacienda,** Treasury Department.
— **de Relaciones Exteriores,** Department of Foreign Relations, State Department.
— **de Salubridad,** Department of Health.
— **del Trabajo,** Labor Department.

ministril   Marshal, bailiff, sheriff.

ministro   Minister, cabinet member, secretary, justice, judge.
— **delegado,** deputy or assistant minister.

— **sin cartera,** minister without department

ministro del poder ejecutivo Cabinet member.

minoría   Minority.

minoridad   Minority.

minoridad penal   Juvenile delinquency.

minoritario   Minority.

minusvalorado   Undervalued.

minuta   Summary, note, draft, fees.
— **de honorarios,** lawyer's billing statement.

minutar   To make a rough draft.

minutario   Book of minutes, record of a business, record of the proceedings entered by the clerk.

miseria   Misery, poverty, stinginess, trifle.

misericordia   Mercy, compassion, pity.

mitigación   Mitigation.

mitigar   To mitigate, soften, soothe, abate.

mixto   Mixed, half-breed, composite.

mobiliario   Movables.

mobiliarios   Chattels.

moblaje   Furniture and fixtures.

moción   Motion, proposition.

mocionante   Movant, moving party.

mocionar   To offer, make a motion.

modalidades   Formalities, routines.

modelo   Model, copy, pattern, standard, blank form, plan, design.
— **de impreso,** blank form.

modificable   Modifiable, revisable, amendable, changeable.

modificación   Modification, revision, amendment, alteration, change.

modificar   To modify, revise, amend, alter, change.

modificativo   Modifiable, modifying, changeable, amendable, alterable.

moneda   Money, currency, coin.
— **de curso legal,** legal tender,
— **extranjera,** foreign currency.
— **falsa,** counterfeit money.
— **floja,** unstable money.
— **metálica,** specie.
— **nacional,** national currency.

monedaje   Coinage.

monedería   Mintage.

monición   Admonition, warning.

monipodio   Criminal conspiracy, criminal association.

monogamía   Monogamy.

monopolio   Monopoly, trust, cartel.

monopolista   Monopolist.

monopolizar   To monopolize.

montante   Sum, amount, total.
— **cierto,** sum certain.

monte de piedad   Pawn shop.

montepío   Pension fund, pension.

mora   Delay, default.

morada   Dwelling, residence, stay.

morador   Dweller, resident.

moral   Moral, ethics, morale.

morar   To live, dwell, reside.

mordaza   Gag.

mordida   Graft, extortion.

morfina   Morphine.

morfinómano   Morphine addict fiend.

moroso   Payer in default, delinquent, in arrears, late.

mortal   Mortal, fatal, deadly, lethal.

mortífero   Deadly, fatal.

mostrar   To show, demonstrate, exhibit.

mostrenco   Ownerless, homeless, stray.

motín   Mutiny, riot.

motivo   Motive.

motivos de casación   Grounds for appeal.

motu propio (Lat.)   On his own motion.

móvil   Motive, inducement, incentive, movable, unstable.

muebles   Furniture, movables, personal property.
— **corporales,** personal property
— **y enseres,** furniture and fixtures.

muerte   Death, the end of life.
— **accidental,** accidental death.
— **natural,** natural death.
— **violenta,** violent death.

mujer   Woman, wife.
— **casada,** married woman.
— **soltera,** unmarried woman, spinster.

multa   Fine, assessment, penalty.

multar   To fine, penalize, assess.

municipal   Municipal.

municipalidad   Municipality, municipal government, town hall.

munícipe   Member of a city council.

municipio   Municipality, city hall.

mutilación   Mutilation.
— **criminal,** mayhem.

mutilar   To mutilate, mar, deface.

mutual   Mutual, reciprocal.

mutualidad   Mutuality.

mutualismo   Mutual organization.

mutuante   Lender.

mutuario   Borrower.

mutuas patronales   Worker's
Compensation.

mutuo   Loan.

N

nacer   To be born, originate from, accrue.

nacido   Having been born.
— **fuera de matrimonio,** born out of wedlock.

nacimiento   Birth, origin, beginning, source.

nación   Nation, country.

nacional   National, citizen.

nacionalidad   Nationality, citizenship.

nacionalista   Nationalist, nationalistic.

nacionalizar   To nationalize, naturalize.

Naciones Unidas   United Nations.

nada   Nothing, nothingness, not anything.
— **jurídico,** nullity, without legal effect.

nadie   No one, nobody, not anyone.

narcoanálisis   Narcoanalysis.

narcótico   Narcotic.

narcotizar   To drug with narcotics.

narcotráfico   Drug trafficking.

narración   Narration, allegations.

narrar   To narrate, relate the facts.

narrativo   Narrative.

N. A. S. A.   Siglas para **National Aeronautics and Space Administration**   Agencia Nacional de Aeronáutica y Espacio.

natalidad   Birth rate.

natural   Natural, native.

naturaleza   Nature, disposition, nationality.

naturalización   Naturalization.

naufragar   To be shipwrecked.

naufragio   Shipwreck.

navaja   Knife, jackknife, penknife, pocketknife, razor.

navajazo   Slash with a knife, stab wound.

nave   Vessel, ship.

navegabilidad   Seaworthiness of a vessel.

navegable   Navigable.

navegación   Navigation.
— **aérea,** air travel.
— **de cabotaje,** coastal navigation.
— **fluvial,** inland navigation.
— **en alta mar,** navigation on the high seas.

navío   Ship, vessel.
— **de guerra,** war vessel.

necesidad   Necessity, need.
— **natural,** physical necessity.
— **pública,** public need.

necesitado/a   Needy, in need, destitute, poor.

necrofilia   Necrophilia.

necromanía   Necromania.

necropsia   Autopsy, post-mortem examination.

nefandario   Homosexual.

nefando   Degenerate.

nefario   Abominable.

negable   Deniable, refutable.

negación   Negation, denial.

negante   Person denying.

negar   To deny, refute, disclaim, reject, contradict, disown.

negarse   To refuse, decline.

negativa   Negative, denial, refusal, opposition.

negativo   Negative, denying.

negatoria   Action to discontinue easement.

negligencia   Negligence.
— **crasa,** gross negligence.
— **criminal,** criminal negligence.
— **culpable,** culpable negligence.
— **derivada,** imputed negligence.
— **grave,** gross negligence.
— **procesable,** actionable negligence.
— **subsecuente,** subsequent negligence.
— **temeraria,** wanton negligence.

negligente   Negligent, careless, heedless, inattentive, reckless.

negociabilidad   Negotiability.

negociable   Negotiable.

negociación   Negotiation, transaction, dealing, business house, deal.
— **en giro,** an ongoing business, viable business.

negociado   Bureau, department, division, office.

negociador   Negotiator.

negociar   To negotiate, trade, bargain, deal, transfer negotiable instruments.
— **documentos,** to transfer negotiable instruments.
— **un empréstito,** to negotiate a loan.

negocio   Business, transaction, place of business.
— **en marcha,** a going business.

nema   Wax seal.

nemine contradicente (Lat.) Unanimous.

neonatal   Newborn.

nepotismo   Nepotism.

nerviosismo   Nervousness.

neto   Net, net profit.
— **patrimonial,** corporate assets.

neurosis   Neurosis.

neutralidad   Neutrality.

neutralización   Neutralization.

nigromancia   Sorcery, witchcraft.

ninfomanía   Nymphomania.

niñez   Childhood.

niño   Child, infant.
— **expósito,** foundling.
— **espurio,** illegitimate child.
— **ilegítimo,** illegitimate child.
— **natural,** natural child.
— **póstumo,** posthumous child.

nitidez   Clarity, clearness.

nitroglicerina   Nitroglycerin.

N. I. V. Siglas para **Número de identificación automovilística** Vehicle identification number. V. I. N.

no   No, not, nay.
— **culpable,** not guilty.
— **caducidad,** nonforfeiture.
— **lucrativo,** nonprofit.

noción   Notion, idea.

nocivo   Noxious, harmful, injurious.

nocturnidad   At night.

nocturno   Nocturnal.

nodriza   Child's nurse, wet nurse.

nombrado   Nominated, nominee, appointee.

nombramiento   Nomination, appointment, naming.
— **ilegal,** unauthorized appointment, unlawful appointment.

nombrar   To name, nominate, appoint, delegate, chose.

nombre   Name, fame, reputation, noun.
— **civil,** name.
— **comercial,** trade name, business name.
— **de bautismo,** baptismal name.
— **de fábrica,** trademark, trade name.
— **de familia,** family name.
— **de guerra,** pseudonym.
— **de propiedad,** proprietary name.
— **de pila,** first name.
— **ficticio,** alias, pseudonym.
— **social,** firm name, name of a partnership.
— **supuesto,** alias, assumed name.

nominación   Nomination, appointment, designation, selection of a person.

nominal   Nominal, small, face amount, registered securities.

nominalidad   Quality of a signed document.

nominar   To nominate, name, appoint.

nominatario   Nominee.

nominativo   Registered.

non bis in idem (Lat.)   Double jeopardy.

norma   Norm, standard, rule, model.
— **corriente,** current practice, common practice.
— **de cobertura,** fictitious legal rule.
— **procesal,** procedural rule.

normas   Plural of norm.
— **contables,** standards for accounting.
— **contractuales,** specifications in construction contracts.
— **de seguridad,** safety rules.
— **del procedimiento,** rules of procedure.
— **procesales,** court rules.

nota   Note, mark, fame, memorandum.
— **de excepciones,** bill of exceptions.
— **de pago,** bill, note, written promise to pay.
— **marginal,** marginal note, annotations in margin.

notable   Notable, noticeable.

notar   To note, observe, mark, write down.

notaría   Notary's office.

notariado   Notarized.

notario   Notary.
— **público,** notary public.
— **que subscribe,** undersigned notary.

noticia   Notice, information, news, advice.
— **de rechazo,** notice of a dishonored negotiable instrument.

noticiario   Newspaper, news bulletin, news column.

notificación   Notice, notification, summons, advice.
— **de apelación,** notice of appeal.
— **de la demanda,** notification of filed complaint.
— **implícita,** constructive notice.
— **personal,** personal service of notice.
— **por cédula,** substituted service.
— **por edicto,** service by publication.
— **preventiva,** service of notice of intent.
— **previa,** prior notice.
— **sobrentendida,** constructive notice.

notificador   Process server.

notificar   To notify, advice, give notice, serve.
— **un auto,** to serve a writ or warrant.
— **una citación,** to serve a subpoena.

notoriedad   Notoriety, being well known.

notorio   Notorious, well known, evident.

novar   To novate, make a novation.

novato   Novice, beginner.

núbil   Of proper age to marry.

nuda propiedad   Bare legal title.
- **condicional,** contingent remainder, executory remainder.
- **intrínseca,** vested remainder.

nudo   Nude.
- **pacto,** contract without consideration.
- **propietario,** remainderman, owner in name only.

nuera   Daughter-in-law.

nueva audiencia   Rehearing.

nuevo   New.
- **juicio,** new trial.
- **otorgamiento,** re-execution.

nugatorio   Nugatory, ineffectual, invalid, futile.

nulidad   Nullity, invalidity, incompetence, without legal effect.
- **absoluta,** absolute nullity.
- **contractual,** null and void contract.
- **de actuaciones,** to declare a mistrial.
- **de forma,** procedural nullity.
- **de matrimonio,** nullity of marriage.
- **de los procedimientos,** procedural nullity.
- **de testamento,** nullity of last will and testament.
- **implícita,** implied nullity.
- **legal,** nullity by law, without judicial action.
- **relativa, relativa/parcial,** relative nullity.
- **sustantiva,** substantive nullity.

nulificar   To nullify, cancel, void, make invalid.

nulo   Null, void, invalid.
- **de derecho,** without legal force.
- **y sin ningún efecto,** null and void.
- **y sin valor,** null and void.

numo   Money.

nuncupativo   Nuncupative, oral statement.

nupcial   Nuptial.

nupcias   Wedding.

O

obcecación   Uncontrollable rage.

obedecer   To obey, comply.

obediencia   Obedience.
— **ciega,** blind allegiance.
— **conyugal,** conjugal obedience.

óbito   Death, demise.

objeción   Objection, challenge, protest.
— **del jurado,** challenge to the jury panel.
— **de conciencia,** conscious objection.

objetable   Objectionable.

objetante   Objector.

objetar   To object, oppose, take exception, disapprove.

objetivo   Objective, objectionable, purpose of the action.

objeto   Object, purpose.
— **de la acción,** object, purpose or reason of the action.
— **de la prueba,** purpose of the evidence.
— **del contrato,** purpose of the contract.
— **del convenio colectivo,** purpose of the collective agreement.
— **proceso,** purpose of the process.

objetos sociales   Purpose for the existence of the corporation.

oblar   To pay, satisfy, discharge an obligation.

obligación   Obligation, engagement, duty, bond.
— **a plazo,** obligation for a stated period.
— **accesoria,** accessory obligation.
— **alimenticia,** support.
— **alternativa,** alternate obligation.
— **bilateral,** bilateral obligation.
— **cambiaria,** liability on a bill of exchange.
— **cartular,** obligation on an instrument of credit.
— **civil,** legal duty.
— **colectiva,** joint obligation.
— **con cláusula penal,** obligation with penal sanctions.
— **contractual,** contractual obligation.
— **contributiva,** obligation to pay taxes.
— **convencional,** contractual obligation.
— **de fideicomiso,** trust bond.
— **de hacer,** affirmative obligation.
— **de regreso,** obligation of the endorser in the event of default.
— **ética,** moral obligation.
— **eventual,** contingent obligation.
— **garantizada,** secured obligation.
— **hipotecaria,** mortgage bond.
— **incondicional,** absolute obligation.
— **legal,** legal obligation.

— **mancomunada,** joint liability.

— **mercantil,** commercial liability.

— **natural,** moral obligation.

— **personal,** personal obligation.

— **preferente,** preferred bond.

— **registrada,** registered bond.

— **sin garantía,** debenture bond.

— **solidaria,** joint and several obligation.

— **tributaria,** tax liability.

obligaciones Obligations, liabilities, bonds, debenture bonds, equities.

— **a corto plazo,** short-term liabilities.

— **a dos firmas,** two-name paper.

— **a plazo fijo,** fixed-term obligation.

— **al portador,** bearer paper.

— **a la vista,** payable on demand.

— **comerciales,** negotiable instruments.

— **de capital,** capital liabilities.

— **fuera del balance,** nonledger liabilities.

— **inmediatas,** short-term debts.

— **laborales,** work obligations.

— **matrimoniales,** marital duties.

— **mercantiles,** negotiable instruments.

— **nominativas,** registered bonds.

— **seriadas,** serial bonds.

obligacionista Bondholder, holder of a bond.

obligado Obligor, debtor.

— **mancomunado,** joint obligor.

— **solidario,** person obligated for the whole.

obligaciones cambiarias Obligations on a bill of exchange.

obligados de regreso Antecedent parties to a bill.

obligador Binder.

— **abierto,** open binder.

obligante Obligee.

obligar To compel, oblige, obligate, bind.

obligarse To bind oneself, undertake, make a commitment.

obligatorio Obligatory, compulsory, binding.

obra Work, deed.

— **muerta,** freeboard.

— **nueva,** new construction.

— **ruinosa,** condemned building.

obrar en juicio To be a party to a suit.

obras públicas Public works.

obscenidad Obscenity, indecency.

obsceno Obscene, indecent.

obstruir To obstruct, block, prevent.

obtener To obtain, attain.

obviar To obviate, clear away, remove.

obvio Obvious, apparent, evident.

ocasionar To cause, bring about.

occiso Decedent.

ocular   Ocular.

ocultación de un delito   Misprison of a felony.

ocultar   To hide, conceal.

ocupación   Occupation, employment, job, occupancy, possession, seizure, attachment.

ocupante   Occupant.

ocupar   To occupy, employ, seize, take over.

ocurrencia de acreedores Creditors' meeting.

ocurrir   To happen, occur, appear.

ocurso   Petition, application, claim, appeal.

ochentón   Octogenarian.

ofendedor   Offender.

ofender   To offend, violate, infringe, displease.

ofendido   Offended.

ofensa   Offense, violation, crime.

ofensor   Offender.

oferente   Offeror.

oferta   Offer, bid, tender, proposal.
  — **de trabajo,** offer of employment.
  — **firme,** firm offer.
  — **y aceptación,** offer and acceptance.

ofertante   Bidder.

ofertar   To offer, bid, tender.

oficial   Officer, official, journeyman, clerk, police.
  — **a cargo,** officer in charge.
  — **de custodia,** escrow officer.
  — **de plica,** escrow officer.

oficialista   Official, officious, bureaucratic.

oficialmente   Officially.

oficiar   To officiate, give official notice, serve, perform an official duty.

oficina   Office, bureau.
  — **central,** main office, headquarters.
  — **de empleo,** employment office.
  — **de compensaciones,** clearing house.
  — **de partes,** filing desk.
  — **del registro civil,** registry office of birth, deaths and marriages.
  — **liquidadora,** Internal Revenue Service office.
  — **matriz,** home office.

oficio   Trade, craft, occupation, business, official letter.
  — **de remisión,** transmittal letter.
  — **público,** public office.
  — **servil,** manual labor.

oficioso   Officious, unofficial.

ofrecedor   Offeror.

ofrecer   To offer, bid, quote, propose.

ofrecido   Offeree.

ofrecimiento de pago   Offer of payment.

ológrafo   Holograph, handwritten holographic.

omisión   Omission.

omiso   Careless, neglectful.

omitir   To omit, leave out.

onerosidad   Onerousness.

oneroso   Onerous, burdensome, oppressive, demanding.

O. N. U.   Siglas para **Organizacion de Naciones Unidas**   United Nations.

onus probandi   Burden of proof.

opción   Option, right, choice.
— **de nacionalidad,** ability to claim citizenship.
— **y cúmulo,** option to select contractual or non-contractual compensation.

opcional   Optional, power to choose, right or power to chose, of choice

operación   Operation, business transaction.
— **a plazo,** term transaction.
— **a la vista,** trading with 24 hours for delivery and/or payment.
— **al contado,** trading with 24 hours for delivery and/or payment.
— **bancaria,** bank transaction.
— **de bolsa,** stock exchange trading.
— **de crédito,** credit transaction.
— **en firme,** term transaction.

— **mercantil,** commercial transaction.

operar   To operate, transact, take effect, manipulate, to execute.

opinar   To express an opinion, think, judge, argue.

opinión   Opinion, belief, conclusion from facts, written statement by a court.
— **en desacuerdo,** dissenting opinion.
— **jurídica,** judicial opinion.
— **pública,** public opinion.

oponente   Opponent, adversary, opposite party.

oponer   To object, oppose.

oposición   Opposition, objection, exception.

opositor   Opponent, objector.

optativo   Optional.

opuesto/a   Opposed, opposite.

oral   Oral, spoken, verbal.

orden   Order, command, writ, order, sequence, category, succession.
— **de allanamiento,** search warrant.
— **de amparo,** restraining order.
— **de arresto,** arrest warrant.
— **de citación,** summons, subpoena.
— **de comparecer,** summons.
— **de desahucio,** eviction order.
— **de detención,** detainer.
— **de ejecución,** death warrant.
— **de embargo,** attachment, seizure.
— **de registro,** search warrant.

— **del día,** order of the day.
— **judicial,** court order.
— **jurídico,** system of laws.
— **público,** public order.

ordenamiento   Law, ordinance, regulation, edict.
— **de gravámenes,** marshaling of liens.
— **de leyes,** code of laws.
— **judicial,** writ of mandamus.
— **tributario,** tax code.

ordenanza   Ordinance.

ordenanzas de circulación   Traffic regulations.

ordenanzas municipales Municipal ordinances.

ordenar   To order, arrange, command.
— **bienes,** to marshal assets.
— **leyes,** to codify laws.

ordinario   Ordinary, usual, common.

orfanato, orfanatorio, orfelinato Orphanage.

organización   Organization, business, association, institution.
— **creditaria,** credit institution.
— **obrera,** labor organization.
— **patronal,** employer's association.
— **rectora,** board of directors.

organizador   Organizer, incorporator, promoter.

órgano   Agency, medium, body, organ.
— **de vigiláncia,** control and inspection committee.

— **directivo,** executive committee.
— **ejecutivo,** executive board.

origen   Origin, source.

original   Original, strange.

originar   To originate, start, cause.

originario   Natural, native.

oriundo/a   Native.

oscilar   To oscillate, swing, sway, waiver.

ostensible   Ostensible, apparent.

ostentar   To display, boast.

O.T.A.N. Siglas para **Organización del Tratado Atlántico Norte** North Atlantic Treaty Organization, N.A.T.O.

otorgador   Grantor.

otorgante   Grantor.

otorgar   To grant, execute, promise, consent to.
— **ante notario,** to execute a document before a notary.
— **un contrato,** to award a contract, execute a contract.
— **garantía,** to furnish guaranty.

otro   Another.

otrora   Formerly, in other times.

oyente   Auditor.

P

p. p. Siglas para **por poder** By authority, by the power of, attorney in fact.

pacifista Pacifist.

pactado Agreed upon, stipulated, contracted.

pactar To stipulate, agree.

pacto Pact, agreement, compact, bargain, deal, treaty, covenant, contract.
— **accesorio,** accessory agreement.
— **adicional,** additional agreement.
— **agregado,** additional agreement.
— **anticrético,** antichretic agreement.
— **comisorio,** agreement that may be rescinded within a given period of time.
— **constitutivo,** incorporation agreement.
— **de comercio,** commercial agreement.
— **de jornada mayor,** stipulation for extended work week.
— **de mejor comprador,** agreement to sell to the highest bidder.
— **de no hacer algo,** negative covenant.
— **de preferencia,** agreement with right of first refusal.
— **de retroventa,** agreement to repurchase.

— **de reventa,** agreement to repurchase.
— **de trabajo,** labor agreement.
— **entre caballeros,** gentleman's agreement.
— **mancomunado,** joint and several agreement among the parties.
— **restrictivo,** restrictive covenant.
— **social,** partnership agreement.

pactos usuales Usual covenants.

padrastro Stepfather.

padre Father.
— **adoptivo,** adoptive father.
— **de crianza,** foster father.
— **de familia,** head of the family.
— **político,** father-in-law.
— **putativo,** putative father.

padres Parents, ancestors, parentage.

padrino Godfather, sponsor.

padrón Census.

paga Pay, payment, salary.

pagable Payable, due.

pagadero Payable, due, to be paid.
— **a la orden,** to be paid to the order of.
— **al portador,** payable to the bearer.
— **a la vista,** payable on demand.

pagado Paid, satisfied, remunerated, canceled.

pagador Payor, paymaster, paying teller.

pagar   To pay, pay for, discharge, cancel.
— **a cuenta,** to pay on account.
— **a plazos,** to pay on installments.
— **daños,** to pay damages.

pagaré   Promissory note, bill.
— **a la orden,** negotiable instrument.
— **al portador,** bearer note.
— **a la vista,** instrument payable on demand.
— **con resguarda,** note with collateral.
— **fiscal,** treasury bill, government bond.
— **mancomunada,** joint note.
— **nominativo,** negotiable instrument.
— **prendario,** note secured by real property.
— **quirografario,** note without collateral.
— **solidario,** joint and several note.

pago   Pay, payment.
— **anticipado,** prepayment.
— **bajo protesta,** payment under protest.
— **detenido,** stopped payment.
— **diferido,** deferred payment.
— **en exceso,** overpayment.
— **en metálico,** cash payment.
— **extraordinario,** bonus payment.
— **por consignación,** payment into court by depositing it with the clerk.
— **por entrega de bienes,** payment in kind, in goods or services.

país   Nation, country, region.

paisano/a   Fellow citizen, peasant, civilian.

palabra   Word, promise.
— **de honor,** word of honor.
— **de matrimonio,** promise to marry.
— **pesada,** defamatory statement.

palabras   Words.
— **valederas,** operative words.
— **mayores,** insults.

palacio   Palace.
— **de justicia,** courthouse.
— **municipal,** city hall.

palanca   Lever, crowbar, influence, pipeline.

palinodia   Retraction.

paliza   Beating.

palpable   Palpable, clear, obvious, evident.

palpar   To touch, feel, grope, frisk.

palpitar   To palpitate, to throb, to beat.

pandilla   Gang, band.

pandillero   Gangster, racketeer, hoodlum, gang member.

panel   Panel.

panfleto   Pamphlet.

panteón   Cemetery.

papel   Paper, sheet of paper, document.
— **al portador,** bearer paper.
— **bancario,** bank paper, bank instruments.

— **comercial,** commercial paper, negotiable instruments.
— **del estado,** government bonds.
— **ministro,** official paper.
— **mojado,** worthless paper.
— **moneda,** paper money.
— **timbrado,** official paper.

papeles bursátiles   Listed securities.

papeleo   Paperwork, red tape.

papeleta   Civil complaint.

par   Par.

paradero   Whereabouts.

parafernales   Paraphernalia, wife's separate property under common law.

paranoia   Paranoia.

parcela   Plot of land.

parcelero   Sharecropper.

parcelación   Subdivision of real property.

parcial   Partial, biased, prejudiced.

parcialidad   Partiality, bias, prejudice.

parcionero   Partner.

parecer   To seem, appear, resemble.

parecido   Alike, similar.

pared medianera   Common wall.

parentela   Relatives, kin.

parentesco   Kinship, relationship.

— **carnal,** blood relationship.
— **colateral,** collateral relationship.
— **de doble vínculo,** blood relationship through both parents.
— **de simple vínculo,** blood relationship by either parent.
— **legal,** legal relationship.
— **natural,** blood relationship.
— **por afinidad,** kinship by marriage.
— **por consanguinidad,** blood relationship.

paridad cambiaria   Par rate of exchange.

parientes   Relatives, kin.

parlamentario   Parliamentary, member of parliament.

parlamento   Parliament, legislative body.

paro   Stop, work stoppage, strike.
— **forzoso,** employer lockout.
— **obrero,** strike.
— **patronal,** lockout.

párrafo   Paragraph.

parricida   Parricide.

parte   Part, share, party to an action, litigant.
— **acomodada,** accommodated party.
— **actora,** plaintiff.
— **agraviada,** aggrieved party.
— **beneficiada,** accommodated party.
— **contendiente,** adversary party.
— **culpable,** culpable party.
— **demandada,** defendant.

— **demandante,** plaintiff.
— **de un accidente,** accident report.
— **dispositiva,** judicial finding.
— **en un contrato,** party to a contract.
— **en un proceso,** party to a suit.
— **inculpable,** innocent party.
— **interesada,** interested party.
— **perjudicada,** aggrieved party.
— **querellada,** defendant.

parte Notice, announcement, report, communication.
— **del accidente,** accident report.
— **policiaco,** police report.

partes Parts, parties.
— **contratantes,** contracting parties.
— **titulares de la acción,** parties to the action.

partera Midwife.

partible Divisible, severable.

partición Partition, division, distribution.
— **de comunidad,** division of jointly owned property.
— **de la herencia,** distribution of the inheritance.

particional Pertaining to the distribution of an estate.

particionero Participant in a partition, part owner.

participación Participation, share, notice, interest.
— **de control,** controlling interest.
— **de utilidades,** sharing of profits.

— **residual,** share in the residuary.
— **delictiva,** criminal facilitation.

participante Participant.

participar To participate, share, inform, notify, announce.

partícipe Participant, sharer, partner.

particular Particular, special, private, personal, peculiar.

particularizar To detail, itemize, specify, personalize.

partida Departure, item, entry, record, certificate, lot, shipment, gang, band.
— **de bautismo,** baptismal certificate.
— **de defunción,** death certificate.
— **de matrimonio,** marriage certificate.
— **de nacimiento,** birth certificate.

partido Party, faction, group, contest, profit, district.
— **jucicial,** venue.
— **político,** political party.

partidor Partitioner.

partija Partition, division, wall, fence.

partir To depart, leave, split, divide.

partitorio Partition.

parto Childbirth.

parvifundio   Small parcel of land within the division of a large tract.

pasada   Passage.

pasadizo   Aisle, narrow hall, narrow passageway.

pasador   Smuggler, ferryman.

pasajero   Passing, fleeting, temporary, transitory, passenger.

pasante   Undergraduate, clerk, apprentice.

pasaporte   Passport.

pasar   To pass, cross, surpass, exceed, transfer, convey, post.
— **al mayor,** to post in the ledger.
— **inventario,** to take inventory.
— **la factura,** to issue the bill.
— **lista,** to call the roll.
— **por alto,** to overlook, omit.
— **por las armas,** to execute by a firing squad.

pasavante   Vessel's official travel documents.

pase   Pass, permit, passport.

pasivo   Passive, inactive, liabilities, debits, debts.
— **a largo plazo,** long-term fixed liabilities.
— **a la vista,** demand deposits.
— **corriente,** current liabilities.
— **de capital,** capital liabilities.
— **de contingencia,** contingent liabilities.
— **del impuesto,** taxable capital.
— **diferido,** deferred liabilities.
— **fijo,** fixed liabilities.

— **transitorio,** accrued liabilities.

pasmar   To astound, stun, be amazed, marvel.

paso judicial   Legal steps.

patentable   Patentable.

patentar   To patent.

patente   Patent, evident, obvious, clear, grant, permit, license, concession, franchise.
— **acordada,** granted patent.
— **de mejora,** patent granted to improve an existing invention.
— **de invención,** patent certificate.
— **de sanidad,** clean bill of health.
— **en tramitación,** patent pending.
— **registrada,** registered patent.

patentes y marcas   Patents and trademarks.

patentizar   To patent, make clear, make evident.

paternidad   Paternity, fatherhood.

paterno   Paternal, fatherly.

patíbulo   Gallows.

patología   Pathology.

patria   Native country, mother country.

patria potestad   Legal and physical custody.

patrimonial   Patrimonial.

patrimonio   Patrimony, inherited estate, proprietorship, proprietary equity, net worth.
— **artístico,** artistic property.
— **consorcial,** marital property.
— **fideicomisario,** trust estate.
— **hereditario,** estate.
— **histórico,** historical property.
— **jurídico,** total assets.
— **municipal,** municipal property.
— **nacional,** national wealth.
— **neto,** net worth.
— **separado,** separate property.
— **social,** business capital.

patrio   Paternal.

patriota   Patriot.

patrocinar   To patronize, favor, sponsor.

patrón   Patron, sponsor, master, employer, proprietor, landlord.

patronato   Trusteeship, board of trustees, foundation, association.

patrono   Patron, protector, employer, landlord, standard.

patrulla   Patrol, squad, gang.

pauta   Norm, rule, standard, guide.

paz y salvo   Tax exempt certificate.

peculado   Embezzlement, graft, peculation.

peculio   Private wealth.

pedáneo   Inferior court judge, justice of peace.

pederasta   Pederast.

pederastia   Pederasty.

pedida   Petition.

pedido   Request, commercial order, petition.

pedimento   Petition, application, motion, bill, claim.
— **de avocación,** writ of certiorari.
— **de prevención de litigios,** bill of peace.
— **de revisión,** bill of review.
— **de tercero,** bill of interpleader.

pedir   To ask, request, demand, claim, order.
— **licitaciones,** call for bids.
— **propuestas,** call for bids.

pedrada   Hit by a stone.

pegar   To hit, strike, beat, stick, paste.
— **fuego,** to set fire.

pegujal   Peculium.

peligrar   To be in danger.

peligro   Danger, jeopardy, peril.

peligrosidad   Dangerousness.

peligroso   Dangerous, unsafe, perilous.

pena   Penalty, punishment, grief, worry.
— **accesoria,** cumulative penalty.
— **arbitraria,** arbitrary sentence.
— **capital,** capital punishment.
— **corporal,** corporal punishment.

— **cruel y desacostumbrada,** cruel and unusual punishment.

— **de muerte,** death penalty.

— **pecuniaria,** monetary fine.

— **privativa de libertad,** incarceration.

penado Prisoner, convict.

penal Penal, prison.

penalidad Penalty.

penalista Criminal lawyer.

penalizador Penalizing.

penalizar To penalize.

pendencia Pendency.

pendente lite While the lawsuit is pending.

pendiente Pending.

penetración Penetration.

penitenciaría Penitentiary, prison.

pensado Deliberated, premeditated.

pensión Pension, annuity, board, boardinghouse.

— **alimenticia,** alimony.

— **alimentación provisional,** temporary alimony.

— **de jubilación,** retirement benefits.

— **de retiro,** retirement pension.

— **de vejez,** old-age pension.

— **dotal,** endowment annuity.

— **por incapacidad laboral,** disability benefits.

— **vitalicia,** life annuity.

pensionado Pensioned.

pérdida Loss, damage, forfeiture.

— **consiguiente,** consequential loss, indirect damage.

— **de la ciudadanía,** loss of citizenship.

— **de la cosa debida,** loss of another's property.

— **efectiva,** actual loss.

— **parcial,** partial loss.

— **total,** total loss.

perdón Pardon, forgiveness, absolution.

perdonar To pardon, forgive, exempt, absolve.

perención Prescription.

— **de la instancia,** lapsing of lawsuit.

perenne Permanent, enduring, perpetual.

perentorio Peremptory, absolute.

perfección Perfection, legal validity, completing.

perfeccionar To make perfect, formalize, perform fully.

perfecto Perfect.

perfidia Perfidy, treachery.

perfil Profile, outline, shape.

pericia Skill, expertness, experience.

pericial Relating to an expert.

período Period, cycle, term, interval of time.

— **de espera,** grace period.

— **de justicia,** trial term.

— **de prueba,** period allowed for the introduction of evidence.

— **de la renta,** term of the lease.

— **de servicios,** term of office.

— **dotal,** endowment period.

— **fiscal,** accounting period.

— **presidencial,** presidential term of office.

peritación   Expert's work product.

peritaje   Expert's work, expert's testimony, expert's appraisal.

perital   Expert.

perito   Expert, appraiser, skilled, learned, experienced.

— **calígrafo,** handwriting expert.

— **catastral,** real estate expert.

— **de averías,** average adjuster.

— **de contabilidad,** accountant expert.

— **tasador o valuador,** expert appraiser.

— **testigo,** expert witness.

perjudicado   Injured, damaged, aggrieved.

perjudicar   To injure, damage, impair, harm.

perjudicial   Harmful, injurious, prejudicial, detrimental.

perjuicio   Damage, injury, harm, loss, prejudice, impairment.

— **de capital,** capital impairment.

— **de propiedad,** damage to property.

— **económico,** monetary loss.

— **material,** physical damage.

perjuicioso   Damaging, injurious, harmful.

perjurar   To commit perjury, make a false statement under oath.

perjurarse   To perjure oneself, commit perjury.

perjurio   Perjury.

perjuro   Perjurer.

permanecer   To remain, stay, permanent.

permanencia   Stay, permanence, stability, duration, continued possession.

permisible   Permissible, allowable.

permisión   Permit, concession, grant, permission, leave, authorization.

permisivo   Permissive, permitted, allowed, tolerated.

permiso   Permit, license, permission, leave, authorization.

permitir   To permit, allow, let, grant, authorize.

permutar   To exchange, barter.

pernicioso/a   Pernicious, harmful.

pero   But, except, yet, objection.

perorar   To make an impassioned speech, harangue, plea.

perpetrador   Perpetrator.

perpetrar   To perpetrate.

perpetuar   To perpetuate.

perpetuación   Perpetuation, preservation.

— **de prueba testimonial,** preserving testimony for future use.

perpetuidad Perpetuity.

perpetuo Perpetual, everlasting.

persecución Persecution, pursuit.

perseguir To pursue, persecute, harass, annoy.

persona Person.
— **abstracta,** legal entity.
— **a cargo,** dependent.
— **capaz,** qualified person.
— **de existencia visible,** natural person.
— **física,** person.
— **grata,** diplomatic representative.
— **individual,** natural person.
— **jurídica,** corporation.
— **legal,** legal entity.
— **moral,** legal entity.

personal Personal.

personalidad Personality, personage, legal capacity, legal entity.

personero Official representative, attorney in fact.

personero del estado Government official.

pertenecer To belong, pertain, concern.

pertenencia Property.

pertenencias Belongings, appurtenances, accessories.

pertinente Pertinent.

perturbación Disturbance, agitation.
— **de la posesión,** interference with rightful ownership.
— **de orden público,** disturbing the peace, disorderly conduct.
— **mental,** dementia, mental illness.

perturbador Agitator.

pesar sobre To encumber.

pesas y medidas Weights and measures.

pesca Fishing industry.

peso Weight, burden.

pesquisa Inquiry.

pesquisante Investigator.

pesquisidor Investigator.

petición Petition, claim, demand, application, motion.
— **concluyente,** plaintiff's final argument.
— **de herencia,** petition to be declared an heir to an estate.
— **de patente,** patent petition.
— **de quiebra,** bankruptcy petition.
— **para nueva audiencia,** motion for a new hearing.
— **por juicio nuevo,** motion for a new trial.

peticionante Petitioner, applicant.

peticionar To petition, solicit, move.

peticionario Petitioner, applicant.

picapleitos   Shyster, pettifogger, ambulance chaser.

picardía   Trick, trickery, deceit, offensive act, remark.

pícaro   Crook, swindler, petty thief, sly, crafty, vile.

pie   Foot, stand, stem, base.

pieza   Piece, part, room.
— **de autos,** court record.
— **de convicción,** material evidence for the prosecution.
— **de prueba,** evidence.
— **justificable,** voucher.
— **separada,** ancillary matter to case in chief.

pignorable   Capable of being pledged.

pignorar   To pledge, affect, pawn, encumber.

pillaje   Pillage, plunder.

pillo   Rouge, rascal.

piratear   To pirate, infringe a copyright.

piratería   Piracy, pirating, robbery, infringement of copyrights.

piromanía   Pyromania.

piso   Floor, story, apartment flat.

pista   Track, trace, trail, clue, landing strip.

pistola   Pistol, gun.

pistolero   Gunman, gangster, bodyguard.

placa   Badge, insignia, plaque, tablet.

plagiar   To plagiarize, pirate, steal.

plagiario   Plagiarist.

plagio   Plagiarism, pirating.

plan de vuelo   Flight plan.

plantear   To plan, establish, carry out, state, set up.
— **un caso,** to present a case.
— **una apelación,** to file an appeal.
— **una demanda,** to file a suit.
— **una excepción,** to file an exception.
— **una moción,** to file a motion.

plantel   Establishment, firm, plant.

plaza   Plaza, small park, public square, market, commercial center, position, job.
— **bursátil,** securities market.
— **de cambios,** exchange market.

plazo   Term, time, period, due date, installment.
— **de patente,** life of a patent.
— **de prescripción,** Statute of Limitations.
— **de validez,** effective date.
— **de vencimiento,** expiration date.
— **del contrato,** term of the contract.
— **fatal,** deadline.
— **fijo,** fixed term.
— **judicial,** time fixed by court.
— **perentorio,** deadline.

plebiscito   Plebiscite.

pleiteante   Litigant.

pleitear   To litigate.

pleito   Litigation, lawsuit, dispute, debate.
— **civil,** civil suit.
— **posesorio,** possessory action.
— **viciado,** mistrial.

plenario   Plenary, complete.

plenipotenciario   Plenipotentiary.

pleno   Full, complete, not lacking, ample.
— **del tribunal,** court en banc.
— **poder,** full power.

plica   Escrow.

pliego   Sheet of paper.
— **de condiciones,** specifications.
— **de licitación,** bidding form.
— **de petición,** petition.
— **de posiciones,** interrogatives.
— **de propuestas,** bidding form.

pluralidad   Plurality, majority, any number over one.
— **absoluta,** absolute majority.
— **relativa,** plurality.

pluriempleo   Multiple employment.

plusvalía   Unearned increment, goodwill.
— **adquirida,** acquired goodwill.
— **de consolidación,** goodwill as a result of merger.

población   Town, population, settlement, city.

poblar   To populate, settle, colonize, stock.

pobre   Poor, pauper.

pobreza   Poverty.

poco   Little, scanty, small.

poder   Power, faculty, ability, can, may, warrant, authority, power of attorney, proxy tenure, possession.
— **aparente,** apparent authority.
— **beneficioso,** beneficial power.
— **de dirección,** managerial prerogative.
— **de substitución,** power of substitution.
— **ejecutivo,** executive power.
— **judicial,** judicial power.
— **legislativo,** legislative power.
— **notarial especial,** special power of attorney.
— **notarial general,** general power of attorney.

poder-deber   Legal duty.

poder-derecho   Legal right.

poderante   Constituent, principal.

poderhabiente   Attorney, proxy.

poderío   Power, jurisdiction, wealth, dominion.

poderoso   Powerful, wealthy.

polémica   Controversy, dispute, argument.

poliandria   Polyandry.

policía   Police, police force, law enforcement.

policiaco/a   Police, having to do with the police.

policial   Policeman.

policitación   Offer not yet accepted.

poligamia   Polygamy.

polígamo   Polygamous, polygamist.

políglota   Polyglot.

política   Politics, policy.
— **arancelaria,** tariff policy.
— **económica,** economic policy.
— **exterior,** foreign policy.
— **pública,** public policy.

politicastro   Second-rate politician.

político   Politician, political.

póliza   Policy, written contract, draft, customhouse certificate, warrant, permit, voucher, ticket.
— **abierta,** open policy.
— **de anticipo,** contract for loan.
— **de compra,** disbursement voucher.
— **de embarque,** bill of lading.
— **de fianza,** surety bond.
— **de fidelidad,** fidelity bond.
— **de prenda,** mortgage agreement.
— **de seguro,** insurance policy.

polizón   Stowaway.

polizonte   Policeman, cop.

ponencia   Opinion, judgment, proposition, motion, proposal, board of arbitration, decision, award, chairmanship, committee.

ponente   Proposer, movant, referee, arbitrator.

poner   To put, place, set, lay.
— **en conocimiento,** to make it known.
— **en claro,** to clarify.

— **en limpio,** to make a clean copy.
— **la firma,** to affix the signature, to sign.
— **por escrito,** to put it in writing.
— **una demanda,** to file a claim.
— **una objeción,** to raise an objection.

ponerse   To place oneself, to become.
— **al corriente,** to become informed, to be up to date.
— **de acuerdo,** to reach an agreement.

por   By, for, through, on account of, on behalf of, via.
— **avalúo,** ad valorem.
— **cabeza,** per capita, per head.
— **ciento,** per cent.
— **cuanto,** whereas.
— **encargo,** by authority of, by proxy.
— **estirpe,** per stirpes.
— **la presente,** with this letter.
— **lo tanto,** therefore.
— **mayor,** wholesale.
— **menor,** retail.
— **ministerio de la ley,** by operation of law.
— **poder,** by proxy.
— **si mismo,** per se, in and of itself.
— **tanto,** therefor.
— **todas partes,** everywhere.

porcentaje   Percentage.

porción   Portion, part, share, lot, allotment.
— **hereditaria,** distributive share.
— **legítima,** forced heir's share.

porcionero Participant, partner, co-owner.

pormenorizar To itemize, detail.

pornografía Pornography.

portador Bearer, carrier, payee, beneficiary.
— **de seguros,** insurance carrier.
— **de buena fe,** holder in due course.

portafolio Portfolio, briefcase, attaché case.

portar To carry, to bear.
— **armas,** to bear arms.

portavoz Spokesperson.

porte Freight, postage, cost of carriage, charge.
— **pagado,** prepaid postage or freight.

portear To carry, port.

porteador Carrier, transporter.

portear To transport.

posar To pose, to lodge, to rest.

posdata Postscript.

posdatar To postdate.

poseedor Possessor, owner, holder.
— **de acciones,** stockholder, shareholder.
— **de obligaciones,** bondholder.
— **de patente,** patent holder.

poseer To possess, own, hold.

posesión Possession, ownership, occupancy.

— **adversa,** adverse possession.
— **civil,** possession.
— **de buena fe,** good-faith possession.
— **fectiva,** actual possession, possession in fact.
— **exclusible,** exclusive possession.
— **hostil,** hostile possession.
— **ilegítima,** unlawful possession.
— **judicial,** possession pursuant to court order.
— **legal,** constructive possession.
— **manifiesta,** open and notorious possession.
— **notoria,** open and notorious possession.
— **pacífica,** quiet enjoyment, peaceful possession.
— **por años determinados,** estate for years.
— **por abuso de confianza,** fraudulent possession.
— **pública,** open and notorious possession.
— **real,** actual possession.
— **tomar,** to take possession, take office.
— **viciosa,** illegal possession.

posesiones Possessions, wealth.

posesionarse To take possession, seize, appropriate.

posesor Possessor, owner, holder.

posesorio Possessory.

posfechado/a Postdated.

posición Position, location, standing.
— **legal,** legal contention.

posiciones   Answers to interrogatories.

posponer   To postpone, put off.

postdata   Postscript.

postdatar   To postdate.

postefectivo   Effective at a later date.

posteridad   Posterity.

posterioridad   Before, posterity.

postor   Bidder.

postulación   Request, petition, nomination.

postulante   Petitioner, applicant, candidate.

póstumo   Posthumous.

postura   Position, bid, bidding, posture.

potestad   Power, dominion, authority, jurisdiction.

potestativo   Optional.

práctica   Practice, custom, method, habit, policy.
   — **comercial,** commercial usage.

practicable   Practicable, workable, feasible.

practicante   Practitioner.

practicar   To practice, practice a profession, perform.

práctico   Practical, experienced, skillful.

preámbulo   Preamble, introduction, prologue.

precario   Precarious, uncertain, unstable, insecure.

precaución   Precaution.

precautorio   Precautionary, preventive.

precaver   To guard against, warn, caution.

precedencia   Precedence, priority, preference.

precedente   Precedent, preceding.

preceptivo   Mandatory.

precepto   Precept, rule of moral conduct, order, provision, stipulation.

preceptor   Preceptor, teacher, tutor.

preciar   To appraise, value.

precio   Price, value, worth, esteem, charge, cost.
   — **de avalúo,** assessed value.
   — **de demanda,** asked for price.
   — **de dinero,** going interest rate.
   — **de oferta,** bid price, offer price.
   — **de plaza,** market price.
   — **de venta,** sale price.
   — **global,** lump sum.
   — **reservado,** reserved price.

precios dirigidos   Controlled prices.

preclusión   Preclusion, estoppel.

predecesor   Predecessor.

predial   Predial.

predio   Real estate, landed property, tenement.
— **dominante,** dominant estate.
— **edificado,** improved real property.
— **rural,** rural property.
— **sirviente,** servient estate.
— **urbano,** urban property.

predisponer   To predispose, bias, prejudice.

predominante   Predominant, prevailing, ruling.

prefecto   Prefect, chairman.

prefectura   Headquarters.

preferencia   Preference.

preferente   Preferential.

preferir   To prefer.

pregón   Proclamation.

pregonar   To proclaim.

pregonero   Auctioneer, crier, announcer, publisher.

pregunta   Question, inquiry.
— **impertinente,** irrelevant question.
— **que insinúa la respuesta,** leading question.
— **sugestiva,** leading question.

preguntar   To question, ask, inquire.

prelación   Preference, priority, marshalling, right of one over another.
— **de créditos,** marshalling of credits.

prelativo/a   Preferential.

preliminar   Preliminary.

prematuro   Premature, untimely.

premeditación   Premeditation, aforethought.

premeditado   Premeditated.

premoriencia   Predecease.

premorir   To predecease.

premura   Urgency, haste, pressure.

prenda   Surety, pledge, security, token, chattel mortgage.

prendador   Pledger.

prendar   To pledge, pawn, deposit.

prendario   Collateral, security, secured transaction.

prenombrado   Abovementioned, aforesaid.

prensa   Press, newspapers.

preparado   Ready, prepared.

preponderancia   Preponderance.

prerrogativa   Prerogative, right, privilege.

prescindir   To disregard, set aside, leave aside, omit, dispense with.

prescribir   To prescribe, outlaw, legislate, run out of time.

prescripción   Prescription, extinguishment, legal principle.
— **adquisitiva,** adverse possession.

— **del delito,** limitation of power to prosecute.
— **negativa,** laches.
— **tributaria,** lapse of tax liabilities.

prescriptible   Prescriptive, lapsable.

prescriptivo   Prescriptive.

prescrito   Barred, ordered, denied.

presenciar   To see, to witness.

presentación   Presentation, introduction, presentment, filing.

presentar   To present, introduce, file, petition.
— **prueba,** to present proof.
— **se,** to appear.
— **un recurso,** to file an appeal.
— **una moción,** to file a motion.
— **una reclamación,** to present a claim.
— **una solicitud,** to file a petition.

presente   Present, gift, current.

preservar   To preserve, guard, protect, keep.

preservativo   Condom.

presidencia   Presidency.

presidiario   Prisoner, convict.

presidenta   Chairperson.

presidente   President, chairman, presiding judge.
— **de la Camara,** Speaker of the House.
— **de la Suprema Corte,** Chief Justice of the Supreme Court.

— **de la junta,** chairman of the board.
— **del consejo,** chairman of the board.
— **del jurado,** foreman of the jury.

presidio   Prison, penitentiary.

presidir   To preside, direct, exercise power.

preso   Prisoner.

prestación   Compliance, assistance, benefits, consideration, contribution, payment, remittance.
— **de servicios,** rendering of a service.
— **específica contractual,** specific performance.
— **pecuniaria,** money loan.
— **social,** social service, welfare, relief.

prestador   Lender.

prestamista   Moneylender, lending institution.

préstamo   Loan, accommodation.
— **a cambio marítimo,** a loan made to equip and supply a ship.
— **a descubierto,** unsecured loan.
— **a la gruesa,** bottomry.
— **a sola firma,** personal loan.
— **a la vista,** demand instrument.
— **hipotecario,** loan secured by a mortgage.
— **quirografario,** unsecured loan.

prestar   To lend.
— **caución,** to furnish security.
— **fianza,** to furnish bail.

— **garantía,** to furnish guaranty.
— **juramento,** to take an oath.
— **sobre hipoteca,** to lend on a mortgage.
— **un servicio,** to render services.

presunción   Presumption.
— **absoluta,** conclusive presumption.
— **concluyente,** conclusive presumption.
— **de exactitud registral,** true and accurate entry in.
— **de fallecimiento,** presumption of death.
— **de fraude,** presumption of fraud.
— **de gananciabilidad,** presumption of marital property.
— **de hecho,** presumption of fact.
— **de inculpabilidad,** presumption of innocence.
— **de muerte,** presumption of death.
— **de sobrevivencia,** presumption of survivorship.
— **dudosa,** rebuttable presumption.
— **legal o de derecho,** presumption of law.
— **rebatible,** rebuttable presumption.
— **simple,** presumption of fact.

presuntivo   Presumptive.

presunto heredero   Presumptive heir.

presupuesto   Estimate, budget, estimate, presumed.

presupuestos procesales   Rules of procedure.

pretender   To pretend, try, solicit, aspire, claim.

pretendiente   Pretender, claimant.

pretensión   Pretension, claim.

preterir   To omit, except, leave out.

pretexto   Pretext, pretense, excuse.

pretor   Judge of a lower court.

pretorio   Courtroom.

prevalecer   To prevail, overcome, succeed, win.

prevaricación   Betrayal of trust.

prevaricar   To prevaricate, betray.

prevención   Prevention, foresight, preparedness, precaution, detention.
— **social,** Social Security.

prevenir   To prevent, avoid, foresee, warn.
— **se,** to take precautions.

preventivo   Preventive, cautionary.

previo   Previous, anticipated, estimated.
— **a resolución,** in accordance with the resolution.
— **acuerdo,** prior agreement.
— **informe,** prior report or information.
— **pago,** prior payment.
— **requerimiento,** prior summons.

previsión laboral   Social welfare.

prima   Premium, bounty, bonus, subsidy.

primacía   Priority, precedence, superiority.

primario   Primary, principal, first, original.

primer   First, former, leading, principal.
— **gravamen,** first lien.
— **magistrado,** chief magistrate.
— **copia,** authorized copy.

primera   First.
— **de cambio,** first of exchange.
— **delincuencia,** first offense.
— **hipoteca,** first mortgage.
— **instancia,** first level, trial court.
— **parte,** party of the first part.

primo/a   Cousin.

primogénito/a   First-born child.

primogenitura   Primogeniture.

primordial   Primordial, primary, fundamental, first.

principal   Principal, capital.

principio   Beginning, principle, rule, theory, origin, source.
— **de adaptación del proceso,** principle of law that the procedural form must comply.
— **de adquisición procesal,** rule that substantive evidence produced by one party may be utilized by the other party.
— **de concentración,** rule that all questions at issue must be decided by one final judgment.
— **de controversia,** rule that the parties must furnish the evidence necessary for a decision.

— **de consumación procesal,** rule that the steps in a procedure may not be repeated.
— **de convalidación,** rule that nullity may be waived by failing to claim it.
— **de derecho,** rule of law.
— **de economía procesal,** rule of procedural efficiency.
— **de inmediación,** rule that exceptions to a judgment must be made immediately.
— **de impulsión procesal,** rule that the parties must pursue a case to its conclusion.
— **de probidad,** principle that an action must be brought in good faith.
— **de publicidad,** rule that the parties may have access to all the evidence.
— **dispositivo,** rule that the parties must produce the necessary evidence.

prioridad   Priority, preference.

prisión   Prison, imprisonment, place of confinement.
— **ilegal,** false imprisonment.
— **incomunicada,** solitary confinement.
— **perpetua,** life imprisonment.
— **preventiva,** preventive custody.

prisionero   Prisoner.

privado   Private, personal, confidential.

privar   To deprive, prohibit, dispossess.

privativo   Private, exclusive, special, particular.

privilegiado   Privileged.

privilegiar   To patent, grant a patent.

privilegio   Privilege, franchise, concession, patent, copyright.
— **absoluto,** absolute privilege, absolute right.
— **civil,** right of preference in settling a bankruptcy.
— **condicional,** conditional privilege.
— **de invención,** patent right.
— **de no caducidad,** privilege of nonforfeiture.
— **particular,** special privilege.

privilegios e inmunidades Privileges and immunities.

probabilidad   Probability.

probable   Probable.

probanza procesal   Evidence in court.

probar   To prove, test, establish.

probatorio   Evidentiary.

probidad   Integrity, honesty.

procedencia   Source, justification, legal basis.

procedente   Originating.

proceder   To proceed, originate, behave, take action, be in order, procedure.

procedimiento   Procedure, method, process, conduct.
— **administrativo,** administrative proceeding.

— **anómalo,** anomalous proceeding.
— **civil,** civil procedure.
— **criminal,** criminal procedure.
— **de oficio,** action initiated by the court on its own motion.
— **ejecutivo hipotecario,** foreclosure rules.
— **incidental,** ancillary proceeding.
— **judicial,** judicial proceeding.
— **penal,** criminal procedure.
— **sumario,** summary proceeding.

procesable   Actionable, indictable, triable, actionable.

procesado   Defendant.

procesal   Procedural.

procesamiento   Indictment, prosecution.

procesar   To sue, indict, prosecute, arraign, process.

proceso   Process, action, proceeding, trial, arraignment.
— **acumulativo,** joinder.
— **administrativo,** administrative law process.
— **auxiliar,** ancillary proceedings.
— **cautelar,** preventive action.
— **civil,** civil action.
— **cognoscitivo,** test case to determine a legal principle.
— **colectivo,** joint actions.
— **concursal,** bankruptcy proceeding.
— **contencioso,** lawsuit, legal action.
— **corporativo,** corporate litigation.

— **criminal,** criminal
proceeding.
— **de condena,** sentencing
proceeding.
— **de ejecución,** execution of
judgment proceeding.
— **de residencia,** impeachment
proceedings.
— **declarativo,** hearing for
declaratory relief.
— **hipotecario,** foreclosure
proceeding.
— **jurídico,** judicial process.
— **mixto,** mixed action, action
relating to real and personal
property.
— **para secuestro,** attachment
proceeding.
— **penal,** criminal action.
— **preventivo,** action for
interlocutory remedy.
— **secundario,** ancillary
proceeding.
— **simulado,** action in bad faith.
— **sumarísimo,** summary
proceeding.
— **testamentario,** probate
proceedings.

proclamación   Proclamation.

proclamar   To proclaim,
promulgate, give official notice.

procomún   Public welfare.

procura   Power of attorney.

procuración   Practice of law, proxy,
power of attorney.
— **expresa,** express
authorization.

procurador   Procurer, buyer,
attorney, counselor, proctor, prosecutor.
— **del condado,** district attorney,
county attorney.

— **delegado,** assistant
prosecutor.
— **en juicio,** trial lawyer.
— **fiscal,** prosecutor, government
attorney.
— **general,** attorney general.
— **judicial,** attorney at law.
— **público,** prosecutor, district
attorney, public attorney.

procuraduría   Law office.
— **general,** Office of the
Attorney General.

producir   To produce, exhibit, yield,
return.
— **efecto,** to produce an effect,
become effective.
— **intereses,** to produce or bear
interests.

productividad   Productivity.

productivo   Productive, profitable.

producto   Product, yield, profit,
proceeds, result.
— **equitativo,** fair yield.
— **neto de operación,** net
income from the operation.

profanación   Desecration.

profanar   To profane, defile.

profano   Lay, lay person, profane.

profecticio   By direct inheritance.

proferir   To proffer, utter, speak,
express.
— **una decisión,** to announce a
decision.

profesar   To profess, practice a
profession, avow.

profesión   Profession, occupation, trade, calling.

profesional   Professional person, professional.

prófugo   Fugitive, runaway, escapee, absconder.

progenie   Progeny, offspring, issue, descendants.

prohibición   Prohibition, ban, embargo.
— **judicial,** injunction.

prohibir   To prohibit, forbid, restrain, enjoin.

prohibido   Prohibited.

prohibitivo   Prohibitive.

prohibitorio   Prohibitive.

prohijamiento   Adoption.

prohijar   To adopt a child.

prójimo   Neighbor, fellow man.

prole   Offspring, issue, progeny.

proletario   Proletarian, plebeian, member of the working class.

prolongar   To prolong, lengthen, extend.

promedio   Average, median, middle.

promesa   Promise, pledge.
— **de pago,** promise to pay.
— **de venta,** option.
— **unilateral,** unilateral promise.

prometedor   Promisor, promissory.

promisorio   Promissory.

promitente   Offeror.

promoción   Promotion, advancement, plan, demand.

promotor   Promoter, promotional.
— **fiscal,** government attorney.

promovente   Promoter, plaintiff, claimant.

promover   To promote, back, demand.
— **el recurso,** to initiate an appeal.
— **pruebas,** to call for proof.
— **una acción,** to bring suit.
— **una demanda,** to bring suit.

propiedad   Property, ownership, estate, proprietorship, anything that can be owned.
— **absoluta,** absolute ownership, fee simple.
— **contingente,** contingent estate.
— **de renta,** income producing property.
— **en dominio limitado,** estate less than freehold.
— **en dominio pleno,** fee simple estate.
— **en expectativa,** contingent estate.
— **inmueble,** real property.
— **intangible,** intangible property.
— **intelectual,** intellectual property.
— **limítrofe,** abutting property.
— **literaria,** literary property.
— **mancomunada,** joint property.
— **mueble,** personal property, personalty, movables.

— **neta,** net worth.

— **raíz sin mejorar,** unimproved real property.

— **raíz,** real estate.

— **rústica,** country property, unimproved property.

— **urbana,** suburban real estate.

— **útil,** beneficial ownership.

— **vitalicia,** life estate.

propietario   Proprietor, owner, proprietary.

— **aparente,** apparent owner.

— **beneficioso,** beneficial owner.

— **de casa,** homeowner, landowner, landlord.

— **de inmuebles,** landowner.

— **registrado,** registered owner.

— **vitalicio,** life tenant.

proponente   Proponent.

proponer   To propose, to offer.

— **demanda,** to file a complaint.

— **una moción,** to offer a motion.

— **una transacción,** to offer a settlement.

propósito   Purpose, object, intent.

— **criminal,** criminal intent.

propósitos sociales   Corporate purposes.

propuesta   Proposition, proposal, bid, tender, offer.

— **en firme,** firm offer.

propuestas selladas   Sealed bids.

prorratear   To prorate, apportion, average out.

prorrateo   Prorating, apportioning, averaging.

prórroga   Extension, postponement, renewal.

— **de plazo,** extension of time.

prorrogar   To extend time, prolong, defer, put over.

prosapia   Lineage.

proscribir   To proscribe.

proscripción   Proscription, banishment.

proscriptor   Proscriber, proscribing.

prosecretario   Assistant secretary.

prosecución   Continuation.

prospecto   Prospectus.

prostíbulo   House of prostitution.

prostitución   Prostitution.

— **infantil,** child prostitution.

prostituir   To prostitute.

prostituta   Prostitute.

protección   Protection, support.

proteccionista   Protectionist.

protector   Protector.

proteger   To protect, shelter, defend.

protesorero   Assistant treasurer.

protesta   Protest, protestation, objection, notice of rejection of an instrument.

protestable   Subject to protest.

protestado   Drawee of a dishonored bill.

protestar   To protest, take exception, declare.

protesto   Protest.

protocolar   Protocolar, protocolary.

protocolo   Protocol, official record, registry.

protonotario   Prothonotary.

provecho   Benefit, advantage, profit, utility.

provechoso   Beneficial, advantages, profitable, useful.

proveer   To provide, furnish, supply, confer, bestow.

proveído   Judgment, decision, writ.

proveimiento   Decision, judgment.
— **cautelar,** interlocutory decision.
— **ejecutivo,** execution, levy.
— **instructorio,** judge's instruction for the proceeding.
— **jurisdiccional,** final decision.
— **satisfaciente,** writ of execution.

provenir   To arise from, source, originate.

providencia   Providence, judgment, verdict, decision, order, resolution, general orders.
— **de lanzamiento,** writ of ejectment.
— **de secuestro,** writ of attachment.
— **judicial,** judicial order.

— **motivada,** order with a judge's opinion.
— **precautorio,** preventive injunction.

provisión   Provision, stock, supplying, allowance.
— **de fondos,** financing, provision of funds.
— **para cuentas dudosas,** reserve for bad debts.

provisional   Provisional, temporary.

provocación   Provocation, words or conduct that provoke.
— **justificante,** justifiable provocation.

próximo   Proximate, close, next.

proyecto   Project, plan, development, design, scheme.
— **de contrato,** draft of a contract.
— **de decreto,** bill.
— **de ley,** proposed law, bill.

proxenitismo   Pimping, pandering.

prudencia razonable   Reasonable care.

prueba   Test, proof, evidence.
— **absoluta,** absolute proof.
— **admisible,** admissible evidence.
— **circunstancial,** circumstantial evidence.
— **confesional,** answers to interrogatories.
— **convencional,** stipulation.
— **corroborativa,** corroborating evidence.
— **de cargo,** case in chief.
— **de descargo,** defense evidence.

— **de oficio,** evidence called for by the judge.

— **de oídas,** hearsay evidence.

— **demostrativa,** demonstrative evidence.

— **derivada,** secondary evidence.

— **documental,** documentary evidence.

— **impertinente,** irrelevant evidence.

— **material,** material evidence.

— **oral,** parol evidence.

— **pericial,** expert testimony.

— **personal,** evidence of a lay witness.

— **pertinente,** relevant evidence.

— **plena,** full proof.

— **por constituir,** evidence to be developed during trial.

— **presunta,** presumptive evidence.

— **privilegiada,** privileged evidence.

— **procesal,** trial evidence.

— **real,** real evidence.

— **testimonial,** testimonial evidence.

psiquiatría   Psychiatry.
— **forense,** forensic psychology.

pubertad   Puberty.

publicación   Publication, newspaper, magazine, book.

publicar   To publish, reveal, announce.

publicista   Publicist, publisher.

pública subasta   Public auction.

público   Public.

publíquese   Let it be known.

pueblo   Town, village, race, people, nation.

puerto   Port, harbor, refuge.
— **aduanero,** port of entry.
— **de matrícula,** port of registry.
— **de salida,** port of departure.

pugna   Disagreement, conflict, struggle.

puja   Bid in an auction.

pujar   To bid up, raise an offer.

punible   Punishable.

punidión   Punishment.

punitivo/a   Punitive, punishable.

punto   Point, issue.
— **legal,** legal point, question of law.

puntualizar   To itemize, detail.

puño y letra   In one's own handwriting.

pupilaje   Guardianship.

pupilo   Pupil, ward.

purgar   To clear of criminal charges.

putativo   Putative, reputed, commonly esteemed.

Q

quebrada   Bankruptcy.

quebrado   Bankrupt, insolvent.

quebrantador   Breaker, violator, infringer.

quebrantamiento   Violation, breach.
— **de condena,** violation of terms of sentence.
— **de forma,** procedural violation.
— **de las normas de tutela,** interference with custody.

quebrantar   To break, violate, breach, infringe.
— **el arraigo,** to jump bail.
— **testamento,** to revoke a will.

quebranto   Damage, loss.
— **del arraigo,** bail jumping.

quebrar   To break.

quedar   To remain, stay, be.
— **en,** to agree to.

quehacer   Work, occupation, task, duty, chore.

queja   Complaint, charge.

quejarse   To complain, charge.

quemar   To burn, scorch, sell at a loss.

quemarropa   Point blank.

querella   Complaint, dispute, controversy, quarrel, charge.
— **criminal,** criminal charge.
— **privada,** action for damages.

querellado   Defendant, accused.

querellante   Plaintiff, complainant.

querellado   Defendant.

querellar   To bring suit, accuse, file an action.

querer   To want, wish, desire, be willing.

querida   Lover, mistress.

quid pro quo (Lat.)   This for that.

quiebra   Bankruptcy, failure, loss, damage, fracture.
— **aparente,** insolvency, lack of liquid assets.
— **culpable,** negligent bankruptcy.
— **de derecho,** bankruptcy under the law.
— **de hecho,** bankruptcy in fact.
— **fraudulenta,** fraudulent bankruptcy.
— **punible,** fraudulent bankruptcy.
— **voluntaria,** voluntary bankruptcy.

quien calla otorga   Silence is acceptance.

quieta y pacífica posesión   Quiet and peaceful enjoyment.

quincena   Fortnight, semimonthly pay.

quirografario   Unsecured debts, general debtor.

quirografía   Handwriting.

quirógrafo   Unsecured promissory note.

quita   Acquittance, release, rebate, reduction of a debt.

quitación   Release, quitclaim.

quitas y esperas   Settled method schedule of repayments.

quitanza   Discharge, receipt for payment in full.

quorum   Quorum.

R

rábula   Shyster, pettifogger.

racial   Racial.

racismo   Racism.

racista   Racist.

radiación   Radiation.

radioactividad   Radioactivity.

radiar   To radiate.

radicar   File.
— **una apelación,** to file an appeal.
— **una acusación,** to make an accusation.
— **una causa,** to bring a lawsuit.
— **una propuesta,** to present a bid.
— **una solicitud,** to file an application.

radicarse   To locate, settle, become established.

radio   Radius, radio, area.

radio difusora   Radio broadcasting station.

radioescucha   Radio listener.

ralea   Breed, race, stock, species, kind.

ramera   Harlot, prostitute, whore.

rango   Rank, position.

rápido   Rapid, quick, swift.

rapiña   Plunder, theft, rapine.

raptar   To rob, kidnap, abduct, take by force or fear.

rapto   Abduction, rape, kidnapping, rapture.

raptor   Kidnapper, abductor, thief.

raqueterismo   Racketeering, gangsterism.

raquetero   Racketeer, gangster.

raro   Rare, thin, scarce, strange, odd.

rasgadura   Rip, tear.

ratear   To prorate, pilfer, rate, rat, pickpockets.

rateo   Prorating, rating, price evaluation.

ratería   Petty theft, pilferage.

ratero   Thief, pickpocket, sneak.

ratificación   Ratification, confirmation, affirmation.
— **de la sentencia,** affirmation of judgment or sentence.
— **del contrato,** signing of contract.
— **del embargo,** ratification of the request to embargo.
— **judicial,** judicial affirmation.

ratificar   To ratify, confirm, affirm, approve, give approval.

raza   Race, clan, breed.

razón   Reason, right, justice, ratio, account, cause, information ability to think, motive.
—   **social,** firm name, trade name, partnership.

razonable   Reasonable, fair, equitable, rational, just, rational.

razonamiento   Reasoning, argument.

razonar   To reason, discourse, talk, argue.

rea   Female defendant, prostitute.

reabrir   To reopen, resume.

reaccionario   Reactionary.

reacio   Stubborn, obstinate.

reaceptación   Reacceptance.

readquirir   To reacquire.

reajuste   Readjustment.

reajustar   To readjust.

realidad   Reality, truth, fact.

realización   Realization, fulfillment, sale.
—   **forzosa,** mandatory attachment of debtor's property.

realizable   Marketable, liquid.

realizar   To realize, convert into cash, fulfill, make real, receive.

reanudar   To resume, renew, start again.

reargüir   To reargue.

reaseguro   Reinsurance.

reavalúo   Reappraisal.

rebatir   To rebut, refute, deduct, repel, resist.

rebelde   Rebel, rebellious.

rebeldía   Rebelliousness, defiance, default, contempt, contumacy.

rebelión   Rebellion, revolt.

recalcitrante   Obstinate, disobedient, stubborn.

recapitalización   Refinancing, recapitalization.

recapitular   Recapitulate.

recargo   Overload, extra load, surcharge, surtax.
—   **de prestaciones,** surcharge for services rendered.
—   **por demora,** late payment surcharge.

recaudable   Collectible.

recaudación   Collection.

recaudaciones   Revenues.

recaudador   Collector.
—   **de impuestos,** tax collector.
—   **rentas internas,** internal revenue collector.

recaudar   To collect.

recaudo   Collection, bond, security, precaution.

rechazable   Refutable, rejectable.

rechazar   To reject, refuse, decline, disclaim.

rechazo   Rejection, refusal.

receptación   Dealing in stolen property.

receptador   Dealer of stolen property.

receptar   Traffic in stolen property.

receptor   Receiver, receptor, consignee.

receptoría   Tax collector's office.

receso   Recess, intermission.

recibí   Acknowledgment.

recibimiento a prueba   Discovery of evidence.

recibidor   Receiver.

recibir   To receive, accept, admit, meet, take into one's possession.
— **a prueba,** to receive into evidence.
— **el juramento,** to take the oath.
— **el título de abogado,** to be admitted to the bar.

recibo   Receipt, reception.
— **de finiquito,** final payment.
— **fiduciario,** trust receipt.
— **por saldo,** receipt for payment in full.

recidivista   Recidivist, habitual criminal.

recién nacido   Newborn child.

recipiente   Recipient, receiver, receptacle.

reciprocidad   Reciprocity, mutual exchange, mutuality.

recíproco   Reciprocal.

reclamable   Claimable.

reclamación   Claim, complaint, demand, protest.
— **económico-administrativa,** claim against the Internal Revenue Service.
— **judicial,** judicial claim.
— **suplementaria,** supplemental claim.
— **tributaria,** tax refund claim.

reclamante   Claimant.

reclamar   To claim, complain, protest, demand.

reclamo   Claim, protest, complaint.

reclusión   Seclusion, imprisonment, detention.

recluso   Recluse, prisoner, hermit.

reclusorio   Prison, penitentiary.

reclutar   To recruit, enlist.

recobrable   Recoverable.

recobrar   To recover, regain, recoup, collect, get back.

recobro   Recovery.

recoger   To gather, collect, pick up, withdraw.

recogida   Withdrawal, collection.
— **de autos,** court documents.

recomendable   Trustworthy, praiseworthy, laudable, advisable, recommendable.

recomendar   To recommend, entrust, advise, commend.

recomendatario   Alternate drawee, alternate referee.

recompensa   Compensation, remuneration, reward.

recompensar   To compensate, remunerate, reward.

recompra   Repurchase.

recomprar   To repurchase.

reconciliación   Reconciliation.

reconciliar   To reconcile, agree, resolve differences.

reconducción   Extension, renewal,

reconducir   To renew, extend.

reconocer   To recognize, admit, acknowledge, examine carefully, inspect, honor.
  — **el gremio,** to recognize the union.
  — **un hijo,** to acknowledge a child.
  — **una firma,** to acknowledge a signature.

reconocimiento   Recognition, acknowledgment, examination, survey, inquiry, investigation, admission, recognizance.
  — **aduanal,** customs inspection.
  — **de buques,** ship inspection.
  — **de créditos,** credit check.

  — **de documento privado,** stipulation as to authenticity of a private document.
  — **de estado,** acknowledgment of the sovereignty of a state.
  — **de la firma,** signature authentication.
  — **de hijo natural,** acknowledgment of an illegitimate child.
  — **judicial,** judicial notice.

reconsiderar   To reconsider.

reconstituir   To reorganize.

reconstruir   To reconstruct, rebuild, remodel.

reconvención   Counterclaim, countercharge.

reconvenir   To counterclaim, countercharge, recriminate.

recopilador   Compiler, reporter.

recopilar   To compile.

record   Record.

recordar   To remember, recall, remind.

recriminación   Countercharge, retort.

recriminador   Recriminating.

recriminar   To recriminate, countercharge.

recuento   Recount, narration.

recuperable   Recoverable.

recuperación   Recovery, recapture, salvage.

recuperar   To recover, regain, recapture, recoup.

recurrente   Recurring, petitioner, applicant.

recurrible   Appealable.

recurrido   Appellee.

recurrir   To appeal.

recurso   Recourse, resort, remedy, appeal, petition, motion, proceeding.
— **administrativo,** administrative appeal.
— **civil,** civil remedy.
— **contencioso,** appeal to the courts.
— **de alzada,** appeal.
— **de amparo,** appeal on constitutional grounds.
— **de anulación del laudo arbitral,** appeal of the arbitrator's award.
— **de anulación penal,** appeal to set aside judgment.
— **de apelación,** appeal.
— **de casación civil,** civil appeal.
— **de casación laboral,** labor appeal.
— **de casación penal,** criminal appeal.
— **de hecho,** appeal for review of facts.
— **de inconstitucionalidad,** appeal on constitutional grounds.
— **de nulidad,** appeal for annulment.
— **de oposición,** right to except.
— **de queja,** petition against lower court's refusal to file appeal.
— **de reposición,** motion to set aside.

— **de revisión,** motion to reopen case.
— **de revocación,** appeal for reversal.
— **de segunda instancia,** first appeal.
— **de súplica,** petition for reconsideration.
— **de tercera instancia,** second appeal.
— **extraordinario,** extraordinary appeal.
— **interino,** provisional remedy.
— **judicial,** judicial remedy.
— **ordinario,** appeal before execution of judgment.

recursos   Resources, means.
— **financieros,** financial resources, financial means.
— **legales,** legal remedies.

recusable   Subject to challenge, rejectable.

recusación   Challenge, objection, exception.
— **a todo el jurado,** challenge to the jury panel.
— **con causa,** challenge for cause.
— **general con causa,** general challenge for cause.
— **perentoria,** peremptory challenge.
— **sin causa,** peremptory challenge.

recusante   Objector.

recusar   To object, except, recuse, challenge.

red   Network, ring.
— **de distribución,** distribution network.

— **de prostitución,** prostitution ring.

— **de ventas,** sales network.

redacción   Editorial department.

redactar   To edit, compose, draft.

redada policial   Police sweep.

redención   Redemption, ransom, recovery.

— **de acciones,** retirement of stock.

— **de la propiedad,** redemption of property.

redhibición   Redhibition.

redhibitorio   Redhibitory.

redimible   Redeemable, callable.

redimir   To redeem, call in, pay off, buy back.

rédito   Interest, revenue, yield, proceeds, return.

redituar   To produce, yield.

reducción de la base   Tax reduction

reducir   To reduce, diminish, convert into.

reedificar   To rebuild, reconstruct.

reeducación   Retraining.

reembolsable   Reimbursable.

reembolsar   To reimburse, refund, repay.

reembolso   Reimbursement, refund, repayment.

reemplazable   Substitute.

reemplazar   To substitute.

reemplazo   Substitution.

reenvío   Reshipment.

refacción   Financing, backing, loan, repair, renovation.

— **agrícola,** farm loan, crop loan.

— **sobre bienes muebles,** chattel mortgage.

refaccionador   Financial backer.

refaccionar   To finance.

refaccionario   Financial backer.

referencia   Information, account.

referendum   Referendum.

referente   Relating to.

referir   To refer, relate, narrate.

refletar   To re-charter.

reforma   Reform, reformation, improvement, amendment, revision.

reformar   To reform, amend, revise, improve, modify.

reformatorio   Reformatory, amending.

refrenda   Authentication, legalization.

refrancación   Authentication.

refrendar   To legalize, countersign, authenticate.

refrendo   Countersignature.

refugiado   Refugee.

refundir   To refund, rewrite.

refutable   Refutable, rebuttable.

refutación   Refutation, rebuttal, disproof.

refutar   To rebut, refute, disprove, deny, contradict.

regalar   To give.

regalía   Right, privilege, bonus, commission, royalty.
— **de autor,** royalties.

regalista   One who pays a royalty.

regatear   To haggle, bargain, dispute, sell retail.

regateo   Bargaining.

regencia   Regency, administration, management.

regente   Regent, magistrate, manager.

regicidio   Regicide.

regidor   Councilman, alderman.

régimen   Regime, government, rule, management.
— **de visitas,** visitation schedule, parenting plan.
— **económico matrimonial,** marital property laws.

regir   To rule, govern, direct, manage.

registrado   Registered, recorded.

registrador   Registrar, recorder, city clerk, official in charge of records.
— **de la propiedad,** registrar of deeds.
— **de testamentos,** registrar of wills.
— **suplente,** deputy registrar.

registrar   To record, file, register, enter, inspect.
— **comparecencia,** to enter an appearance.
— **una hipoteca,** to record a mortgage.
— **una sentencia,** to enter a judgment on the record.

registro   Record, file, docket, inspection, search, registration.
— **civil,** civil registry.
— **de la propiedad,** real estate registry.
— **de sufragio,** voting roll.
— **demográfico,** registry of vital statistics.
— **domiciliario,** house search.
— **e incautación,** search and seizure.

reglamentación   Regulation.

reglamentar   To regulate, make rules, control, direct, govern.

reglamentario   Regulatory.

reglamento   Bylaws, rules, regulations.

reglamentos interiores   Bylaws, rules and regulations.

reglamentos sindicales   Labor laws.

reglar   To regulate, control, direct, govern.

regla   Rule, order, precept, principle, measure.

reglas   Rules, orders, precepts, principles, measures.
— **procesales,** procedural rules.

regreso   Return, recovery.

rehabilitación   Rehabilitation, restoration, reinstatement.

rehabilitar   To rehabilitate, reinstate, discharge from bankruptcy.

rehén   Hostage.

rehuir   To shun, avoid, reject.

rehusar   To refuse, reject, decline.

reincidencia   Repetition, recurrence, second offence.

reincidente   Second offender, recidivist, repeat offender.

reincidir   To slide back into, reoccur.

reiniciar   To reopen.

reinserción social de un preso
Reintegration of a prisoner into society.

reintegrable   Refundable, reimbursable.

reintegrar   To reintegrate, refund, reimburse, repay.

reintegro   Reimbursement, refund, repayment, restitution.

reiterar   To reiterate, repeat.

reivindicable   Recoverable.

reivindicación   Recovery, replevin.

reivindicar   To recover.

reivindicatoria   Action for recovery.

relación   Report, statement, brief, recital, ratio.
— **de mar,** maritime logbook.
— **jurídica,** legal nexus.
— **pormenorizada,** itemized statement.
— **sexual,** sexual relation.

relaciones   Relations, relationships.
— **de negocios,** business relations.
— **de vecindad,** relationships between adjacent property owners.
— **obrero/patronales,** employer/employee relations.
— **públicas,** public relations.

relacionar   To state, report, relate, connect.

relatar   To relate, state, narrate, report.

relativo   Relative, relative to, regarding.

relato   Report, statement, narration, account.
— **de la audiencia,** record of the hearing.

relator   Reporter, relater, spokesperson.

relegación   Relegation.

relegar   To relegate, banish, postpone.

relevancia   Relevance.

relevante   Relevant, relief, substitute, pertinent.

relevar   To relieve, substitute, release, acquit, absolve, replace.

relictos   Estate of the deceased.

remanente   Remainder, residuary.

rematador   Auctioneer.

rematar   To auction, take bids.

rematario   Successful bidder.

remate   Auction, session of the stock exchange, sale at auction, closing bid.

remediable   Reparable, correctable, remedial.

remediar   To remedy, repair, avoid, help.

remedio   Remedy, recourse, appeal, help, resort.

remembranza   Remembrance, memory.

rememorar   To remember, call to mind.

remesa   Remission, remittance, shipment, payment.

remisión   Remission, remittance, remittal, waiver, remittitur, discharge, release, pardon.
   — **de la deuda,** discharge of
      debt.

reemisor   Sender, shipper, consignor.

remisoria   Remand.

remisorio   Remitting, returning, sending.

remitente   Shipper, sender, remittee, consignor.

remitir   To remit, send, forward, transmit, pardon, defer, refer, abate.

remoción   Removal from office, dismissal.

remojar   To bribe.

remoto   Remote, distant, improbable.

remuneración   Remuneration, compensation, pay, reward.

remunerar   To remunerate, pay, compensate, reward.

remunerador/a   Compensatory.

remunerativo/a   Profitable.

remuneratorio/a   Remunerative.

rencor   Rancor, resentment, hatred, grudge.

rendición   Surrender, submission, yield, profit, product, rendering.
   — **de cuentas,** rendering an
      accounting.

rendimiento   Yield, output, profit, revenue, earnings, to produce, a return on investment.
   — **al vencimiento,** yield at
      maturity.
   — **al corriente,** current yield.
   — **de capital,** return on capital.

rendir   To produce, yield, render, submit, return, retire, surrender.
— **cuenta,** to render an account.
— **fallo,** to return a verdict, render a decision.
— **informe,** to submit a report.
— **interés,** to bear interest.
— **pruebas,** to present evidence.
— **utilidad,** to show a profit.
— **veredicto,** to render a verdict.

renegociar   Renegotiate.

reniego   Blasphemy.

renombrado   Renowned, famous.

renombre   Renown, fame.

renovación   Renewal, renovation, restoration.
— **de un pagaré,** renewal of a note.

renovar   To renovate, renew.

renta   Rent, rental income, revenue, annuity, tax.
— **contractual,** contractual revenue.
— **del capital,** accrued interest.
— **estancada,** income from state run monopolies.
— **fija,** fixed income.
— **ganada,** earned income.
— **general,** national tax revenues.
— **imponible,** taxable income.
— **irregular,** income accrued over a period in excess of one year.
— **líquida,** net income.
— **nacional,** national income.
— **por invalidez,** disability income.
— **regular,** annual income.
— **italicia,** life annuity.

rentas   Rents, income, government bonds.
— **del trabajo,** wages.
— **fiscales,** government revenues.
— **terrestres - interiores,** internal revenue.

rentable   Income producing, rentable.

rentar   To rent, yield, produce an income.

rentista   Landlord, renter.

renuente   Reluctant, unwilling.

renuncia   Resignation, waiver, disclaimer, abandonment, relinquishment, reluctance, unwillingness, voluntarily leaving an office.
— **de agravio,** waiver of the right to sue in tort.
— **de citación,** waiver of notice.
— **de exención,** waiver of exemption.
— **de inmunidad,** waiver of immunity.
— **tácita,** implied waiver.
— **voluntaria,** express waiver.

renunciar   To renounce, resign, refuse, waive, relinquish, disdain, abjure.

reo   Criminal, convict, defendant.

reorganización   Reorganization.

reorganizar   To reorganize.

repagable   Repayable.

repagar   To repay.

reparación   Reparation, restoration, repair, redress, indemnity.

reparaciones de guerra   War reparations.

reparador   Repairer, imdemnifier.

reparar   To repair, regain, recover, restore, recoup, indemnify, redress.

reparo   Repair, restoration, protection, defense, objection.

repartidor   Distributor, divider, deliverer, assessor.

repartimiento   Distribution, division, assessment, allotment.

repartir   To distribute, divide, share, dispense, apportion.

reparto   Distribution, division, assessment.

repasar   To review, look over.

repaso   Review, revision.

repeler   To repel, reject.

repetición   Repetition, redress, recovery, right of recovery.

repetir   To repeat, demand, claim, restitution.

repetitivo   Repetitive.

réplica   Answer, reply, rejoinder, replication.

replicante   Respondent.

replicar   To reply, answer, respond.

replicato   Replication.

reponer   To replace, to restore, to reply.
— **una causa,** to reinstate a case.

reportado   Reported, lender of securities, borrower of money.

reportador   Borrower of securities.

reportaje   Reporting, newspaper report.

reportar   To report, check, control, restrain, attain, obtain, bring, carry.

reposición   Replacement, rehabilitation, reinstatement, reversal, reformation.

repositorio   Repository, depository.

repregunta   Cross-examination.

repreguntar   To cross-examine.

reprender   To reprimand, scold.

reprensión   Reprimand, admonition.

represalia   Reprisal, retaliation, retribution.

representación   Representation, performance, authority, petition.
— **falsa,** misrepresentation.
— **judicial,** court-appointed representative.
— **legal,** legal representation, counsel.
— **material,** material representation.

representado   Represented, principal.

representante   Representative.
— **autorizado,** authorized representative, agent.

— **comercial,** broker.

— **común de los obligacionistas,** bond issue trustee.

— **dativo,** legal representative.

— **exclusivo,** sole agent.

— **sindical,** union representative.

representar   To represent, delegate, state, declare.

representativo   Representative.

represión   Repression, control, restraint, check.

— **del comercio,** restraint of trade.

represivo   Repressive, restrictive.

reprimir   To repress, check, curb, refrain.

reprobar   To disapprove, reject, take exception, condemn.

reprochar   To reproach.

reproducción   Reproduction.

reproducir   To reproduce.

repudiación de la herencia   Waiver of testamentary right.

repudiar   To repudiate, disown, disaffirm, disavow.

repudio   Repudiation.

repugnancia   Repugnance, disgust, aversion, dislike.

repugnante   Repugnant.

repulsa   Refusal, rejection, repulse, rebuff, rebuke.

repulsar   To repel, reject, refuse, decline.

repulsivo   Repulsive, repugnant.

requerimiento   Requisition, requirement, summons, demand, injunction.

— **de pago,** demand for payment.

— **definitivo,** permanent injunction.

— **imperativo,** mandatory injunction.

— **interlocutorio,** temporary injunction.

— **precautorio,** preventive injunction.

requerir   To require, need, summon, examine, enjoin.

requirente   Process server.

requisa   Requisition, confiscation, inspection.

requisar   To requisition, conscript, inspect.

requisición   Requisition, demand, inspection.

requisitar   To requisition, demand, fill out a form.

requisito   Requirement.

resaca   Redraft, undertow, surf.

resacar   To redraw a dishonored bill.

resarcimiento   Indemnity.

resarcir   To indemnify, compensate, repay, make amends.

rescatable   Redeemable, callable bond.

rescatar   To redeem, ransom, exchange, salvage, recover, retire, buy back.

rescate   Redemption, barter, exchange, ransom, recapture.

rescindible   Rescindable, annullable.

rescindir   To rescind, cancel, annul.

rescisión   Rescission, annulment.

reserva   Reserve, reservation, exception.
- **de acciones,** reservation of rights.
- **de derecho,** without prejudice.
- **de dominio,** reservation of control.
- **lineal,** legal duty of the parents of a deceased to leave share of parental estate to deceased heirs.
- **mental,** mental reservation.
- **troncal,** syn. of **reserva lineal.**
- **viudal,** surviving spouse's life interest in the estate of deceased spouse.

reservados todos los derechos   All rights reserved.

reservar   To reserve, to except, to retain, to defer.

reservas   Reserves.
- **del excedente,** surplus reserves.
- **de utilidades,** undistributed profits.
- **en efectivo,** cash reserve.
- **para eventualidades,** contingency fund.

- **reglamentarias,** legal reserves.

resguardo   Security, collateral, voucher, receipt.
- **de depósito,** certificate of deposit, warehouse receipt.
- **de subscripción,** subscription warrant.
- **provisional,** temporary certificate, binder.

residencia   Residence.

residenciamiento   Impeachment of an officer.

residenciar   To impeach, indict.

residente   Resident, residing.

residir   To reside, dwell, be vested in, live in a place.

residual   Residual.

residuo   Residue, remainder.

resolución   Resolution, cancellation, annulment, decision.
- **conjunta,** joint resolution.
- **constitutiva,** decision that establishes a legal principle.
- **judicial,** judicial writ.

resolutivo   Capable of being resolved.

resolver   To resolve, determine, decide, solve, annul, rescind.

respaldo económico   Financial backing.

responder   To respond, answer, reply.
— **a,** to hold harmless, to be responsible to.
— **a una obligación,** to meet an obligation.
— **de,** to vouch for, answer for someone, to guarantee.
— **del daño,** to be responsible or liable for the damage.
— **por,** to answer for, be responsible for.

responsabilidad   Responsibility, accountability, liability, legal responsibility.
— **civil,** civil liability.
— **criminal,** criminal liability.
— **del almacenero,** warehouseman's liability.
— **económica,** financial responsibility.
— **hacia terceros,** public liability.
— **limitada,** limited liability.
— **patronal,** employer's liability.
— **por daños físicos,** personal injury liability.
— **profesional,** professional responsibility.
— **sin limites,** strict liability.

responsabilizarse   To assume responsibility.

responsable   Responsible, reliable, liable, accountable, answerable.

responsiva   Liability, surety bond.

respuesta   Answer, reply, response, rejoinder.

restablecer   To re-establish, renew, reinstate.

restante   Remainder, residual.

restar   To deduct, subtract, remain.

restitución   Restitution.

restituir   To restore, return, refund, pay back, reinstate.

resto   Residue, remainder.

restricción   Restriction, restraint.

restrictivo   Restrictive.

resuelto   Resolved, determined.

resultandos   Whereas clause.

resultante   Resulting, resultant, resulting, remaining.

resumen de título   Abstract of title.

resumiendo   In conclusion.

resumir   To summarize, sum up.

retar   To challenge, defy.

retardar   To delay, retard.

retasa   Reappraisal, reevaluation.

retención   Detention, withholding, retention.

retener   To retain, withhold, keep, detain.
— **judicialmente,** to attach, detain legally.

retirable   Callable.

retirada   Withdrawal, retreat.

retirado   Retired, pensioned, far, distant, remote.

retirar   To withdraw, take away, retire, revoke.
— **acusaciones,** to withdraw charges.
— **beneficios,** to take the profits.
— **efectivo,** to draw cash.

retirarse   To withdraw oneself, retire, retreat.

retiro   Withdrawal, retirement, retreat, pension.

retracción   Retraction, redemption.

retractactación testamentaria
Revocation of one's will.

retractar   To retract, take back, disavow, recant, redeem.

retracto   Right of redemption.
— **a primeras cepas,** right of first refusal in wine production.
— **arrendaticio,** right of first refusal by a tenant in the event of the sale of property.
— **de coherederos,** right of co-heirs to acquire the right, bequest or legacy.
— **de colindantes,** right of property owner to revoke sale of adjoining property and purchase
— **de comuneros,** right of co-tenant to revoke co-tenant's sale and repurchase land.
— **y tanteo,** right to repurchase at the same price.

retraer   To redeem, withdraw, draw back, take back.

retransferir   To retransfer, reconvey, retransmit.

retrasado   Arrears, delayed.
— **mental,** mentally retarded.

retrasos   Arrears, arrearage.

retribución   Retribution, fee, compensation, remuneration, wages.

retributivo/a   Income producing.

retroactividad   Retroactivity.

retroactivo/a   Retroactive.

retrotraer   To date back.

retrovender   To sell with an option to buy back.

retroventa   Purchase to the original seller.

reunión   Reunion, meeting, assembly, syndicate.
— **de accionistas,** shareholder's meeting.
— **de la directiva,** directors' meeting.
— **plenaria,** plenary meeting.

reunir   To reunite, unite, group, gather, assemble.

reválida   Qualifying examination, bar examination, university entrance examination.

revalidar   To validate again.

revalorizar   To reappraise, revalue.

reventa   Resale.

rever   To review, retry, see again.

reversible   Reversible, revertible, reversionary, returnable.

reversión al estado   Escheat.

reverso   Reverse.

revertir   To revert, come back, return to the original owner.

revisable   Reviewable, revisable.

revisar   To review, revise, inspect, examine, audit.
— **la acción,** to review the case.
— **cuentas,** to audit the accounts.

revisión   Revision, review, examination, inspection, rehearing.
— **contable,** audit.
— **de la causa,** retrial, rehearing, new trial.
— **de título,** title search.
— **judicial,** judicial review.

revisor   Auditor, inspector, examiner.

revisoría   Office of the inspector.

revista   Rehearing, new trial, review, inspection magazine.

revista jurídica   Law journal.

revocabilidad   Revocability.

revocable   Revocable, defeasible, reversible, reversible.

revocación   Revocation, annulment, cessation, reversal, repeal, ademption.

revocar   To revoke, annul, repeal, abrogate, vacate, withdraw.

revocatoria   Repeal, annulment, revocation.

revolución   Revolution.

revolucionario   Revolutionary.

revuelta   Revolt, rebellion, return.

reyerta   Quarrel, dispute.

ribereño   Riparian.

riesgo   Risk, hazard, jeopardy, venture.
— **del comprador,** buyer's risk.
— **del porteador,** at the risk of the carrier.
— **del vendedor,** seller's risk.

rígido   Rigid, stiff, severe, strict.

riguroso   Strict, rigorous, harsh, severe.

rito   Rite, ritual, ceremony.

robacoches   Car thief.

robachicos   Kidnapper, child stealer.

robar   To rob, steal, plunder.
— **a mano armada,** armed robbery.
— **con agravantes,** aggravated robbery.
— **con tirón,** robbery by snatching.

robo   Robbery, larceny, theft.

rogatorio   Rogatory.

romper   To break, shatter, tear, break through.

rompimiento   Break, tear, rupture, breach, violation, breakthrough.

rótulo   Title, inscription, label.

rotura   Breaking, breakage, breach, rupture, fracture.

rúbrica   Scroll, flourish at the end of a signature, official stamp of approval.

rubricar   To sign and seal.

rubro   Title, caption, heading, subheading.

rueda   Session of the stock exchange, wheel.

ruego   Request, petition, supplication.

S

S.A. Siglas para **Sociedad Anónima** Corporation, stock company.

S. de R. L. Siglas para **Sociedad de Responsabilidad Limitada** Limited liability company.

sabiduría Knowledge, wisdom.

sabio Wise, knowledgeable, judicious, learned.

sabotaje Sabotage.
— **laboral,** work slowdown.
— **penal,** criminal sabotage.

saboteador Saboteur.

sabotear To sabotage.

saca Official copy, export.

sacado Drawee.

sacador Drawer, maker.

sacar To extract, take out, withdraw, obtain, draw, get out, obtain.
— **a licitación pública,** to call for public bids.
— **a luz,** to publish.
— **a la venta,** to put up for sale.
— **en limpio,** to clarify, conclude, deduce, net.
— **patente,** to take out a patent.
— **provecho,** to derive a benefit.
— **utilidad,** to profit.

saciar To satisfy, satiate.

sádico Sadistic, cruel, sadist.

sadismo Sadism.

sala Hall, room, court, parlor, courtroom, tribunal.
— **de audiencia,** hearing room, courtroom.
— **de casación,** court of appeal.
— **de juntas,** boardroom.
— **de justicia,** court, hall of justice.
— **de lo contencioso administrativo,** administrative law hearing room.
— **de lo criminal,** criminal court.
— **de sesiones,** board room, assembly room.
— **de vacaciones,** on duty courtroom.
— **del tribunal,** court room.
— **penal,** criminal courtroom.

salario Salary, wages.
— **básico,** basic salary.
— **con primas,** bonus salary.
— **efectivo,** monetary wage.
— **en especie,** wage paid in kind.
— **mixto,** wages in cash and in kind.
— **mínimo,** minimum wage.
— **neto,** take-home pay.
— **nominal,** nominal wages.
— **por unidad de tiempo,** hourly wage.

salarios de tramitación Interim wages pending determination of the dismissal.

saldar To settle.
— **una cuenta,** to settle an account.
— **una deuda,** to discharge a debt.

saldo Balance, settlement, bargain sale.

salida   Departure, exit, sally, outlet, way out, loophole.

salir   To come out, become, exit, leave.
— **fiador,** to become a surety.

salón de audiencia   Hearing room, courtroom.

salteador   Bandit, highway robber.

saltear   To hold up, rob, assault, attack.

salteo   Robbery, holdup, highway robbery.

salubre   Health, healthful.

salubridad   Health, sanitation, healthfulness.
— **pública,** public welfare.

salud pública   Public health.

salvador   Savior, rescuer, salvager.

salvaguardar   To safeguard.

salvaguardia   Safeguard, protection, guard, safe-conduct.

salvar   To save, salvage, exclude, certify.

salvedad   Exception, reservation, qualification, exclusion.

salvo   Safe, except, saved, but, unless.
— **aviso,** unless notified.
— **los domingos y días de fiesta,** except Sundays and holidays.
— **error u omisión,** except for errors and omissions.
— **indicación contraria,** unless otherwise noted.

— **revocación,** unless revoked.

salvoconducto   Safe conduct.

sana crítica   Weight of the evidence by judicial.

sanción   Sanction, penalty, punishment, authorization, approval, endorsement.
— **administrativa,** administrative sanction.
— **procesal,** sanction for procedural rules infractions.
— **punitiva,** punishment, penalty.

sancionable   Punishable, sanctionable.

sancionar   To sanction, penalize, punish, approve, endorse, authorize.

saneado/a   Guaranteed, unencumbered, net.

saneamiento   Reparation, indemnification, security, warranty, sanitation, drainage of land.
— **de título,** clearing of title.

sanear   To indemnify.

sanidad pública   Public health.

sano   Sound, healthy, healthful, sane, sensible, whole.
— **de juicio,** of sound mind.
— **y salvo,** safe and sound.

saquear   To sack, plunder, pillage, loot.

saqueo   Plundering, pillage, looting, sacking.

sargento de armas   Sergeant at arms.

satisfacción   Satisfaction, settlement, reparation, apology.

satisfacer   To satisfy, settle, pay in full, indemnify, apologize.

satisfecho   Satisfied, settled, paid, indemnified, content.

saturar   To saturate, satiate.

sección   Section, division.

secretar   To secrete, hide.

secretaria   Female secretary.

Secretaría   Office of the secretary.
— **de Comercio,** Department of Commerce.
— **de Estado,** State Department.
— **de Hacienda,** Treasury Department.
— **de Relaciones Exteriores,** State Department.
— **del juzgado,** Court clerk's office.
— **del Trabajo,** Labor Department.

secretario   Male secretary.
— **actuario,** court clerk.
— **del juzgado,** court clerk.

secreto   Secret, hidden, secretive, secrecy.
— **a voces,** open secret.
— **de fabricación,** manufacturing secret.
— **del sumario,** sealed summary proceedings.
— **oficial,** official secret.
— **profesional,** professional or trade secret.

secuela   Sequel, outcome consequence, proceeding, prosecution.

secuencia   Sequence.

secuestrador   Kidnapper, abductor, sequester, receiver.

secuestrar   To seize, kidnap, confiscate, sequester, attach, abduct, set aside.

secuestro   Depositary, sequestration, seizure, attachment, abduction, kidnapping.
— **de bienes,** attachment of goods.
— **del jurado,** sequestration of jury.
— **judicial,** attachment, lien, embargo.

secular   Secular, lay.

secundario   Secondary, ancillary.

sede   Seat, headquarters, central office, jurisdiction of court.
— **de gobierno,** seat of government.

sedentario   Sedentary.

sedición   Sedition, subversive activities.

seducción   Seduction.

seducir   To seduce, corrupt, entice, charm.

seductor   Seducer, corruptor, tempting, fascinating, tempter, alluring.

seglar   Secular, lay, layman.

segregación   Segregation.

segregar To segregate, separate, divide.

seguida Succession, series, continuation.

seguido Followed, continued, continuous, straight, direct.

seguir To follow, to continue, to pursue.
— **pleito,** to follow suit.

según According to, pursuant to, as per.
— **convenido,** according to the agreement.
— **interés,** pursuant to interest.
— **mi leal saber y entender,** to the best of my knowledge and belief.
— **toda consta,** as set forth.
— **y conforme,** exactly as.
— **y como,** just as.

segunda Second.
— **hipoteca,** second mortgage.
— **instancia,** trial on first appeal.
— **parte,** party of the second part.
— **repregunta,** recross examination.

segundas nupcias Second marriage.

seguridad Security, safety, warranty, guaranty.

seguridades Securities.

seguro Safe, secure, not exposed, sure, certain, insurance, assurance.
— **a todo riesgo,** comprehensive insurance.
— **agrícola,** farm insurance.
— **contra accidentes,** accident insurance.
— **contra desfalco,** insurance against embezzlement by the employees.
— **contra el desempleo,** unemployment insurance.
— **contra el paro,** unemployment insurance.
— **contra incendio,** fire insurance.
— **contra responsabilidad civil,** third-party liability insurance.
— **de compensación,** compensation insurance.
— **de desempleo,** unemployment insurance.
— **de escalo,** burglary insurance.
— **de indemnización,** indemnity insurance.
— **de maternidad,** maternity insurance.
— **de título,** title insurance.
— **de vejez obligatorio,** mandatory old-age insurance.
— **de vida,** life insurance.
— **marítimo,** maritime/expedition insurance.
— **médico,** medical insurance.
— **privado,** private insurance.
— **social,** Social Security.

selección Selection, choice.

sellado y firmado por mi Under my hand and seal.

sellado y timbrado Sealed and stamped.

sellar To seal, stamp, close, coin.

sello Seal, stamp, official stamped paper.
— **de rentas internas,** internal revenue stamp.
— **documental,** revenue stamp.
— **fiscal,** revenue stamp.

— **lacre,** wax seal.
— **notarial,** notary's stamp.
— **social,** corporate seal.

semanero   By the week.

semanal   Weekly.

semanario   Weekly publication,
weekly.

seminario   Seminary, convention,
assembly, meeting, conference,
seminar.

semoviente   Livestock.

senado   Senate.

senador   Senator.

senectud   Senility, old age.

senil   Senile.

senilidad   Senility.

sensual   Sensual, sensuous.

sentencia   Sentence, judgment,
verdict, award, opinion.
— **absolutoria,** acquittal,
dismissal.
— **arbitral,** arbitrator's award.
— **cerrada,** sealed verdict.
— **condenatoria,** guilty verdict.
— **de alzada,** decision on appeal.
— **de anulación,** judgment of
annulment.
— **de condena,** verdict of guilty.
— **de muerte,** death sentence.
— **de prisión vitalicia,** life
imprisonment sentence.
— **de rehabilitación,** discharge
in bankruptcy.
— **declarativa,** declaratory
judgment.

— **definitiva,** final judgment.
— **guardada,** reserved sentence.
— **interlocutoria,** interlocutory
order.
— **nula,** annulled or reversed
judgment.
— **ordenatoria,** opinion that
decides a procedural question.
— **por acuerdo mutuo,** consent
decree.
— **provisoria,** interlocutory
judgment.
— **registrada,** an entered or
recorded judgment.
— **resolutiva,** a reversing
judgment.
— **sobre las alegaciones,**
judgment on the pleadings.
— **sumaria,** summary judgment.

sentenciador   Sentencing judge.

sentenciar   To sentence, decide,
pass judgment.

sentido   Meaning, significance.
— **lato,** liberal interpretation.
— **popular,** common sense.

sentir   To feel, sense, regret.

señal   Sign, mark, brand.

señalar   To mark, appoint, name,
sign.

separable   Separable, severable,
capable of being divided.

separar   To separate, divide, sever,
dismiss.

sépase   Let it be known.
— **por la presente,** know all men
by these present.

sepultura   Grave, burial.

serio   Serious, reliable, trustworthy, earnest, dignified.

servicio   Service.

servicios profesionales Professional services.

servidumbre   Servitude, easement, right of way.
— **abrevadero,** easement for drinking trough.
— **accesoria,** appurtenant easement.
— **aérea,** aerial easement.
— **aparente,** apparent easement.
— **continua,** continuous easement.
— **de acceso,** easement of access.
— **de aguas,** water rights.
— **de desague,** drainage easement.
— **de luces,** light easement.
— **de medianería,** easement of party walls.
— **de paso o de vía,** easement of right of way.
— **de pastos,** pasture easement.
— **de saca de agua,** water easement.
— **negativa,** negative covenant.
— **personal,** easement in gross.
— **por prescripción,** easement by prescription.
— **positiva,** affirmative easement.
— **predial,** appurtenant easement.
— **recíproca,** reciprocal easement.
— **de vistas,** easement of view.

sesión   Session, meeting, conference.
— **a puerta cerrada,** closed meeting.

— **conjunta,** joint session.
— **constitutiva,** organizational meeting.
— **extraordinaria,** specially-called meeting.
— **ordinaria,** regular meeting.

sesionar   To hold a meeting, be in session.

sevicias   Saevetia, marital cruelty.

sicario   Hired killer.

S. I. D. A.   Siglas para **Síndrome de insuficiencia inmunológica** A.I.D.S.

sigilio profesional   Professional secrecy.

siglas   Initials, abbreviations.

signatario   Signatory, signer.

silencio   Silence, silent, quiet.

silla eléctica   Electric chair.

simposio   Symposium.

simulación   Simulation, imitation, sham.
— **de enfermedad,** malignancy.

simulado   Simulated, feigned, false, sham, imitated.

simular   To simulate, feign, imitate.

sin   Without, free from.
— **aviso,** without notice.
— **compromiso,** without any obligation.
— **efecto ni valor,** null and void.
— **interés,** without interest.
— **lugar,** without cause.

— **menoscabo,** without prejudice.

— **perjuicio,** without prejudice, unbiased.

— **razón,** without reason.

— **recurso,** without recourse.

— **salvedades,** without exceptions.

— **testamento,** intestate.

— **valor,** without value.

sindicalismo criminal   Criminal syndicalism.

sindicalizar   To unionize.

sindicar   To unionize, accuse.

sindicato   Syndicate, union, pool.
— **de oficios,** trade unions.
— **industrial,** industrial union.
— **obrero,** labor union.

sindicatura   Receivership, syndicating.

síndico   Trustee, auditor, receiver.
— **auxiliar,** ancillary receiver.
— **de quiebra,** receiver in bankruptcy.
— **provisional,** trustee.
— **suplente,** alternate official.

sine qua non (Lat.)   Without which it is not.

singular   Singular, exclusive, sole, individual, unique.

siniestrado   Damaged, injured in an accident.

siniestro   Unforeseen loss.

sinónimo   Synonym, synonymous.

sinopsis   Synopsis, summary.

síntesis   Synthesis, summary.

sintoma   Symptom, indication, sign.

sinuoso   Sinuous, winding.

sinvergüenza   Scoundrel.

siquiatra   Psychiatrist.

sirviente   Servant, servient.

sisa   Excise tax, cut, reduction, pilfering, petty theft.

sisar   To steal, pilfer, collect excise taxes.

sisero   Tax collector.

sistema   System, method.
— **electoral,** electoral system.
— **inquisitivo,** inquisitorial system.
— **penitenciario,** penal system.

sitial   Presiding officer's chair, judge's bench in courtroom.

situación   Situation, position, site, location, statement, appropriation, assignment of funds, transfer.
— **cablegráfica,** cable transfer.
— **financiera,** financial standing.
— **metálica,** monetary position.

situar   To place, locate, remit, earmark, appropriate.

so pena de   Under penalty of.

soberanía   Sovereignty.

soberano   Sovereign, ruler.

sobordo   Ship/vessel inspection.

sobornador   Suborner.

sobornar   To bribe, suborn.

soborno   Subornation, bribery, graft, bribe.
— **de jurados,** bribing of a juror.

sobrante   Surplus, excess, leftover, spare, remainder.

sobrar   To remain, exceed.

sobreasegurado   Over insured.

sobrecapitalizar   To overcapitalize.

sobrecargar   To overload, overburden, overcharge.

sobrecarta   Reissuance of a court order.

sobrecoger   To surprise, catch unaware, startle.

sobregirar   To overdraw.

sobregiro   Overdraft.

sobreimpuesto   Surtax.

sobrejuez   Appellate judge.

sobrellevar   To endure, bear, tolerate, lighten.

sobrenombre   Nickname, alias.

sobrentendido   Implied, implicit, constructive.

sobrepasar   To exceed, excel, overstep.

sobreplazo   Extension of time.

sobrepuja   Overbid.

sobrepujar   To overbid.

sobreseer   To stay, dismiss, supersede, annul, discontinue, acquit.

sobreseimiento   Stay, dismissal, discontinuance, nonsuit.
— **definitivo,** dismissal with prejudice.
— **involuntario,** involuntary nonsuit.
— **perentorio,** peremptory nonsuit.
— **provisional,** temporary stay.
— **voluntario,** voluntary nonsuit.

sobresello   Second seal.

sobretasa   Surtax, surcharge.

sobrevencido   Overdue, past due.

sobrevenir   To happen, occur, come, follow.

sobrevivir   To survive, stay alive, continue to live.

sobriedad   Sobriety, soberness, temperance.

sobrio   Sober, temperate, moderate.

socaliñero   Swindler, racketeer.

social   Social, sociable, pertaining to a partnership.

sociedad   Society, partnership, company, firm, corporation.
— **accidental,** unincorporated company, temporary partnership.
— **anónima,** corporation.
— **caritativa,** charitable corporation.
— **colectiva,** general partnership.
— **comanditaria,** limited partnership.

— **cooperativa de edificación y préstamos,** building and loan association.

— **de ahorros y préstamos,** savings and loan association.

— **de beneficencia,** charitable association.

— **de capital variable,** corporation with varying amount of capital.

— **de crédito,** credit union.

— **de interés público,** public service company.

— **de responsabilidad limitada,** limited liability company.

— **de seguros mutuos,** mutual insurance company.

— **de sustitución de valores,** investment trust.

— **en comandita por acciones,** joint stock company.

— **en nombre colectivo,** general partnership.

— **impersonal,** stock company, corporation.

— **no especulativa,** non profit organization.

— **para fines no pecuniarios,** nonprofit association.

— **particular,** private corporation.

— **personal,** partnership.

societario   Associate, member.

socio   Member, partner, associate.

— **administrador,** managing partner.

— **aparente,** ostensible partner.

— **capitalista,** silent partner.

— **comanditario capitalista,** active partner.

— **de responsabilidad limitada,** partner with limited liability.

— **general,** general partner.

— **gerente,** managing partner.

— **industrial,** silent partner.

— **liquidador,** liquidating partner.

— **menor,** junior partner.

— **nominal,** nominal partner.

— **principal,** senior partner.

— **vitalicio,** life member.

socorrer   To help, assist.

socorro   Help, aid, assistance, relief.

sodomía   Sodomy.

sodomita   Sodomite.

sojuzgar   To subjugate, subdue, subject.

solar   Lot, plot of ground, ancestral mansion.

solariego   Held in fee simple.

solemne   Solemn.

solemnizar   To solemnize, formalize.

solicitante   Petitioner, solicitor, applicant.

solicitar   To solicit, apply, petition.

solícito   Solicitous, careful, anxious, concerned.

solicitud   Demand, petition, request, application.

solidaridad   Solidarity.

solidario   Joint and severable.

soltero/a   Single, unmarried.

solvencia   Solvency, financial responsibility.

— **económica,** financial
responsibility.
— **moral,** good reputation.

solventar   To pay a bill, settle an
account, finance.

solvente   Solvent.

somero   Superficial, shallow,
summary, concise.

someter   To submit, accuse, indict,
subject.
— **a prueba de alcoholemia,** to
administer the breathalyzer
test.
— **al arbitraje,** to submit to
arbitration.

someterse   To abide by, to submit
to.

soplón   Informer.

sordo   Deaf.

sordomudo   Deaf/mute.

sorteo   Drawing by lot, raffle.

sospecha   Suspicion, mistrust.

sospechar   To suspect, mistrust.

sospechoso   Suspect, suspicious.

sostener   To maintain, assist,
advocate, sustain.

sostenible   Tenable.

subagente   Subagent.

subalcaide   Deputy warden.

subalquilar   To sublet, sublease.

subalquiler   Sublease.

subarrendador   Sublessor.

subarrendar   To sublease, sublet.

subarrendatario   Subtenant,
sublessee.

subarriendo   Sublease.

subasta   Public auction.

subastador   Auctioneer.

subastar   To auction.

subcapitalización
Undercapitalization.

subcomisario   Deputy
commissioner.

subcontratista   Subcontractor.

subcontrato   Subcontract.

subdelegado   Subdelegate.

subdirector   Assistant director.

súbdito   Subject of a country,
citizen.

subfiador   Secondary bondsman.

subfletar   To sublet a portion of a
chartered vessel.

subgobernador   Lieutenant
governor.

subhipoteca   Secondary mortgage.

subinciso   Subparagraph.

subinquilino   Subtenant.

sublocación   Sublease.

sublocador   Sublessor.

sublocatario   Sublessee.

subordinado   Subordinate, ancillary.

subprocurador general   Assistant attorney general.

subrayar   To underline, emphasize.

subregistrador   Deputy registrar.

subrepción   Subreption, misrepresentation.

subrogación   Subrogation.

subrogante   Alternate.

subrogar   To subrogate.

subrogativo/a   Subrogating.

subsanable   That which may be remedied.

subsanar   To correct, compensate, mend, repair.

subscribir   To subscribe, underwrite, sign.

subscriptor   Subscriber, signer, underwriter, undersigned.

subsecretario   Under secretary, assistant secretary.

subsecuente   Subsequent.

subsidiario   Subsidiary, auxiliary.

subsidio familiar   Dependent subsidy.

subsiguiente   Subsequent.

subsistencia   Subsistence, sustenance, support.

substancia   Substance judgment.

substancial   Substantial.

substanciar   To substantiate, try a case.

substantivo   Substantive, real, essential.

substitución   Substitution, subrogation.

substituto/a   Substitute, replacement.

substracción de menores   Child kidnapping.

substraer   To subtract, withdraw, misappropriate.

subterfugio   Subterfuge.

subvención   Subsidy.

subvencionar   To subsidize.

subyugar   To subjugate, subdue.

suceder   To happen, occur, succeed, follow.

sucesión   Issue.
  — **hereditaria,** hereditary succession.
  — **intestada,** intestate succession.
  — **por stirpe,** inheritance by right of representation.
  — **testamentaria,** testamentary inheritance.

sucesivo   Successive.

suceso   Event, outcome, result.

sucesor   Successor.

sucesores y cesionarios   Successors and assigns.

sucinto   Compact, concise, brief.

sucumbir   To succumb, yield, lose a suit.

sucursal   Branch, branch office.

suegra   Mother-in-law.

suegro   Father-in-law.

sueldo   Wage, salary, stipend.

suero de la verdad   Truth serum.

suficiente   Sufficient.

sufragar   To defray, pay, help, aid.

sufragio   Suffrage, right to.

sufragista   Suffragist.

sufrimiento   Sufferance.

sufrir   To suffer, allow, permit, endure.

sugerencia   Suggestion, hint.

sugestivo   Suggestive.

sui generis juris (Lat.)   Of his/her own right.

suicida   Suicide.

suicidarse   To commit suicide.

suicidio   Suicide.

sujetarse a   To abide with, observe, subject oneself.

sujeto   Subject, person, individual, held, fastened.
—   **a derechos,** subject to or liable for.
—   **a impuestos,** subject to be taxed.
—   **pasivo,** obligor.
—   **simple,** sole party.

sujetos   Parties.
—   **compuestos,** multiple parties.
—   **del litigio,** parties to the action.

suma   Sum, substance, summary.

sumaria   Preliminary proceeding in a criminal case.

sumarial   Summary, short, concise, brief, in few words.

sumarial   Summarily.

sumario   Summary, brief, concise, digest, abstract, statement.
—   **de haberes y deberes,** financial statement.
—   **del fallo,** abstract of judgment.

suministrar   To supply with, give, provide with.

sumisión   Submission, obedience.

suntuoso   Sumptuous, magnificent, luxurious.

superar   To surpass, to overcome, to exceed.

superávit   Surplus, excess, left over.
— **de capital,** paid in surplus.
— **de operación,** earned surplus.
— **no distribuidos,** undivided surplus.
— **reservado,** reserved surplus.

superchería   Fraud.

superioridad   Superiority, superior, higher rank.

supérstite   Surviving.

supervivencia   Survival, alive.

superviviente   Survivor.

suplemental   Supplemental, additional.

suplente   Deputy, alternate, provisional, substitute.

súplica   Entreaty, request, petition, prayer.

suplicable   Appealable, subject to a petition.

suplicación   Petition, petition for rehearing or review.

suplicante   Petitioner.

suplicar   To petition, request, apply for, appeal.

suplicatoria   Letters rogatory.

suplicatorio   Formal request to a higher authority.

suposición   Supposition, assumption, conjecture.
— **de parto,** fictional pregnancy.

supradicho   Abovementioned.

suprema   Supreme.

suprimir   To suppress, cancel, abolish, omit, abate, delete, strike out.

supuesto   Supposed, assumed, assumption, supposition.

surtir   To supply, provide, furnish, stock.
— **efecto,** to take effect, to become effective.

susceptible   Susceptible, sensitive.

suscitar   To raise, stir up, provoke.

suscribiente   Undersigned.

suscribir   To subscribe, endorse, agree, sign under, sanction.

suscripción   Subscription, signature.

suscriptor   Subscriber, signer.

suscrito   Undersigned, subscribed.

susodicho   Aforesaid, aforementioned.

suspender   To suspend, discontinue, stay, defer.

suspensión   Suspension, cessation, adjournment, suspense, temporary interruption.
— **de abogacía,** suspension of your license to practice law.
— **de derechos,** suspension of a person's civil rights.
— **de empleo y sueldo,** suspension of duties and pay.
— **de la instancia,** stay of the proceedings.

— **de la sentencia,** stay of
　sentence.
— **de pagos,** insolvency.
— **del procedimiento,** stay of
　proceedings.

suspenso　　Suspended, pending.

sustancial　　Substantial.

sustanciar　　To substantiate.

sustantivo　　Substantive, real,
essential.

sustentable　　Sustainable, defensible,
upholding.

sustentar　　To advocate, support,
assert, maintain, uphold, nourish.

sustento　　Maintenance, support,
sustenance, food.

sustitución　　Substitution.
— **de niños,** children
　substitution.
— **de trabajadores,** replacement
　of suspended workers.

sustituible　　Replaceable.

sustituto/a　　Substitute.

sustraer　　To subtract, withdraw,
remove.
— **dinero,** to embezzle.

T

tácita reconducción   Authorized tenancy at sufferance.

tácito   Tacit, implied, constructive.

tácticas dilatorias   Dilatory legal maneuvering.

tacto   Tact, touch.

tacha   Flaw, defect, blemish, imperfection, objection, disqualification.

tachadura   Erasure, cancellation, alteration.

tachar   To strike out, cancel, delete, pencil out, delete, expunge.
— **testigos,** to impeach witnesses.

tachón   Alteration in a document.

tahúr   Gambler, cardsharp.

tahurería   Gambling, cheating.

tajar   To cut, slice.

tajo   Cut, gash.

talón   Stub, receipt, check, coupon.

taller   Workshop, laboratory, studio, factory.

tantear   To probe, test, estimate, calculate.

tanteo   Right of first refusal.

tanto de culpa   Excerpt from court proceedings used to initiate criminal case.

taquigrafía   Shorthand.

taquígrafo   Stenographer, court reporter.

tarifa   Tariff, rate, fare, toll, list of duties.
— **impositiva,** tax rates.

tarificación   Rate making, rate setting.

tasa   Rate, valuation, rating, tax, measure, appraisal.
— **de cambio,** exchange rate.
— **de interés,** interest rate.

tasador   Appraiser, assessor.

tasación en caso de expropiación   Expropriation valuation.

tasación de costas   Judicial assessment of court costs.

tasar   To appraise, value, tax, assess, rate.

tasas   Taxes, costs, charges.

técnico   Technician, technical, expert.

temario   Agenda, order of the day.

temerario   Rash, reckless, malicious, baseless, indifferent.

temeridad   Temerity, recklessness, folly, indifference.

temporero   Seasonal worker, temporary employee.

tenencia Possession.
— **de armas,** possession of weapons.
— **de explosivos,** possession of explosives.
— **de instrumentos delictivos,** possession of criminal instruments.
— **de los hijos,** physical custody of minor children.
— **y depósito de armas o municiones,** possession of weapons or munitions.

tener To have, possess, hold, own.
— **derecho,** to have a right, be entitled to, to have a claim.
— **lugar,** to take place.
— **la palabra,** to have the floor.
— **responsable,** to hold responsible.
— **vigencia,** to be in force, to be in effect.
— **y poseer,** to have and to hold.

teniente Lieutenant, deputy, subordinate.

tentativa Attempt.

tercera(o) Third, one third, third party.

tercera instancia Trial on second appeal.

tercera persona Arbitrator, mediator, third party neutral.

tercería Arbitration, mediation, intervention.

tercero Third, third person, mediator.
— **en discordia,** mediator.
— **pretendiente,** third party plaintiff.

terciar To arbitrate, mediate.

terminable Terminable.

terminante Closing, ending, decisive, final.

terminar To end, terminate, finish.

término Term, duration, deadline, terminal, district, end.
— **cierto,** fixed term, fixed period.
— **convencional,** term stipulated by the parties.
— **de encarcelamiento,** prison term.
— **de gracia,** grace period.
— **de la patria potestad,** term of custody of minors.
— **extraordinario,** extension.
— **fatal,** deadline, due date.
— **habil,** unexpired term.
— **improrrogable,** term without extension.
— **incierto,** uncertain term date.
— **judicial,** term set by the judge.
— **legal,** period fixed by law.
— **ordinario probatorio,** discovery period.
— **procesal,** procedural term.
— **prorrogable,** extendable term.
— **supletorio de prueba,** supplemental discovery term.

términos de venta Terms of the sale.

terrateniente Landowner, landholder.

terreno lindante Abutting properties land.

territorial Territorial.

territorio   Territory, geographical area.

terrorismo   Terrorism.

terrorista   Terrorist.

tesoro   Public treasury, treasure.

testado   Testate.

testador   Testator.

testadora   Testatrix.

testamentaria   Executrix.

testamentaría   Estate administration.

testamentario   Executor, testamentary, administrator.
— **público,** public administrator, court-appointed administrator.

testamento   Testament, will, last will.
— **abierto,** nuncupative will.
— **cerrado,** sealed will.
— **en lengua extranjera,** foreign language will.
— **mancomunado,** joint will.
— **marítimo,** maritime will.
— **militar,** military will.
— **mutuo,** mutual wills.
— **nuncupativo,** oral will.
— **ológrafo,** holographic will.
— **solemne,** formal valid will.

testar   To make a will.

testificador   Witness.

testificante   Testifying, attesting.

testificar   To testify, attest, witness.

testificata   Affidavit, sworn statement.

testificativo   Attesting, witnessing, testifying.

testigo   Witness.
— **abonado,** surety witness.
— **auricular,** aural witness.
— **certificador,** attesting witness.
— **de apremio,** subpoenaed witness.
— **de cargo,** witness for the prosecution.
— **de la defensa,** defense witness.
— **de descargo,** defense witness.
— **de la parte actora,** witness for the plaintiff.
— **de oidas,** aural witness.
— **desfavorable o hostil,** adverse or hostile witness.
— **falso,** false witness.
— **habil,** competent witness.
— **idóneo,** competent witness.
— **inhabil,** witness with legal disabilities.
— **instrumental,** attesting witness.
— **negativo,** witness that denies rather than affirms a fact.
— **ocular,** eyewitness.
— **perito,** expert witness.
— **presencial,** eyewitness.
— **privilegiado o exento,** privileged witness.
— **singular,** sole witness.
— **subscriptor,** subscribing witness, attesting witness.
— **testamentario,** testamentary witness.

testimonial   Testimonial.

testimoniar To attest, give testimony, serve as witness.

testimoniero Witness who testifies falsely.

testimonio Testimony, evidence, affidavit, proof.
— **notarial,** notarized certificate.
— **pericial,** expert testimony.

texto Text, quotation.
— **legal,** code of laws, legal text.

tiempo Time, weather, tense.
— **hábil,** time within which an action may be taken.

timador Swindler.

timar To swindle, cheat, defraud.

timbrar To stamp, mark, seal.

timbre Stamp, revenue stamp, seal, bell.
— **fiscal,** revenue stamp.
— **postal,** postal stamp.

timo Swindle, cheat, defraud.

tinterillo Shyster, pettifogger, unethical lawyer.

tipo Type, kind, standard, rate, class, model.

tirador Drawer of a bill of exchange.

titulado Titled, registered, certified, licensed.

titular Office holder, security holder, owner of record.

titularidad Title, ownership.

título Title, right, heading, sign, diploma, credential, license, caption, reason, cause.
— **académico,** academic degree.
— **a la orden,** order instrument, at sight instrument.
— **al portador,** bearer instrument.
— **absoluto,** absolute title.
— **constitutivo,** articles of incorporation.
— **corporativo,** stock certificate.
— **de acciones,** shares in a corporation.
— **de crédito,** instrument of credit.
— **de deuda,** evidence of indebtedness.
— **de dominio,** title in fee simple.
— **de propiedad,** deed.
— **declarativo,** declarative title.
— **ejecutivo,** plaintiff's title.
— **gratuito,** title acquired gratuitously.
— **hipotecario,** mortgage bond.
— **lucrativo,** for profit title.
— **mobiliario,** bearer bond.
— **nominativo,** registered bond.
— **oneroso,** title acquired by purchase.
— **por prescripción,** title acquired by adverse possession.
— **privado,** private title.
— **profesional,** professional title.
— **propio,** title obtained in one's own right.
— **público,** public title.
— **seguro,** clear title.
— **traslativo de dominio,** conveyance, transferable deed.
— **universal,** universal title.
— **vicioso,** defective title.

títulos   Securities, notes, instruments, documents.
— **a la orden,** bearer securities.
— **bancarios,** bank paper.
— **bursátiles,** listed securities.
— **cambiarios,** bills of exchange.
— **de bolsa,** listed securities.
— **sorteables,** securities retired by lot.

todo hombre   Every man, all man, all men.

toga   Robes.

tolerar   To tolerate, allow, overlook, pass.

toma   Taking seizure, capture.
— **de posesión,** entry, taking possession, taking office.
— **de razón,** notation, recording.

tomador   Drawee, payee.
— **a la gruesa,** borrower on bottomry.
— **de crédito,** borrower.

tomar   To take, grasp, catch, capture, drink.
— **juramento,** to take an oath.
— **la palabra,** to take the floor, take one's word.
— **razón,** to record, register, make an entry.
— **una resolución,** adopt a resolution.

toque de queda   Curfew.

torpeza   Stupidity, clumsiness.

torticero   Unlawful, illegal, unjust, unfair, negligent.

tortuoso   Tortuous, twisted.

traba   Bond, tie, hindrance, obstacle.
— **de ejecución,** attachment, seizure.

trabajador   Worker, laborer, industrious.

trabajo forzado   Forced labor.

trabar   To join, impede.
— **ejecución,** to seize.
— **un embargo,** to attach.

tracalería   Fraud, dishonesty, cheating.

tracalero   Defrauder, cheater, crook.

tradición   Tradition, transfer, delivery.
— **absoluta,** absolute delivery.
— **condicional,** conditional delivery.
— **efectiva,** actual delivery.
— **simbólica,** symbolic delivery.

tradicional   Traditional.

traducir   To translate.

traductor público   Official public translator.
— **jurado,** official translator, sworn translator.

traficar   To traffic, trade.

traficante   Trader, dealer, tradesman, trafficker.

tráfico   Traffic, trade, deal.
— **de armas,** illegal arms trafficking.
— **de bebidas alcoholicas,** bootlegging.
— **de drogas,** drug trafficking.

traición Treason, treachery, perfidy, betrayal.

traicionero Treacherous, deceitful.

traidor Traitor, betrayer.

trama Plot, scheme, conspiracy.

tramitación Action, carrying out, handling, procedure.
— **sumaria,** summary proceeding.
— **sumarísima,** proceeding for a prompt decision.

tramitar To transact, take legal steps, negotiate.

trámite Step, procedure, handling, proceeding, transaction.
— **judicial,** court proceeding.

trampa Trap, snare, fraud, trick.

trampear To trick, cheat, swindle.

trampero Tricky, crooked, cheater, swindler.

tramposo Cheat, crooked, swindler, chiseler, deceitful.

trance Legal seizure, critical moment.

transacción Transaction, negotiation, compromise, settlement, business, accord and satisfaction.

transar To compromise, settle, yield, adjust, transact.

transcendental Consequential, importance.

transcribir To transcribe.

transcripción Transcription.
— **estenográfica,** stenographic record.

transeúnte Transient, pedestrian.

transferencia Transference, transfer, conveyance, assignment.

transferibilidad Transferable.

transferible Transferable.

transferidor Transferor, assignor.

transferir To transfer, assign, convey.

transformar To transform, change.

transgredir To transgress, commit a misdemeanor.

transgresión Transgression, trespass, offense, violation, breach, misdemeanor.
— **de facultades,** to exceed authority.

transgresor Transgressor, offender, trespasser, violator, infringer.

transigente Compromising, yielding, pliable.

transigible Capable of being settled, adjustable.

transigir To compromise, settle, adjust, yield, make concessions.

transitivo Transitive, transferable, transitory.

transitar To transit.

tránsito Transit, traffic, passage, transition.

transitorio   Transitory.

translimitación   Trespass, unauthorized entry.

transmisible   Transferable.

transmisión de propiedad
Conveyance of title.

transmitente   Sender, transmitter, transferror, seller.

transmitir   To transmit, send, forward, transfer, convey.

trapacería   Fraud, cheating, racketeering.

trapacero   Swindler, cheat, racketeer.

trapalero   Tricky, crooked, racketeer.

traslación de dominio   Transfer of title, transfer of ownership.

trasladar   To move, remove, transfer, postpone, transcribe, copy.

traslado   Transfer, notice to the other party, transcript.
— **de jurisdicción,** change of venue.

traslativo   Conveying, transferring, transferable.

traspasar   To transfer, convey, pass over, go beyond, pass through, assign, alienate.

traspaso   Transfer, assignment, conveyance, cession, trespass.

trasunto   Certified copy, official transcript.

tratado   Treaty, treatise.

tratar   To treat, handle, discuss.

tratar con   To have dealings with.

tratar de   To try to, deal with.

tratos   Negotiations, dealings.

trazado   Draft, plan, sketch, outline, drawing.

tregua   Truce, rest, respite.

tribunal   Court, tribunal, body of judges, board, commission.
— **ad quem,** Appellate Court.
— **ad quo,** trial court.
— **arbitral,** arbitration court.
— **colegiado,** court composed of several judges.
— **consuetudinario,** court of law.
— **correccional,** criminal court appellate division.
— **de alzadas,** court of appeals.
— **de apelación,** appellate court.
— **de autos,** court of record.
— **de circuito,** circuit court.
— **de circuito de apelación,** circuit court of appeals.
— **de competencia,** court that decides jurisdictional questions.
— **de cuentas,** tax court.
— **de distrito,** district court.
— **de faltas,** traffic court.
— **de hacienda,** Internal Revenue Court.
— **de menores,** juvenile court.
— **de primera instancia,** trial court.
— **de quiebras,** bankruptcy court.
— **de registro,** court of record.

— **de segunda instancia,** court
  of appeal.
— **de trabajo,** labor courts.
— **de última instancia,** court of
  last resort.
— **electoral,** board of electors.
— **estatal,** state court.
— **penal,** criminal court.
— **testamentario,** probate court.
— **unipersonal,** one judge court.

Tribunal de Justicia Internacional
Court of International Justice.

tributable   Taxable.

tributante   Taxpayer.

tributario   Taxpayer.

tributo   Tribute, homage, tax,
payment, contribution.
— **de mejoría,** assessment for
  improvements.
— **de la renta,** income tax.
— **estatal,** state tax.
— **sobre compraventa,** sales
  tax.
— **suntuario,** luxury tax.

trimestre   Trimester, quarter.

trimestral   Quarterly.

triplicar   Reply to defendant's
rejoinder, to triplicate.

trocar   To change, barter, exchange.

tuerto   Tort, injury, blind in one eye.

tuición   Protection, custody.

tuitivo   Protective.

tutela   Custody, guardianship,
tutelage, guidance.

— **dativa,** court-appointed
  guardianship.
— **jurídica,** protection of the
  law.

tutor   Tutor, guardian.

tutoría   Guardianship.

U

ubicar   To locate, be located.

ujier   Court officer, bailiff, process server, usher, doorman.

última instancia   Last resort.

ultimar   To kill, murder.

último   Last, final, ultimate, latest.

ultrajar   To outrage, insult, scorn, offend, rape, violate.

ultraje   Outrage, insult, abuse, offense, rape.
   — **a la nación,** treason.

ultramar   Overseas, abroad.

ultratumba   Beyond the grave.

unánime   Unanimous.

unanimidad   Unanimity.

única instancia   Last appeal, last resort.

unicameral   Unicameral.

único   Sole, only, unique, singular, rare.
   — **propietario,** sole owner.

unidad   Unity, unit.
   — **de cambio,** European currency unit.

uniforme   Uniform.

unilateral   Unilateral.

unión   Union, consolidation, merger.
   — **de acciones,** joinder of actions.
   — **de crédito,** credit union.
   — **de las partes,** joinder of parties.
   — **errónea,** misjoinder.
   — **gremial,** labor union.
   — **sindical,** labor union.

unir   To merge, amalgamate, combine, consolidate, join, connect.

universal   Universal.

universalidad   Total estate.
   — **de hecho,** plurality of tangible things.
   — **jurídica,** estate of tangible and intangible property.

urbanismo   Urban planning.

urdir   To warp, plot, scheme, invent.

urgente   Urgent, pressing.

urna electoral   Ballot box.

usanza   Usage, custom, habit, terms.

usar   To use.

uso   Use, usage, practice, habit, custom, usance.
   — **beneficioso,** beneficial use.
   — **contrario,** adverse use.
   — **de los comerciantes,** commercial practices.
   — **de nombre supuesto,** use of an alias.
   — **de razón,** intellectual reasoning.
   — **hostil,** hostile use, adverse use.
   — **ilegítimo de un vehículo,** unauthorized use of a motor vehicle.

— **indebido,** infringement, encroachment.

— **pasivo,** permissive use.

— **provechoso,** beneficial use.

— **sin derecho,** adverse use.

— **y disfrute,** quiet enjoyment.

— **y tenencia,** use and occupancy.

usos   Uses, practices, habits, customs.

— **forenses,** rules of court.

— **locales,** local customs.

— **públicos,** public purpose.

usual   Usual, customary, familiar, common, everyday.

usuario   User, holder of a concession, consumer.

usucapión   Adverse possession.

usucapir   To acquire title by adverse possession.

usufructo   Enjoyment, use, profit, usufruct, the right to use, enjoyment or profits of another's property.

— **de disposición,** legal usufruct.

— **de minas,** usufruct of mineral rights.

— **de montes,** usufruct of pasture lands.

— **de patrimonio,** patrimonial usufruct.

— **viudal,** widow's right of a life estate in her husband's estate.

usufructuar   To have the use and enjoyment or profits of another's property.

usura   Usury.

usurar   To practice usury.

usurario   Usurious.

usurero   Usurer, loan shark.

usurpación   Usurpation.

— **de atribuciones,** usurpation of duties.

— **de funciones,** usurpation of public office.

— **del estado civil,** use of false name.

usurpador   Usurper, disseizor.

usurpar   To usurp, encroach, disseize.

útero   Uterus, womb.

uterino   Uterine.

utilidad   Utility, profit, usefulness.

— **de explotación,** operating profit.

— **decreciente,** diminishing returns.

— **gravable,** taxable profit.

— **pública,** public utility.

utilidades   Utilities, profits.

utilizar   To use, utilize.

uxorcida   Wife murderer.

uxoricidio   The murder of one's spouse.

V

vacación   Vacation.

vacaciones judiciales   Legal holidays.

vacante   Vacant, vacancy.

vacar   To be on vacation, vacate, retire.

vacilante   Vacillating, hesitating, wavering.

vacilar   To vacillate, waver, hesitate, sway.

vacío   Empty, vacant, unoccupied, void, vacuum.

vagabundo   Vagrant, vagabond, tramp, wanderer.

vagancia   Vagrancy.

vago   Vague, vagrant, lazy.

vagos y maleantes   Vagrants.

vale   Bond, voucher, promissory note, due bill, warrant, scrip.
— **a la orden,** negotiable instrument.
— **de prenda,** pawnshop receipt.
— **de tesorería,** treasury note.

valedero   Valid, binding effective, worthy.

valer   To be worth, cost, be worthy, amount to, be valid, prevail, be useful.

valía   Worth, value, influence.

validar   To validate, certify, conform, attest.
— **un testamento,** to probate a will.

validez   Validity, soundness, effective, valid.

válido   Valid, legal, binding, effective.

valor   Value, monetary worth, price, significance, valor, courage, power.
— **a la par,** par value, face value.
— **actual,** book value.
— **al vencimiento,** value at maturity.
— **catastral,** assessed value of property.
— **cívico,** civil duty.
— **contable,** book value.
— **de adquisición,** acquisition value.
— **de costo en plaza,** market price.
— **de empresa en marcha,** value of a business in operation.
— **de liquidación,** actual cash value at time of sale.
— **de reposición,** replacement value.
— **de tasación,** assessed valuation.
— **en cambio,** purchasing power.
— **en cuenta,** credited account.
— **en garantía,** secured value.
— **equitativo en el mercado,** fair market value.
— **extrínseco,** goodwill of a going concern.
— **impositivo,** taxable value.
— **líquido de propiedad,** equitable value.
— **neto,** net worth.
— **nominal,** face value, par value.
— **recibido,** legal consideration.

valoración Appraisal, valuation.

valorador Appraiser.

valores Securities, bonds, assets, valuables, stocks, negotiable instruments.
— **al portador,** bearer securities.
— **bancarios,** bank commercial paper.
— **bursátiles,** listed securities.
— **de renta fija,** fixed-income securities.
— **fiduciarios,** trust bonds.
— **hipotecarios,** mortgage bonds.
— **mobiliarios,** bearer paper.
— **realizables,** liquid assets.
— **transmisibles,** negotiable paper.

valorar To appraise, value, evaluate.

valores Securities, bonds, assets.

valorización Appraisal, valuation.

valorizar To appraise, value, evaluate, price.

valuación Valuation, appraisal.
— **fiscal judicial,** court-ordered appraisal.
— **preventiva,** expert appraisal judicial purposes.

valuador Appraiser, valuer.

valuar To appraise, value, rate.

vándalo Vandal.

vandalismo Vandalism.

variable Variable, changeable.

variación Variance.

variar To change, vary, shift, differ.

vecinal Local, neighboring.

vecindad Vicinity, neighborhood, legal residency.

vecino Neighbor, resident, citizen, neighboring, next, near.

veda Prohibition, veto.

vedar To prohibit, impede, veto.

vehemente Vehement, passionate, impetuous, violent.

vehículo Vehicle.

vejar To insult, mistreat, humiliate.

vejez Old age.

velar To keep vigil.

venal Venal, corruptible, salable, marketable.

vencer To defeat, overcome, surpass, win, mature, become due.

vencido Loser in a suit.
— **y pagadero,** due and payable.

vencimiento Maturity, expiration, maturity date.

vendedor Vendor, seller, peddler.

vender To sell, make a sale.

vendible Marketable, salable.

venduta Auction.

vendutero Auctioneer.

veneno Venom, poison.

venerar   To venerate, revere, worship.

venganza   Revenge, vengeance.

vengativo   Vindictive, revengeful.

venia   Permission, leave, pardon, special license or permit issued by a judge.
— **del tribunal,** leave of court.

venir   To come, arrive, fit, upcoming.

venta   Sale.
— **al martillo,** auction sale.
— **ficticia,** fictitious sale.
— **forzosa,** forced sale.
— **hipotecaria,** foreclosure sale, judicial sale.
— **judicial,** foreclosure sale, judicial sale.
— **pública,** public sale, auction.

ventaja   Advantage, gain, profit, bonus.

ver una causa   To hear a case.

veracidad   Veracity, truthfulness.

veraz   Truthful, real.

verbal   Verbal, oral, parol, spoken.

verdad   Truth, real.

verdadero   True, real, truthful, sincere.

veredicto   Verdict, the final decision of a jury.
— **absolutorio,** verdict of not guilty.
— **accidental,** chance verdict.
— **cerrado,** sealed verdict.

— **de culpabilidad,** guilty verdict.

verídico   True, truthful.

verificación   Averment, execution, verification.

verificar   To verify, confirm, test, check, carry out, prove, effect, establish the truth of anything.
— **una convocatoria,** to call a meeting.
— **una pesquisa,** to inquire.
— **una reunión,** to hold a meeting.

veterano   Veteran.

veto   Veto.

vía   Route, road, way, track, procedure, method, conduit.
— **administrativa,** executive action.
— **contenciosa,** legal action.
— **de asentamiento,** attachment proceedings.
— **judicial,** litigation.
— **penal,** criminal proceeding.
— **sumaria,** summary proceedings.

viabilidad   Viability.

vicegobernador   Lieutenant governor.

vicepresidente   Vice-president.

viciar   To vitiate, corrupt, invalidate, annul, adulterate, falsify.

vicio   Vice, fault, defect, flaw, bad habit, evil, sinful.
— **de forma,** defect of form.
— **inherente,** inherent defect.

— **manifiesto,** apparent defect.
— **oculto,** hidden defect.
— **patente,** apparent defect.

vicios procesales Procedural error.

vicioso Defective, vicious, evil, faulty, defective.

víctima Victim.

victorioso Victorious, winner, winning.

vigencia Duration, life, operation, legal effect.
— **de la garantía,** duration of the guarantee.
— **de la ley,** period during which the law is in effect.
— **de la póliza,** term of the policy.

vigente In force, in operation, outstanding.

vigilante Vigilant, watchful, watchman.

vigor Vigor.

vinculado Compulsory, obligatory, encumbered.

vincular To tie, bond, unite, entail, encumber.

vínculo Tie, bond, entail, relationship.
— **familiar,** family relationship.
— **matrimonial,** bonds of matrimony.

vindicar To vindicate, avenge, defend, assert.

violación Violation, breach, trespass, infringement, rape.
— **de contrato,** breach of contract.
— **de domicilio,** breaking and entering.
— **de garantía,** breach of warranty.
— **de intimidad,** violation of privacy.
— **de promesa,** breach of promise.
— **de las reglas,** infraction of the rules.

violador Violator, infringer, trespasser, rapist, violator of the law.

violar To violate, infringe, rape, trespass, breach, disobey, break the law.

violatorio Violating, breaching, infringing, trespassing.

violencia carnal Assault with intent to rape.

violentar To break into, do violence.

visado Visa.

visar To approve, certify, countersign.

visible Visible, evident, conspicuous, notable.

visita Visit, call, inspection.

visitación Visitation, visit.

visitar To call on, visit, inspect.

vista   Sight, view, interview, opinion, judgment, trial, hearing.
— **completa,** full view, full hearing.

visto bueno   Approval, approved.

vital   Vital, important, necessary.

vitalicio   For life.

vituperio   Affront, insult, reproach, censure.

viuda   Widow.

viudedad   Widow's pension.

viudez   Widowhood.

viudo   Widower.

vivienda   Dwelling, apartment.

viviente   Living.

vivir   To live, endure.

vocal   Vocal, oral, member of a board or commission.

vocero   Spokesperson.

volición   Volition.

volumen   Volume.
— **de negocios,** commercial revenues.

voluntad   Will, desire, determination, consent, disposition.

voluntario   Voluntary.

volver   To return, turn, restore.

votación   Voting, vote, total number of votes, balloting.

— **cumulativa,** cumulative voting.
— **por lista,** roll call vote.

votar   To vote, ballot.

voto   Vote
— **absoluto,** absolute/unqualified vote.
— **acumulado,** cumulative vote.
— **calificado,** deciding vote.
— **de censura,** censure vote.
— **de confianza,** vote of confidence.
— **deliberativo,** deliberated vote.
— **directo,** direct vote.
— **político,** political vote.
— **reservado,** dissenting vote.
— **secreto,** secret vote.
— **temporal,** temporary vote.

voz   Voice, to speak, word.

Vuestra Señoría   Your Honor.

vulgar   Common, ordinary.

vulnerar   To injure, damage, violate, breach.

Y

ya   Already, now.
— **dicho,** aforesaid.
— **mencionado,** above-
   mentioned.

yacer   To have sexual intercourse.

yacimiento   Mineral deposit.

yerno   Son-in-law.

yerro   Error, fault, mistake.

yugular   Jugular vein.

Z

zaherir   To hurt, censure, reprove, reproach.

zanja   Settlement, adjustment.

zanjar   To settle, adjust.

zona   Zone, district.
— **de libre cambio,** free-trade
   zone.
— **económica exclusiva,**
   exclusive commercial zone.
— **exclusiva de pesca,** fishing
   zone.
— **fiscal,** taxing district.
— **franca,** duty-free zone.
— **libre,** duty-free zone.
— **marítimo-terrestre,** land-
   and-sea zone.
— **militar,** military zone.
— **verdes,** green zone.

zonas de atmósfera contaminada
Air pollution zones.

zonas recaudatarias   Taxable
areas.

zonas regables   Irrigation zones.

zorra   Prostitute, whore.

zurrar   To strike, hit.